ŒUVRES

DE

J. F. COOPER

IMPRIMERIE DE H. FOURNIER ET Cᵉ, 14 RUE DE SEINE.

J. F. COOPER

par Defauconpret

EVE EFFINGHAM

Paris,
CHARLES GOSSELIN
Éditeurs

OEUVRES
DE
J. F. COOPER

TRADUITES

PAR

A. J. B. DEFAUCONPRET

TOME SEIZIÈME

ÈVE EFFINGHAM

PARIS
FURNE ET Cᵉ, CHARLES GOSSELIN
ÉDITEURS

M DCCC XXXIX

EVE EFFINGHAM,

ou

L'AMÉRIQUE.

CHAPITRE PREMIER.

Bonjour, cousine. — Bonjour, charmante Héro.
SHAKSPEARE.

QUAND M. Effingham se fut déterminé à retourner en Amérique, il envoya ordre à son gérant de mettre sa maison de New-York en état de le recevoir. Il avait dessein d'y passer l'hiver, et d'aller à sa maison de campagne quand le printemps ferait sentir sa douce influence. Une heure après avoir quitté le paquebot, Eve se trouva donc à la tête d'un des plus grands établissements de la plus grande ville d'Amérique. Heureusement pour elle, son père avait trop de jugement pour regarder une épouse ou une fille comme n'étant qu'une servante de première classe, et il jugea avec raison qu'il devait employer une partie de son revenu à se procurer les services d'une femme que ses qualités missent en état de soulager une maîtresse de maison d'un fardeau si pesant. Il n'était pas de ces gens qui, pour donner une de ces fêtes à prétention, qui n'amusent personne et dans lesquelles la folie de l'un ne cherche qu'à lutter contre l'ostentation de l'autre, dépensent une somme qui, sagement employée, suffirait pour maintenir un système d'ordre dans une famille pendant tout le cours d'une année ; qui y consacrent volontiers tous leurs moyens, et qui souffrent ensuite que leurs femmes et leurs filles prennent ces occupations dégradantes auxquelles le beau sexe paraît condamné en Amérique. Il pensait à ce qui fait la base de la vie sociale, au lieu de rechercher ce qui ne sert qu'à l'ostentation. M. Effingham avait assez de bon sens comme homme du monde, et de raison comme homme juste, pour permettre aux êtres dont le bonheur dépendait de lui, de jouir équitablement avec lui des faveurs que la Providence lui avait accordées avec tant de libéralité. En d'autres termes, il rendit deux personnes heureuses en payant généreusement une femme de charge; d'abord sa fille, en la dispensant de soins qui n'entraient pas plus dans le cercle de ses devoirs, que celui de balayer le devant de la porte de la maison; et ensuite une femme respectable, qui fut charmée de trouver une si bonne place. Par ce moyen aussi simple que raisonnable, Eve fut à la tête d'une des maisons les plus tranquilles, les plus véritablement élégantes, et les mieux ordonnées de toute l'Amérique, sans être obligée d'y consacrer plus de temps que celui qui était nécessaire pour donner quelques ordres le matin, et pour examiner quelques comptes une fois par semaine.

Une des premières et des plus agréables visites qu'Eve reçut fut celle de sa cousine Grace Van Courtlandt, qui était à la campagne lorsqu'elle arriva, mais qui se hâta d'accourir à New-York, dès qu'elle apprit son retour, pour revoir sa parente et sa compagne de pension. Eve Effingham et Grace Van Courtlandt étaient filles de deux sœurs, et elles étaient nées à un mois l'une de l'autre. Comme la dernière était orpheline, elles avaient passé ensemble une grande partie de leur temps, jusqu'au moment où Eve quitta l'Amérique, ce qui rendit leur séparation inévitable. M. Effingham avait eu dessein d'emmener sa nièce en Europe; mais l'aïeul paternel de celle-ci vivait encore; il fit valoir son âge et son affection pour s'opposer à ce projet, et M. Effingham y renonça, quoiqu'à regret. Depuis ce temps l'aïeul de Grace était mort, et elle était restée presque maîtresse de ses volontés, avec une fortune considérable.

Le moment de la réunion de ces deux jeunes personnes, dont le cœur était aimant, et qui étaient sincèrement attachées l'une à l'autre, fut pour toutes deux un moment plein d'intérêt, quoique mêlé de quelque inquiétude. Elles conservaient l'une pour l'autre la plus tendre amitié; mais le temps qui s'était écoulé depuis leur séparation avait fait naître en elles tant de nouvelles impressions et tant d'habitudes différentes, qu'elles ne se préparèrent pas à se revoir sans quelque appréhension. Cette entrevue eut lieu environ huit jours après qu'Eve fut établie dans State-Street, et de meilleure heure dans la matinée qu'il n'est d'usage de recevoir des visites. Entendant une voiture s'arrêter devant la porte, et le bruit de la sonnette, Eve s'approcha d'une fenêtre, et, cachée par un rideau, reconnut sa cousine qui descendait de sa chaise de poste.

— *Qu'avez-vous donc, ma chère ?* lui demanda mademoiselle Viefville, voyant son élève trembler et pâlir.

— C'est ma cousine, miss Van Courtlandt. Je l'aime comme une sœur, et nous allons nous revoir pour la première fois après tant d'années.

— *Eh bien! c'est une jeune personne fort jolie*, répondit la gouvernante, s'approchant à son tour de la croisée. *Sous le rapport de la personne, vous devez du moins être contente.*

— Si vous voulez m'excuser, Mademoiselle, je descendrai seule ; je préférerais être tête à tête avec Grace dans cette première entrevue.

— *Très-volontiers. Elle est votre parente, et ce désir est tout naturel.*

Eve, ayant reçu cette permission, rencontra à la porte de sa chambre sa suivante qui venait lui annoncer que mademoiselle de Courtlandt l'attendait dans la bibliothèque, et elle descendit sur-le-champ pour la recevoir. Le jour entrait dans la bibliothèque par le moyen d'un petit dôme, et Grace, sans y penser, s'était placée dans la situation qu'un peintre lui aurait choisie pour faire son portrait. Une lumière vive et pure tombait obliquement sur elle quand sa cousine entra, et faisait ressortir sa belle taille et ses beaux traits ; et cette taille, ces traits, étaient de ceux qui ne se rencontrent pas tous les jours, même dans un pays où la beauté n'est pas rare. Elle était en costume de voyage, et pourtant Eve trouva que sa parure était plus recherchée que ne le comportait l'heure à laquelle elle arrivait, tout en s'avouant à elle-même qu'elle n'avait jamais vu une jeune personne plus charmante. Quelques idées semblables se présentèrent aussi à l'esprit de Grace, qui avait le tact de son sexe, et qui, quoique frappée de l'élégante simplicité de la mise d'Eve, le fut encore plus des charmes de toute sa personne. Dans le fait, il régnait entre elles une forte ressemblance, quoique les traits de chacune d'elles se distinguassent par une expression analogue à leur caractère et à la tournure habituelle de leur esprit.

— Miss Effingham ! dit Grace d'une voix qu'on pouvait à peine entendre, en faisant un pas pour avancer vers sa cousine, quoiqu'elle pût à peine se soutenir sur ses jambes.

— Miss Van Courtlandt ! dit Eve du même ton.

Ce ton cérémonieux les glaça toutes deux, et un mouvement d'instinct fit qu'elles s'arrêtèrent pour se faire une révérence. Les manières froides des Américains avaient fait une telle impression sur Eve depuis huit jours qu'elle était de retour, et Grace était si inquiète de l'opinion qu'aurait d'elle une jeune personne qui avait vécu si longtemps en Europe, qu'il était fort à craindre, en ce moment critique, que cette entrevue ne se terminât d'une manière qui n'aurait été satisfaisante pour aucune d'elles.

Jusque là pourtant toutes les règles des bienséances avaient été strictement observées, quoique le vif sentiment d'affection qui vivait toujours dans le cœur des deux cousines eût été si complètement réprimé. Mais le sourire, quoique encore un peu froid et embarrassé, qui se montra sur leurs lèvres quand elles se saluèrent, avait le doux caractère de celui de leur enfance, et leur rappela l'étroite liaison de leurs premières années.

— Grace ! dit Eve, se précipitant vers sa cousine, et rougissant comme l'aurore.

— Eve !

Chacune ouvrit les bras, et au même instant un long et tendre embrassement les réunit et fit renaître leur ancienne intimité. Avant la nuit, Grace se trouva comme chez elle dans la maison de son oncle. Il est vrai que miss Effingham trouva dans miss Courtlandt certaines particularités dont elle aurait préféré la voir exempte, et que celle-ci se serait trouvée plus à l'aise si sa cousine eût montré un peu moins de réserve sur certains sujets qu'Eve avait appris à regarder comme interdits.

Malgré ces légères nuances qui distinguaient leurs caractères, leur affection mutuelle était vive et sincère. Si Eve, d'après les idées de Grace, avait un peu trop de réserve et de gravité, elle était toujours polie et affectueuse; et si Grace, à ce que pensait Eve, était un peu trop franche et trop légère, elle ne manquait jamais à la délicatesse de son sexe.

Nous passerons sur les trois ou quatre jours qui suivirent, pendant lesquels Eve commença à comprendre sa nouvelle position, et nous en viendrons sur-le-champ à une conversation entre les deux cousines, qui servira à faire mieux connaître au lecteur leurs opinions, leurs habitudes et leurs sentiments, et à amener le sujet réel de notre histoire. Cette conversation eut lieu dans la bibliothèque qui avait été la scène de leur première entrevue, peu de temps après le déjeuner, et où elles étaient encore tête à tête.

— Je suppose, Eve, que vous irez voir les Greens; ils sont *hadgis*, et ils ont été très-répandus dans la société l'hiver dernier.

— *Hadgis!* Vous ne voulez sûrement pas dire qu'ils ont été à la Mecque?

— Non, mais ils ont été à Paris; c'est ce qui fait un *hadgi* à New-York.

— Et cela donne-t-il au pèlerin le droit de porter un turban vert? demanda Eve en riant.

— De porter tout ce que bon lui semble, vert, jaune ou bleu, miss Effingham, et de le faire passer pour le suprême bon goût.

— Et quelle est la couleur favorite de la famille dont vous parlez?

— Par égard pour leur nom, ce devrait être le vert [1]; mais, s'il faut dire la vérité, ils aiment le mélange de couleurs, sans même rejeter les demi-teintes.

— Cette description me porte à croire qu'ils sont trop *prononcés* pour nous. Je n'admire pas beaucoup les arcs-en-ciel ambulants.

— Vous auriez dit trop *Green* [2] si vous l'aviez osé; mais vous êtes aussi un *hadgi*, et un *hadgi* ne se permet pas de jeux de mots, à moins que ce ne soit un *hadgi* de Philadelphie. Mais irez-vous voir cette famille?

— Certainement, s'ils sont reçus dans la société, et que leur civilité nous y oblige.

— Ils sont reçus dans la société en vertu de leur titre d'*hadgis*.

— Mais comme ils ont passé trois mois à Paris, il est possible que vous les connaissiez.

— Ils peuvent ne pas y avoir été en même temps que nous, et Paris est une grande ville. Il s'y trouve des centaines de voyageurs dont on n'entend jamais parler. Je ne me rappelle pas y avoir entendu prononcer le nom de cette famille.

— Je désire que vous lui échappiez; car, à mon avis, ils ne sont

---

1. Le mot *green* signifie vert.
2. Ce mot signifie aussi, au figuré, novice, sot, niais.

rien moins qu'aimables, malgré tout ce qu'ils ont vu, ou ce qu'ils prétendent avoir vu.

— Il est très-possible d'avoir parcouru toute la chrétienté, et d'être extrêmement désagréable. D'ailleurs on peut voir bien des choses, et n'en voir que très-peu de bonne qualité.

Il y eut une pause de deux ou trois minutes. Pendant ce temps, Eve lut un billet, et sa cousine feuilleta les pages d'un livre.

— Je voudrais savoir au vrai quelle opinion vous avez de nous? s'écria Grace tout à coup. Pourquoi ne pas être franche avec une si proche parente? Parlez-moi avec vérité : êtes-vous réconciliée avec votre pays?

— Vous êtes la onzième personne qui me fait cette question, et je la trouve fort extraordinaire; je n'ai jamais eu de querelle avec mon pays.

— Ce n'est pas tout à fait ce que je veux dire. Je désire seulement savoir quelle impression notre société a faite sur une jeune personne élevée en pays étranger.

— Vous désirez donc une opinion qui ne peut avoir beaucoup de valeur, car mon expérience ici ne s'étend pas encore à quinze jours. Mais il existe beaucoup d'ouvrages sur ce pays, et quelques-uns ont été composés par des personnes très-intelligentes; que ne les consultez-vous?

— Oh! vous voulez parler de voyageurs? Aucun d'eux ne mérite une seconde pensée, et ils ne nous inspirent que le plus grand mépris.

— Je n'en ai aucun doute, car vous le proclamez tous à haute voix dans les carrefours et sur les grands chemins. Sans doute il n'y a pas de signe de mépris plus certain que d'appuyer sans cesse sur ce point.

Grace avait autant de vivacité que sa cousine; mais, quoique piquée du sarcasme qu'Eve venait de lancer d'un ton si tranquille, elle eut le bon sens d'en rire.

— Nous proclamons peut-être notre mépris trop hautement pour y faire croire; mais sûrement, Eve, vous ne croyez pas tout ce que ces voyageurs disent de nous?

— Je n'en crois pas la moitié. Mon père et mon cousin John ont trop souvent discuté ce sujet en ma présence pour me laisser ignorer les méprises nombreuses qu'ils ont commises, particulièrement en politique.

— En politique! je n'y entends rien, et j'aurais plutôt cru que ces voyageurs avaient raison dans ce qu'ils disent à ce sujet. Mais sûrement ni votre père ni M. John Effingham ne confirment ce qu'ils disent de notre société.

—Je ne puis répondre ni pour l'un ni pour l'autre sur ce point.

—Répondez pour vous-même : croyez-vous qu'ils aient raison ?

—Vous devriez vous rappeler, Grace, que je n'ai pas encore vu la société à New-York.

— Que voulez-vous dire ? Vous avez été aux assemblées des Henderson,— des Morgans,— des Drewetts,— trois des réunions les plus nombreuses que nous ayons eues ces deux hivers.

— Je ne savais pas que par société vous entendiez ces cohues désagréables.

— Des cohues désagréables ! Quoi ! n'est-ce donc pas là la société ?

— Du moins ce n'est pas ce que j'ai appris à regarder comme tel. Je crois qu'il vaudrait mieux l'appeler compagnie.

— Et n'est-ce pas ce qu'on appelle société à Paris ?

— Il s'en faut de beaucoup. Ce peut être une excroissance de la société, une des formes de la société, mais ce n'est pas la société. Autant vaudrait donner le nom de société aux cartes dont on a fait quelquefois usage dans le monde, que de l'appliquer à un bal donné dans des salons trop petits et remplis de trop de monde. Ce ne sont que deux des manières par lesquelles les oisifs s'efforcent de varier leurs amusements.

— Mais nous n'avons guère autre chose que ces bals, les visites du matin, et de temps en temps une soirée dans laquelle il n'y a pas de danse.

— Je suis fâchée de l'apprendre ; car, en ce cas, vous ne pouvez avoir de société.

— Et est-elle différente à Paris, à Florence, à Rome ?

—Très-différente. A Paris, il y a un grand nombre de maisons qui sont ouvertes tous les soirs, et où l'on peut aller sans beaucoup de cérémonie. Les dames y paraissent vêtues, suivant ce que j'ai entendu appeler par un gentleman, chez mistress Henderson, leurs « intentions ultérieures » pour la soirée, les unes de la manière la plus simple, les autres comme pour aller à un concert, à l'Opéra, et même à la cour. Quelques-unes reviennent d'un dîner, d'autres vont à un bal. Toute cette variété, qui n'a rien d'apprêté, ajoute à l'aisance et à la grâce de la réunion ; et les femmes joignant à un savoir-vivre parfait une manière charmante de s'exprimer, quelque connaissance des événements du jour, et un ton et même une élocution élégante, trouvent le moyen d'être aimables. Il y a quelquefois un peu d'exagération dans leurs idées, mais on peut le leur pardonner. D'ailleurs c'est un défaut dont on se corrige maintenant, attendu qu'on lit de meilleurs livres qu'autrefois.

— Et vous préférez ces manières factices au naturel de votre pays?

— Je ne vois pas qu'il y ait quelque chose de plus factice dans ce bon ton et une retenue convenable, que dans des airs de coquetterie, des propos irréfléchis et de l'enfantillage. Il peut certainement y avoir plus de naturel dans ce dernier cas; mais c'est un naturel qui cesse d'être agréable dès qu'on est sorti de l'enfance.

Grace parut contrariée, mais elle aimait sa cousine trop sincèrement pour se fâcher. Un secret soupçon qu'Eve avait raison vint aussi à l'appui de son affection, et, tout en remuant son petit pied avec impatience, elle conserva toute sa bonne humeur. En ce moment critique, quand il y avait tout à craindre que la dissension ne s'introduisît entre ces deux jeunes personnes, la porte de la bibliothèque s'ouvrit, et Pierre, le valet de chambre de M. Effingham, annonça M. Bragg.

— Monsieur qui? demanda Eve avec surprise.

— M. Bragg désire voir mademoiselle, répondit Pierre en français.

— Vous voulez dire mon père? Je ne connais personne de ce nom.

—Il a d'abord demandé monsieur; mais, apprenant que monsieur était sorti, il a demandé à voir mademoiselle.

— Est-il de ces gens qu'on appelle *personne* en Angleterre?

— Il en a l'air, mademoiselle, quoiqu'il se croie un personnage, si je puis prendre la liberté d'en juger, répondit le vieux Pierre en souriant.

— Demandez-lui sa carte. Il faut qu'il y ait quelque méprise.

Pendant cette courte conversation, Grace dessinait une chaumière avec une plume, sans faire aucune attention à ce qui se disait. Mais quand Pierre eut apporté la carte, et qu'Eve eut prononcé à voix haute, avec le ton de surprise naturel à une novice dans une nomenclature des noms américains, les mots « Aristobule Bragg, » sa cousine se mit à rire.

— Qui peut être cet homme, Grace? En avez-vous jamais entendu parler? Que peut-il avoir à me dire?

— C'est le gérant des terres de votre père, et il peut avoir quelque message à laisser pour mon oncle. Recevez-le ; vous serez tôt ou tard obligée de faire sa connaissance ; autant vaut aujourd'hui qu'un autre jour.

— Vous l'avez fait entrer dans le salon, Pierre?

— Oui, Mademoiselle.

— Je sonnerai quand j'aurai besoin de vous.

Pierre se retira, et Eve, ouvrant son secrétaire, y prit un petit registre manuscrit, dont ses doigts feuilletèrent les pages avec rapidité.

— Le voici, dit-elle en souriant : « M. Aristobule Bragg, procureur, avocat, et gérant du domaine de Templeton. » Il faut que vous sachiez, Grace, que ce précieux petit livret contient l'esquisse, tracée par John Effingham, du caractère des personnes qu'il est probable que je verrai dans ce pays. Vous sentez que c'est un livre scellé ; mais il ne peut y avoir aucun mal à lire l'article qui concerne cet individu. Ecoutez :

« M. Aristobule Bragg est né dans un des comtés de l'ouest de l'Etat de Massachusetts, et après avoir fini son éducation, il est venu à New-York à l'âge mûr de dix-neuf ans. A vingt et un, il fut admis au barreau, et depuis sept ans, il a suivi avec succès toutes les cours de l'Otsego. On ne peut lui refuser des talents, car il a commencé son éducation à quatorze ans, et il l'a terminée avec éclat à vingt et un, y compris ses cours de droit. Cet homme est un épitomé de tout ce qu'il y a de bon et de mauvais dans une classe nombreuse de ses compatriotes. Il a l'esprit vif, il est prompt à agir, entreprenant quand son intérêt l'exige, et toujours prêt à employer sa main, toutes ses ressources, et même à sacrifier ses principes pour se procurer quelque avantage. Rien n'est assez élevé pour l'empêcher d'y aspirer ; rien assez bas pour qu'il s'en abstienne. Il fera des courses pour le gouverneur ou pour le clerc de la ville, suivant que l'occasion l'exigera. Il est expert dans toutes les pratiques de sa profession. Il a appris à danser pendant trois mois, étudié les auteurs classiques pendant trois ans, et donné son attention à la médecine et à la théologie avant de se décider à prendre le parti du barreau. Il est presque impossible de bien décrire un tel composé d'adresse, d'impudence, de prétentions, d'humilité, d'intelligence, de grossièreté vulgaire, de franchise, de duplicité, d'honnèteté dans son état, de mépris pour la morale, d'esprit naturel et d'égoïsme ; le tout mêlé à une teinture de savoir, et à beaucoup de pénétration dans tout ce qui est pratique ; de sorte que ses qualités les plus remarquables sont jointes à d'autres qui y sont diamétralement contraires. En un mot, M. Bragg est simplement la créature des circonstances, ses talents le rendant propre à être membre du congrès ou substitut d'un shérif, et il est également prêt à accepter l'une ou l'autre de ces places. Je l'ai chargé de régir le domaine de mon père, en l'absence de celui-ci, d'après le principe qu'un homme versé dans les pratiques de la coquinerie est plus propre qu'un autre à les découvrir et à les déjouer, et avec la certitude que personne ne commettra de dommage à l'égard des biens de votre père, tant que les cours de justice continueront à taxer les mémoires de frais avec leur libéralité actuelle. » — Vous paraissez connaitre cet homme, Grace ; ce portrait est-il fidèle ?

— Je ne connais rien aux mémoires de frais ni aux substituts des shérifs, mais je sais que M. Bragg est un amusant mélange de vanité, d'humilité, de coquinerie et d'adresse, et qu'il a le ton le plus commun.

Mais il est à attendre dans le salon, et vous feriez bien de le voir, car on peut le regarder à présent comme faisant presque partie de la famille. Vous savez qu'il a demeuré à Templeton depuis que M. John Effingham l'y a installé. C'est là que je l'ai vu pour la première fois.

— La première ! Vous ne l'avez sûrement jamais vu ailleurs ?

— Pardonnez-moi ; il ne vient jamais en ville sans m'honorer d'une visite. C'est le prix que je paie pour avoir habité la même maison que lui pendant une semaine.

Eve sonna, et Pierre parut.

— Priez M. Bragg de venir dans la bibliothèque.

Grace prit un air grave pendant que Pierre exécutait cet ordre, et Eve réfléchissait sur le portrait singulier que John Effingham avait tracé de cet homme quand la porte s'ouvrit ; et l'objet de ses réflexions s'offrit à ses yeux.

— Monsieur Aristobule, dit Pierre, les yeux fixés sur la carte, mais s'arrêtant au premier nom.

M. Aristobule Bragg s'avançait avec un air d'aisance pour saluer les dames, quand l'air imposant de dignité tranquille de miss Effingham le déconcerta complètement. Comme Grace venait de le dire, depuis trois ans qu'il habitait Templeton, il avait commencé à se considérer comme faisant partie de la famille, et chez lui il ne parlait jamais de la fille de M. Effingham que sous le nom d'Eve ou d'Eve Effingham; mais il trouva alors que c'était autre chose de prendre un ton de familiarité au milieu de ses amis, ou de se le permettre en face de celle qui en était l'objet; et quoique, de manière ou d'autre, les paroles lui manquassent rarement, il resta positivement muet. Eve le mit plus à son aise en faisant signe à Pierre d'avancer une chaise, et en lui parlant la première :

— Je regrette que mon père soit sorti, lui dit-elle pour montrer qu'elle ne prenait pas cette visite pour elle; mais je l'attends à chaque instant. Etes-vous arrivé récemment de Templeton?

Aristobule commença à respirer, et il reprit son ton et ses manières ordinaires suffisamment pour ne pas démentir sa réputation d'avoir de l'empire sur lui-même. Il est vrai que son projet d'établir sur-le-champ une relation d'intimité entre lui et miss Effingham était déjoué, du moins pour le moment, sans qu'il pût trop savoir quelle en était la cause; car ce n'était que l'air grave et réservé d'Eve qui l'avait repoussé à une distance qu'il ne pouvait expliquer. Avec un tact qui faisait honneur à sa sagacité, il sentit à l'instant qu'il ne pouvait s'ancrer dans ces parages qu'à force de prudence et par des moyens extraordinairement lents. Cependant M. Bragg était un homme décidé, et dont les vues se portaient fort loin; et, quelque singulier que cela pût paraître, il se promettait, même dans un moment si peu propice, de faire un jour de miss Effingham mistress Aristobule Bragg.

— J'espère que M. John Effingham se porte bien, dit-il du ton dont un écolier qui vient d'être grondé commence à réciter sa leçon; j'ai entendu dire qu'il *jouissait* d'une mauvaise santé, — M. Bragg, malgré son intelligence, n'était pas toujours heureux dans le choix de ses expressions, — quand il est parti pour l'Europe. Après avoir voyagé si loin et en si mauvaise compagnie, il n'est pas étonnant qu'il ait désiré dans sa vieillesse de venir goûter du repos dans son pays.

Si l'on eût dit à Eve que l'homme qui s'exprimait d'une manière si délicate et dont la voix était aussi harmonieuse que ses pensées étaient lucides et élégantes, avait la hardiesse d'élever ses prétentions jusqu'à elle, il n'est pas facile de dire ce qui aurait dominé dans son esprit de la gaieté ou du ressentiment. Mais

M. Bragg n'avait pas coutume de laisser échapper ses secre'
prématurément, et certainement c'en était un qu'un sorcier se.
aurait pu découvrir sans l'aide d'une confidence faite de vive vo:
ou par écrit.

— Etes-vous arrivé récemment de Templeton? répéta Eve u
peu surprise qu'il n'eût pas jugé à propos de répondre à cett
question, qui, à ce qu'il lui semblait, était la seule qui pût avo
un intérêt commun pour tous deux.

— J'en suis parti avant-hier, daigna répondre Aristobule.

— Il y a si longtemps que je n'ai vu nos belles montagnes, «
j'étais alors si jeune, que je suis impatiente de les revoir; c'e:
pourtant un plaisir qui doit être différé jusqu'au printemps.

— Je calcule que ce sont les plus belles montagnes du mond
connu, miss Effingham.

— C'est plus que je n'oserais dire; mais, d'après mes souvenir.
imparfaits, et, ce qui est plus important, d'après ce que m'en ont
dit M. John Effingham et mon père, elles doivent être très-
belles.

Aristobule eut l'air d'avoir quelque chose de plaisant à dire, et
il se hasarda même à sourire en disant:

— J'espère que M. John Effingham vous a préparée à trouver
la maison bien changée?

— Nous savons qu'il y a fait faire des réparations et des changements à la demande de mon père.

— Nous la regardons comme dénationalisée, miss Effingham.
On ne voit rien qui y ressemble, du moins à l'ouest d'Albany.

— Je serais fâchée que mon cousin nous eût exposés à cette
imputation, dit Eve avec un sourire peut-être un peu équivoque;
l'architecture de l'Amérique est si simple et si pure! Quoi qu'il
en soit, M. John Effingham rit lui-même de ses améliorations, et
dit qu'il n'a fait que suivre les plans de l'artiste original, qui a
beaucoup travaillé dans ce qu'on appelle, je crois, le genre
composite.

— Vous voulez parler de M. Dolittle: je ne l'ai jamais vu, mais
j'entends dire qu'il a laissé des marques de son passage dans ces
nouveaux Etats. *Ex pede Herculem*, comme nous le trouvons dans
les classiques, miss Effingham. Je crois que l'opinion générale est
qu'on a enchéri sur les dessins de M. Dolittle, quoique la plupart
du monde pense que l'architecture grecque ou romaine, qui est
si fort en usage en Amérique, aurait quelque chose de plus répu-

cain ; mais chacun sait que M. John Effingham n'est pas très-
ɔublicain.

Eve ne se souciait pas de discuter les opinions de son parent
ɔc M. Aristobule Bragg, et elle se borna à lui dire qu'elle ne savait
ᵢ que les imitations de l'architecture ancienne, si nombreuses
Amérique, fussent dues à un sentiment de républicanisme.

— A quelle autre cause pourrait-on les attribuer, miss Eve?

— Il est certain, dit Grace Van Courtlandt, que ces imitations
conviennent ni aux matériaux qu'on emploie, ni au climat que
ʋs babitons, ni à l'usage qu'on fait de ces bâtiments. Il a donc
lu quelque motif aussi puissant que celui dont M. Bragg vient
parler, pour surmonter tous ces obstacles.

Aristobule se leva en tressaillant, et, avec force excuses, déclara
'il n'avait pas aperçu miss Van Courtlandt. C'était la vérité,
 son esprit avait été entièrement occupé de miss Effingham, et
 ɩ'avait fait aucune attention à une autre femme à demi cachée
ɾ un écran. Grace reçut ses excuses d'un air de bonne humeur,
la conversation se renoua.

— Je suis fâchée que mon cousin ait blessé le goût du pays,
 Eve ; mais comme c'est nous qui devons habiter cette maison,
châtiment tombera principalement sur les coupables.

— Comprenez-moi bien, miss Effingham, s'écria Aristobule un
u alarmé, car il connaissait trop bien l'influence et la fortune
 John Effingham pour ne pas désirer de vivre en bonne intel-
ence avec lui ; comprenez-moi bien, je vous prie. En ce qui me
ɴcerne, j'admire la maison, et je la regarde comme un modèle
 l'architecture la plus pure et la plus parfaite; mais l'opinion
blique n'est pas tout à fait du même avis. Quant à moi, j'en
-ɔonnais toutes les beautés, je vous prie de le croire; mais beau-
up de gens, — formant peut-être la majorité, — pensent diffé-
ɱment, et ils croient avoir droit d'être consultés sur de tels
ɟets.

— Vous paraissez, Monsieur, avoir meilleure opinion que
. John Effingham lui-même des changements qu'il a faits. Je
ɩi entendu plus d'une fois en rire, et dire qu'il n'avait fait qu'a-
uter aux traits particuliers de l'ordre composite, et qu'il avait
ɔnsulté le caprice plutôt que le goût. — Mais je ne vois pas quel
ɩtérêt la majorité, comme vous le dites, peut prendre à une mai-
ɔn qui ne lui appartient pas.

Aristobule fut surpris qu'il se trouvât quelqu'un qui n'eût

pas plus de respect pour la majorité; car à cet égard il ressemblait beaucoup à M. Dodge, quoiqu'il suivît une carrière un peu différente, et son air d'étonnement était naturel et sans affectation.

— Je ne veux pas dire que le public ait légalement un droit de domination sur les goûts des citoyens, répondit-il; mais sous un gouvernement républicain, miss Eve, vous comprenez sans doute qu'il régit nécessairement tout.

— Je puis comprendre qu'on désire voir son voisin montrer du bon goût, attendu que cela sert à embellir un pays. Mais un homme qui consulterait tous ses voisins avant de bâtir sa maison en construirait probablement une fort singulière, s'il avait égard aux différents avis qu'il recevrait; ou, ce qui est aussi vraisemblable, il n'en bâtirait pas.

— Je crois que vous vous trompez, miss Effingham; car l'opinion publique est maintenant presque exclusivement prononcée pour l'école d'architecture grecque. Nous ne bâtissons guère que des temples pour nos églises, nos banques, nos tavernes, nos cours de justice et nos habitations. Un de mes amis vient de faire construire une brasserie d'après le modèle du temple des Vents.

— Si c'eût été un moulin, on pourrait comprendre son idée, dit Eve, qui commençait à croire qu'il existait en M. Bragg quelque intention secrète de plaisanter, quoiqu'il la montrât d'une manière qui n'avait rien de très-plaisant. Nos montagnes doivent être devenues doublement belles, si elles sont décorées de cette manière. — J'espère, Grace, que je les retrouverai aussi agréables que mon souvenir me les représente.

— Dans le cas contraire, miss Effingham, dit Aristobule, qui ne croyait pas manquer aux convenances en répondant à une question faite à miss Van Courtlandt ou à tout autre, j'espère que vous aurez la bonté de ne le dire à personne.

— Je crois que cela serait au-dessus de mes forces, car j'éprouverais un trop grand désappointement. Mais puis-je vous demander pourquoi vous désirez que je garde le secret sur une telle mortification?

— Pourquoi, miss Eve? répondit Aristobule en prenant un air grave; parce que je craindrais que le public n'entendît pas avec plaisir une personne comme vous exprimer une opinion semblable.

— Comme moi! Et pourquoi pas moi aussi bien qu'une autre?

— Peut-être parce qu'on sait que vous avez voyagé, et que vous avez vu d'autres pays.

— Et n'est-ce que ceux qui n'ont pas voyagé, et qui n'ont pas le moyen de connaître la valeur de ce qu'ils voient, qui ont le droit de critiquer?

— Je ne puis vous expliquer exactement ce que je veux dire, mais je crois que miss Grace me comprendra. Ne pensez-vous pas comme moi, miss Van Courtlandt, qu'il serait plus prudent à une personne qui n'aurait jamais vu d'autres montagnes, de se plaindre de la monotonie et de l'uniformité des nôtres, qu'à quelqu'un qui aurait passé toute sa vie sur les Andes ou les Alpes?

Eve sourit, car elle vit que M. Bragg était capable de découvrir la futilité d'une opinion provinciale, et d'en rire, même en cédant à l'influence qu'elle exerçait; et Grace rougit, car elle sentit qu'elle avait déjà laissé échapper quelques idées à peu près semblables dans ses entretiens avec sa cousine sur d'autres objets. Cependant elle n'eut pas besoin de lui répondre, et John Effingham entra. Sa rencontre avec Aristobule fut plus cordiale qu'Eve ne s'y serait attendue, car chacun d'eux faisait réellement cas de l'espèce particulière de mérite qu'il trouvait dans l'autre: M. Bragg regardant John comme un cynique caustique, mais riche; et celui-ci ayant pour Aristobule à peu près l'estime que le maître d'une maison accorde au chien fidèle qui la garde. Après quelques moments de conversation, ils se retirèrent ensemble, et à l'instant où les deux dames allaient descendre dans le salon quelques minutes avant le dîner, Pierre leur annonça que l'ordre avait été donné de mettre un couvert pour le gérant du domaine de Templeton.

CHAPITRE II.

Je connais ce drôle : il y a sept ans qu'il est un vil coquin, et à présent il se pavane comme un gentleman. — SHAKSPEARE.

Eve et sa cousine trouvèrent dans le salon sir George Templemore et le capitaine Truck; le premier ayant retardé son départ de New-York pour rester près de ses amis, et le second étant sur le point de mettre à la voile pour faire un voyage en Europe. En y ajoutant M. Bragg et les habitants de la maison, le lecteur connaîtra toute la compagnie.

Aristobule n'avait jamais pris place à une table servie d'une manière si brillante, et, pour la première fois de sa vie, il vit des bougies allumées pour le dîner; mais il n'était pas homme à se laisser déconcerter par une nouveauté. S'il eût été un Européen, ayant reçu la même éducation et contracté les mêmes habitudes, il se serait fait remarquer par cinquante gaucheries avant que le dessert eût été placé sur la table; mais étant ce qu'il était, un observateur, fermant les yeux sur le désir excessif de paraître poli qui marquait sa conduite, l'aurait laissé confondu parmi cette foule d'êtres qui n'excitent aucune attention, sans la manière remarquable dont il se servait à table. Il est vrai qu'il invitait ses voisins à manger de tous les mets auxquels il pouvait atteindre, mais il se servait de son couteau, en place de fourchette, avec la même grâce qu'un porteur de charbon se sert de sa pelle. Cependant comme la compagnie dans laquelle il se trouvait, quoique observant strictement toutes les bienséances, avait trop d'esprit pour s'occuper à examiner si chacun en faisait autant, cette infraction aux convenances ne fut pas remarquée, ou du moins ne donna lieu à aucune observation. Il n'en fut pas de même de la première particularité à laquelle il a été fait allusion, et comme elle est caractéristique, il faut en parler un peu plus au long.

Le dîner étant servi à la française, chaque plat était pris tour à tour par un domestique, qui, après l'avoir découpé, le présentait à chaque convive. Mais la dignité trop lente de cet arrangement ne convenait pas à l'empressement d'Aristobule : au lieu donc d'attendre que les domestiques lui présentassent les plats avec ordre, il se mit à se servir lui-même, ce qu'il fit avec une dextérité qu'il avait acquise en fréquentant les tables d'hôtes, école, soit dit en passant, où il avait principalement puisé ses idées sur les convenances de la table. Il se servit aussi d'une couple de plats qui lui furent successivement présentés dans le cours du service régulier, et comme un homme qui, par un coup de bonheur, aurait jeté les fondations d'une fortune au commencement de sa carrière, il y fit des additions à droite et à gauche. Il attaquait ainsi les entremets séduisants qui étaient à sa portée, s'adressait à ses voisins pour obtenir de ceux auxquels il ne pouvait atteindre, et enfin envoyait son assiette pour se faire servir des mets qui étaient encore plus loin, quand il remarquait un plat qui lui semblait en valoir la peine. Par ces moyens, qu'il employait à petit bruit et avec une tranquillité qui écartait de lui les observations, il réussit à faire de son assiette un épitomé du premier service. Elle contenait au centre du poisson, du bœuf et du jambon; tout autour, il avait arrangé des croquettes, des rognons et divers ragoûts; le tout était surmonté d'une pyramide de divers légumes, et les bords de l'assiette étaient garnis de sel, de poivre et de moutarde. Cette accumulation de bonnes choses exigea du temps et de l'adresse, et la plupart des convives avaient plusieurs fois changé d'assiette avant qu'Aristobule eût mangé un morceau, excepté la soupe. L'heureux moment où sa dextérité allait être récompensée arriva enfin, et le gérant du domaine de Templeton allait passer à la mastication ou plutôt à la déglutition, car à peine songeait-il à la première de ces opérations, quand il entendit sauter le bouchon d'une bouteille. Il aimait passionnément le vin de Champagne, quoiqu'il n'eût jamais fait assez de progrès dans la science de la table pour savoir quel était le moment de le servir. Ce moment était arrivé pour tous les autres convives qui avaient fait honneur au premier service; mais M. Bragg en était encore aussi loin que lorsqu'il s'était mis à table. Cependant, voyant Pierre arriver près de lui avec la bouteille, il présenta son verre, et jouit d'un moment délicieux en avalant un breuvage qui surpassait de beaucoup tout ce qu'il avait jamais vu sortir d'un goulot couvert de goudron ou de plomb dans divers cabarets de sa connaissance, où les bouteilles semblaient être des batteries ennemies, chargées de maux de tête et d'estomac.

Aristobule vida son verre d'un seul trait et fit claquer ses lèvres après l'avoir vidé; mais ce fut un instant malheureux, son assiette, chargée de tous les trésors qu'il avait amassés, ayant été enlevée par un domestique, qui crut, en voyant un tel salmigondis, qu'aucun de ces mets n'avait été du goût de ce convive difficile.

Il était nécessaire qu'il recommençât ses opérations; mais il ne pouvait le faire sur le premier service, qui venait de disparaître. Le second l'ayant remplacé, Aristobule se dédommagea amplement sur le gibier. La nécessité l'obligea alors à attendre que les divers mets lui fussent présentés, et se servant de son couteau et de sa fourchette avec sa promptitude et sa dextérité ordinaires, il avait mangé à la fin du second service plus qu'aucun autre des convives pendant tout le dîner. Il commença alors à parler, et nous rapporterons la conversation à partir du moment où il fut possible à Aristobule de devenir un des interlocuteurs.

Tout différent de M. Dodge, il n'avait trouvé rien d'attrayant dans un baronnet; car il était trop égoïste et trop intéressé pour attacher du prix à un titre frivole, et il répondait à sir George Templemore et à M. Effingham sans plus de gêne qu'à un de ses compagnons habituels. L'âge et l'expérience n'avaient, suivant lui, aucun droit particulier à se faire écouter. Quant au rang, il avait à la vérité une idée vague qu'il existait quelque chose de semblable dans la milice, mais il n'attachait aucune importance au rang qui n'était pas accompagné d'un salaire. Sir George Templemore avait fait une question sur l'enregistrement des actes, sujet qui avait récemment occupé l'attention publique en Angleterre, et la réponse de M. Effingham contenait une légère inexactitude qu'Aristobule prit occasion de relever pour son coup d'essai dans la conversation.

— Je vous demande pardon, Monsieur, dit-il en finissant; mais je dois connaître ces distinctions un peu subtiles, puisque j'ai exercé quelque temps les fonctions de clerc de comté, dont j'avais été chargé pour remplir un vide occasionné par la mort du titulaire.

— Vous voulez dire, monsieur Bragg, que vous étiez employé comme copiste dans le bureau du clerc de comté, dit John Effingham, qui était tellement ami de la vérité qu'il n'hésitait jamais à relever sans beaucoup de cérémonie un mensonge, ou ce qu'il croyait en être un.

— Comme clerc de comté, Monsieur : le major Pippin mourut un an avant d'avoir fini son temps; — tout aussi clerc de comté, Monsieur, qu'aucun de ceux des cinquante-six comtés de New-York.

— Quand j'eus l'honneur, Monsieur, de vous prendre pour gérant du domaine de M. Effingham, répliqua John d'un ton très-grave, car il pensait qu'il y allait de sa réputation de véracité s'il ne prouvait ce qu'il avait avancé, j'ai cru que vous étiez copiste dans le bureau du clerc, et je n'ai jamais entendu dire que vous fussiez le clerc vous-même.

— Cela est très-vrai, monsieur John, répondit Aristobule sans montrer le moindre embarras; j'étais occupé par mon successeur comme son commis, mais quelques mois auparavant je remplissais la place de clerc de comté.

— Si vous aviez suivi cette ligne régulière de promotion, mon cher Monsieur, à quel grade seriez-vous élevé aujourd'hui? lui demanda le capitaine Truck d'un ton qui sentait un peu le sarcasme.

— Je crois que je vous comprends, Messieurs, répondit avec le plus grand sang-froid M. Bragg, qui remarqua un sourire général; je sais que certaines personnes tiennent à ne pas descendre du niveau des places qu'elles occupent, mais cette doctrine n'est pas la mienne. Si l'on ne peut obtenir une bonne chose, je ne vois pas que ce soit une raison pour en refuser une moindre. J'avais cherché cette année-là à devenir shérif, et voyant que je n'étais pas assez fort pour emporter le comté, j'acceptai l'offre que me fit mon successeur de travailler dans son bureau jusqu'à ce que je trouvasse quelque chose de mieux.

— Et pendant tout ce temps vous pratiquiez, je crois, dans les cours de justice? dit John Effingham.

— Je faisais quelques affaires dans ce genre, Monsieur, autant que je le pouvais du moins; mais le barreau n'est pas trop profitable depuis quelque temps, et beaucoup de procureurs tournent leur attention vers d'autres affaires.

— Et, s'il vous plaît, Monsieur, demanda sir George, quel est le genre d'affaires dont la plupart d'entre eux s'occupent en ce moment?

— Quelques-uns sont entrés dans le commerce de chevaux; mais la plus grande partie trafiquent en villes occidentales.

— En villes occidentales! s'écria le baronnet, ayant l'air de soupçonner une mystification.

— Oui sans doute, et en moulins, et en chemins de fer, et en d'autres objets semblables que nous attendons de l'avenir.

— M. Bragg veut dire qu'ils achètent et vendent des terres sur lesquelles on espère que ces villes et toutes ces belles choses existeront dans un siècle, dit John Effingham.

— Cet espoir est pour l'année prochaine, ou même pour la semaine prochaine, répliqua Aristobule d'un air malin, quoique vous puissiez avoir raison quant à la réalité. On a fait depuis quelque temps de grandes fortunes en ce pays, sans autre capital que des espérances.

— Et vous avez été vous-même capable de résister à ces tentations? dit M. Effingham; je vous suis doublement redevable, Monsieur, d'avoir continué à consacrer votre temps à mes intérêts, tandis que des avantages si considérables s'offraient à vous.

— C'était mon devoir, pour ne pas dire mon plaisir, Monsieur, répondit Aristobule en le saluant d'autant plus bas qu'il savait qu'il avait abandonné son poste pendant quelques mois pour se livrer aux spéculations dont on s'occupait alors avec tant d'activité dans les établissements de l'Ouest. — Il y a dans ce pays, sir George, beaucoup d'occupations profitables qu'on a négligées, par suite de l'ardeur qu'on mettait au commerce de villes.

— Au commerce de villes!

— M. Bragg veut parler à présent du commerce dans les villes, dit John Effingham.

— Oui, Monsieur, dans les villes. Je ne viens jamais ici sans jeter un coup d'œil autour de moi pour voir s'il y a quelque chose à faire qui puisse être utile, et je vous dirai que j'ai trouvé plusieurs bonnes occasions; mais il faut des fonds. Le lait, par exemple, serait une bonne affaire.

— Le lait! s'écria mademoiselle Viefville involontairement.

— Oui, madame; et pour les femmes aussi bien que pour les hommes. J'ai aussi entendu parler avantageusement des pommes de terre, et les pêches font réellement la fortune de quelques hommes riches.

— Et toutes ces occupations valent mieux et sont plus honnêtes que le trafic en villes et en chemins dont vous avez parlé d'abord, dit tranquillement M. Effingham.

Aristobule le regarda avec un peu de surprise; car tout ce qui rapportait du profit lui souriait, et il croyait honnête tout ce que la loi ne défendait pas expressément. Voyant pourtant que la compagnie était disposée à l'écouter, et ayant recouvré le terrain qu'il avait perdu dans l'importante affaire de satisfaire son appétit, il continua le même sujet:

— Bien des familles ont quitté l'Otsego, les deux étés derniers, pour émigrer à l'ouest. La fièvre a gagné et s'est étendue bien loin, monsieur Effingham.

— La fièvre! le vieil Otsego! — car on aime à donner cette épithète à un comté dont l'existence remonte à un demi-siècle, et qui est vénérable par comparaison, — le vieil Otsego perd-il sa réputation bien acquise de salubrité?

— Je ne parle pas d'une fièvre physique; j'entends la fièvre occidentale.

— *Ce pays de l'occident est donc bien malsain?* demanda mademoiselle Viefville à demi-voix.

— *Apparemment, Mademoiselle; sous plusieurs rapports.*

— Jeunes et vieux, la fièvre occidentale a attaqué tout le monde, et elle a enlevé des familles entières à cette partie de l'univers, continua Aristobule, qui ne comprit rien au petit aparté qui vient d'être rapporté, et qui, par conséquent, n'y fit aucune attention. — La plupart des comtés voisins du nôtre ont aussi perdu une partie considérable de leur population.

— Et ceux qui sont partis ainsi, demanda M. Effingham, appartiennent-ils aux familles établies, ou forment-ils seulement la partie mobile des habitants?

— La plupart appartiennent à la classe de ceux qui ont toujours un pied en l'air.

— Quoi! s'écria sir George, y a-t-il réellement une partie notable de votre population qu'on puisse désigner ainsi?

— Tout aussi bien que l'homme qui ferre un cheval doit s'appeler un maréchal, répondit John Effingham, et celui qui bâtit une maison un charpentier.

— Bien certainement, continua M. Bragg, et nous en avons un bon nombre tant en politique qu'en tout autre genre d'affaires.

— Je suppose, sir George, qu'en Angleterre vous êtes assez stationnaires?

— Nous aimons à rester de génération en génération dans le même endroit. Nous aimons l'arbre que nos ancêtres ont planté, le toit qu'ils ont construit, le coin du feu où ils se sont assis, et la terre qui couvre leurs restes.

— Très-poétique, et j'ose dire qu'il y a dans la vie des situations où de pareils sentiments viennent sans effort. Cependant ce doit être un grand obstacle aux affaires et aux spéculations dans votre partie du monde, Monsieur.

— Que sont les affaires et les spéculations auprès de l'affection que l'on conserve pour ses ancêtres, Monsieur, et des liens solennels qui rattachent les hommes à la tradition et à l'histoire?

— Quant à l'histoire, elle ne nous oppose pas ici de grands obstacles; du moins elle n'empêche personne de faire ce que son intérêt exige. On doit avoir pitié d'une nation que le passé enchaîne de cette manière; car son industrie, son esprit d'entreprise, doivent être arrêtés à chaque instant par des obstacles qui naissent de ses souvenirs. A cet égard, aussi bien qu'en toute autre chose, monsieur John Effingham, on peut réellement appeler l'Amérique un pays aussi heureux qu'il est libre.

Sir George Templemore avait trop de savoir-vivre pour exprimer tout ce qu'il pensait en ce moment, car il aùrait nécessairement blessé les sentiments de ses hôtes ; mais il fut récompensé de sa retenue par les sourires pleins d'intelligence que lui adressèrent Eve et Grace ; et le jeune baronnet pensa en ce moment que celle-ci ne le cédait nullement en beauté à sa cousine, et que, si ses manières étaient moins raffinées, elle avait la naïveté la plus intéressante.

— J'ai entendu dire que beaucoup de nations anciennes ont à lutter contre des difficultés que nous n'éprouvons pas, dit John Effingham ; mais j'avoue que c'est un genre de supériorité qui ne s'était pas encore présenté à mon esprit.

— Les économistes politiques et même les géographes n'y ont pas songé, dit M. Bragg ; mais la pratique le fait voir et en fait sentir les avantages à chaque heure du jour. On m'a dit qu'en Angleterre, sir John Templemore, on éprouve des difficultés à faire passer des rues et des grands chemins à travers des maisons et des enclos, et même qu'un chemin de fer et un canal sont obligés de faire un détour pour éviter un cimetière. Tout cela est-il vrai ?

— Je ne puis le nier.

— Notre ami M. Bragg, dit John Effingham, considère la vie comme entièrement composée de moyens et n'ayant pas de but.

— On ne peut arriver à un but sans moyens, Monsieur, et j'espère que vous en conviendrez vous-même. Mon but, du moins, est la fin d'une route, et je dois dire que je suis charmé d'être né dans un pays où il existe le moins d'obstacles possible pour en ouvrir. L'homme qui s'y opposerait dans notre pays à cause de ses ancêtres, s'en trouverait mal parmi ses contemporains.

— Me permettrez-vous de vous demander, monsieur Bragg, si vous n'éprouvez vous-même aucun attachement local ? dit le baronnet, cherchant par un ton plein d'aménité à mettre toute la délicatesse possible en faisant une question qui lui paraissait à lui-même presque une insulte pour le cœur d'un homme ; — si un arbre ne vous plaît pas plus qu'un autre ; — si la maison dans laquelle vous êtes né n'est pas plus belle à vos yeux que toute autre ; — si l'autel devant lequel vous avez longtemps prié n'a pas pour vous un caractère plus sacré que celui devant lequel vous ne vous êtes jamais agenouillé ?

— Rien ne me fait plus de plaisir, Monsieur, que de répondre aux questions des voyageurs qui viennent dans notre pays; car je crois qu'en faisant en sorte que les nations se connaissent l'une l'autre, c'est le moyen d'encourager le commerce, et de pouvoir faire des spéculations plus sûres. Je vous dirai donc, pour répondre à votre question, qu'un homme n'est point un chat, pour préférer un lieu quelconque à ses propres intérêts. Je conviens que certains arbres m'ont fait plus de plaisir que d'autres, et je me rappelle que celui qui m'en a fait le plus est un des miens, qui m'a produit mille pieds d'excellentes planches, sans parler des copeaux; la maison où je suis né a été abattue peu de temps après ma naissance, et il en a été de même de celle qui l'a remplacée, de sorte que je ne puis rien dire à ce sujet. Quant aux autels, nous n'en avons pas dans ma religion. — Mais, puisque nous parlons de maisons, je crois, monsieur Effingham, que l'opinion générale est que vous auriez pu tirer meilleur parti de la vôtre qu'en la faisant réparer. Si vous en eussiez vendu les matériaux, vous en auriez trouvé un bon prix, et en ouvrant une rue à travers votre propriété, vous auriez réalisé une jolie somme.

— En ce cas, j'aurais été sans maison, monsieur Bragg.

— Qu'importe? vous en auriez eu une autre sur un terrain moins cher. Telle qu'elle était, la vieille maison aurait même fait une bonne factorerie ou une auberge.

— Monsieur, je suis un peu *chat*, et j'aime les endroits que j'ai longtemps fréquentés.

Aristobule ne se déconcertait pas aisément; mais le ton dont M. Effingham prononça ces derniers mots l'intimida, et Eve vit que les joues de son père étaient rouges d'émotion. Cette circonstance fit changer la conversation. Nous l'avons rapportée assez longuement parce qu'elle fera connaître au lecteur le caractère d'un homme qui doit occuper quelque place dans notre histoire, mieux que ne pourrait le faire la description la plus élaborée.

— J'espère, capitaine Truck, dit John Effingham pour faire tomber l'entretien sur un autre sujet, que vos armateurs sont complètement satisfaits de la manière dont vous avez sauvé leur bâtiment des mains des Arabes?

— Quand il s'agit d'argent, on est plus disposé à se rappeler comment il a été perdu que comment il a été recouvré, la religion et le commerce étant les deux pôles sur un pareil point, répondit le vieux marin d'un air grave. Quoi qu'il en soit, mon cher monsieur, je n'ai pas lieu, au total, d'être mécontent, et tant que mes passagers et mes amis ne me trouveront pas à blâmer, je croirai avoir rempli au moins une partie de mon devoir.

Eve se leva de table, ouvrit un buffet, et y prit un bol à punch en argent, supérieurement ciselé, qu'elle plaça avec grâce devant le capitaine du *Montauk*. Au même instant, Pierre y plaça aussi un plateau sur lequel était une belle montre, une paire de petites pinces en argent pour tenir un charbon, et un porte-voix d'argent massif.

— Ce sont de faibles témoignages de notre reconnaissance, dit Eve, et nous vous prions de les accepter comme des preuves de l'estime que nous ont inspirée vos bontés, vos talents et votre courage.

— Ma chère miss Effingham, s'écria le vieux marin, touché jusqu'au fond du cœur par le ton de sensibilité avec lequel Eve avait prononcé ces mots ; — ma chère miss Effingham ! — Eh bien ! que Dieu vous protége, — vous et votre père, — et vous aussi, monsieur John Effingham, — et sir George Templemore ! — Que j'aie pu prendre ce pendard pour un homme comme il faut, pour un baronnet ! — quoique je suppose qu'il y ait des baronnets et des lords qui ont à leur service des gens semblables, ajouta-t-il en lançant un coup d'œil sur Aristobule. — Puisse le Seigneur m'oublier dans le plus furieux ouragan, si j'oublie jamais qui m'a fait ces beaux présents, et en quelle occasion !

Ici le digne capitaine fut obligé de boire un verre de vin pour calmer son émotion, et Aristobule, profitant de cette circonstance, prit sans façon le bol à punch, qu'il eut l'air de peser dans sa main comme pour se faire une idée de sa valeur intrinsèque. L'œil actif du capitaine Truck s'en aperçut, et il reprit son bien sans plus de cérémonie que M. Bragg n'en avait mis à le prendre, et il ne fallut rien moins que la présence des dames pour empêcher un éclat qui aurait été une déclaration de guerre.

— Avec votre permission, monsieur, dit le capitaine d'un ton sec, après s'être remis en possession du bol, non seulement sans le consentement d'Aristobule, mais jusqu'à un certain point malgré lui ; ce bol m'est aussi précieux que s'il était fait des os de mon père.

— Je le crois facilement, car il ne peut avoir coûté moins de cent dollars.

— Cent dollars ! Fi, monsieur. — Parlons de la valeur véritable, ma chère miss Eve. — Duquel de ces bijoux vous suis-je redevable ?

— Le bol est mon offrande, répondit Eve en souriant, quoiqu'une larme brillât dans ses yeux, en voyant combien le vieux marin était touché de cette marque d'affection. J'ai cru qu'il pourrait quelquefois me rappeler à votre souvenir, quand vous proposerez le toast en l'honneur « des maîtresses et des femmes. »

— Il n'y manquera pas, de par le ciel ! et que Saunders prenne garde à lui s'il ne le tient pas aussi brillant que le fond d'une frégate en croisière ! — Et à qui suis-je redevable de ces jolies pinces ?

— Elles sont le choix de M. John Effingham, qui prétend qu'il sera plus près de votre cœur qu'aucun de nous, quoique son présent soit de si peu de valeur.

— Il ne me connaît pas, ma chère miss Eve ; jamais personne n'est arrivé si près de mon cœur que vous. Non, pas même ma chère et pieuse vieille mère. Mais je remercie M. John Effingham de toute mon âme, et je fumerai rarement sans penser à lui. — Je suis sûr que la montre vient de M. Effingham, et par conséquent j'ai à remercier sir George du porte-voix.

Une inclination de tête de chacun d'eux assura le capitaine qu'il ne se trompait pas, et il leur serra la main cordialement, en protestant, dans la plénitude de son cœur, que rien ne lui ferait plus de plaisir que de pouvoir braver de nouveau, en leur bonne compagnie, des périls semblables à ceux auxquels ils avaient échappé si récemment.

Pendant ce temps, Aristobule, malgré le petit affront qu'il avait reçu, avait réussi à prendre successivement chacun de ces objets, pour s'assurer de leur valeur véritable en les examinant, et en les pesant sur sa main. Il finit par ouvrir la montre pour en considérer les ressorts aussi bien que les circonstances le permettaient.

— Je respecte ces objets, monsieur, plus que vous ne respectez la tombe de votre père, dit le capitaine Truck d'un ton grave, en arrachant la montre des mains impies d'Aristobule, comme il le pensait ; et qu'ils soient chats ou non, ils couleront à fond ou surnageront avec moi jusqu'à la fin de ma croisière. — S'il y a quelque pouvoir dans un testament, — et je regrette d'entendre dire qu'il n'y en a plus, — ils partageront ma dernière couche, qu'elle soit à terre ou dans le fond de l'Océan. — Ma chère miss

Eve, imaginez-vous tout le reste, mais soyez bien sûre que le punch me paraîtra meilleur que jamais quand il sera servi dans ce bol, et que « les maîtresses et les femmes » n'auront jamais été si honorées.

— Nous allons ce soir à un bal chez une personne avec qui je suis assez intime pour prendre la liberté d'y conduire des étrangers, et je voudrais, messieurs, dit M. Effingham en saluant le capitaine et Aristobule, que vous me fissiez le plaisir de nous accompagner.

Cette proposition parut toute simple à M. Bragg, qui l'accepta sur-le-champ ; et le capitaine Truck, après avoir protesté qu'il ne convenait aucunement à de pareilles scènes, se laissa enfin convaincre par John Effingham. Les dames ne tardèrent pas à quitter la table ; mais M. Effingham suivit l'ancienne coutume d'y rester jusqu'à ce qu'on les avertît de passer dans le salon, — coutume qui continue à être observée en Amérique sans autre raison que parce qu'elle existe encore en Angleterre ; car il est certain qu'elle tombera à New-York dès qu'on apprendra qu'elle est tombée à Londres.

CHAPITRE III.

>Tu es aussi sage que tu es belle.
>Shakspeare.

Le capitaine Truck demanda la permission d'essayer ses nouvelles pinces en allumant un cigare, et sir George dit tout bas à Pierre d'aller demander aux dames si elles voulaient lui permettre d'aller les joindre. Leur consentement ayant été obtenu, le baronnet s'éclipsa tranquillement, et fut bientôt hors de l'atmosphère des différentes odeurs qu'on respirait dans la salle à manger.

— Vous ne trouverez ici ni encens, ni encensoir, dit Eve en riant, quand sir George entra dans le salon ; mais vous vous rappellerez que nous n'avons pas ici d'église établie, et nous n'osons prendre de telles libertés avec le cérémonial des autels.

— C'est une coutume qui n'a pas été adoptée chez nous depuis bien longtemps, quoiqu'elle soit loin d'être désagréable ; mais vous ne me rendez pas justice si vous supposez que je n'aie voulu que me dérober à la fumée de la salle à manger.

— Non, non; nous comprenons parfaitement que vous aviez aussi en vue la fumée de la flatterie, et nous supposerons que vous avez dit tout ce que l'occasion exige. — Notre vieux et honnête capitaine n'est-il pas dans son genre un vrai bijou?

— En vérité, puisque vous me permettez de parler des hôtes de votre père, je crois impossible qu'on réunisse deux hommes qui soient si complètement le contraire l'un de l'autre que le capitaine Truck et ce M. Aristobule Bragg. Ce dernier est la personne la plus extraordinaire que j'aie jamais eu la bonne fortune de rencontrer.

— Vous l'appelez *une personne*, Pierre l'appelle *un personnage*. Je crois qu'il regarde comme une affaire de hasard s'il passe sa vie dans une condition ou dans une autre. Mon cousin John m'assure que, tandis que cet homme est prêt à accepter tel emploi qu'on veuille lui confier, il ne croirait pas manquer aux convenances en aspirant au trône dans la *White-House*.

— Certainement, sans espoir d'y arriver.

— C'est ce dont je ne puis répondre. Il faut qu'il subisse bien des changements importants et qu'il s'opère en lui une révolution complète avant que la fortune puisse le porter si haut; mais du moment que vous supprimez les droits du pouvoir héréditaire, la porte s'ouvre au chapitre des accidents. Alexandre, empereur de Russie, s'appelait *un heureux accident*, et si jamais la fortune nous donne M. Bragg pour président, nous n'aurons qu'à l'appeler *un malheureux accident*. Ce sera toute la différence.

— Votre républicanisme est inexpugnable, miss Effingham, et je renoncerai à toute tentative pour vous convertir à de meilleurs principes, d'autant plus que je vous trouve soutenue par votre père et votre cousin, qui, tout en blâmant tant de choses, semblent au fond singulièrement tenir au système qui s'y rattache.

— Ils blâment certaines choses, sir George, parce que, quoiqu'ils sachent qu'on ne peut atteindre la perfection, ils sentent qu'il n'est ni sage ni sûr de louer des défauts; et ils sont attachés au système adopté dans ce pays, parce qu'en ayant vu d'autres de très-près ils se sont convaincus que, comparativement du moins, et quelque défectueux qu'il soit, il vaut mieux que celui suivi dans beaucoup d'autres.

— Je puis vous assurer, dit Grace, que la plupart des opinions de M. John Effingham particulièrement ne sont pas celles qui ont la vogue ici. Il blâme ce que nous approuvons, et approuve ce que nous blâmons. On regarde mon cher oncle lui-même comme ayant des idées un peu hétérodoxes sur ce sujet.

— Je puis facilement le croire, répondit Eve avec fermeté. Ces messieurs s'étant familiarisés avec de meilleures choses, quant au goût et à ce qui est purement agréable, ne peuvent faire tort à leurs connaissances au point de louer ce que leur propre expérience leur prouve n'être bon que relativement. Si vous réfléchissez un instant, Grace, vous reconnaîtrez qu'on préfère naturellement ce qui est à son goût jusqu'à ce que l'on connaisse quelque chose de meilleur, et qu'on critique aussi naturellement les choses désagréables qu'on trouve autour de soi, quoique ces choses, étant la suite d'un système politique que l'on connaît, puissent frapper l'esprit moins désagréablement que celles qui sont le résultat d'autres systèmes moins connus. En pareil cas, on aime ce qu'on a de mieux dans son pays, simplement parce qu'on le trouve chez soi, et l'on critique ce qu'on y remarque de pire. La nature des choses nous inspire un goût ou une répugnance pour elles sans que nous fassions aucune comparaison, et quand nous trouvons des points de comparaison, si nous apercevons quelque chose de mieux, ce goût disparaît, tandis qu'il est, je crois, dans la nature de l'homme de se plaindre de tout grief positif.

— Une république est odieuse!

— *Une république est une horreur!*

Grace regardait une république comme odieuse, sans connaître aucune autre forme de gouvernement, parce qu'elle y voyait des choses odieuses, et mademoiselle Viefville appelait une république une horreur parce que l'anarchie régnait et que les têtes tombaient dans son pays pendant sa première lutte pour obtenir la liberté. Quoique Eve parlât rarement plus sensément, et ne s'exprimât jamais avec plus de modération qu'elle ne venait de le faire, sir George Templemore, la regardant en ce moment, douta que ses traits eussent cette délicatesse exquise qu'il avait tant admirée, et quand il se tourna vers Grace au moment où elle fit l'exclamation soudaine et absurde que nous avons rapportée, sa physionomie animée le fit penser, du moins pour l'instant, qu'elle était la plus jolie des deux.

Eve Effingham avait encore à apprendre qu'elle venait d'entrer dans la société la plus intolérante possible, considérée simplement comme société, et par comparaison avec ce qu'on appelle des sentiments libéraux dans toute la chrétienté. Nous ne voulons pas dire qu'il serait moins sûr d'exprimer une opinion généreuse en faveur des droits des hommes en Amérique qu'en tout autre pays, mais seulement que la résistance des hommes éclairés aux entreprises des ignorants y a amené une disposition d'esprit,— disposition qui est rarement juste et qui n'est jamais philosophique, — qui a fait naître une prévention silencieuse, mais presque unanime, contre les effets des institutions dans ce qui est appelé le monde. En Europe on énonce rarement une opinion de cette nature, dans des circonstances où l'on peut le faire sans danger, sans la voir généralement partagée par tous ceux qui l'entendent ; mais dans le cercle dans lequel Eve se trouvait alors, on considérait presque comme une violation des convenances de prétendre que la masse des hommes a des droits. Qu'on ne nous en fasse pas dire plus que nous ne voulons. Nous ne doutons pas qu'une grande partie de ceux qui pensent différemment ne le fassent sans y avoir réfléchi, ou d'après le motif très-naturel donné par notre héroïne. Tout ce que nous voulons faire entendre, c'est que telle est l'apparence que la société américaine présente extérieurement à tout étranger, et même à tout Américain qui revient dans sa patrie après avoir séjourné dans un pays étranger. Cela est-il sage, prudent, de bon goût? c'est sur quoi nous ne nous expliquerons pas en ce moment ; nous nous bornerons à dire que l'exclamation de Grace produisit sur Eve un effet désagréable, et que, bien différente du baronnet, elle pensa que sa cousine ne lui avait jamais paru moins jolie que lorsque sa physionomie exprimait le sentiment qu'elle avait énoncé en ce peu de mots.

Sir George Templemore avait assez de tact pour s'apercevoir qu'il y avait une légère opposition dans les opinions de ces deux jeunes personnes, et il changea le sujet de la conversation. Relativement à Eve, il était tranquille du côté des provincialismes, et sans trop songer au parti que prendrait Grace dans une telle discussion, il choisit pour sujet, peut-être un peu maladroitement, l'état général de la société à New-York.

— Je voudrais savoir, dit-il, si vous avez ici vos cercles particuliers comme à Paris et à Londres ; si vous avez votre *Chaus-*

sée-d'Antin et votre *faubourg Saint-Germain;* votre *Piccadilly* et vos *Grosvenor* et *Russell-Square?*

— Il faut que je vous renvoie à miss Van Courtlandt pour la réponse à cette question.

Grace rougit, car c'était pour elle une chose toute nouvelle d'être interrogée sur un pareil sujet par un étranger plein d'intelligence.

— Je ne sais si j'entends bien la question, dit-elle, quoique je craigne que sir George ne veuille demander si nous avons des distinctions dans la société.

— Et pourquoi le craignez-vous, miss Van Courtlandt?

— Parce qu'il me semble qu'une telle question impliquerait des doutes sur notre civilisation.

— Il y a souvent plus de distinctions que de différences réelles, dit Eve. Même Paris et Londres ne sont pas exempts de cette folie. Sir George, si je le comprends bien, désire savoir si nous estimons les gens d'après les rues et les squares qu'ils habitent.

— Ce n'est pas tout à fait cela, miss Effingham. Je désire savoir si parmi les personnes qui peuvent passer pour être bien élevées, vous faites ces distinctions minutieuses qu'on trouve en d'autres pays; si vous avez vos *exclusifs* et vos *élégants;* ou si vous traitez tout le monde sur le pied de l'égalité.

— *Les femmes américaines sont très-jolies*, dit mademoiselle Viefville.

— Il est impossible qu'il ne se forme pas des coteries dans une ville de trois cent mille âmes.

— Sans doute; mais ne fait-on pas de distinction entre ces coteries? L'une n'est-elle pas placée au-dessus de l'autre par l'opinion et par un consentement tacite, sinon par des règlements positifs?

— On fait certainement la distinction dont parle sir George, dit Grace, qui prit plus de courage pour parler quand elle comprit mieux le sujet de l'entretien. Les anciennes familles, par exemple, se voient entre elles plus que les autres, quoiqu'il soit à regretter qu'elles n'y mettent pas plus de sévérité.

— Les anciennes familles! s'écria sir George Templemore en appuyant sur ces mots autant qu'un homme ayant du savoir-vivre pouvait le faire en pareilles circonstances.

— Oui, les anciennes familles, répéta Eve avec toute l'emphase que le baronnet n'avait osé y mettre; aussi anciennes du moins que deux siècles peuvent les rendre ; et, par leur origine, remontant aussi loin que les habitants du reste du monde. L'Américain a même une noblesse plus qu'ordinaire, puisque la sienne peut avoir pris racine dans celle d'Europe.

— Ne vous méprenez pas, miss Effingham ; je sais parfaitement que les habitants de ce pays sont à cet égard comme ceux de toutes les autres contrées civilisées. Ma surprise est que, dans une république, vous ayez même ce terme « anciennes familles. »

— Vous me permettrez de dire que votre surprise est venue de ce que vous n'avez pas assez réfléchi sur l'état véritable du pays. Il existe partout deux grandes causes de distinction, la fortune et le mérite. Or si une race d'Américains continue pendant plusieurs générations à se rendre remarquable par une de ces causes ou par la réunion de toutes deux, pourquoi ses descendants n'auraient-ils pas le droit d'être considérés comme membres d'anciennes familles, puisqu'ils sont précisément dans les mêmes circonstances ? L'histoire d'une république est aussi bien une histoire que celle d'une monarchie ; et un nom historique a droit à autant de considération dans l'une que dans l'autre. Vous admettez cette vérité dans vos républiques d'Europe, tandis que vous vouler la nier dans la nôtre.

— Je dois insister pour avoir des preuves. Si nous permettons qu'on nous accuse ainsi sans preuves, mademoiselle Viefville, nous serons vaincus par notre propre faute.

— *C'est une belle illustration que celle de l'antiquité*, dit la gouvernante.

— Si vous insistez sur des preuves, que répondrez-vous au mot de Cupponi ? « *Faites sonner vos trompettes, et je vais faire sonner mes cloches.* » Et que direz-vous des Von Erlachs, famille qui pendant cinq siècles s'est toujours montrée prête à résister à l'oppression et aux invasions ?

— Tout cela est très-vrai, et cependant j'avoue que ce n'est pas sous ce point de vue que nous avons coutume de considérer la société américaine.

— Cependant je présume qu'un descendant de Washington, jouissant d'une réputation, et occupant ici une situation digne de ce nom, ne passerait pas tout à fait pour un homme du commun ?

— Si vous me serrez de si près, miss Eve, il faut que j'appelle miss Van Courtlandt à mon secours.

— N'attendez aucun appui de ce côté. Miss Van Courtlandt

porte elle-même un nom historique, et elle ne renoncera pas à une fierté honorable pour tirer d'embarras une des puissances hostiles.

— Tout en convenant que le temps et le mérite doivent placer les familles sur le même pied en Amérique qu'en Europe, je ne vois pas qu'il soit d'accord avec vos institutions d'appuyer de la même manière sur les circonstances.

— Nous sommes parfaitement du même avis sur ce point; car je crois que c'est l'Américain qui doit être le plus fier de sa famille.

— Vous paraissez aimer ce soir les paradoxes, miss Effingham; car je suis très-certain que vous pourriez à peine soutenir cette assertion d'une manière plausible.

— Si j'avais ici mon ancien allié M. Powis, dit Eve touchant le garde-feu de son petit pied, et parlant d'un ton moins animé, mais plus doux et presque mélancolique, je le prierais de vous expliquer ce que je viens de vous dire, car il était singulièrement éloquent sur ce sujet. Mais, puisqu'il est absent, j'essaierai de le faire moi-même. En Europe, les places, le pouvoir, et par conséquent la considération, sont héréditaires, au lieu que dans ce pays-ci tout dépend des élections. Or, on doit être plus fier d'aïeux qui ont occupé des places éligibles, que d'ancêtres qui ne les ont remplies que par suite des accidents *heureux ou malheureux* de la naissance. La seule différence entre l'Angleterre et l'Amérique, c'est que vous donnez un rang positif, quand nous n'accordons que de la considération. L'estime est la base fondamentale de notre noblesse, et le grand sceau est celle de la vôtre. Et maintenant, ayant établi le fait qu'il existe d'anciennes familles en Amérique, voyons jusqu'à quel point elles ont de l'influence sur la société.

— Pour nous en assurer, il faut nous adresser à miss Van Courtlandt.

— Si l'on me demande mon opinion sur ce point, s'écria Grace avec vivacité, je dirai qu'elles en ont beaucoup moins qu'elles ne le devraient, car la grande multitude d'étrangers a complétement bouleversé toutes les convenances à cet égard.

— Et cependant, reprit Eve, j'ose dire que ces étrangers nous sont utiles. Un grand nombre d'entre eux doivent avoir été des gens respectables dans leur pays natal, et sont par conséquent une acquisition désirable pour une société qui, par sa nature, est nécessairement *tant soit peu provinciale.*

— Oh! s'écria Grace, je puis tout tolérer excepter les *hadgis*.

— Les quoi? demanda sir George. Me permettrez-vous de vous demander une explication, miss Van Courtlandt?

— Les hadgis, répéta Grace en souriant, mais rougissant jusqu'au front.

Le baronnet regarda tour à tour les deux cousines, et jeta ensuite un coup d'œil sur mademoiselle Viefville, comme pour lui demander une explication. La gouvernante fit un léger mouvement d'épaules, et parut elle-même en désirer une.

— Les hadgis, sir George, dit enfin Eve, forment une classe dont vous et moi nous avons l'honneur de faire partie.

— Non, non, pas sir George Templemore, s'écria Grace avec une vivacité qu'elle regretta à l'instant même; il n'est pas Américain.

— En ce cas je suis la seule ici qui aie cet avantage. — Ce terme s'applique, sir George, à ceux qui ont fait un pèlerinage, non à la Mecque, mais à Paris ; et le pèlerin doit être Américain et non musulman.

— Mais vous-même, Eve, vous n'êtes pas hadgi.

— Il y a donc pour mériter ce titre quelque condition que je ne connais pas encore? Instruisez-nous, Grace, et faites-nous connaître les traits caractéristiques de cet animal.

— Vous êtes restée trop longtemps à Paris pour être hadgi. Il faut n'être qu'inoculé, et non pas avoir gagné la maladie et en être guéri, pour être un véritable hadgi.

— Je vous remercie de cette description, miss Van Courtlandt. Comme j'ai eu la maladie, j'espère qu'elle n'a laissé aucune trace.

— J'aimerais à voir un de ces hadgis, s'écria sir George. Y en a-t-il des deux sexes?

Grace sourit et fit un signe de tête affirmatif.

— Aurez-vous la bonté de m'en montrer un, si nous sommes assez heureux pour en rencontrer ce soir?

Grace répondit de la même manière.

— Je pense, Grace, dit Eve après quelques instants de silence, que nous pouvons donner à sir George une idée plus juste d'une société qui lui inspire tant de curiosité, en faisant ce qui n'est pour nous qu'un devoir, et en lui permettant de profiter de cette occasion. Mistress Hawker reçoit ce soir sans cérémonie; nous n'avons pas encore rendu la visite de mistress Jarvis ; il me semble que nous pourrions passer chez toutes deux, et nous serons encore à temps pour le bal de mistress Houston.

— Sûrement, Eve, vous ne voudriez pas conduire sir George Templemore dans une maison comme celle de mistress Jarvis?

— Je ne veux conduire sir George nulle part ; car vos hadgis ont des idées qui leur sont propres sur de tels sujets ; mais comme mon cousin John nous accompagnera, il peut fort bien lui accorder cette faveur importante. J'ose dire que mistress Jarvis ne croira pas qu'il prend trop de liberté.

— Je puis vous en répondre. Rien de ce que peut faire M. John Effingham ne sera regardé comme déplacé par mistress Jared Jarvis. Il occupe dans la société une position trop bien établie, et celle de cette dame est trop équivoque pour laisser aucun doute à ce sujet.

— Voilà qui décide la question des *coteries*, dit Eve au baronnet. On pourrait écrire des volumes pour établir les principes ; mais quand un homme peut faire tout ce qu'il lui plaît et aller où bon lui semble, on peut dire, sans craindre de se tromper, qu'il est privilégié.

— Cela est très-vrai quant au fait, miss Effingham ; mais j'aimerais beaucoup d'en savoir la raison.

— De pareilles choses se décident souvent sans aucune raison. Vous êtes un peu exigeant en demandant à New-York une raison pour ce qu'on fait à Londres sans en avoir aucune. Il suffit que mistress Jarvis sera enchantée de vous voir sans invitation, et que mistress Houston croirait du moins un peu étrange que vous prissiez la même liberté avec elle.

— Il s'ensuit, dit sir George en riant, que mistress Jarvis est celle des deux qui a le plus d'hospitalité.

— Et que ferons-nous du capitaine Truck et de M. Bragg, Eve? demanda Grace; nous ne pouvons les conduire chez mistress Hawker.

Il est vrai qu'Aristobule serait un peu hors de sa sphère dans une telle maison; mais quant à l'excellent, brave et honnête capitaine, il ne peut être déplacé nulle part. Je serai enchantée de le présenter moi-même à mistress Hawker.

Après une courte consultation entre les deux cousines, il fut décidé qu'on ne parlerait pas des deux premières visites à M. Bragg, mais qu'on prierait M. Effingham de l'amener au bal à l'heure convenable, et que le reste de la compagnie partirait sans avoir rien dit du projet qui venait d'être arrêté. Dès que cet arrangement eut été convenu, les dames se retirèrent pour faire leur toilette, et sir George passa dans la bibliothèque pour s'amuser à lire ; mais John Effingham ne tarda pas à aller l'y joindre. Le baronnet fit retomber la conversation sur les distinctions dans la société, et il parla sur ce sujet avec cette confusion d'idées qui caractérise les Européens quand ils veulent appliquer leurs principes à l'Amérique.

CHAPITRE IV.

Je suis prêt.— Et moi. — Et moi.— Où Irons-nous ?
SHAKSPEARE.

Grace Van Courtlandt fut la première à reparaître après la retraite générale du salon. On a dit bien souvent que, quelque jolies que soient incontestablement les Américaines, elles le paraissent au total encore plus en *demi-toilette* que lorsqu'elles sont parées pour un bal. Elles connaissent peu ce qu'on appellerait grande parure dans les autres parties du monde ; mais, faisant le contraire de ce qui se pratique en Europe, où les femmes mariées se costument avec le plus grand soin, tandis qu'on recommande aux jeunes personnes une stricte simplicité dans leur mise, Grace parut alors suffisamment parée aux yeux difficiles du baronnet, tandis qu'il pensait en même temps qu'elle méritait moins que la plupart de ses jeunes compatriotes l'observation critique que nous venons de faire.

Un embonpoint qui n'était que suffisant pour la distinguer d'un grand nombre de ses compagnes, de belles couleurs, des yeux brillants, un sourire plein de douceur, des cheveux superbes, des mains et des pieds comme sir George s'était imaginé, sans savoir pourquoi, que des filles de pairs et de princes pouvaient seules en avoir, rendaient Grace ce soir-là si particulièrement attrayante, que le jeune baronnet commença sérieusement à la trouver plus belle que sa cousine même. Il y avait aussi dans la simplicité naturelle de Grace un charme singulièrement séduisant pour un homme élevé au milieu de la froideur et du maniérisme des hautes classes d'Angleterre. Mais cette simplicité était modifiée en elle par la réserve et la retenue ; car les manières exagérées de la nouvelle école n'avaient diminué en rien la dignité de son caractère, ni affaibli le charme attaché à la défiance de soi-même. Son éducation n'avait certainement pas acquis le même fini que celle d'Eve, circonstance qui portait peut-être sir George à lui supposer un peu plus de simplicité qu'elle n'en avait; mais ni dans ses paroles ni dans ses actions on ne remarquait jamais rien qui dérogeât le moins du monde à la dignité de son sexe; et en dépit de toutes les règles arbitraires et capricieuses de la mode, personne n'aurait pu, dans quelque circonstance que ce fût, dire que Grace Van Courtlandt avait l'air commun. A cet égard, la nature semblait être venue à son aide; car, si le cercle dans lequel elle vivait ne l'eût pas mise bien au-dessus d'une telle imputation, personne n'aurait pu croire qu'elle y aurait été exposée, quand même le hasard de la naissance l'eût placée à plusieurs degrés plus bas dans le monde.

On sait parfaitement que lorsque l'éducation a établi entre des individus une ressemblance suffisante pour que nos principes et nos habitudes ne reçoivent aucun choc violent, nous accordons une affection de préférence à ceux dont le caractère et les dispositions ressemblent le plus aux nôtres. C'est probablement une des raisons qui firent que sir George Templemore, qui savait fort bien depuis quelque temps qu'il n'avait rien à espérer du côté de miss Effingham, commença à regarder sa cousine, presque aussi aimable, avec un vif intérêt d'une nature toute nouvelle. Douée de pénétration et désirant vivement le bonheur de Grace, miss Effingham avait déjà découvert le changement survenu dans les inclinations du jeune baronnet. Elle s'en réjouissait en ce qui la concernait personnellement, mais elle ne le vit pas sans inquiétude pour sa cousine, car elle savait mieux que la plupart de ses concitoyennes combien la tranquillité d'âme d'une Américaine court de dangers quand elle se trouve transplantée dans les cercles plus artificiels de l'ancien monde.

— Je compterai particulièrement sur vos bons offices, miss Van Courtlandt, s'écria le baronnet quand il vit entrer dans la bibliothèque Grace, brillant d'une beauté rehaussée par la parure, pour faire excuser par mistress Jarvis et mistress Hawker la liberté que je vais prendre; et il faudrait qu'elles eussent le cœur bien froid et qu'elles fussent bien peu chrétiennes, si elles pouvaient résister à une telle médiatrice.

Grace n'était pas accoutumée à une adulation de cette espèce;

car, quoique le baronnet parlât avec un ton de gaieté qui pouvait faire croire qu'il plaisantait; son air d'admiration était trop visible pour échapper à l'instinct d'une femme. Elle rougit, et, reprenant sa présence d'esprit à l'instant même, elle répondit avec une naïveté qui avait mille charmes pour celui qui l'écoutait :

— Je ne vois pas pourquoi miss Effingham et moi nous hésiterions à vous présenter à ces deux dames. Mistress Hawker est notre parente, notre amie intime, — la mienne, du moins, — et quant à la pauvre mistress Jarvis, c'est la fille d'un ancien voisin, et elle sera trop charmée de nous voir pour faire des objections. Je crois que toute personne d'une certaine... Grace hésita un instant.

— Toute personne d'une certaine...? répéta sir George, comme pour l'inviter à finir la phrase.

— Ce que je veux dire, c'est que toute personne de cette maison est sûre d'être bien reçue dans Spring-Street.

— Pure et naturelle aristocratie! s'écria le baronnet avec un air de triomphe affecté. Vous le voyez, monsieur John Effingham, ceci vient à l'appui de mes arguments.

— Je pense comme vous, sir George, répondit John; — autant d'aristocratie naturelle qu'il vous plaira, mais non d'aristocratie héréditaire.

L'arrivée d'Eve et de mademoiselle Viefville interrompit cette plaisanterie, et les voitures étant à la porte, John Effingham alla chercher le capitaine Truck, qui était dans le salon avec M. Effingham et Aristobule.

— J'ai laissé Édouard discutant des baux et des procès avec son gérant, dit John Effingham en rentrant avec le capitaine; avant dix heures, ils auront préparé un joli mémoire de frais.

Eve sortit sur-le-champ de la bibliothèque pour aller à la porte de la rue; John Effingham la suivit; Grace et mademoiselle Viefville passèrent ensuite; le baronnet et le capitaine formèrent l'arrière-garde. Grace fut surprise que sir George ne lui eût pas offert le bras, car elle était accoutumée à cette attention, même dans des occasions où elle lui était plus à charge qu'agréable; mais sir George s'en abstint, parce qu'il craignait qu'elle ne l'accusât de trop de familiarité.

Miss Van Courtlandt, étant très-répandue dans le monde, avait un équipage; elle y monta avec sa cousine et mademoiselle Viefville; les autres prirent place dans la voiture de M. Effingham. Les cochers reçurent ordre de les conduire dans Spring-Street, et l'on partit.

Mistress Jarvis et la famille Effingham avaient fait connaissance parce qu'ils étaient voisins de campagne; mais la société qu'ils voyaient à New-York était aussi distincte que s'ils eussent habité deux hémisphères différents, et leurs relations s'y bornaient à quelques visites du matin, et, de temps en temps, à un dîner en famille, chez M. Effingham. Telle était la nature de leurs liaisons avant le voyage que M. Effingham avait fait en Europe avec sa fille, et il paraissait qu'elles allaient continuer sur le même pied qu'autrefois. Sous bien des rapports, on n'aurait pu trouver deux êtres plus différents que M. et mistress Jarvis. Le mari était un homme simple, sensé, laborieux, tout occupé de ses affaires; la femme était tourmentée du désir de figurer dans le grand monde. Le premier sentait parfaitement que M. Effingham, par son éducation, ses manières et sa position dans le monde, était d'une classe entièrement distincte de la sienne, et sans chercher à en analyser la cause, sans le moindre sentiment d'envie ou de mécontentement, comme sans lui faire bassement la cour, il se soumettait à cet ordre de choses. Mistress Jarvis, au contraire, exprimait souvent sa surprise qu'il existât à New-York quelqu'un qui eût la présomption de se croire au-dessus d'eux, et une remarque de ce genre donna lieu à la conversation qui suit, dans la matinée du jour où elle avait l'assemblée à laquelle nous conduisons le lecteur.

— Comment savez-vous, ma chère, qu'il existe quelqu'un qui se croie au-dessus de nous? lui demanda son mari.

— Pourquoi se trouve-t-il des gens qui ne nous rendent pas de visites?

— Pourquoi n'en faites-vous pas vous-même à tout le monde? Notre maison serait trop petite, si nous voulions seulement y recevoir tous ceux qui demeurent dans cette rue.

— Vous ne voudriez sûrement pas que j'allasse voir les femmes des épiciers et des autres marchands du voisinage. Ce que je veux dire, c'est que tous les gens d'une certaine sorte doivent voir tous les gens de la même sorte dans la même ville.

— Vous feriez, sans doute, des exceptions, ne fût-ce qu'à cause du nombre. J'ai vu, ce matin même, sur une charrette, le n° 3650; et si toutes les femmes de ces charretiers allaient se voir, chacune d'elles aurait dix visites à faire par jour pour compléter la liste dans le cours de l'année.

— Je ne puis jamais réussir à vous faire comprendre ces choses-là, monsieur Jarvis.

— Je crains, ma chère, que ce ne soit parce que vous ne les comprenez pas vous-même. Vous dites d'abord que tout le monde doit se rendre des visites réciproquement, et ensuite vous n'en voulez faire qu'à ceux que vous croyez dignes de recevoir celle de mistress Jared Jarvis.

— Ce que je veux dire, c'est que personne à New-York n'a le droit de se croire au-dessus de nous.

— Au-dessus? Dans quel sens?

— Dans le sens que certaines gens s'imaginent que nous ne valons pas la peine qu'ils nous rendent visite.

— Ce peut être votre opinion, ma chère; mais d'autres peuvent penser différemment. Il est évident que vous vous croyez trop au-dessus de mistress Oignon, la fruitière, pour lui rendre visite, et c'est pourtant une excellente femme dans son genre. Et comment pouvons-nous savoir si d'autres ne pensent pas que l'éducation que nous avons reçue n'a pas été aussi brillante que la leur? L'éducation est une chose positive, mistress Jarvis, et elle a beaucoup plus d'influence que l'argent sur les plaisirs d'une réunion. Il peut nous manquer cent petites perfections qui échappent à notre ignorance, et que ceux qui les possèdent jugent essentielles.

— Je n'ai jamais vu un homme qui ait l'esprit si peu sociable! Réellement, monsieur Jarvis, vous n'êtes pas digne d'être citoyen d'une république!

— Je ne vois pas ce qu'une république a de commun avec cette question. D'abord, il est singulier que vous vous serviez de ce mot, du moins dans le sens que vous lui donnez; car, d'après la manière dont vous l'entendez, vous êtes aussi anti-républicaine qu'aucune femme que je connaisse. — Mais une république n'implique pas nécessairement l'égalité des conditions, ni même l'égalité des droits. Ce n'est que la substitution des droits du peuple aux droits d'un prince. Si vous eussiez dit une démocratie, ce terme eût été plus plausible; mais, même en ce cas, il ne serait pas, en bonne logique, applicable à la question. Si je suis libre et démocrate, je me flatte d'être assez juste pour permettre aux autres d'être aussi libres et aussi démocrates que moi.

— Et qui désire le contraire? Tout ce que je demande, c'est d'être regardée comme digne d'aller de pair avec qui que ce soit dans ce pays, — dans les Etats-Unis d'Amérique.

— Je quitterais dans huit jours les Etats-Unis d'Amérique, si je croyais qu'un état de choses si intolérable y fût nécessaire.

— Vous, monsieur Jarvis, vous qui êtes membre du comité de Tammany-Hall!

— Oui, mistress Jarvis, moi membre du comité de Tammany-Hall. Quoi! pensez-vous que je veuille voir trois mille six cent cinquante charretiers entrer dans ma maison et en sortir la pipe à la bouche?

— Qui pense à vos charretiers et à vos fruitières, monsieur Jarvis? Je ne parle que des gens comme il faut.

— En d'autres termes, ma chère, vous ne parlez que de ceux que vous regardez comme étant au-dessus de vous, et vous laissez à l'écart ceux qui vous envisagent sous le même point de vue. Ce n'est point là ma démocratie et ma liberté. Je crois qu'il faut deux personnes pour faire un marché; et quoique je puisse consentir à dîner avec M. A—, s'il ne veut pas dîner avec moi, tout est dit.

— Vous touchez à un point qui tient à la question. Nous avons plusieurs fois dîné chez M. Effingham avant son voyage en Europe, et vous n'avez jamais voulu me permettre d'inviter M. Effingham à dîner chez nous. C'est ce que j'appelle de la bassesse.

— Cela serait vrai si je l'avais fait pour épargner mon argent. J'ai dîné chez M. Effingham, parce que sa compagnie me plaît,— parce que c'est un ancien voisin, et parce que j'aime l'élégance tranquille de sa table et de sa maison. Je ne l'ai pas invité à dîner chez moi, parce que j'étais sûr qu'il serait plus satisfait de cet aveu tacite de sa supériorité sur moi à cet égard que du fracas et de la gaucherie de nos efforts pour le payer en nature. Edouard Effingham reçoit assez d'invitations à dîner pour ne pas tenir un compte de doit et avoir avec ses convives, ce qui, suivant moi, sent un peu trop les manières de New-York.

— Fracas! gaucherie! je ne vois pas que vous fassiez plus de fracas et de gaucheries que M. Effingham lui-même.

— Non, ma chère; je suis un homme paisible et sans prétentions, comme la grande majorité de mes concitoyens, grâce au ciel.

— Pourquoi donc parler de ces différences, dans un pays où la loi n'en établit aucune?

— Pour la même raison que je parle de la rivière au bout de cette rue, ou parce qu'il y a une rivière. Une chose peut exister sans qu'une loi l'ordonne. Aucune loi n'enjoignait de bâtir cette maison, et pourtant elle a été bâtie. Nulle loi n'a rendu le docteur meilleur prédicateur que M. Prolixe, et cependant il prêche beaucoup mieux. De même, aucune loi n'a fait de M. Effingham un homme ayant plus de connaissances et d'instruction que moi en tout genre, et pourtant je ne suis pas assez fou pour nier ce fait. Mais s'il s'agissait de faire une lettre de connaissement, je ne lui céderais point le pas, ni à son cousin, M. John Effingham, je vous le promets.

— Tout cela me semble d'un petit génie et essentiellement anti-républicain, dit mistress Jarvis en se levant pour sortir; et si les Effingham ne viennent pas ce soir, je ne remettrai pas le pied chez eux de tout l'hiver. Je suis sûre qu'ils n'ont aucun droit de se dire au-dessus de nous, et d'ailleurs je ne suis nullement disposée à admettre cette impudente prétention.

— Avant de vous retirer, Jane, répliqua son mari en cherchant son chapeau, écoutez un dernier mot que j'ai à vous dire. Si vous désirez que le monde vous croie l'égale de quelqu'un, n'importe de qui, n'en parlez pas sans cesse, de peur qu'on ne voie que vous en doutez vous-même. Un fait positif ne peut manquer d'être aperçu, et ceux qui ont les droits les plus incontestables sont toujours les moins disposés à les faire valoir. On peut, sans contredit, commettre une infraction à ces droits sociaux qui ont été établis d'un consentement commun, et alors il peut être à propos d'en montrer son mécontentement; mais prenez garde de faire voir que vous sentez vous-même votre infériorité, en laissant voir à chacun que vous êtes jalouse de la situation que vous occupez dans le monde. — A présent, embrassez-moi; voici de l'argent pour votre partie de ce soir, et que je vous voie aussi charmée de recevoir chez vous mistress Jewett d'Albion-Place, que vous le seriez d'y voir entrer mistress Hawker elle-même.

— Mistress Hawker! s'écria sa femme en secouant la tête avec dédain; je ne traverserais pas la rue pour aller inviter mistress Hawker et toute sa clique. — C'était la vérité, car elle savait fort bien qu'elle aurait pris une peine inutile, la dame en question étant aussi près de diriger la mode à New-Yorck, , que cela est possible dans une ville qui ressemble à un camp autant qu'à une grande et ancienne capitale.

Quoique mistress Jarvis se fût donné les plus grandes peines pour attirer ce soir-là chez elle les personnages les plus distingués de sa connaissance, l'élégance simple des deux équipages qui amenèrent la famille Effingham et leurs amis éclipsa toutes les autres voitures. Leur arrivée fut jugée d'une telle importance qu'à l'instant même où elles s'arrêtèrent à la porte, on s'empressa d'annoncer à mistress Jarvis, qui était à son poste dans le second salon, qu'elle allait avoir une compagnie infiniment supérieure à toutes celles qui étaient arrivées jusqu'alors. Ce ne fut pas précisément ces termes qu'on employa ; mais on pouvait en juger par la hâte et l'air affairé de la sœur de mistress Jarvis, qui avait appris cette nouvelle d'un domestique, et qui en fit part *in propriâ personâ* à la maîtresse de la maison.

L'usage simple et très-utile d'annoncer à la porte du salon les noms de ceux qui arrivent, usage indispensable pour ceux qui reçoivent beaucoup de monde, et qui courent le risque de voir entrer chez eux des gens qu'ils connaissent de nom plus que de vue, n'est pas, à beaucoup près, généralement adopté en Amérique. Mistress Jarvis y aurait même réfléchi deux fois avant de se permettre une pareille innovation, si elle avait su qu'elle était admise ailleurs ; mais elle vivait dans une heureuse ignorance sur ce point, comme sur plusieurs autres qu'il aurait été plus essentiel qu'elle connût pour pouvoir briller comme elle le désirait dans la société. Quand mademoiselle Viefville parut avec Eve et Grace, suivies du capitaine Truck, du baronnet et de John Effingham, mistress Jarvis s'imagina d'abord que c'était une méprise, et que cette compagnie avait cru entrer dans une autre maison de la même rue où il y avait une assemblée rivale le même soir.

— Quels gens grossiers ! dit à demi-voix mistress Abijah Gross, qui, étant venue deux ans auparavant d'un village de l'intérieur de la Nouvelle-Angleterre, se croyait un modèle de tact social, et au fait des points les plus minutieux du savoir-vivre. Voici positivement deux jeunes personnes qui entrent sans que personne leur donne la main.

Mais il n'était pas au pouvoir du chuchotement et du sourire ricaneur de mistress Abijah Gross d'empêcher de rendre justice à deux créatures aussi aimables qu'Eve et sa cousine ; et après ce sarcasme solitaire, l'élégante simplicité de leur parure, leur grâce et leur beauté, non moins que leur air de modestie, imposèrent silence à la critique. Mistress Jarvis reconnut bientôt Eve et John

Effingham, et les compliments qu'elle leur prodigua, ainsi que son air de ravissement, annoncèrent évidemment à tous ceux qui étaient près d'elle l'importance qu'elle attachait à une telle visite. Elle ne reconnut pas d'abord mademoiselle Viefville sous le costume qu'elle portait; mais, dès qu'elle se la rappela, elle l'accabla de protestations du plaisir qu'elle avait à la voir.

— Je désire particulièrement, dit Eve dès qu'elle trouva l'occasion de parler, vous présenter un ami dont nous faisons tous le plus grand cas. Voici M. Truck, capitaine du *Montauk*, bâtiment dont vous avez entendu parler. — Ah! monsieur Jarvis, s'écriat-elle en lui tendant la main avec amitié, car elle le connaissait depuis son enfance, et elle avait toujours eu pour lui autant de respect que d'estime; je suis sûre que vous ferez à mon ami l'accueil le plus cordial.

Eve expliqua à M. Jarvis en peu de mots les obligations qu'ils avaient à l'honnête capitaine, et le maître de la maison, après avoir salué ses autres hôtes, prit à part le vieux marin, et commença avec lui une conversation sur son dernier voyage.

John Effingham présenta le baronnet, et mistress Jarvis, quoiqu'elle ignorât quel rang il occupait dans son pays, le reçut avec tous les égards possibles.

— Je crois que nous n'avons pas en ville en ce moment beaucoup de gens distingués par leurs talents, dit mistress Jarvis à John Effingham. Un grand voyageur, un homme très-intéressant, est le seul que j'aie pu obtenir pour cette soirée, et j'aurai beaucoup de plaisir à vous le faire connaître. — Il est là, au milieu de cette foule, car chacun veut l'entendre. Il a vu tant de choses! — Mistress Show, avec votre permission. — En vérité, les dames se pressent autour de lui comme si c'était un Pawnée. — Monsieur Effingham, miss Effingham, ayez la bonté de venir de ce côté. — Mistress Show, touchez-lui seulement le bras pour l'informer que je désire lui présenter une couple d'amis. — Bien! — Monsieur Dodge, je vous présente M. John Effingham, miss Eve Effingham et miss Van Courtlandt. — Miss Eve, miss Grace, j'espère que vous pourrez réussir à l'accaparer quelques instants, car il peut vous dire mille choses sur l'Europe : — il a vu le roi de France partir pour Neuilly, et il a une connaissance prodigieuse de tout ce qui se passe de l'autre côté de l'eau.

Eve eut besoin de toute l'habitude qu'elle avait d'exercer de l'empire sur elle-même pour supprimer un sourire; mais elle eut assez de tact et de discrétion pour saluer Steadfast comme s'il eût été entièrement étranger pour elle. John Effingham le salua avec autant de hauteur qu'on peut en montrer en saluant. Bientôt le bruit courut dans le salon que M. Dodge et lui étaient des voyageurs rivaux. L'air froid de John, et une expression de physionomie qui n'invitait pas à la familiarité, mirent presque toute la compagnie du côté de Steadfast, et il fut bientôt décidé que celui-ci avait beaucoup plus vu le monde, qu'il connaissait la société, et que d'ailleurs il avait voyagé jusqu'à Tombouctou en Afrique. La foule qui entourait M. Dodge s'accrut rapidement à mesure que ces bruits se répandaient dans les salons, et ceux qui n'avaient pas lu « les lettres délicieuses » insérées dans le « Furet Actif, » portèrent une grande envie à ceux qui avaient eu cet immense avantage.

— C'est M. Dodge, le grand voyageur, dit une jeune dame qui s'était retirée de la cohue qui l'entourait pour s'asseoir près d'Eve et de Grace, et qui était en outre un bas-bleu dans son cercle particulier ; — ses descriptions, aussi belles qu'exactes, ont fait une grande sensation en Angleterre, et l'on assure même que ses lettres y ont été réimprimées.

— Les avez-vous lues, miss Brackett?

— Pas encore ; mais j'ai lu le compte qui en a été rendu dans le *Courrier hebdomadaire* de la semaine dernière. A en juger d'après ce qu'il en dit, ces lettres sont délicieuses, pleines de naturel et d'esprit, et particulièrement exactes quant aux faits. A cet égard, elles sont inappréciables ; — les voyageurs commettent des erreurs si extraordinaires !

— J'espère, Madame, dit John Effingham, que ce voyageur n'a pas commis la grande erreur de faire des commentaires sur des choses qui existent véritablement. On trouve, en général, impertinents et injustes les commentaires sur les faits qui se sont passés dans son propre pays, et le vrai moyen de réussir, c'est d'en faire avec toute liberté sur des faits imaginaires.

Miss Brackett n'eut rien à répondre à cette observation ; car le *Courrier hebdomadaire,* au milieu de ses réflexions profondes, n'avait jamais trouvé à propos de dire un mot sur ce sujet. Elle continua pourtant à faire le plus grand éloge de lettres dont elle n'avait pas lu une seule, et qu'elle n'avait pas même dessein de lire, car elle avait réussi à se faire dans sa coterie une grande réputation de goût et de connaissances en littérature en effleurant les articles insérés dans les journaux par ceux qui ne font ordinairement qu'effleurer eux-mêmes les ouvrages qu'ils prétendent analyser.

Eve Effingham n'avait jamais été en si proche contact avec tant d'ignorance et de verbiage, et elle ne pouvait s'empêcher d'être surprise qu'on fermât les yeux sur le mérite d'un homme comme John Effingham, et qu'on donnât la préférence à un M. Dodge. John s'en inquiétait fort peu, et, cherchant un endroit où il y avait moins de foule, il entra en conversation avec le baronnet.

— Je voudrais savoir ce que vous pensez véritablement de cette assemblée? lui dit-il; non que j'admette qu'on doive être si puérilement sensible au jugement des étrangers qu'on l'est communément dans tous les cercles de province, mais afin de vous aider à vous faire une idée juste de la situation du pays.

— Comme je connais précisément quelle est la nature de la liaison qui existe entre vous et notre hôte, il ne peut y avoir d'inconvénient à vous parler avec toute franchise. Les femmes me frappent comme étant fort belles, et je puis ajouter très-bien mises; elles ont un grand air de décence; mais il leur manque le vernis du monde, quoiqu'on ne remarque en elles rien de grossier ni de commun.

— Un Daniel qui est venu prononcer son jugement! Un homme qui aurait passé ici toute sa vie ne se serait pas approché davantage de la vérité, uniquement parce qu'il n'aurait pas remarqué des particularités qui exigent des moyens de comparaison pour être découvertes. Vous êtes un peu trop indulgent en disant qu'on ne remarque rien de commun dans nos femmes; mais il est étonnant, vu les circonstances, que ce défaut soit si rare. Quant à la grossièreté, qui serait partout ailleurs le trait dominant, à peine peut-on en observer quelque faible trace. Or, l'égalité en toutes choses est si grande en ce pays, la tendance à cette respectable médiocrité est si générale, que ce que vous voyez ici ce soir, vous le verrez dans presque tous les villages de ce pays, sauf quelques exceptions peu importantes portant sur le mobilier et sur d'autres objets qui sont particuliers aux villes.

— Certainement, en fait de médiocrité, celle-ci est respectable, quoiqu'un goût difficile pût y apercevoir une multitude de défauts.

— Je ne dirai pas qu'il faudrait un goût très-difficile; car, quoiqu'il manque ici bien des choses que regretteraient seulement ceux qui ont des yeux de lynx à cet égard, on y chercherait en vain bien des traits qui ajouteraient à la grâce et à l'agrément de la société. Par exemple, ces jeunes gens qui sont à ricaner d'une mauvaise plaisanterie dans ce coin, sont positivement tout ce qu'il y a de plus commun, et j'en dirai autant de cette jeune personne qui s'exerce aux manœuvres d'une coquetterie pratique; mais, au total, c'est le très-petit nombre. Notre hôtesse elle-même, quoique ce soit une sotte femme, dévorée du désir d'être ce que sa situation dans le monde, son éducation, ses habitudes, ne permettent pas qu'elle soit, se donne moins de ridicules qu'une femme du même caractère ne le ferait ailleurs.

— Je pense comme vous, et j'allais vous demander l'explication de ce fait.

— Les Américains sont nécessairement un peuple imitateur, et ils sont particulièrement propres à ce genre d'imitation. Ils ont aussi plus de naturel dans toute leur conduite que les nations plus anciennes et plus avancées dans les arts de la civilisation; et c'est en quelque sorte par force que la compagnie que vous voyez ici a cette partie essentielle d'une bonne éducation, la simplicité. Montez un peu plus haut sur l'échelle de la société, et vous en trouverez moins; car plus de hardiesse et de mauvais modèles conduisent à des bévues dans des choses qui demandent à être parfaitement faites si on veut les faire. Ces fautes y seraient plus visibles parce qu'on s'approcherait assez pour discerner le ton de chacun, les formes des discours, et les efforts pour montrer de l'esprit.

— Et je crois que nous y échapperons ce soir, car je vois que nos dames font déjà leurs excuses à notre hôtesse, et prennent congé d'elle. Nous remettrons cette discussion à un autre moment.

— Elle peut être ajournée indéfiniment, car elle ne vaut guère la peine d'être continuée.

Ils s'approchèrent de mistress Jarvis pour lui faire leurs adieux, et allèrent chercher le capitaine Truck, qu'ils furent obligés d'arracher presque par violence à l'hospitalité cordiale du maître de la maison. Lorsqu'ils furent en voiture, le digne marin déclara que M. Jarvis était un des hommes les plus honnêtes qu'il eût jamais vus, et annonça qu'il avait dessein de lui donner à dîner le lendemain à bord du *Montauk*.

Mistress Hawker demeurait dans Hudson-Square, partie de la ville à laquelle les amateurs du grandiose cherchent à donner le nom de Saint-John's-Park. Car c'est un fait assez amusant qu'une certaine portion des émigrants qui se sont accumulés depuis trente ans dans l'Etat de New-York ne veulent permettre à aucune famille ni à aucune chose de conserver le nom qu'elle portait originairement, s'il se présente la moindre occasion de le changer. Il n'y avait qu'une ou deux voitures devant la porte; mais l'éclat des lumières qui brillaient dans la maison prouvait que la compagnie était arrivée.

— Mistress Hawker, dit John Effingham à ses deux compagnons, est fille et veuve d'hommes dont les familles sont établies depuis longtemps à New-York. Elle n'a pas d'enfant; elle est riche, et se fait universellement respecter de tous ceux qui la connaissent, par la bonté de son cœur, son bon sens et ses manières. Si vous alliez dans la plupart des cercles de cette ville, et que vous y fissiez mention de mistress Hawker, pas une personne sur dix ne saurait qu'il existe une femme de ce nom dans leur voisinage, le pêle-mêle d'une population d'émigrants laissant dans l'ombre les personnes de son caractère et de sa situation dans le monde. Les gens qui parleront des heures entières, des parties données par mistress Peleg Pond, mistress Jonah Twist et mistress Abiram Wattles, qui ne sont arrivées dans cette île qu'il y a cinq ou six ans, et qui ayant amassé ce qui pour elles est une grande fortune, font étalage d'une élégance vulgaire, seraient surpris d'entendre parler de mistress Hawker comme d'une femme ayant droit à des égards dans la société. Ses noms historiques sont éclipsés dans leur esprit par la gloire paroissiale de certains prodiges locaux des endroits d'où ils ont émigré. Ses manières ne seraient pas comprises par des gens dont le talent d'imitation ne s'étend pas plus loin que la surface; et son esprit, plein d'une simplicité qui n'exclut pas l'élégance, ne serait pas apprécié parmi des gens dont les idées ne peuvent en général s'élever sans monter sur des échasses.

— Mistress Hawker est donc vraiment une dame? dit sir George.

— Une dame dans toutes les acceptions de ce mot, par sa position dans le monde, son éducation, ses manières, son esprit, sa fortune et sa naissance. Je ne sais si nous avons jamais eu plus de personnes semblables à elle que nous n'en avons à présent; mais certainement on les remarquait davantage dans la société.

— Je suppose, Monsieur, dit le capitaine Truck, que cette mistress Hawker est de ce qu'on appelle l'ancienne école.

— D'une école très-ancienne, et qui durera probablement,

quoiqu'elle soit peu suivie, parce qu'elle est fondée sur les lois de la nature.

— Je crains, monsieur John Effingham, d'être comme un poisson hors de l'eau dans une telle maison. Je puis fort bien me tirer d'affaire avec votre mistress Jarvis et la chère jeune dame qui est dans l'autre voiture ; mais la sorte de femme que vous venez de décrire est propre à mettre dans l'embarras un simple marin comme moi. Que diable ferais-je si elle m'invitait à danser un menuet avec elle?

— Vous le danseriez suivant les règles de la nature, répondit John, comme la voiture s'arrêtait.

Un vieux domestique nègre, ayant l'air tranquille et respectable, leur ouvrit la porte du salon, mais sans les annoncer. Mistress Hawker se leva sur-le-champ pour aller au-devant d'Eve et de ses compagnes. Elle embrassa les deux cousines, et fit à mademoiselle Viefville un accueil qui prouvait qu'elle savait apprécier les services qu'elle avait rendus à miss Effingham. John, qui avait dix à quinze ans de moins que cette dame, lui baisa galamment la main, et lui présenta ses deux compagnons. Après avoir donné ses premières attentions à celui des deux qui était pour elle le plus étranger, mistress Hawker se tourna vers le capitaine Truck.

— C'est donc Monsieur, dit-elle, aux talents et au courage duquel vous êtes, — je devrais plutôt dire nous sommes tous si redevables. — Le capitaine du *Montauk?*

— J'ai l'honneur de commander ce bâtiment, Madame, répondit M. Truck, qui fut singulièrement frappé de l'air de dignité de cette dame, quoique ses manières calmes et naturelles, mais distinguées en même temps, qui se faisaient remarquer jusque dans les intonations de sa voix et ses moindres mouvements, fussent aussi différentes qu'il était possible de ce qu'il attendait ; et avec des passagers comme ceux que j'avais lors de mon dernier voyage, tout ce que je puis dire, c'est que c'est dommage qu'il n'ait pas un meilleur commandant.

— Ces passagers en parlent tout différemment ; mais pour que je puisse en juger avec impartialité, faites-moi le plaisir de prendre cette chaise, et donnez-moi quelques détails sur votre traversée.

Remarquant que sir George Templemore avait conduit Eve de l'autre côté du salon, mistress Hawker se rassit ; et sans négliger ses autres hôtes pour donner toute son attention à un seul, sans s'occuper d'un seul de manière à lui devenir à charge, elle réussit en quelques minutes à faire oublier au capitaine tout ce qu'il avait dit du menuet, et à le mettre beaucoup plus à l'aise qu'il ne l'aurait été près de mistress Jarvis, après une connaissance d'un mois.

Pendant ce temps, Eve avait traversé le salon pour aller joindre une dame qui l'avait appelée par un sourire. C'était une jeune femme d'une taille légère et d'une physionomie agréable, mais dont les charmes n'auraient pas fait une sensation particulière dans une telle réunion. Cependant ses yeux étaient pleins de douceur, son sourire attrayant, et l'expression de ses traits annonçait la vivacité. Comme sir George Templemore l'accompagnait, Eve le présenta à cette dame, qu'elle appela mistress Bloomfield.

— Vous allez ce soir à quelque autre scène de gaieté, dit celle-ci en jetant un coup d'œil sur la parure de bal des deux cousines. Avez-vous pris les couleurs de la faction Houston, ou de celle Peabody?

— Nous ne portons certainement pas celles de la faction verte, répondit Eve en riant, car vous voyez que nous sommes en blanc.

— Vous avez donc dessein de danser chez mistress Houston? Ce costume y sera plus convenable qu'à l'autre faction.

— Y a-t-il donc des factions dans les mondes à New-York? demanda sir George.

— Il y a des factions presque en toutes choses en Amérique, — en politique, en religion, en tempérance, en spéculations, en goût; pourquoi n'y en aurait-il pas en modes?

— Je crains que nous ne soyons pas assez indépendantes pour former des partis sur ce dernier objet.

— Parfaitement bien dit, miss Effingham. Il faut mettre un peu d'originalité dans ses idées, fût-ce à contre-sens, pour faire prendre une mode. Je crains que nous n'ayons à avouer notre insuffisance sur ce point. — Vous êtes arrivé depuis peu en ce pays, sir George Templemore?

— Au commencement du mois dernier. J'ai eu l'honneur de faire le voyage avec M. Effingham et sa famille.

— Et pendant ce voyage vous avez eu à endurer naufrage, famine et captivité, s'il faut en croire la moitié de ce qu'on entend dire?

— Ces bruits sont un peu exagérés. Nous avons couru quelques dangers sérieux, mais nous n'avons souffert rien de semblable à ce dont vous venez de parler.

— Quoique femme mariée, et arrivée à cette période de l'âge où l'on ne cherche plus à nous tromper, je ne m'attends guère à entendre la vérité, dit mistress Bloomfield en souriant; j'espère pourtant que vous avez assez souffert pour mériter le nom de héros et d'héroïnes, et je me contenterai de savoir que vous êtes tous ici en sûreté et heureux, — si, ajouta-t-elle en jetant un coup d'œil sur Eve, si une jeune personne élevée en pays étranger peut être heureuse en Amérique.

— On peut avoir été élevée en pays étranger et être heureuse en Amérique, quoique peut-être d'une manière différente de celle du monde, dit Eve d'un ton ferme.

— Quoi! sans opéra, — sans cour, — presque sans société!

— Un opéra serait désirable, j'en conviens; je ne connais pas les cours, une femme non mariée n'étant qu'un zéro en Europe; et j'espère ne pas être sans société.

— Les femmes non mariées sont également considérées ici comme des zéros, pourvu qu'il y en ait un assez grand nombre, et à moins qu'elles ne possèdent quelque chose de plus solide que leurs charmes. En ce dernier cas, je vous assure que personne ne les regarde comme des zéros. Je crois, sir George, qu'une ville comme celle-ci doit être pour vous une sorte de paradoxe.

— Puis-je vous demander pourquoi vous pensez ainsi?

— Simplement parce que ce n'est ni une chose ni une autre. Ce n'est ni une capitale, ni une ville de province; elle renferme quelque chose de plus que le commerce, mais ce quelque chose est caché sous un boisseau; c'est beaucoup plus que Liverpool, et beaucoup moins que Londres; elle vaut mieux qu'Edimbourg, même sous bien des rapports, et ne vaut pas Wapping sous plusieurs autres.

— Vous avez été en pays étranger, mistress Bloomfield?

— Je n'ai jamais mis le pied hors de mon pays. A peine suis-je sortie de l'Etat de New-York. J'ai été au lac George, aux cataractes, à Mountain-House; et comme on ne voyage pas en ballon, j'ai vu quelques-unes des places intermédiaires. Quant à tout le reste, je suis obligée de m'en rapporter à ce que j'entends dire.

— C'est dommage que mistress Bloomfield ne se soit pas trouvée ce soir avec nous chez mistress Jarvis, dit Eve en riant; elle aurait pu ajouter à ses connaissances en écoutant quelques chants du poëme épique de M. Dodge.

— J'ai parcouru quelques pages de cet auteur, répondit mistress Bloomfield, mais j'ai bientôt reconnu que c'était apprendre à rebours. Il y a un moyen infaillible par lequel on peut toujours aisément reconnaître le mérite d'un voyageur, du moins dans un sens négatif.

— Ce moyen mérite d'être appris, dit sir George, il nous éviterait de nous user inutilement les yeux.

— Quand un écrivain montre qu'il ne connaît nullement son propre pays, c'est une forte présomption que ses observations sur les autres ne peuvent être bien profondes. M. Dodge est un de ces écrivains, et une seule de ses lettres a suffi pour satisfaire ma curiosité. Je crains, miss Effingham, qu'en fait d'observations sur les mœurs, on n'ait importé récemment en ce pays une grande quantité de marchandises de bas aloi, comme portant la marque de la tour.

Eve sourit; et déclara que sir George Templemore était plus en état qu'elle de répondre à cette question.

— On dit que nous sommes un peuple de faits plutôt que de raisonnements, continua mistress Bloomfield, et toute monnaie qui nous est offerte passe pour courante jusqu'à ce qu'il en arrive une meilleure. Les habitants de ce pays commettent une erreur singulière, mais que je crois très-générale, en supposant qu'ils peuvent vivre sous le régime actuel, quand cela serait impossible à d'autres, parce que leurs opinions marchent de niveau avec la condition actuelle de la société, tandis que ceux qui ont le plus réfléchi sur ce sujet pensent précisément tout le contraire.

— Ce doit être une situation curieuse pour un gouvernement si purement de convention, dit sir George avec intérêt; et cela est certainement contraire à l'état de choses qui existe dans toute l'Europe.

— C'est pourtant un fait, et après tout cependant ce n'est pas un grand mystère. Le hasard nous a délivrés des fers dont vous êtes encore chargés. Nous sommes comme une voiture qui, arrivée sur le haut d'une montagne, roule d'elle-même pour en descendre sans l'aide de chevaux du moment qu'elle est poussée au-delà du point de résistance. On peut suivre avec l'attelage, et enrayer quand on arrive à la fin de la descente; mais il est impossible de l'arrêter avant qu'elle y soit arrivée.

— Vous convenez donc qu'il y a une fin ?

— Il y a une fin à tout, au bien et au mal, au bonheur et au malheur, à l'espérance et à la crainte, à la foi et à la charité, et même à l'esprit d'une femme, que j'ai quelquefois regardé comme une chose presque sans fin. Il peut donc y en avoir une même aux institutions de l'Amérique.

Sir George l'écoutait avec cet intérêt qu'un Anglais de sa classe prend toujours à obtenir une concession qui lui semble devoir favoriser ses prédilections politiques, et il se sentit encouragé à pousser plus loin ce sujet.

— Et vous croyez que la machine roule vers la fin? demanda-t-il, attendant la réponse à cette question avec un intérêt dont il aurait ri lui-même dans la tranquillité paisible de sa maison. Mais la résistance ranime une discussion, et l'on a même vu l'esprit de contrariété faire naître l'amour.

Mistress Bloomfield était pleine d'intelligence et avait l'esprit cultivé, vif et malin. Elle devina sur-le-champ quel était le motif de sir George, et quoiqu'elle vît et sentît tous les abus qui existaient, elle était fortement attachée au principe dominant de l'organisation sociale de son pays, ce qui arrive presque toujours aux esprits les plus éclairés et aux cœurs les plus généreux. Elle ne voulut donc pas qu'un étranger emportât une fausse impression de ses sentiments sur un tel point.

— Avez-vous jamais étudié la logique, sir George? lui demanda-t-elle malignement.

— Un peu ; mais, à ce que je crains, pas assez pour influer sur ma manière de raisonner, ni même pour me familiariser avec les termes de cette science.

— Oh! je ne vais pas vous assaillir de *sequitur* et *non sequitur*, de dialectique et de tous les mystères du *Denk-Lehre*[1], mais seulement vous rappeler qu'il y a aussi la fin d'un sujet. Quand je vous dis que nous marchons vers la fin de nos institutions, je veux dire que nous commençons à les comprendre, ce que nous ne faisions pas, je crois, lorsque nous en avons fait l'épreuve.

— Mais je crois que vous conviendrez qu'à mesure que la civilisation avance, quelque changement matériel doit avoir lieu. Le peuple américain ne peut toujours rester stationnaire ; il faut qu'il marche en avant ou en arrière.

---

1. L'Art de penser.

— Je dirai qu'il faut qu'il monte ou qu'il descende, si vous me permettez de corriger vos expressions. Au surplus, la civilisation du pays est, dans un sens, rétrograde. Les gens qui ne montent pas montrent du penchant à descendre.

— Vous parlez en énigmes, et je crois que je ne vous comprends pas.

— Je veux dire seulement que le gibet disparaît rapidement, et que le peuple, — entendez-moi bien, *le peuple*, — commence à accepter de l'argent. Dans un cas comme dans l'autre, je crois que c'est un changement en pire, survenu dans un espace de temps auquel mes souvenirs peuvent atteindre.

Mistress Bloomfield changea alors de manière. Elle perdit cette gaieté légère qui rendait souvent sa conversation piquante, et quelquefois même brillante, et elle devint grave et sérieuse. La conversation tomba sur le système des punitions, et peu d'hommes auraient pu raisonner plus sensément et avec plus de justesse et de force que cette jeune femme frêle et délicate. Sans la moindre teinte de pédanterie, avec un heureux choix d'expressions qui est rarement le partage de son sexe, une justesse exquise de discernement, et toute la sensibilité d'une femme, elle sut rendre intéressant un sujet qui, quoique important en lui-même, a quelque chose de repoussant; mais elle savait en voiler les traits odieux et révoltants avec toute la délicatesse d'un esprit cultivé.

Eve l'aurait écoutée toute la nuit, et à chaque mot qui sortait de la bouche de son amie, ses yeux brillaient de la joie du triomphe; car elle était fière de faire voir à un étranger intelligent qu'il existait en Amérique des femmes dignes d'être placées au même rang que celles qui sont le plus admirées dans les autres pays; fait qu'elle pensait que ceux qui ne font que fréquenter ce qu'on appelle le monde peuvent raisonnablement révoquer en doute. Sous un certain rapport, elle regardait mistress Bloomfield comme supérieure aux femmes qu'elle avait si souvent admirées en pays étranger; car elle était exempte des préjugés qui sont la suite d'un état factice de la société, et même de leur réaction. D'une autre part, le ton singulièrement féminin de tous les discours de mistress Bloomfield, sans leur faire rien perdre de leur force, ajoutait aux charmes de sa conversation, et augmentait le plaisir de ceux qui l'écoutaient.

— Le cercle dont font partie mistress Hawker et ses amis est-il bien nombreux? demanda sir George en aidant Eve et Grace à mettre leurs manteaux, quand ils eurent fait leurs adieux. Une ville qui peut se vanter de posséder une douzaine de maisons comme la sienne ne doit pas s'accuser de manquer de société.

— Ah! répondit Grace, il n'y a qu'une mistress Hawker à New-York, et il n'y a pas beaucoup de mistress Bloomfield dans le monde. Ce serait trop dire que de prétendre avoir une demi-douzaine de maisons semblables à la sienne.

— N'avez-vous pas été frappé du ton admirable qui régnait dans ce salon? dit Eve. Il y manque peut-être cette aisance qu'on trouve chez quelques anciennes princesses et duchesses, reste d'une école qu'il est à craindre de voir disparaître avant peu ; mais ici l'on trouve en place un naturel attrayant avec autant de dignité qu'il est convenable, et un ton de vérité qui donne de la confiance en la sincérité de ceux dont on est entouré.

— Sur ma foi, mistress Hawker est faite pour être duchesse.

— Et pourtant, dit Eve en souriant, elle n'a pas les manières qu'on suppose devoir accompagner ce titre. Mistress Hawker est une *dame*, et il ne peut y avoir de terme plus relevé.

— C'est une vieille femme charmante, s'écria John Effingham ; et si elle avait vingt ans de moins, et qu'elle fût disposée à changer de condition, je craindrais réellement d'entrer chez elle.

— Mon cher monsieur, dit le capitaine, je la ferais demain mistress Truck, sans m'inquiéter de son âge, si elle voulait y consentir. Ce n'est pas une femme, c'est une sainte en jupons. Pendant tout le temps que j'ai causé avec elle, il m'a semblé que je parlais à ma mère ; et quant aux navires, elle en sait plus sur ce sujet que moi-même, et même que M. Powis, qui est un phénix en ce genre.

On rit de l'admiration prononcée du capitaine, et la petite société monta en voiture pour se faire conduire dans la dernière maison où elle comptait aller ce soir-là.

CHAPITRE V.

> Elle montre le mauvais côté de chacun, et n'accorde jamais à la vertu et à la vérité ce que la simplicité et le mérite réclament. — SHAKSPEARE.

MISTRESS HOUSTON était ce qu'on appelait une femme à la mode, à New-York. Elle était aussi d'une famille distinguée dans le pays, quoique moins ancienne que celle de mistress Hawker. Cependant, ses droits à cette sorte de noblesse étaient reconnus par les plus difficiles sur ce point ; car il reste encore des gens qui croient qu'il est nécessaire de descendre des anciens colons pour avoir droit à la considération. Comme elle était riche et qu'elle avait plus de goût que la plupart de ceux qui l'entouraient, elle tenait ce qu'on regardait comme une maison de meilleur ton qu'on n'en trouvait ordinairement, même dans les cercles les plus élevés. Eve ne la connaissait que très-légèrement, et n'avait pas encore été chez elle ; mais, aux yeux de Grace, la maison de mistress Houston était celle qui devait faire l'impression la plus favorable sur sa cousine. Elle le désirait si vivement que, chemin faisant, elle crut devoir préparer Eve à ce qu'elle allait voir.

—Quoique mistress Houston ait une maison très-grande pour New-York, lui dit-elle, et montée sur un grand ton, il ne faut pas vous attendre à des antichambres et à de longues suites d'appartements, comme vous avez été accoutumée à en voir en pays étranger.

—Il n'est pas nécessaire, ma chère cousine, d'entrer dans une maison qui a quatre ou cinq croisées sur la rue, pour voir que ce n'en est pas une de vingt ou trente. Je crois qu'il serait très-déraisonnable de s'attendre à trouver dans cette bonne ville un palais d'Italie ou un hôtel de Paris.

—Nous ne sommes pas assez vieilles pour cela, Eve. Dans une centaine d'années, mademoiselle Viefville, on pourra voir ici de pareilles choses.

— *Bien certainement. Cela est tout naturel.*

— Au train dont va le monde, Grace, il est plus probable que dans cent ans il n'en existera plus, et que tous ces hôtels seront changés en tavernes, en hôpitaux et en manufactures. Mais qu'avons-nous à songer à ce qui aura lieu dans un siècle, Grace? Quelque jeunes que nous soyons, nous ne pouvons espérer de vivre tout ce temps.

Grace aurait été embarrassée pour s'expliquer d'une manière satisfaisante pour elle-même le vif désir qu'elle éprouvait qu'aucune de ses compagnes ne s'attendît à voir une maison telle que leur bon sens leur disait qu'il ne pouvait en exister à New-York. Son pied s'agitait sur le plancher de la voiture, et c'est à peine si elle était à demi contente de la réponse de sa cousine.

— Tout ce que je veux dire, répondit-elle après un moment de silence, c'est qu'on ne doit pas s'attendre, dans une ville aussi nouvelle que celle-ci, à trouver toutes les améliorations que le temps a introduites dans des cités plus anciennes.

— Et croyez-vous que mademoiselle Viefville et moi nous ayons jamais supposé que New-York soit Paris, Rome ou Vienne?

Grace fut encore moins satisfaite; car, sans qu'elle se l'avouât à elle-même, elle avait espéré que le bal de mistress Houston pourrait rivaliser avec un bal donné dans une de ces anciennes capitales, et elle était contrariée en voyant que sa cousine regardait comme tout simple qu'il n'en fût rien. Mais cette conversation fut interrompue, car en ce moment la voiture s'arrêta.

Le bruit, la confusion, les clameurs et les jurements qui avaient lieu devant la porte ne faisaient pas l'éloge des arrangements qui avaient été pris à cet égard. Les cochers ne forment nulle part une classe silencieuse et civile; mais les grossiers paysans européens, qui sont élevés aux honneurs du fouet à New-York, joignaient à l'esprit querelleur et jaloux de leur métier cette insolence qui distingue « le mendiant à cheval. » Cependant les équipages imposants qui arrivaient firent sur ces tapageurs grossiers l'effet que la vue de la richesse produit sur les esprits vulgaires, et les dames entrèrent dans la maison entre une double haie de cochers.

— On pourrait à peine dire où l'on fait le plus de bruit, à la porte ou dans l'intérieur, dit Eve quand la porte eut été fermée.

Ces mots furent prononcés rapidement en français et adressés à mademoiselle Viefville; mais Grace les entendit et les comprit, et, pour la première fois de sa vie, elle s'aperçut que la compagnie de mistress Houston n'était pas composée de rossignols. Ce qui est surprenant, c'est qu'elle n'eût pas fait cette découverte plus tôt.

— Je suis enchanté d'être entré dans cette maison, dit sir George après avoir remis son manteau à son domestique en attendant que les dames descendissent d'une chambre au second étage où le manque de distribution convenable du premier les avait obligées de monter pour y déposer leurs manteaux et leurs châles; on m'a dit que c'est la première maison de New-York pour voir le beau sexe.

— Pour l'*entendre* aurait peut-être été plus près de la vérité, dit John Effingham avec son ton caustique. On ne peut manquer de voir des jolies femmes à New-York; et un de vos sens doit vous dire en ce moment qu'elles ne vont pas dans ce monde uniquement pour être vues.

Le baronnet sourit, mais il avait trop de savoir-vivre pour contredire cette assertion ou pour l'approuver. Mademoiselle Viefville, ignorant qu'elle violait les convenances, entra dans le salon sans cavalier; Eve la suivit; mais Grace se tint à côté de John Effingham et lui prit le bras, comme chose nécessaire pour le décorum.

Mistress Houston reçut ses hôtes avec aisance et dignité. C'était une de ces femmes que les Américains appellent élégantes. Elle ouvrait sa maison dix à douze fois chaque hiver à une société fort mélangée, et elle acceptait la plupart des invitations qu'elle recevait. Cependant, dans beaucoup d'autres pays, vu sa réputation de femme à la mode, elle aurait passé pour un modèle de dévouement à ses devoirs comme épouse et comme mère, car elle donnait une attention personnelle à toute sa maison; elle avait appris elle-même à ses enfants l'oraison dominicale, le *Credo* et les dix commandements; elle allait deux fois à l'église tous les dimanches, et si elle ne retournait pas à l'office du soir, c'était pour que ses domestiques pussent y aller, ce que, soit dit par parenthèse, ils ne faisaient jamais. Riche, jolie, ayant des manières agréables, occupant une place distinguée dans le monde, aimant la société et ayant un mari qui aimait tant à voir aux autres une apparence de bonheur, qu'il n'était pas difficile sur les moyens de se procurer ce plaisir, mistress Houston n'avait pas eu de peine à s'élever au pinacle de la mode, et à placer son nom dans la bouche de tous ceux qui jugeaient nécessaire de parler de quelqu'un, afin d'avoir l'air d'être quelqu'un eux-mêmes. Tout cela contribuait au bonheur de mistress Houston, ou du moins elle se l'imaginait; et comme toute passion croît en proportion de l'aliment qu'elle reçoit, elle avait marché dans sa course, objet de l'envie générale, jusqu'à ce qu'elle eût atteint le sommet.

— Ces chambres sont encombrées de monde, dit sir George en mesurant des yeux deux petits salons meublés avec goût, pour ne pas dire richement; il est étonnant que l'on continue si généralement à construire de petites maisons dans une ville qui s'accroît aussi rapidement que celle-ci; dans laquelle la mode n'a pas fait choix d'un quartier particulier, et où le terrain ne manque pas.

— Mistress Bloomfield vous dirait, répondit Eve, que ces maisons sont le type de l'état social du pays, dans lequel il n'est permis à personne d'occuper plus que sa part de terrain.

— Mais on trouve dans cette ville quelques maisons d'une grandeur raisonnable. Mistress Hawker, par exemple, a une fort bonne maison, et celle de votre père, miss Effingham, passerait pour belle même à Londres. Cependant je crois que vous conviendrez avec moi qu'un appartement spacieux est presque inconnu à New-York.

— Je suis d'accord avec vous sur ce point. Pour trouver un grand salon, il faut voir les maisons bâties il y a plus de trente ans. Au surplus l'Amérique a de qui tenir à cet égard; car, après tout, Londres n'a pas beaucoup à se vanter de ses maisons.

— En général, j'en conviens, quoique nous puissions citer des exceptions; je crois pourtant qu'au total les maisons de Londres valent mieux que celles-ci. Ne croyez-vous pas que la petitesse de ces salons augmente le bruit qu'on y entend?

Eve sourit, et fit un signe de tête négatif.

— Que serait-ce, dit-elle, si le son s'y propageait mieux? — Mais ne perdons pas des instants précieux; et employons nos yeux à chercher *les belles*. Grace, vous qui êtes ici presque comme chez vous, il faut que vous soyez notre cicerone. Montrez-nous les idoles que nous devons adorer.

— *Dites-moi d'abord ce que veut dire une belle à New-York*, dit mademoiselle Viefville; *toutes les femmes paraissent belles ici*.

— *Une belle*, mademoiselle, répondit John Effingham, n'est pas nécessairement belle. Les causes qui procurent ce nom sont variées et un peu contradictoires. On peut devoir ce titre de *belle* à l'argent, à une langue bien pendue, à des yeux, à des pieds, à des dents, à un sourire, ou à tout autre trait isolé ; et je crois qu'aucune femme ne l'a jamais dû jusqu'ici à l'expression de la figure considérée dans son ensemble. Mais à quoi bon faire des descriptions quand on a la chose sous les yeux? La jeune dame qui est debout précisément devant nous est *une belle* du premier calibre. — N'est-ce pas miss Ring, Grace?

— Elle-même, répondit Grace. Et les yeux de ses amis se fixèrent à l'instant sur l'objet de cette remarque. La jeune dame en question pouvait avoir vingt ans. Elle était un peu grande pour une Américaine. Sa beauté n'avait rien de très-remarquable ; mais, comme la plupart des autres, elle avait des traits délicats, la taille svelte, un physique en un mot qui, avec quelques soins de sa part, aurait pu faire d'elle le beau idéal de la délicatesse et de la grâce féminine. Ses yeux bleus annonçaient de l'esprit naturel, et elle avait en outre la hardiesse d'*une belle*.

Autour de cette jeune personne étaient groupés non moins de cinq jeunes gens, vêtus strictement suivant la mode la plus nouvelle. Tous semblaient ravis de chaque mot qui sortait de ses lèvres, et chacun d'eux attendait évidemment avec impatience l'occasion de lui faire quelque repartie spirituelle. Tous riaient, surtout la jeune dame, et quelquefois tous parlaient en même temps. Miss Ring était pourtant celle qui parlait davantage, et une ou deux fois, comme un des jeunes gens qui l'écoutaient, après un grand éclat de rire, se mettait à bâiller, et montrait des symptômes de vouloir battre en retraite, elle trouva le secret de le rappeler à son devoir par quelque remarque qui le concernait personnellement, ou qu'elle savait devoir être de son goût.

— *Qui est cette dame?* demanda mademoiselle Viefville à peu près du même ton qu'on ferait une question semblable en voyant un homme entrer dans une église, pendant le service divin, son chapeau sur la tête.

— *Elle est demoiselle*, répondit Eve.

— *Quelle horreur!*

— Allons, allons, mademoiselle ! dit John Effingham en la regardant avec un air de mécontentement affecté, je ne souffrirai pas que vous nous représentiez la France comme immaculée sur ce point. Une demoiselle peut avoir une langue, et même parler à un jeune homme sans être coupable de haute trahison, quoique je convienne que cinq langues ne sont pas nécessaires, et que cinq écouteurs sont plus que suffisants pour la sagesse de vingt cotillons.

— *Mais c'est une horreur, vous dis-je.*

— J'ose dire que miss Ring regarderait comme bien plus horrible d'être obligée de passer une soirée assise au milieu de jeunes filles, sans que personne lui parlât, si ce n'est pour l'inviter à danser, et qu'elle ne trouverait nullement son compte à n'être admirée que de loin. Mais asseyons-nous sur ce sofa; nous verrons la pantomime par derrière, et nous entrerons dans l'esprit de la scène.

Eve et Grace ayant été priées à danser, les autres s'assirent, comme John Effingham venait de le proposer. Aux yeux de *la belle* et de ses admirateurs, quiconque avait passé trente ans n'était compté pour rien, et nos amis s'établirent tranquillement dans un endroit d'où ils pouvaient tout entendre sans interrompre la marche régulière de la pièce. Nous donnerons à nos lecteurs un extrait du dialogue, pour leur offrir une représentation plus dramatique de ce qui se passa.

— Ne trouvez-vous pas la plus jeune des miss Danvers charmante? demanda *la belle*, tandis qu'elle cherchait des yeux un sixième cavalier pour l'ajouter aux cinq autres. Suivant moi, c'est certainement la plus jolie personne qui se trouve ce soir dans les salons de mistress Houston.

Tous les jeunes gens protestèrent contre ce jugement; et ils avaient raison, car miss Ring était trop prudente pour attirer l'attention sur des charmes que tout le monde pouvait voir.

— On dit que son mariage avec M. Egbert n'aura pas lieu, quoiqu'on crût généralement que tout était arrangé depuis longtemps. — Qu'en pensez-vous, monsieur Edson?

Cette question faite à propos prévint la retraite de M. Edson, qui préludait à cette importante évolution par un bâillement et un pas en arrière. Rappelé comme par le son d'une trompette, il fut obligé de dire quelque chose, ce qui lui était toujours désagréable.

— Oh! je pense tout à fait comme vous; ils se sont fait la cour trop longtemps pour songer à se marier.

— Je déteste qu'on fasse la cour si longtemps; ce doit être un antidote infaillible contre l'amour. — N'est-il pas vrai, monsieur Moreland?

Un regard qui n'était pas destiné pour *la belle* fut forcé de revenir à elle par cette question ; et au lieu de chercher une place de refuge, M. Moreland parut confus. Il convint pourtant de la vérité de ce qu'elle disait, ce qui lui parut la manière la plus prompte et la plus sûre de se tirer d'embarras.

— Dites-moi, je vous prie, monsieur Summerfield, comment trouvez-vous la dernière badgi, — miss Eve Effingham ? Elle n'est pas mal, quoiqu'elle ne soit pas aussi bien que sa cousine miss Van Courtlandt, qui a réellement d'assez beaux traits.

Comme Eve et Grace étaient réellement les deux plus jolies personnes qui se trouvassent dans les salons, ces mots et le ton de voix élevé dont ils furent prononcés, firent tressaillir mademoiselle Viefville et même les jeunes personnes auxquelles ils étaient adressés. Elle aurait désiré qu'ils changeassent de place, pour ne pas entendre une conversation qui n'était pas destinée à leurs oreilles ; mais John Effingham l'assura tranquillement que miss Ring ne parlait jamais en compagnie sans avoir dessein d'être entendue du plus grand nombre de personnes possible, et que d'ailleurs il était inutile de changer de place, puisque toute l'action de la pièce consistait en opinions privées, énoncées en public à haute voix.

— La parure de miss Effingham est bien simple pour une fille unique, continua *la belle*, — quoique cette dentelle de sa cousine soit de vrai point. Je réponds qu'elle coûte au moins dix dollars l'aune. — J'entends dire qu'elles vont toutes deux se marier.

— *Ciel!* s'écria mademoiselle Viefville.

— Oh! ce n'est rien, dit John Effingham ; attendez un moment, et vous entendrez dire qu'elles sont mariées secrètement depuis six mois, si vous n'entendez dire rien de pire.

— Tout cela n'est qu'un sot conte? dit sir George Templemore avec un intérêt qui, en dépit de son savoir-vivre, le força à faire une question qu'en toute autre circonstance il ne se serait pas permise.

— Vrai comme le Coran. — Mais écoutez *la belle* ; elle parle pour l'instruction générale..

— J'ai appris que l'affaire entre miss Effingham et M. Morpeth, qu'elle a connu en pays étranger, est entièrement rompue. Quelques-uns disent que le père a congédié M. Morpeth à cause de son peu de fortune ; d'autres, que mis Effingham a été inconstante, tandis que c'est M. Morpeth que quelques personnes accusent d'infidélité. — Ne trouvez-vous pas que l'inconstance est aussi odieuse dans un sexe que dans l'autre, monsieur Mosely ?

Cette question fit rentrer dans le cercle M. Mosely qui s'en écartait insensiblement, et il fut obligé d'assurer que telle était son opinion.

— Si j'étais homme, continua *la belle*, je ne songerais jamais à une jeune personne qui aurait une fois trompé un amant. A mon avis, c'est la preuve d'un mauvais cœur, et une femme qui a un mauvais cœur ne peut jamais faire une épouse très-aimable.

— Quelle créature intelligente! dit à demi-voix M. Mosely à M. Moreland, et il résolut de rester près d'elle quelque temps de plus.

— Je crois que le pauvre M. Morpeth mérite beaucoup de pitié, car personne ne peut être assez sot pour avoir des attentions sérieuses pour une femme, s'il n'en reçoit quelque encouragement. L'encouragement est le *nec plus ultrà* de la galanterie. — N'êtes-vous pas de mon opinion, monsieur Walworth?

M. Walworth était le n° 5 des auditeurs de *la belle*, et il ne savait pas le latin, dont miss Ring ne comprenait pas un mot, quoiqu'elle aimât à en citer des lambeaux. Il exprima son assentiment par un sourire, et elle se félicita de l'avoir retenu près d'elle.

— Dans le fait, on assure que miss Effingham a eu plusieurs affaires de cœur pendant qu'elle était en Europe; mais il paraît qu'elle a été malheureuse dans toutes.

— *En vérité, ceci est trop fort; je ne veux plus écouter.*

— Calmez-vous, ma chère demoiselle, dit John Effingham; la crise n'est pas encore arrivée.

— On assure qu'elle est encore en correspondance avec un baron allemand et un marquis italien, quoique ses engagements avec eux soient rompus. On dit aussi qu'elle entre seule en compagnie, sans donner le bras à un cavalier, pour annoncer sa détermination de ne se marier de sa vie.

Une exclamation générale des cinq jeunes gens proclama leur désapprobation, et le même soir trois d'entre eux répétèrent partout cette assertion comme un fait bien établi; tandis que les deux autres, faute d'avoir rien de mieux à dire, assuraient que miss Eve était sur le point de se marier.

— C'est manquer tout à fait de délicatesse que d'entrer dans un salon sans s'appuyer sur le bras de quelqu'un. Quand je vois une jeune personne agir ainsi, il me semble toujours qu'elle n'est pas à sa place, et qu'elle devrait être dans la cuisine.

— Mais, miss Ring, quelle personne bien élevée agit ainsi? dit

M. Moreland. On n'a jamais vu pareille chose en bonne société.
— Cela est choquant, sans exemple.
— C'est manquer à toutes les convenances, dit M. Summerfield.
— Evidemment, ajouta M. Edson ; c'est de la rusticité.
— Que peut-il y avoir de plus commun? s'écria M. Walworth.
— Jamais je n'avais entendu pareille chose, dit M. Mosely.
— Une jeune personne qui a le front de se conduire de cette manière ne peut avoir reçu qu'une éducation très-imparfaite, qu'elle soit hadgi ou non. — Monsieur Edson, avez-vous jamais éprouvé la tendre passion ? Je suis sûre que vous avez été au moins une fois éperdument épris. Décrivez-moi quelques-uns des symptômes, afin que je puisse les reconnaître si j'en suis jamais moi-même sérieusement attaquée.
— *Rien n'est plus ridicule. Cette miss Ring sort-elle donc du Charenton de New-York ?*
— Dites plutôt des bras de sa nourrice, Mademoiselle, dit John Effingham; vous voyez qu'elle ne sait pas encore marcher seule.
M. Edson protesta qu'il était trop stupide pour éprouver une passion aussi intellectuelle que l'amour, et qu'il craignait que la nature ne l'eût destiné à rester toujours aussi insensible qu'une souche.
— C'est ce qu'on ne peut jamais savoir, Monsieur Edson, dit *la belle*, d'un ton encourageant. Plusieurs de mes connaissances, qui se croyaient fort en sûreté, en ont été attaquées tout à coup, et quoique aucune d'elles n'en soit morte, plusieurs s'en sont mal trouvées, je vous assure.
Du premier au dernier, les cinq jeunes gens protestèrent qu'elle pétillait d'esprit. Il s'ensuivit quelques instants de silence pendant lesquels les yeux de miss Ring invitaient un numéro 6 à se joindre à son cercle, son ambition n'étant pas satisfaite de cinq admirateurs, car elle voyait à l'autre bout du salon *une belle* rivale, miss Trompette, qui avait réussi à compléter la demi-douzaine. Les cinq jeunes gens profitèrent de ce moment pour bâiller, et M. Edson saisit cette occasion pour dire à M. Summerfield qu'il avait appris que des lots de terrain, dans la rue des Sept-Cents, avaient été vendus le matin jusqu'à deux cents dollars chacun.
La contredanse finit, et Eve retourna près de ses amis. Comme elle s'en approchait, ceux-ci ne purent s'empêcher de comparer sa tournure simple et pleine de dignité à l'air inquiet et affairé de *la belle*, toujours à l'affût de nouveaux admirateurs ; et ils se

demandèrent à eux-mêmes par quelle loi de la nature ou de la mode l'une pouvait devenir le sujet des commentaires de l'autre. Jamais Evé n'avait paru avec plus d'avantage que ce soir-là ; sa toilette avait tout le fini d'une toilette parisienne, également éloignée de la négligence et de la recherche, et elle la portait avec l'aisance d'une personne habituée à être toujours bien mise, sans avoir recours à des ornements superflus. Sa démarche était véritablement celle d'une dame, n'ayant ni le pas affecté d'une grisette de Paris, — pas qu'on remarque quelquefois même dans la bourgeoise, — ni la marche lourde d'une badaude, ni la légèreté à prétention d'*une belle*. Elle savait certainement marcher seule, à moins qu'une occasion de cérémonie n'exigeât qu'elle fût accompagnée. Sa physionomie, sur laquelle une pensée indigne d'elle n'avait jamais laissé de trace, indiquait la pureté, les bons principes et le respect pour elle-même, qui dirigeaient toutes ses actions, et contrastait exactement sous tous les rapports avec l'expression moitié hardie, moitié affectée, des traits de miss Ring.

— On peut dire tout ce qu'on voudra, murmura en serrant le poing le capitaine Truck, qui avait été témoin silencieux, mais surpris, de toute cette scène ; — mais elle vaut autant de ces femmes qu'on pourrait en arrimer dans le fond de cale du *Montauk*.

Miss Ring, voyant Eve s'approcher, désirait lui dire quelques mots ; car après tout une hadgi répandait toujours autour d'elle un éclat qui faisait rechercher sa connaissance et même son intimité. Elle lui fit donc une révérence en souriant. Eve la lui rendit ; mais comme elle ne se souciait pas de s'approcher d'un groupe de six personnes, elle continua à marcher vers ses amis. Cette réserve décida miss Ring à faire un ou deux pas vers elle, et elle fut obligée de s'arrêter. Saluant son partenaire, elle le remercia de son attention, et le quitta pour avancer à son tour vers *la belle*. Au même instant, les cinq jeunes gens s'échappèrent en corps, aussi contents de leur délivrance qu'ils avaient été fiers de leur captivité.

— Je mourais d'envie de vous parler, Miss Effingham, dit miss Ring ; mais ces *cinq* géants, — et elle appuya sur le mot que nous avons mis en italique, — m'obsédaient de manière à me priver de toute liberté. Il devrait y avoir une loi pour que plusieurs hommes ne pussent parler en même temps à une dame.

— Je croyais qu'il y en avait déjà une, dit Eve en souriant.

— Vous voulez dire dans le code du savoir-vivre; mais personne ne songe aujourd'hui à ces lois surannées. — Commencez-vous à vous réconcilier avec votre pays?.

— Il n'est pas facile d'effectuer une réconciliation quand il n'y a pas eu de rupture, et je crois qu'il n'a jamais existé de querelle entre mon pays et moi.

— Oh! ce n'est pas précisément ce que j'entends. Ne peut-on avoir besoin de réconciliation sans avoir de querelle? Qu'en dites-vous, monsieur Edson?

Miss Ring avait découvert en M. Edson quelques symptômes de désertion, et elle lui adressait cette question pour le rappeler à son devoir; mais ne recevant pas de réponse, elle se retourna, et vit avec consternation que tous ses admirateurs avaient disparu. Il ne fut pas en son pouvoir de se défendre d'un mouvement de surprise, de mortification, de dépit, et même d'horreur.

— Comme nous nous faisons remarquer, et cela par ma faute! s'écria-t-elle, permettant à sa voix, pour la première fois de cette soirée, de prendre un ton convenable. Deux jeunes personnes causant ensemble, et pas un seul cavalier près d'elles!

— Est-ce là se faire remarquer? demanda Eve, avec une simplicité tout à fait naturelle.

— Bien sûrement, miss Effingham; une jeune personne qui a vu la société autant que vous peut à peine me faire une pareille question sérieusement. Je ne crois pas avoir manqué à ce point aux convenances depuis l'âge de quinze ans. Et que faire? Ciel! vous avez laissé partir votre partenaire, et je ne vois près de nous personne de ma connaissance pour me donner le bras.

— Comme votre embarras est occasionné par ma compagnie, dit Eve, il est heureusement en mon pouvoir de vous en tirer. Et en parlant ainsi, elle la salua et alla prendre sa place près de mademoiselle Viefville.

Miss Ring leva les mains avec surprise; mais ayant par bonheur aperçu à peu de distance un des fugitifs, elle lui fit signe de venir à elle, et il obéit.

— Ayez l'extrême bonté de me donner le bras, monsieur Summerfield, il me tarde de sortir d'une situation désagréable qui me fait remarquer; mais vous êtes le seul homme qui se soit approché de moi depuis un an. Je ne voudrais pour rien au monde agir avec la même effronterie que miss Effingham. Pourrez-vous m'en croire? elle est allée toute seule d'ici à sa place.

— Les hadgis ont des priviléges, et ils sont étonnamment hardis.

— Elle a pris des leçons de hardiesse. Chacun sait combien les Françaises sont hardies et impudentes. Il serait pourtant à désirer que nos concitoyennes n'importassent pas dans ce pays leurs manières audacieuses.

— C'est dommage que M. Clay ait négligé d'insérer dans son traité un article à cet effet. Un droit sur l'impudence ne serait certainement pas inutile.

—Il pourrait nuire à la fabrique du pays, dit John Effingham; car M. Summerfield avait d'excellents poumons, et les salons de mistress Houston étaient si petits qu'on pouvait entendre tout ce qui s'y disait, pour peu qu'on voulût se donner la peine d'écouter; mais miss Ring n'écoutait jamais; c'est un rôle subalterne qui ne fait point partie des attributions d'une *belle*. Appuyée sur le bras protecteur de M. Summerfield, elle avança plus hardiment dans la foule où elle réussit bientôt à rassembler près d'elle un groupe de six admirateurs. Quant à M. Summerfield, il vécut un an sur la réputation du bon mot qu'il venait de dire.

— Voici Edouard et Aristobule qui arrivent, dit John Effingham quand la voix de miss Ring se confondit avec cinquante autres aussi élevées que la sienne : *A présent, Mademoiselle, je vais nous venger.*

En finissant ces mots, il prit le capitaine Truck par le bras et alla avec lui au-devant de son cousin. Il réussit bientôt à en séparer Aristobule, et, avec cette nouvelle recrue, il s'arrangea de manière à se placer assez près de miss Ring pour attirer son attention. Quoiqu'il eût cinquante ans, on savait que John Effingham était garçon d'une bonne famille, et qu'il jouissait d'un revenu annuel de dix-sept mille livres sterling. D'ailleurs il était bien conservé, parfaitement bien fait, et avait un air qui coupait court à toutes prétentions mal fondées. C'était une réunion de qualités qu'aucune *belle* ne méprisait, et les mariages disproportionnés étaient en ce moment à la mode à New-York. L'instinct de miss Ring l'avertit qu'il désirait lui parler, et elle ne perdit pas de temps pour lui en offrir l'occasion. Le ton supérieur de John Effingham, son esprit caustique et sa connaissance du monde dispersèrent sur-le-champ les six freluquets dont elle était entourée ; car cette race a une antipathie naturelle pour les qualités dont nous venons de parler.

— Miss Ring, lui dit-il, j'espère que, comme ayant été l'ami de de votre grand-père, vous me permettrez de vous présenter deux de mes plus intimes amis, M. Truck et M. Bragg, que vous ne serez sûrement pas fâchée de connaître.

Miss Ring le salua avec grâce en souriant, car c'était pour elle une affaire de conscience de sourire à quiconque lui parlait. Elle craignait encore trop le maître des cérémonies pour ouvrir ses batteries d'attaque; mais John la tira bientôt d'embarras en prétextant le besoin de parler à une autre dame. Elle eut alors à elle seule les deux étrangers, et ayant entendu dire que la famille Effingham était revenue d'Europe avec un Anglais de haut rang qui voyageait sous un nom supposé, elle se crut fort adroite de le découvrir dans M. Bragg, et son imagination vive lui peignit sur-le-champ le capitaine Truck comme son mentor, et naturellement un ministre de l'église anglicane. Elle était trop discrète pour faire allusion à l'incognito, quoiqu'elle désirât qu'ils s'aperçussent tous deux qu'on n'en imposait pas à une *belle* aussi aisément qu'à toute autre personne. Elle tirait de la vanité de l'adresse qu'elle se supposait à reconnaître un homme à la mode dans quelques circonstances qu'il se trouvât, et son premier désir était d'en faire parade. Elle commença dès qu'elle fut délivrée de la présence de M. John Effingham.

— Vous devez être surpris de l'extrême simplicité de notre société, monsieur Bragg, dit-elle en le regardant d'un air expressif; nous savons parfaitement qu'elle n'est pas ce qu'elle pourrait être; mais ne trouvez-vous pas que ce n'est pas trop mal pour des commençants?

M. Bragg savait fort bien qu'avant cette soirée il n'avait jamais vu aucune société qui méritât ce nom; mais il fut enhardi à donner son opinion par l'idée qu'il nourrissait en secret, qu'il était propre à remplir toutes les places, car c'était là le trait distinctif de son caractère. Il répondit donc avec un aplomb qui aurait donné du poids à la décision d'un élégant de la Chaussée-d'Antin :

— Elle est si simple, Miss, que chacun peut la comprendre. Je ne trouve qu'un seul défaut dans ce bal, qui, en toute autre chose, est à mes yeux la perfection de l'élégance, c'est qu'il y a trop peu de place pour faire un rond de jambe en dansant.

— Vraiment! — Je ne m'y attendais pas. — N'est-ce pas l'usage maintenant en Europe de faire une contredanse dans le plus petit espace possible?

— Tout au contraire, Miss, — on ne peut bien danser sans faire des évolutions: Les derviches dansants, par exemple, auraient besoin d'un espace presque aussi grand que ce salon; et je crois que l'on convient généralement aujourd'hui que pour bien danser, il faut de la place pour les jambes. C'est un *sine quâ non*.

— Nous sommes nécessairement un peu en arrière sur les modes dans ce pays éloigné. Dites-moi, Monsieur, les dames sont-elles dans l'usage de marcher seules dans la société en Europe?

— La femme n'a pas été faite pour marcher seule dans le chemin de la vie, répondit Aristobule avec un regard sentimental; car il ne souffrait jamais qu'une occasion d'avancer ses affaires lui glissât entre les doigts, et s'il ne réussissait pas avec miss Effingham ou miss Van Courtlandt, dont il connaissait parfaitement la fortune, il pensa que miss Ring pourrait aussi être un parti avantageux; pour lui tout ce qui venait à son moulin était farine. — Ce que je dis, ajouta-t-il, est, je crois, une vérité admise.

— Je suppose que vous faites allusion au mariage.

— Oui, Miss. Un homme doit toujours songer au mariage quand il parle à une jeune personne.

Cette réponse déconcerta miss Ring, qui se mit à effeuiller une fleur de son bouquet, car elle était accoutumée à entendre les dames parler de mariage, et non les jeunes gens. Cependant, reprenant sa présence d'esprit, elle dit avec une promptitude qui faisait honneur à l'école à laquelle elle appartenait:

— Vous parlez en homme qui a de l'expérience, Monsieur.

— Certainement, Miss; j'ai toujours été amoureux depuis l'âge de dix ans; je pourrais dire que je l'étais en naissant, et j'espère mourir de même.

C'était aller assez loin; mais *la belle* n'était pas femme à s'effaroucher. Elle le regarda en souriant, et lui dit d'un ton plus animé que jamais:

— Vous autres voyageurs, vous avez des idées singulières, et surtout sur de pareils sujets; je crains toujours de les discuter avec des étrangers, quoique j'aie moins de réserve avec mes concitoyens. — Et vous, monsieur Truck, êtes-vous satisfait de l'Amérique? Trouvez-vous que ce soit le pays que vous vous attendiez à voir?

— Certainement, Madame. Quand nous mîmes à la voile de Portsmouth, les hauteurs de Navesink étaient la première terre que je m'attendais à découvrir; et quoique j'aie été un peu trompé dans mon attente, j'ai enfin eu la satisfaction de les voir.

— Je crains que le désappointement ne soit le sort ordinaire de ceux qui viennent de l'autre côté de l'eau. — Trouvez-vous que la maison de mistress Houston vaille celle d'un seigneur d'Angleterre, monsieur Bragg?

— Infiniment supérieure, Miss; surtout en ce qui concerne les agréments républicains.

Miss Ring, comme toutes les *belles*, détestait le mot républicain, car elle appartenait à la classe des exclusifs, et elle fit la moue avec un peu d'affectation.

— Je me méfierais de la qualité de ces agréments, dit-elle en secouant la tête; mais les salons de cette maison, par exemple, peuvent-ils se comparer à ceux d'Apsley-House[1]?

— Ma chère miss, Apsley-House n'est qu'une cabane de péage, comparée à cette maison. Je doute qu'il y ait dans toute l'Angleterre une demeure à moitié si magnifique. — Dans le fait, je ne puis imaginer rien de plus riche et de plus brillant.

Aristobule n'était pas homme à faire les choses à demi, et il se faisait un point d'honneur de savoir quelque chose de tout. Il est vrai qu'il ne savait ni où était Apsley-House, ni si c'était une taverne ou une prison; mais il en était de même de la moitié des choses sur lesquelles il prononçait ses oracles; et quand il était nécessaire qu'il parlât, il ne trompait jamais, par une ignorance réelle ou affectée, l'attente de ceux qui l'interrogeaient. Il est vrai que l'opinion qu'il venait d'énoncer avait un peu surpassé l'espoir de miss Ring; car après son ambition d'être *une belle* et d'avoir un cercle nombreux d'admirateurs, ce qu'elle désirait le plus était de pouvoir se persuader qu'elle figurait dans un cercle à peu près égal à ceux de la noblesse de la Grande-Bretagne.

— J'avoue que cela surpasse toutes mes espérances, dit-elle. Je savais fort bien que nous n'étions pas de beaucoup au-dessous du niveau du goût plus perfectionné de l'Europe, mais je croyais que nous étions un peu inférieurs à cette partie du monde.

---

[1]. Maison du duc de Wellington à Londres.

—Inférieurs, Miss! C'est un mot qui ne devrait jamais sortir de votre bouche. Vous n'êtes inférieure à personne en Europe ou en Amérique, en Afrique ou en Asie.

Miss Ring était accoutumée à la flatterie, mais elle fut déconcertée par le compliment si direct que lui faisait Aristobule, qui était toujours disposé à « faire son foin quand le soleil brille, » et elle se retourna vers le capitaine avec quelque confusion. Nous disons confusion, car cette jeune personne, quoique si sujette à être mal comprise, n'avait pas un grand fonds d'impudence; mais se laissant tromper aux rapports des choses entre elles, ou, en d'autres termes, son esprit confondant les usages, elle s'était permis jusqu'alors de faire, dans la société, ce que les actrices font quelquefois sur le théâtre, —de jouer un rôle d'homme.

—Vous devriez dire à M. Bragg, Monsieur, dit-elle au capitaine, que la flatterie est une chose dangereuse, et qu'elle ne convient nullement à un chrétien.

—Vous avez raison, Madame, et c'est un défaut qui n'est pas le mien. Aucun de ceux qui sont sous mes ordres ne peut m'accuser de flatterie.

Par ces mots « qui sont sous mes ordres, » miss Ring entendait le clergé subalterne; car elle savait qu'il existait dans l'église anglicane des distinctions de ce genre qui sont inconnues en Amérique.

—J'espère, Monsieur, que vous ne quitterez pas ce pays sans y avoir prononcé un discours?

—Moi, Madame! je ne fais que discourir du matin au soir quand je suis dans l'exercice de mes fonctions, quoique je convienne qu'il n'est pas agréable d'avoir sans cesse à réprimander l'un et à gourmander l'autre. Cependant, que j'aie le pied sur mes planches, un auditoire attentif, et un cigare à la bouche, et je parlerai aussi bien que quelque évêque que ce puisse être.

—Un cigare! s'écria miss Ring avec surprise; les hommes de votre profession se servent-ils de cigares en remplissant leurs fonctions?

—Un ministre reçoit-il ses honoraires? Sur ma foi, Madame, il n'y en a pas un de nous qui ne fume du matin au soir.

—Non pas le dimanche?

—Deux cigares pour un ce jour-là.

—Et que font vos auditeurs pendant ce temps?

—La plupart chiquent, d'autres prennent une pipe, et le reste s'ennuie. Quant à moi, j'aimerais beaucoup moins ma place si les cigares étaient prohibés.

Miss Ring fut au comble de la surprise; mais elle avait entendu dire que le clergé d'Angleterre se permettait plus de libertés que le nôtre, et elle avait été accoutumée à penser que tout ce qui était Anglais était parfait. Un moment de réflexion la réconcilia donc avec cette innovation, et le lendemain, étant à un grand diner, elle défendit cet usage comme ayant un précédent dans l'encens dont on se servait depuis si longtemps. Cependant en ce moment, elle mourait d'envie de faire part aux autres de ses découvertes, et elle proposa à Aristobule et au capitaine de les présenter à quelques-unes de ses connaissances; car, étant étrangers, il leur serait désagréable de ne connaître personne. Les cigares et les présentations étaient la marotte du capitaine Truck; il accepta sur-le-champ cette proposition, et M. Bragg en fit autant; car il pensait que, sous la constitution des Etats-Unis d'Amérique, il avait le droit d'être présenté à tous ceux avec lesquels il se trouvait.

Il est presque inutile de dire combien John Effingham jouit de cette mystification, mais il eut soin de la cacher à son cousin, et il voila son plaisir sous l'extérieur calme d'un homme du monde; car il savait que M. Effingham aurait cru devoir y mettre fin par égard pour mistress Houston. Eve et Grace ne purent s'empêcher d'en rire, et elles dansèrent le reste de la soirée avec plus de gaieté que jamais. A une heure, la compagnie se retira, comme elle était arrivée, sans qu'on appelât les voitures ou qu'on les annonçât; la plupart pour placer sur leur oreiller leur tête appesantie, et miss Ring pour songer aux manières supérieures du jeune Anglais, et pour rêver à un sermon prononcé au milieu d'une fumée de tabac.

CHAPITRE VI.

> Morbleu! notre pièce est la très-lamentable comédie et la très-cruelle mort de Pyrame et Thisbé.
> PIERRE QUINCE.

La tâche que nous nous sommes imposée de décrire la société de New-York sera bientôt terminée. M. Effingham et son cousin avaient été engagés à se trouver avec sir George Templemore à deux ou trois dîners auxquels le baronnet avait été invité par suite des lettres qu'il avait apportées, et qui avaient rapport aux affaires qui l'avaient amené dans ce pays. Comme un de ces dîners ressemble à tous les autres, le compte très-court que nous en rendrons suffira pour en faire connaître le mérite à nos lecteurs.

Une table bien servie, d'excellents mets bien apprêtés et des vins délicieux se trouvaient partout. Deux rangées d'hommes en habits de couleur foncée, une femme solitaire au haut bout de la table, ou, si elle avait du bonheur, avec une autre femme près d'elle, composaient invariablement les convives. Les exagérations provinciales se montrèrent d'une manière burlesque dans une occasion. On avait dit au maître ou peut-être à la maîtresse, qu'il fallait établir un contraste entre l'éclairage modéré des salles de réception et l'illumination brillante de la salle à manger, et il en résulta qu'il faisait si obscur dans le premier salon, que John Effingham manqua de se casser les jambes contre un tabouret en y entrant.

Quand on fut à table et qu'on se fut acquitté de l'importante besogne de satisfaire l'appétit, la conversation roula sur le prix des lots de terre, sur les spéculations en villes et sur la monnaie courante. Vint ensuite l'essai régulier des vins, et il était aisé de voir que le maître de la maison en faisait le commerce, car sa main tenait sans cesse un siphon ou un tire-bouchon. La conversation aurait fait honneur à l'assemblée annuelle des exportateurs allemands réunis à Rudesheim pour faire leurs marchés.

Sir George était certainement sur le point de porter un jugement très-erroné sur le pays, quand M. Effingham le tira de cette société et l'introduisit dans la sienne. Là, quoiqu'il y eût encore bien des choses qui devaient frapper un Européen, comme particulières au pays et même provinciales, le jeune baronnet se trouva beaucoup mieux. La table y était aussi bien servie ; mais ce qui rehaussait le mérite des mets, c'était un ensemble de manières qui, si elles n'étaient pas sans alliage, avaient du moins l'avantage d'un naturel et d'une simplicité qu'on ne rencontre pas toujours dans des cercles plus policés. Sir George Templemore rendit donc hommage à la vérité en avouant franchement le danger qu'il avait couru de se former une opinion trop à la hâte.

Pendant ce temps, c'est-à-dire pendant un mois, le jeune baronnet redoublait ses assiduités dans State-Street. Eve devenait de jour en jour plus franche et moins réservée avec lui, attendu qu'elle s'apercevait qu'il avait renoncé à l'espoir de lui plaire; Grace au contraire montrait graduellement plus de retenue et de timidité, parce qu'elle ne pouvait se dissimuler l'intérêt qu'il prenait à elle.

Environ trois jours après le bal de mistress Houston, la famille Effingham fut invitée à passer la soirée chez une mistress Légende, dame qui avait le goût de la littérature, et sir George fut invité à les accompagner. Aristobule était déjà retourné à la campagne où nous aurons bientôt occasion d'aller le rejoindre; mais une invitation avait été envoyée au capitaine Truck, sur la profession duquel, grâce aux soins de miss Ring, chacun se méprenait encore.

Le goût pour la littérature, pour les arts, pour quelque chose que ce soit, est une impulsion naturelle comme l'amour. Il est vrai que les circonstances peuvent faire naître et augmenter l'un et l'autre, mais l'impulsion doit être volontaire, car le flux du sentiment ou de l'âme, comme il est passé en loi de le nommer, ne peut être forcé de couler ou de s'arrêter au gré de la volonté. C'est pour cette raison que les plaisirs intellectuels qui sont prémédités manquent souvent de répondre à l'attente qu'on avait conçue, et que les séances d'académie, les clubs, coteries et dîners littéraires sont en général ennuyeux. Il est vrai qu'on peut réunir un certain nombre de gens d'esprit, et si on les laisse à leur propre impulsion, ils montreront ce qu'ils sont : l'esprit brillera, et la pensée répondra d'elle-même à la pensée. Mais tous les efforts qu'on fait pour rendre aimables des gens stupides en donnant une direction aux moyens qu'on leur suppose, ne sert qu'à rendre leur sottise plus remarquable en la mettant en contraste avec l'esprit qu'on en attend; comme un mauvais tableau le paraît encore davantage, s'il est placé dans un cadre richement sculpté et doré. Tel était le destin de la plupart des soirées littéraires de mistress Légende, où l'on regardait comme un homme distingué celui qui possédait une seule langue étrangère. On savait qu'Eve connaissait la plupart de celles d'Europe, et la bonne dame, ne sentant pas que de pareils talents sont principalement utiles comme moyens, avait cherché à réunir une société dans laquelle notre héroïne pût trouver quelqu'un en état de converser avec elle dans chacune des langues qu'elle savait. Elle ne s'en était pas vantée, mais elle avait fait de grands efforts pour que cette soirée fût mémorable dans les annales des *conversazioni.*

Pour exécuter ce projet, presque tous les artistes, les beaux esprits, les écrivains et les *litterati*, comme on appelait à New-York les membres les plus incorrigibles des clubs littéraires, furent invités de la manière la plus pressante à se trouver à cette assemblée. Aristobule avait fait au baronnet une telle réputation le soir du bal, qu'on lui donnait partout le titre d'homme de lettres; et un article d'un des journaux avait parlé de « l'honorable et révérend M. Truck comme d'un voyageur dont la libéralité et l'esprit judicieux devaient enfin, en parlant de la société américaine, rendre justice au caractère national. » Dans une pareille attente, on espérait que chaque véritable Américain ou Américaine serait à son poste en cette occasion solennelle. C'était un ralliement de la littérature pour défendre les institutions nationales, — non, pas les institutions, on leur laissait le soin de se défendre elles-mêmes, — mais la vanité de la communauté.

Hélas! il est plus facile d'aspirer à de si grandes choses que d'y réussir dans une ville de province; car appeler une place une grande ville de commerce, c'est loin de lui donner l'indépendance, le bon ton, le goût et l'esprit d'une capitale. La pauvre mistress Légende, désirant avoir à son assemblée des représentants de toutes les langues, fut obligée d'y inviter un trafiquant en genièvre de Hollande, un marchand de toile de Saxe, un Italien, qui s'amusait à vendre des chapelets, et un maître d'espagnol, qui était né en Portugal, tous doués du talent de pouvoir parler chacun leur langue, et n'en ayant aucun autre. Mais il y a de pareilles réunions à Paris, et pourquoi non à New-York?

Nous ne peindrons pas le battement de cœur que sentit mistress Légende quand elle entendit sonner pour la première fois à sa porte dans la soirée en question. C'était l'annonce de l'arrivée de miss Annuel, vieille fille aussi dévouée à la littérature que quiconque a jamais appris l'alphabet. Elle reçut un accueil affectueux et même sentimental; mais avant qu'elles eussent eu le temps de décharger leur mémoire de la moitié des phrases qu'elles avaient préparées, la sonnette se fit encore entendre plusieurs fois, et il y eut bientôt dans l'appartement autant de talents qu'on trouve de jeux de mots dans un roman moderne.

Toute la bande étrangère fut du nombre de ceux qui arrivèrent les premiers, et les rafraîchissements qui arrivèrent en même temps, ne furent pas vus avec moins de plaisir. Tous les bas-bleus de New-York arrivèrent aussi de très-bonne heure. Quand nous disons « tous, » nous entendons les femmes à qui leur situation dans le monde donnait le droit de paraître dans cette maison, car mistress Légende appartenait incontestablement à la bonne société.

Il en résulta une scène très-caractéristique. Un bel esprit de profession ne fait rien comme les autres, si ce n'est dans les cas qui exigent un étalage particulier de talent. En toute autre occasion, il est *sui generis*, car le sentiment est en ébullition constante dans son âme, et c'est ce qu'on entend communément par ce qu'on appelle le flux de cette partie du système humain.

Nous pourrions ici adopter la méthode d'Homère, et faire l'appel nominal des héros et des héroïnes, dans ce que les Français appelleraient un catalogue raisonné; mais nos limites nous forcent à être moins ambitieux et à prendre un moyen plus simple de communiquer les faits. Parmi les dames qui figuraient alors dans le salon de mistress Légende, indépendamment de miss Annuel, on distinguait Miss Moutly, — mistress Economie, — S. R. P. — Marion, Longinus, — Julietta, — Herodotus. — D. O. V. E. — et mistress Démonstration, avec plusieurs autres d'un rang moins éminent, et au moins une douzaine d'hadgis dont le seul droit à paraître dans une telle société était qu'ayant vu des tableaux et des statues en pays étranger, elles devaient nécessairement être en état d'en parler dans le leur. La liste des hommes était encore plus formidable pour le nombre, sinon pour le talent. A la tête était Steadfast Dodge, dont la renommée s'était tellement accrue depuis la soirée de mistress Jarvis, que, pour la première fois de sa vie, il avait obtenu l'entrée d'une des meilleures maisons de son pays. On y voyait ensuite les auteurs du *Lapis Lazuli*, — des *Fourmis*, — du *Réformé*, du *Transformé*; — les éditeurs du *Courrier hebdomadaire*, — du *Bonnet de nuit*, — de la *Chrysalide* — et du *Ne cherchez pas plus loin*; — les écrivains connus par les signatures de *Junius*, — de *Junius Brutus*, — de *Lucius Junius Brutus*, — du *Capitaine Kant* et de *Florio*; — avec l'auteur de l'*Histoire de Billy-Linkum-Tweedle*, le célèbre prophète *Pottawattami*, et celui d'*Une seule rime*, génie qui avait prudemment fondé sa réputation en poésie sur un seul vers; — enfin divers amateurs et connaisseurs hadgis, qui *devaient* être des hommes de talent, puisqu'ils avaient appris tout ce qu'ils savaient à peu près comme le cheval américain l'Eclipse a gagné ses lauriers à la course, c'est-à-dire à l'aide du fouet et de l'éperon.

Tandis que mistress Légende parcourait ses salons au milieu d'un pareil cercle, son esprit s'épanouissait ; ses pensées se répandaient sur tous ceux qui s'y trouvaient, d'après le principe du magnétisme animal, et une douce sympathie lui attendrissait le cœur par suite de la similitude des goûts. Elle se sentait à la tête de tout le talent américain ; et dans les profondeurs les plus secrètes de sa raison, elle se disait que si le destin de Sodome et de Gomorrhe menaçait sa ville natale, comme quelques malveillants avaient osé l'insinuer, il se trouvait chez elle en ce moment de quoi prévenir la destruction de cette cité.

A l'instant où la maîtresse du logis arrivait à cette conclusion consolante, deux équipages s'arrêtèrent à la porte. Elle entendit le bruit des roues ; et comme un très-petit nombre de ses hôtes littéraires venait en voiture, elle fut convaincue qu'on allait voir la merveille du jour. Pour lui faire un accueil plus distingué, elle pria donc la compagnie de se placer sur deux rangs, afin que le docte étranger entrât en quelque sorte entre deux files de génies.

Il peut être nécessaire d'expliquer en cet endroit de notre narration que M. John Effingham connaissait parfaitement l'erreur qui existait généralement sur la profession du capitaine Truck, et la regardait comme une injure pour ce brave marin. Comme le capitaine devait mettre à la voile pour Londres le lendemain matin, il lui avait persuadé d'accepter cette invitation, afin que le public pût être désabusé avant son départ sur une affaire de cette importance. Désirant que cela se fît tout naturellement et sans bruit, il ne mit pas le capitaine au fait de la méprise, croyant très-probable que la vérité se découvrirait tout naturellement dans le cours de la soirée ; car il connaissait cet apophthegme : « que la vérité est toute-puissante et qu'elle doit prévaloir. » — Et si cela est vrai, dit-il à Eve en lui expliquant son dessein, où est-il plus probable qu'elle se découvrira que dans une réunion de génies, dont le caractère distinctif est de voir toutes choses sous leurs véritables couleurs ?

Quand la porte du salon de mistress Légende s'ouvrit sans bruit à la manière ordinaire, mademoiselle Viefville, qui marchait en avant, tressaillit en se trouvant dans la situation d'un homme condamné à passer par les verges. Heureusement elle aperçut mistress Légende, qui était postée à l'extrémité de son armée rangée sur deux lignes, et qui lui fit signe en souriant de s'approcher. Les termes de l'invitation à cette soirée étaient : « A une fête littéraire, » et mademoiselle Viefville était trop Française pour se laisser tout à fait déconcerter par un peu d'effet théâtral qu'on pouvait vouloir donner à une fête quelconque. Le manque de représentation en Amérique avait toujours été l'objet de sa censure ; et supposant qu'elle voyait pour la première fois un cérémonial américain, elle s'avança d'un pas ferme vers la maîtresse de la maison, lui rendant sourire pour sourire ; car c'est une partie du *programme* dans laquelle une Française ne se laisse pas aisément surpasser. Eve la suivit, *sola* comme de coutume ; Grace venait ensuite, puis sir George et John Effingham, et le capitaine fermait la marche. Il y avait eu une contestation amicale entre les deux derniers au sujet de la préséance, chacun voulant la céder à l'autre, comme au plus digne ; mais le capitaine l'emporta en déclarant qu'il naviguait sur une mer inconnue, et qu'il ne pouvait mieux faire que de se tenir dans les eaux d'un aussi bon pilote que M. John Effingham.

Ceux qui marchaient en avant dans cette petite procession furent reçus, comme hadgis, avec toutes les marques convenables d'attention et de respect ; mais comme il y aurait eu quelque chose de commun à accorder une admiration excessive à de simples voyageurs, la compagnie réserva les signes d'enthousiasme pour l'illustre auteur anglais qu'on savait à l'arrière-garde. Ce n'était pas une maison où l'on n'eût de considération que pour les dollars et les *belles*; c'était le temple du Génie, et l'on avait, pour les talents reconnus de l'écrivain étranger, une vénération proportionnée à l'indifférence qu'on éprouvait pour les dix-sept mille livres de revenu de John Effingham, et pour la fortune presque égale qu'Eve devait posséder un jour.

L'extérieur de l'honnête marin répondait parfaitement au rôle qu'il était appelé à jouer sans s'en douter. Ses cheveux étaient devenus gris depuis longtemps ; mais le travail forcé et les inquiétudes occasionnées par la chasse que lui avait donnée la corvette, et par toutes les aventures qui en avaient été la suite, avaient rapidement accéléré ce qui m'aurait dû être que l'ouvrage du temps, et sa chevelure était alors presque blanche comme la neige. Ses joues plus que vermeilles, résultat de l'intempérie des saisons qu'il avait si longtemps bravée, pouvaient paraître devoir cette teinte au vin de Porto ; et sa marche, qui sentait toujours le gaillard d'arrière, celle d'un homme chancelant sous le poids de son savoir. Malheureusement pour ceux qui n'aiment pas les mystifications, le capitaine avait consulté John Effingham sur sa toilette, et ce bon ami lui avait dit qu'un habit noir complet serait le costume convenable pour cette occasion, — costume qu'il portait souvent lui-même le soir. Les apparences répondaient donc à l'attente générale, et les applaudissements bruyants qui lui furent prodigués firent place à un murmure universel d'approbation.

— Quelle tête byronienne! dit l'auteur du *Transformé* à D. O. V. E.

— Byronienne, dites-vous? Suivant moi, sa tête a plutôt une tournure shakspearienne. Cependant son front a quelque chose de Milton.

— Dites-moi, je vous prie, dit miss Annuel à Lucius Junius Brutus, quel est celui de ses ouvrages qu'on trouve le meilleur? Est-ce celui sur... sur...

Or personne de la compagnie n'aurait pu citer un ouvrage du capitaine, qui n'avait jamais écrit que des registres de loch; mais on s'était généralement persuadé que c'était un écrivain anglais célèbre, et c'était plus qu'il n'en fallait.

— Je crois qu'en général, répondit Lucius Junius Brutus, le monde préfère son... son...

— Oh! sans contredit, s'écrièrent une demi-douzaine de voix, c'est celui qui mérite la préférence.

— Avec quelle modestie classique il rend ses devoirs à mistress Légende! dit R. S. P.; on peut toujours reconnaître un véritable homme de lettres à sa tenue.

— Il est si Anglais! s'écria Florio; ah! c'est le seul peuple après tout.

Ce Florio était un de ces génies qui désirent le plus ce qu'ils possèdent le moins.

Dès que le capitaine Truck eut accompli la tâche d'écouter les compliments de mistress Légende, une foule de littérateurs enragés des deux sexes s'emparèrent de lui, et l'assaillirent de tant de questions sur ses idées, ses opinions, ses sensations, ses sentiments et ses intentions, que le vieux marin en fut bientôt tout couvert de sueur. Cinquante fois il désira du fond de son âme, — de cette âme que ceux qui l'entouraient croyaient élevée jusqu'aux astres, — être tranquillement assis près de mistress Hawker, qui, jurait-il en lui-même, valait mieux que tous les *litterati* de toute la chrétienté. Mais le destin en avait ordonné autrement, et nous l'abandonnerons quelques instants à son sort pour retourner près de notre héroïne et de ses amis.

Dès que mistress Légende eut fini ses premiers compliments au capitaine, elle chercha Eve et Grace, sentant qu'elle leur devait aussi quelques civilités.

— Je crains, miss Effingham, qu'après les soirées élaborées des cercles littéraires de Paris, vous ne trouviez nos réunions de la même espèce un peu insipides; et cependant je me flatte d'avoir rassemblé presque tous les premiers talents de New-York en cette mémorable occasion, pour faire honneur à votre ami. — Connaissez-vous beaucoup de personnes de la compagnie?

Eve n'en avait jamais vu aucune, et n'en avait pas même entendu parler, quoique la plupart se fussent laborieusement occupées depuis plusieurs années à se donner de la célébrité les unes aux autres, à l'exception de M. Dodge; et quant aux soirées *élaborées* de Paris, elle pensait qu'elle n'en avait jamais vu une seule qui fût à moitié aussi élaborée que celle de mistress Légende. Mais comme elle ne pouvait trop énoncer ces idées, elle pria cette dame de lui montrer quelques-uns des hommes les plus distingués de la compagnie, afin qu'elle pût du moins les connaître de vue.

— Avec le plus grand plaisir, miss Effingham, répondit la dame, qui se faisait une gloire d'appuyer sur le mérite de ceux qu'elle recevait chez elle. — Ce grand homme, dont l'air est si imposant, et sur la physionomie duquel on reconnaît d'un seul coup d'œil l'intelligence et la modestie, est le capitaine Kant, éditeur d'un de nos journaux les plus décidément pieux. Son esprit se fait remarquer par sa délicatesse, sa réserve et son poli; et en opposition à ces qualités qui sont presque féminines, son caractère se fait distinguer par un amour intrépide pour la vérité, et il donne un soin si particulier à sa correspondance étrangère, qu'on assure qu'il n'en publie jamais un seul mot qui n'ait été écrit sous ses propres yeux.

— Relativement à ses principes religieux, dit John Effingham, il est si scrupuleusement exact, qu'il « rend grâce [1] » pour tout ce qui sort de sa presse comme pour tout ce qui y arrive.

— Je vois à cette remarque que vous le connaissez, Monsieur. N'est-il pas vrai que c'est un homme qui a une vocation?

---

1. Allusion à la coutume de dire les grâces après le dîner.

— Bien certainement, Madame. On peut dire de lui en peu de mots qu'il a un esprit de journal ; car il fait des nouvelles de tout ce que peuvent produire l'art et la nature, et il y imprime tellement le cachet de son caractère, que ce qu'il dit n'a plus aucun rapport au sujet dont il voulait parler. Il est si désintéressé qu'il oublie souvent de payer son dîner quand il voyage, et pourtant il est si consciencieux qu'il a toujours quelque chose d'obligeant à dire à son retour de la taverne où il a dîné. On ne sait qu'admirer le plus en lui, de la transparence atmosphérique de ses motifs, de ses égards rigides pour les faits, ou du vernis de délicatesse exquise qu'il donne à tout ce qu'il touche. Par-dessus tout, il s'entoure d'un halo brillant de morale et de religion; et dans la discussion la plus animée, il conserve toujours l'onction d'un saint.

— Connaissez-vous par hasard Florio? lui demanda mistress Légende, qui trouvait un peu équivoque le portrait qu'il venait de faire du capitaine Kant.

— Si je le connais, ce doit être véritablement par hasard, Madame. Quelles sont les principales qualités qui le caractérisent?

— Le sentiment, le pathos, la délicatesse,—et tout cela en vers. Vous avez sans doute entendu parler du triomphe qu'il a remporté sur lord Byron, miss Effingham ?

Eve fut obligée d'avouer que cela était tout nouveau pour elle.

— Vraiment! Byron a composé une ode à la Grèce commençant par : « Les îles de la Grèce! les îles de la Grèce! » vers infiniment faible, comme il est facile de le voir, puisqu'il contient une répétition inutile et insignifiante.

— Et vous pourriez ajouter vulgaire, Madame, dit John Effingham, puisqu'il fait une allusion palpable à tous ces incidents qui ne sont que des lieux communs et que ces îles rappellent à l'esprit. Les arts, la philosophie, l'éloquence, la poésie, et même le vieil Homère, sont rappelés désagréablement au souvenir par une invocation si indiscrète.

— C'est ce que pensa Florio ; et pour apprendre au monde la différence entre la fausse monnaie et la bonne, il fit sur l'Angleterre une ode commençant comme une telle ode doit commencer.

— Vous en rappelez-vous quelque passage, Madame?

— Seulement le premier vers, ce que je regrette beaucoup, car la rime est le principal mérite de Florio. Mais ce vers seul suffirait pour immortaliser un poëte.

— Ne nous tenez pas à la torture, ma chère mistress Légende ; citez-nous ce vers, pour l'amour du ciel !

— Elle commence dans ce style sublime, Monsieur : — « Derrière les vagues ! derrière les vagues ! » — Voilà ce que j'appelle de la poésie, miss Effingham.

— Et vous avez raison, Madame, dit John s'apercevant qu'Eve pouvait à peine s'empêcher de rire ; quel pathos !

— Et un style si sentencieux, si coulant !

— Resserrant un voyage d'environ trois mille milles dans trois mots avec un point d'admiration. — J'espère que ce vers a été imprimé avec un point d'admiration, madame ?

— Avec deux, Monsieur ; — un après chaque vague ; — et quelles vagues !

— Oui sans doute, Madame. Elles font réellement naître de grandes idées : — l'Angleterre derrière ces vagues !

— Tant de choses exprimées en si peu de syllabes !

— Je crois voir tous les courants, les écueils, les rochers, les îles et les baleines qui se trouvent entre Sandy-Hook et Land's-End.

— Il pense à un poëme épique.

— Fasse le ciel qu'il exécute ce projet ; mais qu'il se hâte, sans quoi il pourra se trouver derrière son siècle ! derrière son siècle !

En ce moment mistress Légende fut obligée d'aller recevoir de nouveaux visiteurs.

— Cousin John ! dit Eve.

— Eve Effingham !

— Ne craignez-vous pas quelquefois d'offenser ?

— Non pas une femme qui commence par exprimer son admiration pour un pareil fatras. On est à l'abri auprès d'une telle femme tant qu'on ne lui tord pas le nez.

— *Mais tout ceci est bien drôle !*

— Vous ne vous êtes jamais plus trompée, Mademoiselle ; tout le monde ici, excepté vous, regarde ce qui s'y passe comme une affaire de vie et de mort.

Le dernier arrivé était un M. Pindare, homme insouciant, très-peu sentimental, qui laissait échapper de temps en temps une ode qui circulait dans le monde comme les dollars circulent depuis la Chine jusqu'en Norwége, et qui pourtant ne croyait pas que des bésicles fussent nécessaires à son importance, un air solennel à sa physionomie, et des soirées à sa réputation. Après avoir quitté mistress Légende, il s'approcha d'Eve, qui le connaissait légèrement et la salua :

— C'est ici la région du goût, miss Effingham, lui dit-il en bâillant; il ne faut donc pas qu'on soit surpris de vous y voir.

Il causa agréablement avec elle quelques instants et la quitta pour s'approcher, en bâillant de plus belle, des οἱ πολλοί de la littérature. Un moment après, parut M. Gray, homme à qui il n'aurait fallu que du goût de la part du public et l'encouragement que ce goût lui aurait donné, pour être à la tête ou du moins très-près des meilleurs poëtes de notre temps. Il eut l'air de craindre de se mêler dans la foule des *litterati*, et il alla s'asseoir dans un coin. M. Pith vint après lui; c'était un auteur dont l'esprit caustique n'avait besoin que d'une sphère convenable pour s'exercer, de mœurs à critiquer, et d'une société offrant des points saillants à décrire, pour inscrire son nom très-honorablement dans le catalogue des poëtes satiriques. Un autre coup de sonnette annonça M. Fun, écrivain d'une gaieté exquise et dont toutes les périodes étaient rimées, mais qui avait donné un peu trop dans le sentimentalisme : aussi toutes les dames à qui ce genre plaisait s'emparèrent-elles de lui dès qu'il parut dans le salon.

Ces quatre personnages étaient arrivés un peu tard, parce qu'ils avaient déjà pris trop de doses semblables pour en aimer beaucoup la répétition. Les trois premiers se réunirent bientôt dans un coin, et Eve crut voir qu'ils riaient aux dépens de la compagnie. Le fait était pourtant qu'ils riaient plutôt des plaisanteries qu'elle leur inspirait, leur esprit leur faisant apercevoir cent absurdités qui auraient échappé à des yeux moins clairvoyants.

— Au nom des douze Césars, demanda le poëte lyrique, quel est donc le lion[1] que mistress Légende semble avoir pris sous sa protection spéciale, — cet homme à tête blanche et à corps noir?

— Quelque pamphlétaire anglais, à ce que j'ai pu apprendre, répondit le satirique; quelque auteur qui a écrit un article pour une revue, ou un roman pour la presse de Minerve, et qui fleurit aujourd'hui parmi nous comme un laurier; un Horace ou un Juvénal moderne en voyage.

— Fun est là-bas serré de près, dit M. Gray.

— Ne voyez-vous pas près de lui miss Annuel, miss Mouthly,

---

1. On donne ce nom à tout objet et à toute personne qui attire la curiosité publique.

et ce jeune alphabet, miss D. O. V. E. ? Il est entouré d'un cercle de cotillons, et il sera crucifié sur un soupir.

—Il jette un regard de ce côté; il semble désirer que vous alliez à son secours, Pith.

—Moi! qu'il se repaisse de sentiment tout à son aise; je ne suis pas homœopathe en ce genre. De fortes doses, souvent réitérées, opéreront plus tôt une cure. — Mais voici le lion qui vient de ce côté; il sort de sa cage avec l'air d'un animal qu'on a courroucé avec un bâton à travers les barreaux.

—Bonjour, Messieurs, dit le capitaine Truck, s'essuyant le front et se réfugiant dans le premier port qui s'offrait à lui, après avoir échappé à une cohue d'admirateurs. Vous paraissez jouir de vous-mêmes ici d'une manière raisonnable, et il fait dans ce coin une fraîcheur délicieuse, comme j'espère d'être sauvé.

—Et cependant, Monsieur, répondit M. Pith, nous ne doutons pas que notre raison et nos jouissances ne gagnent beaucoup à votre compagnie. Faites-nous le plaisir de prendre un siége, et reposez-vous.

— De tout mon cœur, Messieurs; car, pour dire la vérité, un étranger assailli par vingt femmes trouve que c'est chaude besogne. Je viens de me tirer à l'instant de ce que j'appelle une catégorie.

—Du moins vous vous êtes échappé, Monsieur, dit Pindare; et c'est un bonheur qui n'arrive pas à tout lion mis en cage.

—Oui, grâce à Dieu, j'y ai réussi, et c'est à peu près tout ce que j'ai fait, dit le capitaine s'essuyant encore le visage. —J'ai servi dans la guerre de France, la guerre de Truxton, comme nous l'appelons ;—je me suis pelotté avec les Anglais à bord d'une lettre de marque ; — tout récemment encore j'ai eu une rencontre avec des sauvages arabes sur la côte d'Afrique;—mais je regarde tout cela comme des combats à coups de boules de neige, en comparaison de la chaude attaque de cette nuit.—Je voudrais savoir s'il est permis de fumer un cigare dans ces *conversazioni?*

— Je le crois, Monsieur, répondit Pindare avec le plus grand sang-froid. Désirez-vous une bougie?

— Oh! monsieur Truck! s'écria mistress Légende, découvrant le fugitif dans la retraite qu'il avait trouvée; c'est l'instinct qui vous a conduit dans cette bonne compagnie. Vous êtes à présent dans le vrai foyer des talents américains. Il faut que vous me permettiez de vous présenter moi-même.—Monsieur Pindare, monsieur Pith, monsieur Gray, monsieur est M. Truck. — Vous devez être charmés de vous connaître, Messieurs, puisque vous vous occupez tous du même objet.

Le capitaine se leva, et leur serra cordialement la main tour à tour. Il avait du moins la consolation d'avoir été présenté à beaucoup de monde pendant le cours de cette soirée. Mistress Légende disparut pour aller dire quelque chose de spirituel à quelque autre prodige.

— Enchanté de me trouver avec vous, Messieurs, dit le capitaine. Dans quels parages naviguez-vous ?

— Quelque nom que nous leur donnions, répondit Pindare, il est rare que nous ayons le vent en poupe.

— Ce n'est donc pas dans les Indes, car les vents moussons maintiendraient au moins les bonnettes.

— Non, Monsieur; mais voilà là-bas M. Moccassin, qui s'est lancé depuis peu, *secundùm artem*, dans le commerce de ce pays; il a déjà fait deux romans dont la scène se passe dans l'Inde, et un troisième est sur le tapis.

— Etes-vous tous régulièrement employés, Messieurs ?

— Aussi régulièrement que le permet l'inspiration, répondit M. Pith. Les gens qui font notre métier doivent attendre le beau temps, ou il vaut mieux ne rien faire.

— C'est ce que je dis souvent à mes armateurs; mais « partir! » est l'ordre du jour. Quand j'étais jeune, un bâtiment restait dans le port pour attendre un vent favorable; mais à présent il faut tirer parti de quelque vent qu'il fasse. Il me semble que le monde rajeunit à mesure que je vieillis.

— Voilà un singulier littérateur, Gray, dit Pindare à demi-voix.

— C'est évidemment une mystification. La pauvre mistress Légende a ramassé quelque veau marin jeté sur la côte, et par un coup de sa baguette magique, l'a métamorphosé en un Boanerges de la littérature. Cela est aussi clair que le jour, car ce brave homme sent le goudron et le tabac. — Mais je vois M. Effingham rire du coin de l'œil en nous regardant. Je vais traverser le salon, et dans une minute je saurai la vérité.

Le poëte lyrique exécuta son projet. Il fut bientôt de retour, et il mit ses amis au fait de toute l'affaire. La connaissance qu'ils avaient alors de la véritable profession du capitaine leur inspira le désir bienveillant d'aider le vieux marin à fumer comme il le souhaitait, et M. Pith réussit à lui donner un morceau de papier allumé sans se rendre ouvertement complice du fait.

— Voulez-vous prendre vous-même un cigare? demanda le capitaine Truck à M. Pindare en lui présentant sa boîte.

— Bien des remerciements, monsieur Truck; je ne fume jamais, mais j'aime passionnément l'odeur du tabac. Permettez-moi de vous prier de commencer le plus tôt possible.

Le capitaine ne se fit pas presser, et en quelques instants le salon fut rempli du parfum exhalé par son cigare de la Havane. Dès qu'on s'en aperçut, chacun chercha d'où venait cette odeur. Il s'ensuivit un moment d'agitation générale, et M. Fun en profita pour aller joindre les trois espiègles, qui jouissaient de cette scène avec une gravité de derviche.

— Vrai, comme je vis, s'écria Lucius Junius Brutus, voilà l'auteur de... de... qui fume un cigare! Comme cela est piquant!

— Mes yeux me trompent-ils, ou est-ce l'auteur du... du... qui fait cette fumigation? dit miss Annuel d'un autre côté.

— Il a tort, dit Florio d'un ton dogmatique; tous les journaux conviennent que ce n'est pas la mode de fumer ainsi dans la vieille Angleterre.

— Vous ne vous êtes jamais plus trompé, mon cher Florio, répondit D. O. V. E. d'une voix semblable à celle d'une tourterelle; dans le dernier roman de mœurs qui est arrivé de Londres, le héros et l'héroïne sont à fumer dans la scène de la déclaration.

— Vraiment! — En ce cas, cela change l'affaire. On ne voudrait ni rester en arrière d'une si grande nation, ni prendre trop l'avance sur elle. — Que disent vos amis du Canada à ce sujet, capitaine Kant? Y est-il permis ou non de fumer en bonne compagnie? Les Canadiens doivent au moins avoir l'avance sur nous.

— Personne ne se le permet, Monsieur; c'est une coutume révolutionnaire et jacobine.

Cependant les dames l'emportèrent, et par un procédé particulier à ce qu'on peut appeler un état de crédulité de la société, elles s'assurèrent la victoire. Ce procédé était simplement de tirer d'une fiction la preuve d'une autre; le fait que l'usage de fumer était porté si loin en Angleterre, que le clergé fumait même en chaire, fut cité sur l'autorité de M. Truck lui-même; et ce fait se joignant à ce qu'on lui voyait faire, et au chapitre d'un roman, la question fut regardée comme décidée. Florio lui-même fut converti, et son esprit flexible aperçut dans cette coutume mille beautés qui lui avaient échappé jusqu'alors. Tous les *litterati* firent un demi-cercle autour du capitaine pour jouir de ce spectacle; mais le brave marin avait soin de lâcher des volumes de fumée capables de les tenir à une distance respectueuse. Ses quatre amis restaient derrière la barrière de fumée, qu'ils jugeaient un retranchement qui devait, du moins pendant quelque temps, les mettre à l'abri des attaques des cotillons.

— Dites-moi, je vous prie, monsieur Truck, demanda S. R. P., pense-t-on communément dans les cercles littéraires d'Angleterre que Byron était un développement de Shakspeare, ou que Shakspeare était une ébauche de Byron?

— L'un et l'autre, Madame, répondit le capitaine avec un sang-froid qui aurait fait honneur à Aristobule, car la manière dont il avait été assailli lui avait donné quelque impudence; et profitant de l'occasion pour secouer les cendres de son cigare, il ajouta : Tout le monde est de la première opinion, et quelques personnes sont de la seconde.

— Que d'esprit! — que de délicatesse! — quelle réserve pleine de dignité! s'écria-t-on de toutes parts. — Cela est si anglais! ajouta Florio.

— Pensez-vous, monsieur Truck, demanda D. O. V. E., que les chansons profanes de Little aient plus de pathos que les chansons sacrées de Moore, ou que les chansons sacrées de Moore aient plus de sentiment que les chansons profanes de Little?

— Un peu de l'un et de l'autre, et quelque chose de plus, Madame. Je crois qu'il y a *peu* dans l'un, et *plus* dans l'autre[1].

— Admirable! s'écria Florio dans une extase d'admiration. Quel homme dans ce pays aurait pu dire une chose si spirituelle?

— Il est vraiment plein d'esprit, dit miss Mouthly; — que veut-il dire?

— Ce qu'il veut dire? plus que des esprits ordinaires ne peuvent voir ou sentir. Ah! les Anglais sont réellement une grande nation! — Comme il fume délicieusement!

— Je crois que c'est l'homme le plus intéressant que nous ayons vu dans ce pays depuis que le dernier buste de Scott y a été importé, dit miss Annuel.

— Ma chère D. O. V. E., dit Julietta, qui, n'ayant encore rien

---

1. Jeu de mots. *Little* signifie *peu*, et *more*, qui se prononce comme le nom de *Moore*, signifie *plus*.

publié, était un peu timide, demandez-lui quel sentiment il croit le plus extatique, de l'espérance ou du désespoir.

Miss D. O. V. E., qui avait plus d'expérience que sa jeune sœur, fit la question au capitaine, après avoir dit à Julietta : — Vous avez bien peu senti, mon enfant, sans quoi vous sauriez que c'est nécessairement le désespoir.

L'honnête capitaine ne traita pourtant pas cette affaire si légèrement, il profita de l'occasion pour allumer un autre cigare, et jeta les débris encore fumants du premier dans la cheminée, à travers deux rangs de *litterati*, aussi tranquillement, comme il s'en vanta par la suite, qu'il l'aurait jeté par dessus le bord s'il eût été sur son gaillard d'arrière. N'ayant jamais entendu le mot extatique, il répondit au hasard : — Le désespoir, très-certainement.

— Je le savais ! s'écria D. O. V. E.

— Cela est dans la nature, dit un autre.

— Tout le monde doit reconnaître cette vérité, ajouta un troisième.

— Ce point peut être regardé comme décidé, dit Florio; et j'espère qu'il n'en sera plus question.

— C'est un encouragement pour ceux qui cherchent la vérité, remarqua le capitaine Kant.

— Honorable et révérend monsieur Truck, demanda Lucius Junius Brutus, tant en son nom que d'après le désir de Junius Brutus et de Brutus, la princesse Victoria fume-t-elle?

— A quoi bon lui servirait d'être princesse, si elle ne fumait pas, Monsieur? Vous devez savoir que tout le tabac qui est saisi en Angleterre est confisqué au profit de la couronne, sous la déduction de ce qui est accordé aux délateurs.

— Je dénonce cet usage comme irréligieux, français, et tendant au sans-culottisme, s'écria le capitaine Kant. Je veux bien admettre que le cas présent est une exception; mais, en toute autre circonstance, je soutiens qu'il sent l'athéisme. Le gouvernement prussien, qui est de beaucoup le meilleur de notre temps, ne fume jamais.

— Cet homme veut avoir le monopole du tabac, dit Pindare à l'oreille du capitaine Truck; mais fumez, mon cher Monsieur, fumez, et vous l'aurez bientôt jeté dans l'ombre.

Le capitaine lui fit un signe de l'œil, prit sa boîte à cigares, en tira un second, l'alluma, et le plaçant à l'autre coin de sa bouche, il fuma les deux en même temps de manière à redoubler le nuage de fumée qui l'entourait.

— C'est le vrai *nec plus ultrà* des jouissances sociales ! s'écria Florio, levant les deux mains avec un transport d'admiration. C'est absolument un tableau homérique ! Ah ! les Anglais sont la plus grande des nations !

— Je voudrais bien savoir si le baron Munchausen a réellement existé, demanda Julietta, à qui le succès de sa dernière question avait donné du courage.

— Oui sans doute, Madame, répondit le capitaine, les dents serrées, et en faisant un signe de tête affirmatif; mais il est mort. C'était un grand voyageur, et quelqu'un qui le connaissait fort bien m'a assuré qu'il n'avait pas rapporté la moitié de ce qui lui était arrivé.

— Comme il est agréable d'apprendre cela de si bonne part ! s'écria miss Mouthly.

— Gutty (Goethe) est-il réellement mort? demanda mistress Longinus; ou ce qu'on en a dit n'est-il qu'une apothéose métaphysique de sa grande âme?

— Mort, Madame, mort, répondit le capitaine qui semblait trouver en ce moment du soulagement à tuer tout le monde, dussent les morts ressusciter ensuite.

— Vous avez sans doute été en France, monsieur Truck ? dit Junius Brutus.

— En France ! j'y ai été avant d'avoir dix ans. Il n'y a pas un pouce de terrain que je ne connaisse depuis le Havre jusqu'à Marseille.

— Aurez-vous la bonté de nous dire si vous pensez que *Chattobriong* ait l'âme plus développée que la raison, ou la raison plus développée que l'âme?

Le capitaine Truck connaissait assez bien le baron Munchausen et ses voyages; mais Chateaubriand était un auteur dont il n'avait jamais entendu parler. Après un instant de réflexion, il pensa que l'aveu de son ignorance le perdrait, car il commençait à éprouver l'influence de l'atmosphère qu'il respirait, et il répondit tranquillement :

— Ah ! c'est de Chattobriong que vous parlez; c'est le plus brave garçon que j'aie jamais vu; il est tout âme, Monsieur, et la raison ne lui manque pas par-dessus le marché.

— Comme il est simple et sans affectation ! dit D. O. V. E.

— Parfait! s'écria Florio.

— Un vrai jacobin! murmura le capitaine Kant, qui était toujours offensé quand quelque autre que lui prenait des libertés avec la vérité.

En ce moment, les quatre amis, retranchés derrière la fumée, remarquèrent un grand mouvement dans la foule, la compagnie commençant à se retirer, au grand chagrin de mistress Légende. Au bout de quelques minutes, tous les Romains avaient disparu. Florio les suivit de très-près, ainsi que le capitaine Kant lui-même. L'Alphabet, Julietta, miss Annuel et miss Mouthly prirent ensuite formellement congé de la maîtresse de la maison, qui était au désespoir de la dispersion de sa société. Eve, craignant quelque scène désagréable, était déjà partie, et M. Dodge, qui depuis quelque temps avait montré beaucoup d'activité à haranguer et à gesticuler dans la foule, fit aussi sa révérence. L'envie rongeait à un tel point le cœur de cet homme, qu'il allait par dépit dévoiler le mystère. Enfin il ne resta plus que les cinq individus retranchés derrière la fumée, et la maîtresse de la maison. Pindare proposa au capitaine Truck de venir faire avec eux un souper d'huîtres; et celui-ci y ayant consenti, ils se levèrent tous en masse.

— Une soirée délicieuse, mistress Légende! dit Pindare avec beaucoup de vérité; la plus agréable que j'aie jamais passée dans une maison où l'on en passe tant d'agréables.

— Je ne puis assez vous remercier, mistress Légende, ajouta Gray, de m'avoir procuré la connaissance de M. Truck. Je la cultiverai autant qu'il me sera possible; car je n'ai jamais rencontré un meilleur compagnon.

— En vérité, mistress Légende, rien n'a manqué à votre soirée, dit Pith en lui faisant ses adieux. Je me la rappellerai longtemps. Elle mérite d'être célébrée en vers.

Fun fit des efforts pour prendre un air grave et sentimental, quoiqu'il pût à peine s'empêcher de rire au nez de mistress Légende. Il vint à bout de lui bégayer quelques compliments, et disparut avec les autres.

— Eh bien! Madame, bonsoir, dit le capitaine Truck en lui offrant cordialement la main. Au total, la soirée s'est bien passée, quoiqu'elle ait été d'abord un peu chaude. Si vous aimez la navigation, je serai charmé de vous montrer les chambres du *Montauk* à notre retour; et si jamais vous songez à aller en Europe, permettez-moi de vous recommander les paquebots allant d'ici à Londres; ce ne sont pas les plus mauvais. Nous chercherons à vous y donner toutes vos aises, et fiez-vous à moi pour vous choisir une chambre, — je m'y connais.

Aucun des quatre espiègles ne se permit de rire avant que les huîtres fussent servies; mais alors il y eut un accès général de gaieté qui se renouvela entre chaque plat, comme un refrain entre chaque couplet d'une chanson. Le capitaine Truck, qui était très-content de lui-même, ne pouvait comprendre la cause d'une pareille gaieté; mais il déclara souvent par la suite qu'il n'avait jamais vu de plus joyeux vivants que les quatre derniers compagnons qu'il avait eus ce soir-là.

Quant à la « fête littéraire, » on garda le plus profond silence sur tout ce qui s'y était passé, aucun des beaux esprits qui s'y trouvaient n'ayant jugé à propos de la célébrer en vers, et Florio ayant déchiré un quatrain impromptu, qu'il avait passé une journée à composer.

CHAPITRE VII.

> Il y a dans la vie de tous les hommes une histoire qui peint la nature des temps passés; et en l'observant bien, on peut prédire à peu près les choses qui ne sont pas encore arrivées.
> SHAKSPEARE.

LE lendemain matin, le baronnet déjeuna dans State-Street. Tant qu'on fut à table, on parla peu des événements de la soirée précédente; mais le souvenir de la mystification qui avait eu lieu fit qu'on échangeait quelques sourires expressifs quand les yeux se rencontraient. Grace seule avait l'air grave; car elle s'était habituée à regarder mistress Légende comme une femme très-spirituelle, et elle avait cru que la plupart des personnes qui figuraient ordinairement dans le salon de cette dame avaient autant d'esprit qu'elles prétendaient en avoir.

La matinée fut employée à voir les parties de la ville qui sont consacrées aux affaires; ce projet avait été conçu sous les auspices de John Effingham. Comme il faisait très-froid, on prit des voitures, quoique les distances ne fussent pas très-grandes, et l'on partit vers midi.

Grace avait cessé d'espérer que sa cousine jetterait un regard d'admiration sur aucun des lions de New-York; Eve ayant jugé à propos de lui dire que, du moins par comparaison, on pouvait dire peu de chose à l'éloge de ces merveilles provinciales. Mademoiselle Viefville elle-même, à présent que la nouveauté était passée, avait pris une manière tranquille et naturelle de parler de tout ce qu'elle voyait; et Grace, qui ne manquait pas de pénétration, remarqua bientôt que, lorsqu'elle faisait quelque comparaison avec des objets à peu près semblables en Europe, ce n'était jamais qu'avec ceux qui pouvaient exister dans quelque ville de province. Il y avait donc une convention tacite de ne plus parler de pareils sujets; ou, si l'on en parlait, c'était par hasard, et quand ils se rattachaient inséparablement au fil de la conversation.

En arrivant dans Wall-Street, les voitures s'arrêtèrent, et les hommes descendirent; mais la rigueur du froid retint les dames dans la leur, et Grace chercha à tout expliquer de son mieux à ses compagnes.

— *Pourquoi tout ce monde court-il ainsi?* demanda mademoiselle Viefville.

— Pour des dollars, à ce que je m'imagine. — Me trompé-je, Grace?

— Je ne le crois pas, répondit miss Van Courtlandt en souriant, quoique je ne connaisse guère mieux que vous cette partie de la ville.

— *Le bâtiment dans lequel tout le monde veut entrer est-il donc plein de dollars? Quelle foule sur les marches!*

— C'est la Bourse, Mademoiselle, et elle devrait en être bien remplie, d'après la manière dont vivent quelques-uns de ceux qui la fréquentent. — Ah! voilà mon cousin John et sir George que je vois se mêler dans la foule.

Nous laisserons les dames quelques minutes pour suivre leurs amis dans la Bourse.

— Je vais vous faire voir, sir George, dit John Effingham, ce qui est particulier à ce pays, et ce qui, à l'aide de quelques améliorations faciles, vaudrait réellement la peine de traverser l'Océan pour le voir. A Paris, vous avez vu le spectacle désagréable de femmes jouant publiquement dans les fonds publics [1]; mais ce n'était qu'une bagatelle en comparaison de ce que vous verrez ici.

En parlant ainsi, John Effingham fit entrer le baronnet dans le bureau des plus célèbres *auctioneer* [2] de la ville. Les murs en étaient tapissés de plans de maisons, de lots de terre, de rues, et même de villes.

— C'est ici le foyer de ce que M. Aristobule Bragg appelle le commerce de villes, dit John Effingham quand ils furent au milieu de toutes ces merveilles. Vous pouvez trouver ici telle espèce de propriété foncière que votre cœur peut désirer. Voulez-vous une ville, il y en a une douzaine ; une ferme, vous en trouverez une centaine. Il y a aussi des rues et des villages de toute grandeur et à tout prix, pour convenir à toutes les bourses.

— Expliquez-vous, car cela passe ma compréhension.

— C'est tout simplement ce que je vous dis. — Monsieur Hammer, un mot, s'il vous plaît : que vendez-vous aujourd'hui ?

— Peu de chose, Monsieur ; seulement une couple de centaines de lots de terre dans cette île, sept à huit fermes, et un petit village à l'ouest.

— Pouvez-vous nous faire l'histoire de la propriété représentée sur ce plan, monsieur Hammer ?

— Avec grand plaisir, monsieur Effingham. Je sais que vous avez le moyen d'acheter, et j'espère que vous vous y déciderez. Ce domaine appartenait il y a cinq ans au vieux Volker Van Brunt : c'était une ferme où sa famille et lui avaient vécu plus d'un siècle en vendant du lait. Il y a deux ans, son fils la vendit à Pierre Feeler, à raison de cent dollars l'acre, faisant au total cinq mille dollars. Le printemps suivant, M. Feeler vendit ce domaine vingt-cinq mille dollars à John Search, homme aussi fin qu'il en existe, et qui le vendit à son tour, la semaine suivante, à Nathan Rise cinquante mille. Rise, avant même de l'avoir acheté, l'avait revendu à une compagnie cent douze mille dollars, argent comptant. On aurait dû retirer ce plan, car il y a huit mois que nous avons vendu ce domaine à l'encan par lots séparés, et la vente a produit trois cent mille dollars. Comme nous avons reçu notre commission, nous regardons la propriété comme n'étant plus à vendre, quant à présent.

1. Depuis quelques années les *joueuses* ont été expulsées de l'intérieur de la Bourse.
2. Nom qu'on donne en Angleterre et en Amérique à ceux qui vendent à l'encan des biens mobiliers et immobiliers.

— Avez-vous, Monsieur, quelque autre domaine qui offre le même exemple d'une augmentation de valeur si rapide et si surprenante ? demanda le baronnet.

— Ces murs sont couverts de plans de propriétés qui sont dans le même cas. Les unes se sont élevées en cinq ans de mille ou deux mille pour cent ; d'autres seulement de deux ou trois cents. Il n'y a point de calcul à faire à cet égard : tout est affaire de spéculation.

— Et quelle est la cause de cet énorme accroissement de valeur ? — La ville s'étend-elle réellement jusqu'à ces champs ?

— Elle va beaucoup plus loin, Monsieur, — c'est-à-dire sur le papier ; car, quant aux maisons, elles en sont encore à quelques milles. Beaucoup dépend du nom qu'on donne aux choses. Si la propriété du vieux Volker Van Brunt avait toujours été vendue sous le nom de ferme, on n'en aurait trouvé que le prix d'une ferme ; mais du moment qu'on l'a divisée en lots, et qu'on en a fait un plan...

— Un plan, Monsieur !

— Oui, Monsieur, un plan tracé en lignes, par pieds et par pouces, au lieu d'acres. — Dès qu'on eut fait un bon plan, dis-je, elle s'éleva à sa juste valeur. — Nous avons une partie du fond de la mer qui rapporte un bon prix, grâce à un plan bien fait.

Les deux amis remercièrent l'*auctioneer* de sa politesse, et se retirèrent.

— Nous entrerons maintenant dans la salle de vente, dit John Effingham, et vous jugerez de l'esprit ou de l'énergie, comme on l'appelle, qui anime en ce moment cette grande nation.

Ils descendirent dans une grande salle remplie d'une foule de gens qui enchérissaient avec ardeur les uns sur les autres, dans l'espoir trompeur de s'enrichir en poussant une valeur imaginaire à un point encore plus élevé. L'un achetait des rochers stériles ; l'autre le lit d'une rivière ; un troisième un marécage ; le tout sur la foi des plans. Nos deux observateurs restèrent quelque temps spectateurs silencieux de cette scène.

— La première fois que j'entrai dans cette salle, dit John Effingham, elle me parut remplie de maniaques, et, quoique j'y sois venu plusieurs fois, j'éprouve encore à peu près la même impression.

— Et toutes ces personnes hasardent leurs moyens d'existence sur la foi de la valeur imaginaire que donne un *auctioneer* aux biens qu'il vend?

— C'est un jeu auquel elles se livrent aussi inconsidérément que celui qui risque sa fortune sur un coup de dés. Cette manie s'est tellement emparée de chacun, qu'on a complètement oublié cette vérité, que rien ne peut se soutenir sans base; vérité aussi évidente que toutes les autres lois de la nature; et celui qui proclamerait dans ce bâtiment des principes dont une cruelle expérience fera généralement reconnaître la vérité d'ici à quelques années, serait heureux s'il s'en échappait sans être lapidé. J'ai vu bien des spéculations aussi folles, mais jamais aussi absurdes, aussi généralement répandues, et aussi alarmantes que celles-ci.

— Vous craignez donc que la réaction n'ait des suites sérieuses?

— Nous sommes à cet égard dans une position plus favorable que d'autres nations. La jeunesse et les ressources réelles du pays écartent une grande partie du danger; mais je prévois un coup terrible, et je crois que le jour n'est pas éloigné où cette ville s'éveillera de son illusion. Ce que vous voyez ici n'est qu'une faible partie de l'extravagance qui existe, car elle a gagné toute la communauté sous une forme ou sous une autre. Des émissions extravagantes de papier-monnaie, des crédits inconsidérés, qui commencent en Europe et qui s'étendent dans tout ce pays, et de fausses idées sur la valeur de leurs possessions chez des hommes qui n'avaient rien il y a cinq ans, ont complètement détruit l'équilibre ordinaire des choses; et l'argent est tellement devenu le but de la vie, qu'on a cessé de le considérer comme un simple moyen d'existence. L'histoire du monde ne pourrait probablement fournir un autre exemple d'un grand pays si absolument dominé que le nôtre l'est en ce moment par cette maligne influence. Tous les principes sont engloutis dans le désir désordonné du gain; et le pouvoir national, le besoin d'une sécurité permanente, les règles ordinaires de la société, les lois, la constitution, en un mot, tout ce qui est ordinairement si cher à l'homme, est oublié ou dénaturé pour soutenir cet état de choses contre nature.

— Cette situation est non seulement extraordinaire, mais effrayante.

— Oui, elle est l'un et l'autre. Toute la communauté est dans la position d'un homme qui éprouve un commencement d'ivresse, et qui continue à boire coup sur coup, dans la folle idée qu'il ne fait qu'aider la nature dans ses fonctions ordinaires. Cette infatuation s'étend depuis la côte jusqu'à l'extrême frontière de l'ouest; car, quoiqu'il y ait un fond justifiable pour une bonne partie de cette prospérité imaginaire, la vérité est tellement mêlée avec le mensonge que les meilleurs observateurs peuvent seuls en faire la distinction; et, suivant l'usage, c'est le mensonge qui domine.

— D'après ce que vous dites, Monsieur, la manie des tulipes en Hollande n'était rien, comparée à celle-ci.

— Elle était la même en principe, mais elle n'avait pas la même étendue. Si je pouvais vous faire entrer dans toutes les maisons et vous initier dans le secret de l'intérêt, de la cupidité, des folies qui règnent dans le cœur humain, vous, comme spectateur calme, vous seriez étonné de la manière dont l'espèce dont vous faites partie peut se laisser abuser. — Mais remettons-nous en marche, et peut-être en trouverons-nous encore quelque exemple.

— Monsieur Effingham ! — Je vous demande pardon, monsieur Effingham, dit un négociant fort bien mis, qui entrait dans la Bourse; que pensez-vous à présent de notre querelle avec la France?

— Je vous ai dit, monsieur Bale, tout ce que je puis vous dire à ce sujet. Quand j'étais en France, je vous ai écrit que l'intention du gouvernement français n'était pas d'exécuter le traité, et vous avez vu que le résultat a justifié mon opinion. Vous avez la déclaration du ministère français qu'à moins que le gouvernement américain ne fasse une apologie, l'argent ne sera pas payé; et je vous ai dit que je pensais que la girouette qui est sur le clocher ne tournerait pas plus aisément que cette politique ne serait abandonnée s'il arrivait en Europe quelque chose qui le rendît nécessaire, ou si le ministère français pouvait croire qu'il est possible à ce pays de faire la guerre pour un principe. Telles sont mes opinions, comparez-les aux faits, et jugez vous-même.

— C'est la faute du général Jackson, Monsieur; — c'est la faute de ce monstre: sans son message, nous aurions reçu l'argent depuis longtemps.

— Sans son message ou quelque autre mesure aussi décidée, monsieur Bale, vous ne le recevriez jamais.

— Ah! mon cher Monsieur! je sais que vos intentions sont bonnes; mais je crains que vous ne soyez prévenu contre cet excellent homme, le roi des Français. Les préventions, monsieur Effingham, ne savent jamais rendre justice.

M. Bale secoua la tête, sourit, et disparut dans la foule, bien convaincu que John Effingham était un homme plein de préjugés, et que lui seul était juste et libéral.

— Vous venez de voir, sir George, un homme qui ne manque ni de talents ni d'honnêteté, et cependant il souffre que son intérêt et l'influence de cette manie de spéculations l'emportent sur son bon sens, sur des faits aussi clairs que le jour, et sur les principes qui peuvent seuls gouverner un pays en toute sûreté.

— Il craint la guerre, et il ne veut pas croire même les faits quand ils servent à en accroître le danger.

— Précisément ! car la prudence même cesse de pouvoir être utile quand on vit dans un état d'infatuation semblable à celle qui existe aujourd'hui. Ces hommes sont comme le fou qui s'écrie : « Il n'y a point de mort ! »

En ce moment, ils rejoignirent les dames, remontèrent en voiture, et parcoururent une suite de rues étroites et tortueuses, bordées de boutiques et de magasins remplis de tous les produits du monde civilisé.

— Une grande partie de tout ce que vous voyez ici, dit John Effingham au baronnet, pendant que les voitures marchaient lentement dans ces rues encombrées, est encore la suite de cette lamentable illusion. — Celui qui vend ses terres par lots à un grand profit compte sur son crédit, se croit enrichi, et augmente ses dépenses en proportion. Le jeune campagnard devient commerçant, ou ce qu'on appelle ici commerçant, obtient en Europe un crédit qui excède cent fois ses moyens, et fournit ainsi à ses besoins factices. C'est ainsi que toutes les avenues de la société sont couvertes d'aventuriers, insectes éphémères de cet esprit de folie si généralement répandu. Des marchandises, dont la valeur peut se compter par millions, sortent de ces rues pour alimenter la vanité de ceux qui s'imaginent être riches, parce qu'ils ont quelque garantie imaginaire de l'augmentation des prix, semblable aux plans que nous avons vus chez l'*auctioneer*, et qui n'ont d'autre sûreté des paiements qu'ils ont à faire que celle qu'on peut avoir en supposant une valeur de cent dollars à ce qui n'en vaut réellement qu'un seul.

— Les effets de cet état de choses se montrent-ils dans le commerce de la vie ordinaire ?

— Ils se montrent partout. Le désir de s'enrichir s'est emparé tout à coup de toutes les classes de la société. Même les femmes et les membres du clergé en sont infectés, et nous vivons sous la domination active de l'influence la plus corruptrice : l'amour de l'argent. Je désespérerais du salut du pays si je n'étais certain que le mal est trop violent pour être durable, et je me flatte que le moment de la réflexion et du repentir arrivera enfin, et produira des résultats proportionnés.

Après avoir ainsi parcouru la ville, ils retournèrent dans State-Street, et le baronnet y dîna, son intention étant de partir le lendemain pour Washington. Les adieux dans la soirée furent pleins de cordialité. M. Effingham, qui avait conçu une amitié sincère pour son compagnon de voyage, l'invita à venir voir ses montagnes en juin, époque qu'il avait fixée pour aller à sa maison de campagne.

Peu de temps après le départ de sir George, on entendit les cloches sonner le tocsin. On est tellement accoutumé à New-York à ce genre d'alarme, qu'il se passa près d'une heure sans qu'aucun des membres de la famille Effingham y fît attention. Enfin, le tocsin continuant toujours, on envoya un domestique prendre des informations, et ce qu'il dit à son retour prouva que l'affaire était plus sérieuse que de coutume.

Nous croyons que c'est entre Constantinople et New-York que doit se débattre la question de savoir où les incendies sont le plus fréquents. Il n'est pas rare que vingt à trente maisons soient brûlées dans cette dernière ville, et la plupart de ceux qui habitent le même quartier ne l'apprennent que le lendemain par les journaux; car la répétition constante de ces alarmes rend l'oreille dure et émousse la sensibilité. Un incendie plus considérable que d'ordinaire avait eu lieu quelques jours auparavant, et le bruit courait que la force de la gelée avait endommagé les pompes à feu et leurs tuyaux de cuir, ce qui doublait le danger actuel. En apprenant cette nouvelle, M. Effingham et son cousin prirent leurs manteaux et sortirent.

— Ce n'est pas un incendie ordinaire, Édouard, dit John Effingham, levant les yeux vers la voûte du ciel, qu'une lueur rougeâtre commençait à éclairer. — Le danger n'est pas éloigné, et il paraît sérieux.

Suivant la foule, ils se trouvèrent bientôt sur le théâtre de l'incendie, et ils virent que le feu avait pris au milieu de la masse de boutiques et de magasins qui avaient été pendant la matinée un sujet de commentaires pour John Effingham. Toutes les maisons qui bordaient une rue courte et étroite étaient déjà la proie des flammes; et le danger d'approcher de cette fournaise, le mauvais état des pompes, et une très-forte gelée, rendaient l'aspect des choses alarmant au plus haut degré.

Les pompiers de New-York ont sur ceux des autres villes la même supériorité que des vétérans ont sur des recrues; mais les meilleurs soldats peuvent être effrayés par la grandeur du péril, et différentes causes firent que ces pompiers justement célèbres ne furent guère, pendant quelque temps, que les spectateurs passifs de cette scène terrible.

Pendant une heure ou deux, tous les efforts qu'on fit pour arrêter les progrès du feu furent entièrement inutiles, et les hommes, ayant le plus de hardiesse et de persévérance, ne savaient comment s'y prendre pour se rendre utiles. Le manque d'eau, les points nombreux qui exigeaient des secours, la conflagration qui, partant d'un centre commun, s'étendait dans tous les sens à l'aide d'une foule de rues étroites et tortueuses, et l'impossibilité de résister à une chaleur ardente dans des rues déjà remplies de débris enflammés, ajoutèrent bientôt le désespoir aux horreurs de cette scène.

Ceux qui étaient le plus près des masses embrasées étaient gelés d'un côté par un froid égal à celui du Groenland, tandis que de l'autre ils étaient presque grillés par l'ardeur des flammes. Il y avait quelque chose d'effrayant dans cette lutte des éléments, la nature semblant condenser la chaleur dans les limites les plus étroites pour en augmenter l'intensité. Les effets en étaient terribles; car des maisons entières paraissaient en quelque sorte se dissoudre, tandis que les flammes les enveloppaient d'une nappe de feu.

Chacun était sur pied partout où l'alarme avait pu se faire entendre; mais les cris : Au feu! avaient cessé, par le même motif qu'on ne crie pas au meurtre pendant une bataille. Sur le bord de cet océan de feu, sir George Templemore rencontra ses amis. Le jour allait paraître, et la conflagration était à son plus haut point; elle avait déjà complètement détruit une grande quantité de maisons voisines de son point central, et elle s'étendait sur différentes lignes dans toutes les directions possibles.

— C'est un avis terrible pour ceux dont le cœur est entièrement rempli par l'amour des richesses, dit sir George, se rappelant les observations de John Effingham. Que sont les desseins de l'homme comparés aux décrets de la Providence!

— Je crois que ceci sera le *commencement de la fin*, répondit John. La destruction est déjà si grande, qu'elle menace de leur ruine les sauve-gardes ordinaires contre ce genre de pertes, les compagnies d'assurances, et une seule cheville détachée d'un édifice si fragile le fera tomber en pièces.

— Mais ne fera-t-on rien pour arrêter les flammes?

— A mesure que la frayeur se calmera, on formera de meilleurs plans, et l'on reprendra de l'énergie. Des rues plus larges resserrent déjà le feu dans de certaines limites, et l'on parle d'un changement de vent favorable. On dit que cinq cents maisons ont déjà été consumées depuis six heures.

La Bourse, naguère temple bruyant de Mammon, n'était plus qu'une masse de ruines noircies et brûlantes. Ce qui restait de ses murailles de marbre semblait chanceler, et menaçait de suivre les parties qui s'étaient déjà écroulées. Elle était située sur les confins de l'incendie, et nos amis purent s'en approcher assez pour considérer cette scène. Tout ce qui était dans leur voisinage immédiat offrait le calme de la désolation, tandis que plus loin les jets de flammes brillantes marquaient les progrès que faisait l'incendie. Ceux qui connaissaient les localités commençaient alors à parler des barrières naturelles que le feu rencontrerait, comme l'eau et les grandes rues, et disaient que c'était la seule chose qui pût sauver le reste de la ville. Le pétillement des flammes retentissait de bien loin, et à peine pouvait-on entendre les cris des pompiers les plus éloignés.

En ce moment, on vit arriver sur la scène un détachement de marins, apportant de la poudre pour faire sauter des maisons dans les rues dont le peu de largeur n'opposait pas aux flammes un obstacle suffisant. Conduits par leurs officiers, ces braves gens, portant dans leurs bras des moyens de destruction, s'avancèrent d'un pas ferme jusque sur le bord du torrent de feu, et placèrent leurs barils, leurs traînées de poudre et leurs mèches, avec cet air d'indifférence au danger qu'on ne peut devoir qu'à la pratique, montrant en même temps une intelligence qui faisait honneur à leur sang-froid. Leur courage obtint un succès complet : l'explosion fit sauter plusieurs maisons l'une après l'autre, et heureusement il n'en résulta aucun accident.

A compter de ce moment, il devint plus aisé de maîtriser les flammes, et pourtant il se passa un jour et une autre nuit avant qu'elles fussent complètement éteintes. Mais il s'écoula des semaines et même des mois avant que les ruines cessassent de fumer, l'élément furieux continuant à brûler, comme un volcan qui sommeille dans les entrailles de la terre.

Le jour qui suivit le désastre fut remarquable par la leçon qu'il donna aux gens qui ne soupirent qu'après la richesse. Des hommes qui avaient ouvert leur cœur à l'amour de l'or, et qui étaient fiers en proportion de ce qu'ils en possédaient, sentirent combien cette possession est incertaine ; et ceux qui tout récemment étaient respectés comme des demi-dieux, reconnurent combien le riche devient peu de chose quand il est dépouillé de ses biens. Huit cents édifices, la plupart contenant des manufactures de toute espèce et un immense assortiment de marchandises et de matières premières, avaient été en quelque sorte détruits en un clin d'œil.

Une faible voix s'éleva de la chaire, et il y eut un moment où ceux qui se rappelaient un meilleur état de choses commencèrent à s'imaginer que les bons principes allaient reprendre leur ascendant, et que la communauté serait jusqu'à un certain point purifiée. Cet espoir se termina par le désappointement, l'infatuation ayant fait trop de progrès pour être arrêtée même par cette calamité, et la leçon fut réservée pour ce qui paraît dépendre d'une loi de la nature, qui veut que le vice porte avec soi les moyens de le punir.

CHAPITRE VIII.

Dites-moi d'abord si vous avez jamais été à Pise.
SHAKSPEARE.

La conflagration dont nous avons parlé, plutôt que nous ne l'avons décrite, dans le chapitre précédent, jeta un voile sombre sur les plaisirs de New-York, si l'on peut appeler plaisirs ce qui n'était guère qu'une lutte de parade ou de prodigalité. Eve regretta fort peu l'interruption de scènes qui ne lui avaient procuré aucun amusement, quoiqu'elle en regrettât vivement la cause, et elle passa tranquillement le reste de l'hiver avec Grace, cultivant l'amitié de femmes comme mistress Hawker et mistress Bloomfield, et employant le temps à se perfectionner l'esprit et le goût, sans remettre jamais le pied dans l'enceinte sacrée de salons comme ceux de mistress Légende.

Une suite de l'état d'aveuglement produit par la cupidité, comme celle dont nous avons parlé, est un égoïsme qui étouffe tout souvenir du passé, tout espoir juste en l'avenir, et qui concentre dans le moment présent tous les projets et tous les motifs de la vie. Le capitaine Truck fut donc bientôt oublié, et les *litterati*, comme ce digne marin nommait toujours les habitués des salons de mistress Légende, restèrent aussi insignifiants, aussi vains, aussi ignorants, aussi dépendants et aussi provinciaux que jamais.

Lorsque la saison avança, notre héroïne commença à soupirer après l'instant où elle irait à la campagne. La vie des villes en Amérique offre bien peu d'agréments à ceux qui ont habité des cités plus anciennes, et qui y ont vu une société organisée d'une manière plus permanente. Eve était complètement lasse de bals où elle ne trouvait qu'une cohue bruyante, — car on en donne encore quelques uns ; — de soirées dans lesquelles on faisait des efforts pour montrer un goût non éclairé, et de fêtes dont l'extravagance était rarement rachetée par l'élégance d'un état de société où l'on fait plus d'attention aux convenances.

Le printemps en Amérique est la moins agréable des quatre saisons. Pour le peindre sous des couleurs véritables, on peut dire que c'est « l'hiver sommeillant sur le giron de mai. » M. Effingham avait donné ordre que tout fût préparé dans sa maison de campagne pour y recevoir sa famille ; et ce fut avec délices qu'Eve monta à bord d'un bâtiment à vapeur pour aller respirer l'air pur de la campagne, en goûter les plaisirs tranquilles, et s'échapper d'une ville qui, quoique contenant tant de choses qui sont dignes de quelque capitale que ce soit, en contient encore un plus grand nombre qui sont indignes de quelque place que ce puisse être. Sir John Templemore était de retour de son voyage au Sud, et il fut spécialement invité à les accompagner.

— Maintenant, Eve, dit Grace, tandis que le bâtiment glissait le long des quais, si c'était toute autre que vous, je serais sûre d'avoir quelque chose à montrer qui forcerait l'admiration.

— Ne soyez pas inquiète à cet égard, Grace ; mes yeux n'ont jamais vu un objet plus imposant dans son genre que le bâtiment sur lequel nous sommes. C'est positivement la seule chose qui mérite le nom de magnifique, que j'aie encore aperçue depuis mon retour en ce pays, à moins que ce ne soit une magnifique vue.

— Je suis charmée, cousine, qu'il y ait du moins cet objet unique pour satisfaire un goût si difficile.

Grace agitant son petit pied, et le son de sa voix annonçant du dépit, tous les autres sourirent, car ils sentaient la justesse de l'observation de miss Effingham, et voyaient le véritable sentiment qui lui avait inspiré sa réponse. Cependant quoique sir George ne pût se dissimuler la vérité de sa remarque, et la faiblesse qu'avait montrée sa cousine, il prenait un trop vif intérêt à la jeune et belle patriote provinciale pour ne pas venir à son secours.

— Il faut vous rappeler, miss Van Courtlandt, lui dit-il, que miss Effingham n'a pas encore eu l'avantage de voir la Delaware, Philadelphie, les superbes baies du Sud, ni rien de ce qui se trouve hors de la ville de New-York.

— Cela est vrai, et j'espère encore la voir se repentir sincèrement de tout ce qu'elle a laissé échapper au détriment de son propre pays. — *Vous*, sir George Templemore, vous avez vu le Capitole; n'est-ce pas véritablement un des plus beaux édifices du monde?

— Vous en excepterez sûrement Saint-Pierre de Rome, mon enfant? dit M. Effingham d'un ton plein de douceur; car il vit que le baronnet était embarrassé pour répondre.

— Et la cathédrale de Milan? dit Eve en riant.

— *Et le Louvre?* s'écria mademoiselle Viefville, qui avait pour tout ce qui était parisien la même sorte d'admiration que Grace avait pour tout ce qui était américain.

— Et très-particulièrement le coin nord-est du bout de l'aile sud-ouest et nord-ouest du palais de Versailles, dit John Effingham avec le ton caustique qui lui était ordinaire.

— Je vois que vous êtes tous contre moi, répliqua Grace; mais j'espère pouvoir un jour juger moi-même du mérite comparatif des choses. Comme c'est la nature qui fait les rivières, je me flatte du moins que vous ne trouverez pas l'Hudson indigne de votre admiration, messieurs et dames.

— A cet égard vous n'avez rien à craindre, Grace, répondit M. Effingham. Peu de rivières, peut-être aucune, n'offrent une variété aussi grande et aussi agréable que celle-ci dans une si courte distance.

Ils commençaient leur voyage par une belle matinée de la dernière semaine de mai ; la terre se couvrait déjà des douces teintes de l'été, et l'atmosphère prenait ce calme solennel qui rend la saison si douce et si aimable, après la lutte furieuse des éléments pendant l'hiver. Sous un ciel semblable, les Palissades particulièrement paraissaient avec avantage ; car quoiqu'il leur manquât la grandeur imposante des Alpes, et qu'elles fussent peut-être hors de proportion avec la scène dont elles forment l'ornement, elles offraient un caractère hardi qui leur est particulier.

La rapidité avec laquelle le bâtiment voguait ajoutait au charme du voyage. L'œil n'avait pas le temps de se lasser ; à peine avait-il pu examiner les contours d'un objet qu'un autre y succédait.

— Un goût extraordinaire en architecture afflige ce pays, dit M. Effingham, tandis qu'ils considéraient la rive orientale. Rien qu'un temple grec n'est jugé convenable pour la demeure d'un homme dans ce temps classique. Voici, par exemple, un édifice dont les proportions sont belles, et de cette distance il paraît construit de matériaux précieux, et cependant il me semble qu'il conviendrait mieux au culte des païens qu'aux aises domestiques.

— Cette maladie a infecté toute la nation comme l'esprit de spéculation, dit son cousin. Nous passons d'un extrême à un autre en ceci comme en d'autres choses. Un pareil temple, placé dans un bois, pourrait être un objet assez agréable; mais voir une rivière bordée de temples semblables, avec des enfants faisant rouler leurs cerceaux devant les portes, des garçons bouchers portant du bœuf dans les cuisines, et une épaisse fumée sortant des cheminées, objets qui ne sont nullement classiques, c'est un goût un peu trop élevé. Autant vaudrait vivre dans une fièvre perpétuelle. M. Aristobule Bragg, qui est plaisant à sa manière, m'a dit qu'il y a dans l'intérieur une ville dont le marché a été bâti sur le plan du Parthénon.

— *Il Capo di Bove* aurait été un modèle plus convenable pour un tel bâtiment, dit Eve en souriant. Mais je crois avoir entendu dire que le goût classique de nos architectes n'est pas très-rigide.

— Cela était plus vrai autrefois qu'aujourd'hui, répliqua John Effingham, et tous ces temples en sont la preuve. Le pays a fait rapidement un grand pas en avant dans les beaux arts, et ce fait prouve tout ce qu'on pourrait faire avec un peuple si flexible, si on lui donnait une direction convenable. L'étranger qui arrive parmi nous est porté à juger avec mépris l'état des arts dans ce pays ; mais comme tout doit se juger par comparaison, qu'il demande ce qu'ils étaient il y a dix ans, et qu'il voie ce qu'ils sont aujourd'hui. La faute que l'on commet à présent, c'est peut-être de trop consulter les livres, et de donner trop peu à l'invention; car nul genre d'architecture, et notamment pour les bâtiments destinés aux usages domestiques, ne peut être à l'abri de reproches sérieux, si l'on ne prend avant tout en considération le climat, la situation, et l'usage qu'on veut faire de l'édifice. Rien de plus laid en soi-même qu'une chaumière suisse; rien de plus beau dans la situation où elle est placée. Mais quant à ces temples inconnus, qui ne doivent leur naissance qu'à l'argent, qu'ils soient dédiés à qui l'on voudra, je dirai au contraire que rien n'est plus beau en soi-même, mais que rien ne saurait être de plus mauvais goût dans la situation où ils se trouvent.

— Nous aurons l'occasion de voir ce que M. Effingham sait faire en architecture, dit Grace qui désirait prendre sa revanche de quelques sarcasmes contre son pays; car j'entends dire qu'il a ajouté du sien aux plans originaux du Palladio moderne, M. Hiram Dolittle.

Chacun se mit à rire, et tous les yeux se fixèrent sur John Effingham dont la réponse était attendue avec impatience.

— Vous vous souviendrez, bonnes gens, répliqua-t-il, que mes plans m'ont été transmis par mon illustre prédécesseur, et de plus qu'ils étaient originairement de l'ordre composite. Si donc vous trouvez dans la maison un peu de mélange et de confusion, vous me rendrez la justice de vous rappeler ce dernier fait important. Dans tous les cas, j'ai consulté vos aises, et je soutiendrais contre Vitruve lui-même que c'est le *sine quâ non* en fait d'architecture domestique.

— J'ai fait l'autre jour une excursion dans le Connecticut, dit sir George Templemore, et dans un endroit nommé New-Haven, j'ai vu des indices de goût qui promettent d'en faire une ville remarquable. Vous ne pouvez attendre dans ce pays des édifices importants par leur grandeur et par les sommes qu'ils coûtent; mais pour ce qui concerne les formes extérieures et la convenance des distributions intérieures, si ce que j'ai entendu dire est vrai, et qu'on fasse pour cette petite ville d'ici à cinquante ans autant en proportion qu'on a fait pendant les cinq dernières, ce sera une merveille dans son genre. Tout n'y est point parfait, mais il s'y trouve de petits bijoux.

Grace récompensa le baronnet par un sourire de l'opinion qu'il venait d'exprimer, et la conversation changea de sujet. A mesure qu'on approchait des montagnes, Eve semblait prendre plus d'intérêt à ce qu'elle voyait, et Grace montrait encore plus d'inquiétude.

— La vue de ce promontoire a quelque chose d'italien, dit Eve, montrant sur le bord de la rivière un beau rocher qui s'élevait noblement dans les airs. On en voit rarement, même sur les bords de la Méditerranée, qui aient des contours plus beaux et plus nobles.

— Mais les montagnes, Eve, dit Grace, nous entrons dans les montagnes.

Le lit de la rivière se rétrécit tout à coup, et les rives qui la bordaient offrirent un caractère plus hardi; mais ni Eve ni son père ne montrèrent l'enthousiasme auquel Grace s'attendait.

— Je dois avouer, John, dit M. Effingham d'un ton doux et avec un air réfléchi, que ces montagnes me paraissent moins imposantes qu'autrefois. Cette vue est belle, sans contredit, mais on ne peut dire qu'elle ait un caractère de grandeur.

— Vous n'avez jamais parlé plus juste, Edouard. Cependant quand vos yeux auront oublié quelques-unes des formes des lacs de la Suisse et des côtes de l'Italie, vous penserez mieux de nos montagnes; elles se font remarquer par les surprises qu'elles occasionnent plutôt que par leur hauteur. A ce dernier égard, c'est une affaire de pieds et de pouces, susceptible de démonstration arithmétique. Nous avons souvent été sur des lacs, sous des rochers de trois à six mille pieds de hauteur, tandis qu'ici la montagne la plus élevée n'en a pas deux mille. — Mais, sir George Templemore, et vous, Eve Effingham, faites-moi le plaisir de réunir toute votre pénétration, et dites-moi d'où vient cette rivière et par où nous devons aller?

Le bâtiment était alors près d'un endroit où la rivière se rétrécissait au point de n'avoir guère plus d'un quart de mille de largeur; et du côté où il allait, son lit paraissait se resserrer encore davantage; enfin ils se trouvèrent dans une sorte de baie, entourée de toutes parts de montagnes, entre lesquelles on distinguait pourtant les traces d'un passage.

— Il semble y avoir de ce côté une entrée semblable à un ravin, dit le baronnet; mais il me paraît à peine possible qu'un fleuve comme celui-ci y passe.

— Si l'Hudson passe véritablement entre ces montagnes, dit

Eve, j'accorderai en sa faveur tout ce que vous pourrez demander, Grace.

— Où pourrait-il passer ailleurs ? dit miss Van Courtlandt d'un air de triomphe.

— Cela est assez vrai, répondit Eve ; je ne vois pas d'autre place.

Eve et le baronnet regardèrent avec curiosité autour d'eux de tous côtés. Derrière eux était l'espèce de grand bassin qu'ils venaient de traverser ; à leur gauche, ils voyaient une barrière de montagnes escarpées qui n'avaient guère moins de mille pieds d'élévation ; à droite, une côte couverte de maisons de campagne, de fermes et de hameaux, et en face le passage équivoque dont nous avons déjà parlé.

— Je ne vois nul moyen d'échapper, s'écria le baronnet avec gaieté, à moins de retourner sur nos pas.

Une embardée soudaine du bâtiment fit qu'il tourna la tête sur la gauche, et il vit qu'on doublait une montagne, derrière laquelle l'Hudson, tournant à angle droit, reprenait son cours majestueux.

— C'est une des surprises dont je vous parlais, dit John Effingham, et c'est ce qui rend nos montagnes uniques ; car le Rhin, malgré ses sinuosités nombreuses, n'offre rien de semblable.

Les autres voyageurs exprimèrent unanimement leur admiration, et Grace en fut enchantée ; car elle aimait son pays comme un ami, comme un parent, et elle était fière des éloges qu'elle lui entendait donner. Le patriotisme d'Eve, — si l'on peut appliquer à des sentiments de cette nature un terme dont la signification est si relevée, — était plus judicieux, car son goût s'était formé à une meilleure école, et elle avait eu de plus amples moyens de comparaison.

On s'arrêta à West-Point pour y passer la nuit, et la beauté de cet endroit inspira à tous les voyageurs un véritable enthousiasme. Grace, qui l'avait vu plusieurs fois, fut celle qui en exprima le moins.

— Maintenant, Eve, dit-elle à sa cousine, je sais que vous aimez votre pays. Vous sentez et vous parlez en Américaine et comme doit le faire Eve Effingham.

Eve sourit ; mais elle savait que le sentiment provincial était si fort chez miss Van Courtlandt, qu'une discussion serait inutile. Elle rendit donc pleine justice aux beautés de cet endroit, et elle en parla avec tant d'éloquence que, pour la première fois depuis leur réunion, Grace pensa qu'il n'existait plus aucune différence d'opinion entre elle et sa cousine.

Le lendemain matin était le 1ᵉʳ juin, et ce fut encore une de ces journées qui font si bien valoir les beautés d'un paysage. Les voyageurs montèrent à bord de la première barque qu'ils trouvèrent, et quand ils entrèrent dans la baie de Newburgh, le triomphe de l'Hudson fut établi. C'est véritablement un endroit tel qu'on en trouve peu dans quelque pays que ce soit. Grace prétendit pourtant que la beauté en avait un caractère encore plus agréable qu'imposant. Les maisons de campgne étaient jolies, bien situées et en grand nombre, et les hauteurs qui entouraient la ville en étaient particulièrement couvertes; mais John Effingham secoua la tête avec un air de désapprobation en voyant des temples grecs se montrer les uns après les autres.

— A mesure qu'on s'éloigne de l'influence des architectes réguliers, dit-il, on voit l'imitation prendre la place du génie. Beaucoup de ces bâtiments pèchent évidemment par les proportions, et alors, comme les prétentions vulgaires de toute espèce, l'architecture grecque procure moins de plaisir même que la hollandaise.

— Je suis surpris de trouver ici si peu de traces du caractère hollandais. Je n'y vois presque rien qui rappelle ce peuple. Je crois pourtant que ce sont les Hollandais qui ont formé le premier moule de votre société; car cette colonie, dans son enfance, leur appartenait.

— Quand vous nous connaîtrez mieux, vous serez surpris d'y retrouver si peu de chose de ce qui existait il y a une douzaine d'années. Nos villes passent comme les générations de leurs habitants. Les noms des différentes places subissent même des changements périodiques, comme toute autre chose. Je crains que l'amour du changement ne devienne le trait dominant du caractère américain.

— Mais, cousin John, n'oubliez-vous pas, dans votre censure, de faire attention aux causes? Qu'une nation qui augmente aussi rapidement que celle-ci en richesse et en population, désire de plus belles habitations que ses ancêtres, quand elle a le goût et les moyens d'en construire, et que les noms changent avec les individus, c'est ce qui est tout naturel.

— Tout cela est très vrai, miss Effingham, mais cela n'explique pas la singularité dont je parle. Prenons Templeton pour exemple. En reportant mes souvenirs aussi loin que possible, la population n'en a pas considérablement augmenté, et pourtant une bonne moitié des noms y sont nouveaux. Votre père, en arrivant chez lui, ne reconnaîtra pas les noms de la moitié de ses voisins. Non seulement il verra de nouvelles figures, mais il trouvera de nouveaux sentiments, de nouvelles opinions, et une indifférence pour tout ce qui n'est pas le moment présent. Même ceux qui ont des idées plus justes et plus saines, et qui désirent les conserver, n'osent les exprimer, de crainte de heurter celles des autres.

— Ce ne sont pas des chats, comme dirait M. Bragg.

— John ne peint jamais en beau, dit M. Effingham. Je serais très-fâché de croire qu'une dizaine d'années puissent avoir produit tous ces changements dans mon voisinage.

— Une dizaine d'années, Edouard ! c'est parler d'un siècle. Il faut parler de trois ou quatre ans quand on désire retrouver quelque chose en Amérique comme on l'a laissé. Tout le pays est dans un état si constant de mutation, que je ne puis le comparer qu'à ce jeu d'enfants dans lequel, quand l'un quitte son coin, l'autre court s'y mettre, et celui qui n'en peut trouver devient la risée de tous les autres. Supposez que cette maison ait été la résidence d'un homme depuis son enfance jusqu'à sa vieillesse ; qu'il la quitte alors pour une couple d'années : à son retour, il la trouvera en possession d'un autre qui le traitera comme un impertinent et un intrus parce qu'il a été absent deux ans, et que cet autre est en possession depuis une éternité, qui n'a eu pourtant que la même durée. En fait d'usages, un Américain ne remonte jamais plus loin que dix-huit mois. En un mot, tout est condensé dans le présent. Les services rendus, la réputation acquise en bien comme en mal, et toutes les autres qualités, n'ont de poids qu'en proportion de leur influence sur l'intérêt du jour.

— C'est peindre les choses avec le coloris de la causticité, dit M. Effingham.

— Mais la loi, monsieur John Effingham, s'écria vivement sir George Templemore, la loi ne permettrait sûrement pas qu'un étranger usurpât ainsi les droits d'un propriétaire.

— Le texte de la loi serait sans doute pour lui ; mais qu'est-ce qu'un précepte en face de la pratique ? « *Les absents ont toujours tort* » est une maxime qui s'applique particulièrement à l'Amérique.

— Les propriétés, sir George, sont aussi sûres en ce pays qu'en aucun autre, et il ne faut pas trop vous en rapporter à ce qu'en dit une humeur caustique.

— Fort bien, Edouard, fort bien; je désire que vous trouviez tout *couleur de rose*, comme vous paraissez vous y attendre. Bien certainement vous entrerez en possession tranquille de votre maison, car j'y ai placé un cerbère qui est en état de s'acquitter de sa tâche, quelque difficile qu'elle puisse être; et c'est un homme qui a autant de goût pour un mémoire de frais, que bien d'autres peuvent en avoir pour prétendre à ce qui ne leur appartient pas; mais sans un pareil gardien de vos droits, je ne répondrais pas que vous ne fussiez obligé de coucher sur le grand chemin.

— J'espère que sir George Templemore saura mettre des ombres aux tableaux de M. John Effingham! s'écria Grace, ne pouvant se contenir plus longtemps.

Chacun se mit à rire, et les beautés de la rivière attirèrent de nouveau l'attention générale. A mesure que la barque la remontait, M. Effingham déclarait que l'aspect de tout ce qu'il voyait faisait plus que répondre à son attente, et Eve ainsi que le baronnet s'écrièrent qu'une suite de plus beaux paysages pouvait à peine s'offrir aux yeux.

— Sépulcres blanchis! murmura John Effingham; dehors spécieux! Attendez que vous puissiez apercevoir la difformité de l'intérieur.

Quand on approcha d'Albany, Eve exprima sa satisfaction en termes encore plus expressifs; et Grace fut au comble de la joie en l'entendant déclarer, ainsi que le baronnet, que cette vue surpassait leur attente.

— Je vois avec plaisir, Eve, que vous reprenez si promptement vos sentiments américains, lui dit sa jolie cousine, tandis qu'ils étaient arrêtés dans une auberge pour y dîner. Vous avez enfin trouvé des expressions pour louer l'extérieur d'Albany, et j'espère qu'à notre retour vous serez disposée à voir New-York avec d'autres yeux.

— Je m'attendais à voir dans New-York une capitale, Grace, et j'ai été complètement désappointée à cet égard. Au lieu de trouver le ton, le goût, les convenances, l'architecture, les rues, les églises, les boutiques et la société d'une métropole, je n'ai pu apercevoir qu'un immense amas des choses les plus communes, une ville commerçante avec la société la plus mélangée et la moins policée que j'aie jamais rencontrée. Une attente qui s'élevait si haut ayant été si loin de se réaliser, mon désappointement a été tout naturel. Mais à Albany, quoique ce soit une capitale politique, je connais trop bien la nature de notre gouvernement pour attendre autre chose qu'une ville de province, et, comme telle, je trouve qu'elle s'élève fort au-dessus du niveau des villes du même ordre dans les autres parties du monde. Je reconnais qu'Albany, dans un sens, a surpassé mon attente autant que New-York, dans un autre, est resté au-dessous.

— Dans ce simple fait, sir George, dit M. Effingham, vous pouvez voir quelle est la situation réelle du pays. Dès qu'il faut sortir du niveau commun, il y a quelque chose qui manque ; et, au contraire, si l'on se renferme dans ce niveau, il se trouve quelque chose de plus. On veut élever à une hauteur respectable tout ce qui est déprécié ailleurs, et, dès qu'on a atteint cette hauteur, une attraction de gravitation commence, elle attire tout vers le centre, et l'on en approche peut-être un peu plus qu'il ne serait désirable.

— Oui, oui, Édouard, tout cela est fort joli, avec votre attraction et votre gravitation ; mais attendez, et vous jugerez vous-même du niveau dont vous parlez en ce moment avec tant de complaisance.

— J'ai emprunté de vous cette figure, John ; si elle n'est pas exacte, je vous rends responsable de ses défauts.

— On m'assure, dit Eve, que tous les villages d'Amérique sont des villes en miniature, et que les enfants y portent des corsets et des perruques. — Cela est-il vrai, Grace ?

— Jusqu'à un certain point. Il s'y trouve peut-être trop de désir d'imiter les villes, et il est possible qu'on y goûte trop peu la vie de campagne.

— C'est, dit sir George, une suite naturelle de ce que ces gens vivent entièrement dans de semblables endroits. On en voit autant sur le continent de l'Europe, parce que la population des campagnes n'y est qu'une population de campagne, et moins en Angleterre peut-être, parce que ceux qui y sont à la tête de la société regardent la ville et la campagne comme deux choses très-distinctes l'une de l'autre.

— *La campagne est vraiment délicieuse en Amérique !* s'écria mademoiselle Viefville, aux yeux de qui tout le pays n'était guère autre chose qu'une campagne.

Le lendemain matin, nos voyageurs prirent le chemin de Schénectady, d'où ils remontèrent la belle vallée du Mohawk par le moyen d'une barque de canal, les voitures qui roulent maintenant avec tant de rapidité le long de ses rives n'existant pas encore à cette époque. Chacun fut enchanté des paysages; car, quoiqu'ils différassent essentiellement de ceux qu'on avait traversés la veille, ils n'étaient pas moins admirables.

A un point où il fallait prendre le chemin conduisant à la demeure de M. Effingham, des voitures qui lui appartenaient attendaient les voyageurs, et ils y trouvèrent aussi M. Bragg, qui avait supposé que cette marque d'attention serait agréable aux jeunes dames ainsi qu'à son patron.

CHAPITRE IX.

<small>Dites-moi où est le berceau de l'imagination. Est-ce dans la tête ou dans le cœur? Comment a-t-elle été engendrée et nourrie? — SHAKSPEARE.</small>

Nos voyageurs passèrent plusieurs heures à gravir les montagnes par une route digne en tout point de ces profondes ornières tracées par des charrettes en France. Mademoiselle Viefville protesta vingt fois dans le cours de la matinée que c'était grand dommage que M. Effingham n'eût pas le droit de *corvée*, afin de faire tenir en meilleur état les approches de *sa terre*. Enfin ils arrivèrent au sommet, point où tous les ruisseaux commençaient à couler vers le sud, et où la route suivait un niveau passable. Pendant quelque temps ils avancèrent plus rapidement, et ils continuèrent deux ou trois heures à marcher d'un assez bon pas. Alors Aristobule dit à ses compagnons que, d'après les instructions qu'il avait reçues de M. John Effingham, il avait ordonné au cocher de prendre une route qui s'écartait un peu du chemin direct de Templeton.

— Je m'en étais aperçu, dit M. Effingham, mais j'en ignore la raison. Nous sommes sur le grand chemin de l'ouest.

—Précisément, Monsieur; le tout suivant les ordres de M. John Effingham. Nous aurions épargné beaucoup de chemin, et, suivant moi, de fatigue aux chevaux, si nous avions suivi tranquillement les bords du lac.

— John nous expliquera ses motifs en temps convenable, répliqua M. Effingham. Mais je vois que sa voiture est arrêtée et qu'il en descend avec sir George, ce qui est sans doute un signe que nous en devons faire autant.

Dès que sir George fut descendu de la première voiture, il accourut pour ouvrir la portière de la seconde.

— M. John Effingham, qui agit en qualité de cicerone, dit le baronnet, exige que chacun mette pied à terre en cet endroit ; mais quelle en est la raison? c'est un secret important qu'il garde dans son cœur.

Les dames descendirent, les voitures reçurent ordre de suivre la route, et nos voyageurs restèrent seuls au milieu d'une forêt.

— Il faut espérer, Mademoiselle, qu'il n'y a pas de bandits en Amérique, dit Eve en regardant autour d'elle pour examiner la situation dans laquelle elle se trouvait, par un simple caprice de son cousin, à ce qu'il paraissait.

— *Ni de sauvages*, ajouta la gouvernante, qui, malgré son bon sens et son intelligence ordinaires, avait jeté à la dérobée quelques regards d'inquiétude sur différentes parties de bois qu'ils avaient déjà traversées.

— Je vous garantis vos bourses et vos chevelures, s'écria gaiement John Effingham, à condition que vous me suivrez avec une confiance aveugle; et pour donner un gage de bonne foi, je sollicite l'honneur de soutenir mademoiselle Viefville sur ce bras, quoique indigne.

La gouvernante accepta ces conditions en riant; Eve prit le bras de son père, et sir George offrit le sien à Grace. Aristobule, à sa grande surprise, resta seul. Il lui parut pourtant si singulièrement contre toutes les règles qu'une fille donnât le bras à son père, qu'il proposa galamment à M. Effingham de le soulager de ce fardeau, offre qui fut refusée aussi clairement qu'elle avait été faite.

— Je suis sûre que mon cousin John a un motif pour son mélodrame, dit Eve en avançant dans la forêt; et j'ose dire, mon père, que vous êtes derrière le rideau, quoique je voie que vous êtes déterminé à garder le secret.

— John peut avoir une caverne à nous montrer, ou un arbre d'une hauteur extraordinaire, car il existe de pareilles choses dans ce pays.

— Nous sommes bien confiants, Mademoiselle, car je découvre un air de trahison sur tous les visages qui nous entourent; miss Van Courtlandt elle-même a l'air d'une conspiratrice, et semble être en ligue avec quelqu'un ou quelque chose. Fasse le ciel que ce ne soit pas avec des loups !

— *Des loups !* répéta mademoiselle Viefville en s'arrêtant d'un air si effrayé que personne ne put s'empêcher d'en rire. *Est-ce qu'il y a des loups ou des sangliers dans cette forêt ?*

— Non, Mademoiselle, répondit John; nous sommes dans la barbare Amérique, et non dans la France civilisée. Si nous étions dans *le département de la Seine*, nous pourrions avoir quelques craintes semblables; mais ici, au milieu des montagnes de l'Otségo, nous pouvons nous regarder comme raisonnablement en sûreté.

— *Je l'espère*, dit la gouvernante; et elle continua à marcher avec méfiance, jetant sans cesse un regard, tantôt à droite, tantôt à gauche. Le sentier était devenu si escarpé et si difficile, que personne n'était disposé à renouer la conversation. Il était ombragé par les branches de grands pins, quoiqu'on vît de tous côtés les traces des ravages faits par l'homme dans cette noble forêt. Enfin ils furent obligés de s'arrêter pour respirer, après avoir monté beaucoup au-dessus du niveau de la route qu'ils avaient quittée.

— J'aurais dû vous dire que l'endroit où nous sommes entrés dans ce sentier est mémorable dans l'histoire de notre famille, dit John Effingham à Eve ; car c'est précisément là qu'un de nos ancêtres logea une balle dans l'épaule d'un autre.

— En ce cas, je sais où nous sommes, s'écria notre héroïne, quoique je ne pusse m'imaginer pourquoi vous nous avez conduits dans cette forêt, à moins que ce ne soit pour nous faire voir quelque site consacré par un exploit de Natty Bumpo.

— Le temps dévoilera ce mystère comme tous les autres ; — remettons-nous en marche.

Ils eurent encore à monter, et après quelques minutes de fatigue, ils arrivèrent sur une espèce de plateau sur lequel on avait évidemment pratiqué récemment une petite clairière, quoique, en abattant le bois, on n'eût pas labouré la terre. Eve regarda avec curiosité tout autour d'elle, de même que tous ceux qui ne connaissaient pas cet endroit, mais elle était encore dans le doute.

— Je crois qu'il y a un vide en avant de nous, dit le baronnet, et je suppose que M. John Effingham a voulu nous faire voir quelque beau point de vue.

Passant par une ouverture à travers les arbres, ils montèrent encore quelques minutes, et furent bien récompensés de leurs peines par une vue qui, par son caractère et sa beauté, égalait presque celles de la Suisse.

— C'est à présent que je sais où nous sommes, s'écria Eve en battant des mains avec transport; car je vois là-bas notre heureuse demeure.

Tout le mystère fut alors expliqué, et ceux pour qui cette vue était nouvelle n'auraient voulu pour rien au monde avoir manqué une manière si piquante de faire connaissance avec la vallée du Susquehannah.

Pour que le lecteur puisse comprendre quelle était la cause du plaisir qu'éprouvaient tous nos voyageurs, et savoir pourquoi John Effingham leur avait ménagé cette surprise, nous nous arrêterons un moment pour faire une courte description des objets qui s'offraient alors à leurs yeux. Ils étaient à l'extrémité de la forêt et sur le bord d'une montagne escarpée. Les arbres les entouraient de tous côtés, excepté en face, où se présentait à eux le panorama, quoique les cimes de grands pins qui croissaient sur le flanc de la montagne fussent presque en ligne parallèle avec leurs yeux.

En face, et à plusieurs centaines de pieds au-dessous d'eux, un beau lac, entouré d'arbres et de montagnes, s'étendait à plusieurs lieues sur la droite. Du côté le plus proche des voyageurs, une frange de forêt interceptait la vue de l'eau; et de l'autre, la vue était bornée par des hauteurs couvertes de fermes, et coupées çà et là par des bouquets de bois, de manière que le tout ressemblait à un vaste parc. On voyait de belles vallées entre ces hauteurs, et de jolies maisons s'élevaient partout dans les champs. La teinte sombre des arbres verts qui croissaient sur toutes les hauteurs voisines de l'eau faisait un beau contraste avec le vert plus vif des feuilles des autres arbres, tandis que des prés et des pâturages offraient une verdure qui égalait celle de l'Angleterre et de la Suisse. De petits caps et des baies ajoutaient à la beauté exquise du lac limpide, et l'une de ces baies s'avançait au nord-ouest de manière que l'œil doutait s'il voyait ou non la fin de cette nappe d'eau transparente. Vers le sud, des montagnes plus élevées et de formes variées bornaient aussi la vue; mais elles étaient cultivées, et présentaient aux yeux les fruits du travail de l'homme, quoique coupées en beaucoup d'endroits par de petits bois, qui, comme nous l'avons déjà dit, donnaient à tout ce canton l'apparence d'un parc. Une vallée profonde, large et bien nivelée, commençait à l'extrémité méridionale du lac, en face de l'endroit où étaient nos voyageurs, et s'étendait vers le sud jusqu'à ce qu'un coude de la chaine de montagnes la dérobât aux yeux. De même que toutes les montagnes, cette vallée était verdoyante, bien peuplée, boisée en certains endroits, toutefois moins que les hauteurs, et l'on y apercevait tous les signes de la vie civilisée. Des chemins en traversaient les paisibles retraites, et l'œil pouvait les suivre jusqu'à plusieurs milles dans la vallée et sur les hauteurs.

A l'extrémité septentrionale de cette charmante vallée, et sur le bord du lac, était le village de Templeton, immédiatement sous les yeux des voyageurs. La distance en droite ligne, de l'endroit où ils étaient, jusqu'au centre des maisons, ne pouvait être beaucoup moindre d'un mille ; mais l'atmosphère était si pure et le temps si calme, qu'elle semblait beaucoup moins considérable. Ils pouvaient distinguer les enfants et même les chiens qui couraient dans les rues, et les cris des enfants qui étaient à jouer arrivaient distinctement jusqu'à leurs oreilles. Comme ce village était le Templeton des PIONNIERS, et que les progrès de la société pendant un demi-siècle se rattachent à cette circonstance, nous donnerons au lecteur une idée plus exacte de ce qu'il était alors, que celle qu'il pourrait s'en former d'après des traits détachés. Nous le faisons d'autant plus volontiers que ce n'est pas une de ces places qui, contre toutes les lois de la nature, ont crû en un jour par les efforts des spéculateurs, ou qui, favorisées par des avantages particuliers pour le commerce, deviennent une ville précoce pendant que les souches des arbres abattus sont encore dans les rues. C'était un village tranquille, qui s'était avancé *pari passu* comme la contrée qui l'environnait, et il offrait un échantillon des progrès réguliers faits par toute la nation vers la civilisation.

Templeton, vu de la hauteur où étaient nos voyageurs, paraissait comme un plan en relief, et offrait en général un bel aspect. Il pouvait s'y trouver une douzaine de rues dont la plupart se croisaient à angles droits, quoique cela ne fût pas assez universel pour lui donner un air d'uniformité monotone. La plus grande partie des bâtiments étaient peints en blanc, comme c'est l'usage dans les petites villes d'Amérique, quoiqu'un meilleur goût commençât à s'introduire dans ce village, et que plusieurs maisons conservassent la teinte plus grave des pierres grises dont elles étaient construites. On y voyait régner un air d'aisance et de propreté, et il ne ressemblait guère à cet égard à une ville d'Europe au sud du Rhin, si l'on en excepte les bourgs pittoresques de la Suisse. En Angleterre on aurait appelé Templeton une petite ville à marché; en France, un gros bourg; en Amérique, il portait le nom de village.

Parmi les maisons de Templeton, une vingtaine étaient de nature à annoncer l'aisance de ceux qui les occupaient, et les habitudes de gens accoutumés à vivre d'une manière supérieure à la grande masse de leurs semblables. Sept à huit de ces habitations avaient une pelouse de verdure entourée d'un chemin pour une voiture, avec les autres dépendances de maisons qui n'étaient pas jugées indignes de porter un nom distinctif. Rien de moins que cinq petits clochers, beffrois ou tours, car aucun de ces mots ne convient exactement aux prodiges d'architecture que nous voudrions pouvoir décrire, s'élevaient au-dessus des toits, et annonçaient l'emplacement d'autant d'édifices consacrés au culte; tout village américain offrant un aussi grand nombre de preuves de liberté — peut-être vaudrait-il mieux dire de caprices — de conscience, que peuvent en produire les dollars du voisinage, par tous les moyens possibles. Quelques voitures légères, convenables à un pays de montagnes, traversaient les rues, et çà et là, une charrette attelée d'un seul cheval était attachée devant la porte d'une boutique, indiquant la présence d'une pratique ou d'un client arrivant des coteaux voisins.

Templeton n'était pas un lieu de passage assez considérable pour posséder une de ces monstruosités, une taverne américaine de genre moderne, ou un édifice dont le toit s'élevât au-dessus de tous ses voisins, même en y comprenant les églises. Cependant il avait des auberges d'une grandeur respectable, et elles étaient assez fréquentées.

Presque au centre du village, sur un terrain dont l'étendue n'était pas très-considérable, on voyait encore le chef-d'œuvre de l'ordre composite, qui devait son existence au goût et aux connaissances combinées de M. John Richard et de M. Hiram Dolittle. Nous ne dirons pas qu'il avait été remis à la moderne, car, en le voyant, on aurait cru tout le contraire; mais il avait subi récemment des changements importants qui avaient été dirigés par l'intelligence de M. John Effingham.

Cet édifice était si remarquable par sa position et par sa grandeur, que, dès que nos voyageurs eurent jeté un coup d'œil sur les principaux traits du paysage, tous les yeux s'y fixèrent comme sur un foyer d'intérêt. Un assez long silence prouva que ce sentiment était général, et après que ce bâtiment eut attiré leurs regards, ils s'assirent sur des souches et sur des arbres tombés, sans prononcer une seule syllabe. Aristobule fut le seul qui permit à ses yeux de se promener de côté et d'autre; mais il examinait surtout avec curiosité la physionomie de M. Effingham, près de qui il était assis, pour tâcher de découvrir si ses traits exprimaient ou non l'approbation des fruits du génie de son cousin.

— M. John Effingham a considérablement régénéré, revivifié et transfiguré le vieux bâtiment, dit-il enfin, en ayant la précaution de se servir de termes qui laissaient dans le doute ce qu'il pensait lui-même de ces changements. Les travaux qu'il a ordonnés ont fait parler dans tout le comté, ils ont été le sujet de presque toutes les conversations, et ils ont même causé quelque agitation.

— Comme cette maison me vient de mon père, dit M. Effingham, sur les traits doux et calmes duquel un sourire se glissait peu à peu, j'en connaissais l'histoire, et quand on me demandait l'explication des singularités qu'elle offrait, je les attribuais à l'ordre composite; mais vous, John, vous avez remplacé tout cela par un style qui vous appartient, et dont je serai forcé de demander l'explication à de plus hautes autorités.

— Mon goût ne vous plaît-il pas, Edouard? A mes yeux, ce bâtiment, vu d'ici, ne paraît pas mal.

— Il est indispensable, en architecture, de consulter avant tout les convenances et les aises domestiques, pour me servir de votre propre argument, John. Etes-vous bien sûr, par exemple, que ce toit en terrasse convienne parfaitement aux neiges qui tombent fréquemment dans ces montagnes, et qui s'accumulent à une telle hauteur?

John se mit à siffler et chercha à prendre un air d'insouciance, car il savait fort bien que le premier hiver avait démontré que ce toit ne convenait nullement au climat. Il avait même envie de le faire changer à ses propres frais; mais indépendamment de ce qu'il savait que son cousin trouverait mauvais qu'un autre que lui payât une partie des changements faits à sa maison, il lui répugnait d'avouer en face de tout le pays qu'il avait commis une bévue dans un art qu'il se piquait de connaître presque aussi bien que son illustre prédécesseur, M. Richard Jones.

— Si vous n'êtes pas content de l'extérieur de votre maison, Edouard, vous pouvez vous consoler en regardant celles de vos voisins, car vous verrez qu'elles sont beaucoup plus laides. De tous les défauts en architecture, un défaut qui heurte le style grec est le pire à mon avis. Le mien n'est que gothique, et j'aurais cru qu'il pouvait passer sans donner lieu à une critique trop sévère.

Il était si extraordinaire de voir John Effingham se tenir sur la défensive, que nos amis sourirent. Aristobule lui-même, qui avait une crainte salutaire de sa langue caustique, sourit avec étonnement.

— Entendez-moi bien, John, reprit le propriétaire de l'édifice qui était le sujet de cette discussion, ce n'est pas votre goût que je mets en question, mais je crains les effets de l'intempérie des saisons. En ce qui concerne l'extérieur, je crois réellement que vous méritez de grands éloges ; car, d'une maison assez laide, vous en avez fait une presque belle, en dépit des proportions et de la nécessité de resserrer les changements dans les limites données. Cependant je crois qu'il reste un peu trop de l'ordre composite, même à l'extérieur.

— J'espère, cousin John, que vous n'avez pas fait d'innovations inconsidérées dans l'intérieur. Je crois me le rappeler, je suis chat en cela ; car je pense que rien n'est plus agréable que de revoir les objets qu'on a vus dans son enfance. — J'entends agréable pour ceux qui n'ont pas été attaqués de la manie du changement.

— Ne vous alarmez pas inutilement, miss Effingham, répondit son cousin avec un ton de dépit qui n'était pas ordinaire à un homme dont la physionomie était en général calme et tranquille : vous retrouverez à sa place tout ce que vous avez vu quand vous n'étiez qu'une petite chatte. Je n'ai pu rassembler les cendres de la reine Didon que les quatre vents du ciel avaient dispersées, ni découvrir un buste d'Homère passable ; mais j'ai remplacé tout cela par d'autres chefs-d'œuvre du même genre, dont quelques-uns ont le grand mérite de mettre ceux qui les voient dans l'embarras pour dire à qui ou à quoi ils ressemblent ; et je crois que c'est ce qui caractérisait surtout la plupart des inventions de M. Jones.

— Je vois avec plaisir, cousin John, que vous avez du moins réussi à donner à toute la maison une couleur respectable de nuage.

— Oui, répondit John, perdant son humeur momentanée pour se livrer à son goût naturel pour le burlesque ; c'est quelque chose entre cette couleur et un vert invisible. Trouvant que le vert deviendrait trop remarquable dans les sécheresses qui ont souvent lieu dans ce climat, je me suis décidé pour un jaune brunâtre, qui dans le fait ressemble assez à la couleur des plus riches masses de nuages.

— Au total, cousin, je crois que vous avez de justes droits à nos remerciements.

— Quel endroit délicieux ! s'écria M. Effingham, qui avait déjà cessé de songer à sa maison pour contempler le paysage sur lequel un soleil de juin répandait toute sa gloire. C'est véritablement un lieu où l'on s'imaginerait pouvoir trouver le repos et le contentement pour le soir d'une vie agitée.

— J'ai rarement vu un site plus enchanteur, dit le baronnet ; les lacs du Cumberland peuvent à peine rivaliser avec lui de beauté.

— Ou ceux de Brienz, de Lungern, ou de Némi, dit Eve en souriant d'une manière que sir George prit pour un trait lancé contre son esprit national.

— *C'est charmant !* dit mademoiselle Viefville ; *un si beau calme fait penser à l'éternité.*

— La ferme que vous voyez là bas près du bois, monsieur Effingham, dit Aristobule, a été vendue le printemps dernier à raison de trente dollars l'acre ; et elle avait été achetée l'été précédent à raison de vingt.

— *Chacun a son goût*, dit Eve.

— Et cependant, dit M. Effingham dans un esprit plus philosophique, je crains que cette scène glorieuse ne soit souillée par l'envie, la cupidité, le manque de charité, et les autres passions funestes de l'homme. Peut-être vaudrait-il mieux qu'elle fût ce qu'elle était il y a si peu de temps, une solitude paisible, asile des oiseaux et des animaux sauvages.

— Qui se dévorent les uns les autres, mon père, comme quelques êtres de notre espèce se repaissent de la substance de leurs semblables.

— Vous avez raison, ma fille ; et pourtant je ne vois jamais une de ces scènes qui respirent un saint calme, sans désirer que le grand tabernacle de la nature ne soit habité que par ceux qui savent en sentir la perfection.

— Voyez-vous, dit Aristobule, cette femme qui entre sur la

pelouse en face du wigwam; — car tel était le nom que John Effingham avait jugé à propos de donner à la maison à laquelle il venait de faire tant de changements et de réparations; — par ici, miss Effingham; plus en ligne avec la cime du pin qui est au-dessous de nous.

— Je vois la personne dont vous parlez; elle semble regarder de ce côté.

— Vous ne vous trompez pas, Miss; elle sait que nous devons nous arrêter ici, et elle nous voit sans doute. Cette femme est la cuisinière de votre père, miss Effingham, et elle pense au déjeuner qu'elle a reçu ordre de tenir prêt pour votre arrivée. — Ah! continua-t-il en allongeant le bras sur le lac que différents esquifs parcouraient dans tous les sens, le poëte doit être dans cette barque.

— Le poëte! répéta John Effingham; en sommes-nous venus à ce point de luxe à Templeton?

— Juste ciel! Monsieur, vous devez avoir une idée bien rétrécie de Templeton, si vous croyez qu'un poëte y est une grande nouveauté! On a célébré en vers le lac et les montagnes au moins une douzaine de fois depuis dix ans. — Savez-vous bien, Monsieur, qu'on nous amène presque tous les étés des bêtes sauvages dans leurs cages sur des chariots?

— C'est un pas en avant dont je ne me doutais pas. Ainsi donc, dans un canton qui n'avait que des animaux sauvages pour habitants il y a si peu de temps, on amène déjà des animaux sauvages comme un objet de curiosité! Vous voyez par ce fait, sir George Templemore, combien ce pays fait de progrès.

— Sans doute; mais je voudrais savoir quelle espèce d'animaux on y amène.

— Toutes les espèces, Monsieur, depuis le singe jusqu'à l'éléphant. La dernière fois nous avions un rhinocéros.

— Un rhinocéros! il n'y en avait qu'un dernièrement dans toute l'Europe. Ni le *Jardin Zoologique* à Londres, ni le *Jardin des Plantes* à Paris, ne pouvaient se vanter d'avoir un rhinocéros. Je n'en ai jamais vu qu'un; c'est à Rome, et on le faisait voyager de Saint-Pétersbourg à Naples.

— Eh bien! Monsieur, nous avons ici des rhinocéros, des singes et des zèbres, des poëtes, des peintres, des membres du congrès, des évêques, des gouverneurs, et toutes les autres sortes d'animaux vivants.

— Et qui peut être, monsieur Bragg, demanda Eve, le poëte qui honore Templeton de sa présence en ce moment?

— C'est plus que je ne puis vous dire, Miss; car, quoique huit ou dix de nous ne se soient guère occupés toute la semaine dernière qu'à découvrir son nom, nous n'avons pas encore pu y réussir. Lui et l'homme qui voyage avec lui sont boutonnés très-serré sur ce sujet. Je crois pourtant que nous avons ici des gens aussi adroits qu'on pourrait en trouver à cinquante milles à la ronde.

— Il a donc un compagnon de voyage? Les soupçonnez-vous tous deux d'être poëtes?

— Oh! non, Miss; l'autre est le domestique du poëte. Nous sommes sûrs de ce fait du moins, car il le sert à table, brosse ses habits, balaie sa chambre, et lui rend toute sorte de services.

— C'est un heureux poëte, car c'est une classe d'hommes qui sont sujets à négliger un peu toutes ces petites choses. Puis-je vous demander pourquoi vous soupçonnez le maître d'être un poëte, puisque le domestique est si assidu à le servir?

— Que voudriez-vous qu'il fût, miss? D'abord, il n'a pas de nom.

— Excellente raison! s'écria John Effingham. Très-peu de poëtes se font un nom aujourd'hui.

— Ensuite, il passe la moitié du temps sur le lac, regardant « le pin silencieux, » conversant avec « les rochers parlants, » ou buvant de l'eau à « la source des fées. »

— Circonstances fort suspectes certainement, surtout celle du dialogue avec des rochers; mais elles ne sont pas concluantes.

— Faites attention, Monsieur, que cet homme ne prend pas ses repas comme les autres. Il se lève de bonne heure, et va se promener sur le lac ou dans la forêt. Il revient déjeuner au milieu de la matinée, retourne ensuite dans les bois ou sur le lac, et finit par dîner à l'heure où je prends mon thé.

— Voilà qui décide l'affaire. Un homme qui se donne des airs d'agir ainsi mérite d'avoir un nom encore pire que celui de poëte. Et, s'il vous plaît, Monsieur, depuis combien de temps cet homme bizarre est-il à Templeton?

— Chut! comme je suis un pêcheur, le voici lui-même. — Ce n'était pas lui qui était dans la barque.

L'air confus d'Aristobule, et la manière subite dont il avait pris un ton plus bas, firent que tous les yeux prirent la même direction que les siens, et bien certainement nos voyageurs virent de loin un étranger portant le négligé qu'un homme du monde prend souvent à la campagne, costume qui suffisait pour exciter ces commentaires dans un village où le désir général était de ressembler autant que possible aux habitants d'une ville. Il sortait de la forêt et entrait sur le plateau qui couronnait la montagne, en suivant le sentier que les amateurs du pittoresque avaient tracé en cet endroit. En arrivant dans la clairière, voyant une compagnie qui en était déjà en possession, il allait se détourner par une délicatesse que M. Bragg aurait appelée bizarrerie, quand, s'arrêtant tout à coup, il regarda les voyageurs avec une vive attention, et s'avança rapidement vers eux en souriant.

— Je n'aurais pas dû être surpris, dit-il quand il fut assez près pour laisser tout doute impossible ; car je savais que vous étiez attendus à chaque instant, et j'attendais moi-même votre arrivée ; mais cette rencontre a été si imprévue qu'à peine m'a-t-elle laissé la jouissance de mes facultés.

Il est inutile d'appuyer sur l'accueil cordial qu'il reçut. Au grand étonnement de M. Bragg, son poëte était évidemment un ami de la famille, et n'était inconnu qu'à miss Van Courtlandt, à qui il fut bientôt présenté sous le nom de Powis. Eve, par un violent effort sur elle-même, se rendit maîtresse des sentiments qui l'agitaient, et cette rencontre eut l'air de part et d'autre de causer autant de plaisir que de surprise, mais sans aucun signe d'émotion de nature à exciter des commentaires.

— Nous devrions vous exprimer notre étonnement de vous trouver ici avant nous, mon jeune ami, dit M. Effingham, tenant encore la main de Paul entre les siennes ; et même en ce moment que mes yeux m'assurent de ce fait, je puis à peine croire que vous soyez arrivé à New-York sans nous procurer la satisfaction de vous voir.

— Vous ne vous trompez pas, mon cher monsieur ; bien certainement rien n'aurait pu me priver de ce plaisir que la certitude que ma visite ne vous aurait pas été agréable. Le mystère de mon apparition subite en cet endroit cessera d'en être un, quand je vous aurai dit que je suis revenu d'Angleterre par Quebec, les Grands-Lacs et le Niagara, mon ami le capitaine Ducie m'ayant décidé à prendre cette route parce que son navire avait ordre de se rendre dans le Saint-Laurent. Le désir de voir du nouveau, et surtout la célèbre cataracte, qui est presque la plus grande merveille de l'Amérique, a fait le reste.

— Nous sommes charmés de vous voir ici, de quelque manière

que vous y soyez arrivé, et je vous sais le meilleur gré de ne pas avoir passé ma porte. Vous êtes ici depuis quelques jours?

— Depuis une semaine. En arrivant à Utique, je me suis détourné de la grande route pour voir ce village, sans me flatter pourtant de vous y trouver si tôt; mais ayant appris qu'on vous attendait, je me suis déterminé à y rester, dans l'espoir que vous ne seriez pas fâché de revoir un ancien compagnon de voyage.

M. Effingham lui serra de nouveau la main avec cordialité, et Paul tressaillit de joie en recevant cette assurance qu'il était le bien-venu.

— J'ai été à Templeton presque assez longtemps, reprit le jeune homme en souriant, pour m'y présenter comme candidat à la faveur publique, si je comprends bien les droits d'un *denizen*[1]. D'après ce qu'ont pu m'apprendre des remarques accidentelles, le proverbe du balai neuf peut s'appliquer parfaitement dans tout ce pays.

— Avez-vous en poche quelque ode ou quelque épigramme de votre façon? demanda John Effingham.

Paul parut surpris de cette question, et Aristobule eut l'air déconcerté, ce qui ne lui était pas ordinaire. L'étonnement de Paul était tout naturel; car, quoiqu'il sût fort bien que depuis son arrivée à Templeton il avait été l'objet de cette curiosité qui tourmente en général toutes les imaginations dans un village, il était loin de se douter que son amour pour les beautés de la nature avait été attribué à son dévouement aux muses. S'apercevant pourtant, aux sourires de tous ceux qui l'entouraient, que cette question couvrait quelque mystère, il eut le tact de laisser à celui qui la lui avait faite le soin de l'expliquer s'il le jugeait à propos.

— Nous remettrons à un autre moment le plaisir d'une explication, dit John Effingham; à présent, il me semble que la dame de la pelouse commence à s'impatienter, et le déjeuner à la fourchette que j'ai eu soin de commander nous attend probablement. Il faut en profiter, même au risque de passer pour des rimeurs aux yeux de tout le canton. Venez, Edouard; si vous en avez assez de la vue du wigwam à vol d'oiseau, nous y descendrons, et nous en mettrons les beautés à une épreuve plus sérieuse en les examinant de près.

Cette proposition fut acceptée sur-le-champ, quoique ce ne

---

1. On nomme ainsi en Angleterre et en Amérique un étranger qui, sans avoir été naturalisé, a demeuré assez longtemps dans le pays pour y exercer certains droits.

fût pas sans quelque regret qu'ils s'éloignèrent de cet endroit charmant, et les voyageurs s'arrêtèrent plusieurs fois pour jeter encore un coup d'œil sur ce beau paysage.

— Imaginez-vous, dit Eve, les rives de ce lac bordées de belles maisons de campagne, des tours surmontant des églises parmi toutes ces hauteurs ; chaque montagne couronnée d'un château ou couverte de ruines, et tous les autres accessoires d'un état de société plus ancien; quels seraient alors les charmes d'une telle vue !

— Elle en aurait moins qu'aujourd'hui, miss Effingham, dit M. Powis, car quoique la poésie exige... Vous souriez tous ? — Est-il défendu de parler de poésie ?

— Pas du tout, pourvu que ce soit en bons vers, répondit le baronnet. Il est bon que vous sachiez qu'on attend même de vous que vous ne parliez qu'en vers.

Paul se tut, ne sachant que répliquer, et toute la compagnie se mit en marche avec gaieté, Aristobule en montrant autant que les autres, quoiqu'il sût à peine pourquoi. Mais un trait dominant de son caractère était de ne vouloir jamais rester en arrière de qui que ce fût.

CHAPITRE X.

> C'est l'endroit que je suis venu chercher, l'ancienne tombe de mon père. C'est l'endroit, je le reconnais, l'endroit dont parlent nos vieilles traditions.
> BRYANT.

Depuis le jour qui avait suivi leur arrivée à New-York, et celui où les journaux avaient parlé des arrestations faites à bord du paquebot par le croiseur anglais, nos voyageurs avaient fort peu parlé de Paul Powis, et de la manière extraordinaire dont il avait quitté le *Montauk*, à l'instant où il allait entrer dans le port. Il est vrai que M. Dodge, en arrivant à Dodgeopolis, s'était étendu sur ce sujet dans son journal hebdomadaire, en y ajoutant des détails puisés dans son imagination et ses propres conjectures, de manière à attirer l'attention dans l'intérieur du pays ; mais comme c'est l'usage de ceux qui se supposent à la source des nouvelles étrangères, de ne prendre aucune information de ceux qui devraient être mieux instruits qu'ils ne le sont eux-mêmes, la famille Effingham n'avait jamais entendu parler du compte qu'il avait rendu de cette affaire.

Quoique tous ceux qui la composaient trouvassent quelque chose d'extraordinaire dans le retour si prompt de M. Powis, personne n'était disposé à le juger sévèrement. Les hommes savaient qu'une censure militaire, quoique toujours désagréable, n'implique pas nécessairement une turpitude morale ; et quant aux dames, ses talents et sa bravoure leur avaient inspiré trop d'estime pour qu'elles soupçonnassent le mal d'après des motifs si légers et si vagues. Il avait pourtant été impossible d'empêcher quelques réflexions fâcheuses de se présenter à l'imagination ; mais tous se réjouirent sincèrement en revoyant leur ancien compagnon de voyage, et dans une situation d'esprit qui n'annonçait ni un coupable ni un homme dégradé.

En descendant la montagne, M. Effingham offrit son bras à Grace qu'il aimait comme une seconde fille, laissant Eve aux soins de son cousin. Sir George se chargea de mademoiselle Viefville, et Paul se mit sur la même ligne que notre héroïne et John Effingham. Aristobule se trouva donc être ce qu'il appelait lui-même « un compagnon mixte, » c'est-à-dire qu'il se joignait aux uns ou aux autres au gré du hasard, ou suivant son inclination. Naturellement chaque cavalier causait avec sa voisine, quoique ceux qui marchaient en avant s'arrêtassent quelquefois pour dire un mot à ceux qui les suivaient. Chemin faisant, il arriva un ou deux changements de position dont nous parlerons quand l'occasion se présentera.

— J'espère que vous avez fait deux voyages agréables, dit John Effingham à Paul dès qu'ils furent en marche. Traverser trois fois l'Atlantique en si peu de temps, ce serait forte besogne pour tout autre qu'un marin ; mais vous en êtes un, et probablement à peine y avez-vous songé.

— J'ai été fort heureux à cet égard : *l'Ecume* est un excellent voilier, comme vous le savez par expérience, et Ducie est l'homme le plus aimable et le meilleur convive qu'on puisse voir. Vous savez que je l'ai eu pour compagnon de voyage et de table en revenant comme en allant.

Il prononça ces mots d'un ton si naturel, que, quoiqu'ils ne continssent aucune explication directe, ils écartèrent tous doutes désagréables, en assurant ceux qui les entendirent qu'il avait du moins vécu en bonne intelligence avec l'homme qui semblait le poursuivre. John Effingham savait fort bien que le capitaine d'un bâtiment de guerre n'admettait à sa table sur son bord que des hommes dignes à tous égards de s'y asseoir avec lui.

— Vous avez fait un grand détour pour venir dans ce pays, car, en passant par Quebec, la distance est près d'un quart plus longue que par la route directe.

— Ducie le désirait si vivement que je n'ai pu le lui refuser. Il m'avait d'abord proposé de demander la permission de me débarquer à New-York, où il m'avait rencontré, comme on le dit; mais je ne voulus pas y consentir, de crainte que cela ne nuisît à sa promotion dont on ne pouvait guère douter, puisqu'il est parvenu à faire rentrer au trésor public la somme considérable qui avait été volée. Je pensai qu'en se bornant à exécuter les ordres de ses supérieurs, tandis qu'il s'acquittait de devoirs importants, son avancement en serait plus sûr.

— Et son gouvernement a-t-il jugé que sa persévérance à nous poursuivre méritât une telle récompense?

— Oui. Il est maintenant capitaine de premier rang, et cela grâce au jugement qu'il a montré, et au bonheur qu'il a eu dans cette affaire; quoique dans son pays le rang qu'on occupe dans la vie privée ne nuise pas au rang qu'on peut obtenir dans la vie publique.

Eve entendit avec plaisir la manière dont Paul appuya sur les mots « son pays, » et elle pensa que ce n'était pas ainsi qu'un Anglais se serait exprimé.

— Avez-vous jamais réfléchi, reprit John Effingham, que notre séparation subite et imprévue m'a fait négliger un devoir important, pour ne pas dire que vous avez le même reproche à vous faire?

Paul parut surpris, et ses yeux demandèrent une explication.

— Vous devez vous rappeler le paquet cacheté que nous a confié le pauvre M. Lundi. Nous devions l'ouvrir ensemble à notre arrivée à New-York, et il paraît qu'il s'y trouve des pièces très-importantes pour quelqu'un. Je vous ai remis ce paquet à l'instant où il nous fut confié, et dans la précipitation de votre départ, nous avons tous deux oublié cette circonstance.

— Tout cela est très-vrai, et j'avoue à ma honte que jusqu'à ce moment j'avais tout à fait oublié cet incident. J'avais tant d'affaires dans l'esprit pendant que j'étais en Angleterre, qu'il n'était pas probable que j'y pusse songer; et d'ailleurs, à peine ce paquet a-t-il été en ma possession depuis le jour où je vous ai quitté.

— Il n'est pas perdu, j'espère! s'écria vivement John Effingham.

— Non certainement; il est en sûreté dans le portefeuille où je l'ai placé. Mais dès que nous fûmes arrivés à Porstmouth, Ducie et moi nous partîmes ensemble pour Londres, et dès qu'il eut rendu compte de sa croisière à l'amirauté, nous nous rendîmes, pendant qu'on réparait les avaries de *l'Ecume*, dans le comté d'York, où nous avions des affaires privées d'une grande importance pour tous deux; ensuite nous fûmes obligés de faire différentes visites à des parents.

— Des parents! s'écria Eve involontairement, ce qu'elle se reprocha pendant tout le reste du chemin.

— Des parents, répéta Paul en souriant. Le capitaine Ducie et moi nous sommes cousins-germains, et nous fîmes ensemble quelques pèlerinages à différentes chapelles de la famille. Ce devoir nous occupa presque jusqu'à l'instant où nous devions mettre à la voile pour Quebec. En y arrivant, je quittai le navire pour aller voir les Grands Lacs et la cataracte du Niagara, laissant la plupart de mes effets à Ducie qui m'a promis de me les apporter lui-même, quand il viendra me rejoindre, — ce qu'il compte faire très-incessamment, — pour se rendre ensuite dans les Indes-Occidentales, où il doit prendre le commandement d'une frégate. Il me devait cette attention, me dit-il, pour m'avoir engagé à me détourner tellement du but de mon voyage avec tant de bagage, uniquement par complaisance pour lui. Malheureusement le paquet dont vous parlez est au nombre des objets restés en arrière.

— Et attendez-vous bientôt le capitaine Ducie en ce pays? L'affaire de ce paquet ne doit pas se négliger beaucoup plus longtemps, car une promesse faite à un mourant est doublement obligatoire, et c'est un appel à la générosité de tout le monde. S'il devait tarder, je préférerais envoyer un exprès à Quebec.

— Cela serait parfaitement inutile, car Ducie a dû partir hier de Quebec, et il a envoyé directement à New-York ses effets et les miens. Quant à lui, comme il désire aussi voir les Lacs et le Niagara, il prendra la même route que moi, et il m'a promis de se charger lui-même de mon portefeuille, qui contient d'autres papiers très-importants pour lui et pour moi. Il est maintenant en chemin, et il doit m'écrire pour m'informer du jour où il sera à Utique, afin que j'aille le joindre sur la ligne du canal, pour nous rendre ensuite ensemble à New-York.

M. John Effingham et sa cousine l'écoutèrent avec le plus vif intérêt, quoique cet intérêt, en ce qui concernait Eve, n'eût pas beaucoup de rapport au paquet du pauvre M. Lundi. John Effingham s'arrêta pour appeler son cousin, et il lui fit part en peu de mots de ce que M. Powis venait de lui apprendre, mais sans rien dire du paquet de M. Lundi, dont il n'avait jusqu'alors parlé à personne.

— Ce ne sera qu'un retour de civilité, dit M. Effingham, si nous invitons le capitaine Ducie à se détourner un peu de sa route pour passer quelques jours avec nous dans les montagnes. Quand croyez-vous qu'il sera sur le canal, Powis?

— Dans une quinzaine de jours. Je suis certain qu'il sera très-charmé de vous rendre ses devoirs à tous, car il m'a souvent exprimé ses regrets d'avoir été chargé d'un service qui avait exposé ces dames à tant de périls et de délais.

— Le capitaine Ducie est proche parent de M. Powis, mon père, dit Eve d'un ton à prouver que cette invitation lui serait agréable à elle-même; car M. Effingham avait tant d'attention pour sa fille, qu'il n'invitait jamais chez lui une personne dont il croyait que la présence pourrait ne pas lui plaire.

— J'aurai le plaisir d'écrire moi-même ce soir au capitaine Ducie pour le prier de nous honorer de sa compagnie, dit M. Effingham. Nous attendons d'autres amis dans quelques jours, et j'espère que le temps de son exil parmi nous ne lui paraîtra pas trop long. M. Powis mettra mon billet dans une de ses lettres, et je me flatte qu'il appuiera ma demande.

Paul fit ses remerciements, et l'on se remit en marche. Mais cette halte de quelques instants produisit dans les premiers arrangements un changement dont le résultat fut que le jeune homme resta seul avec Eve. Non seulement ils étaient alors arrivés au grand chemin, mais ils l'avaient déjà quitté pour suivre un vieux sentier abandonné qui descendait de la montagne par une ligne plus courte, mais plus dangereuse, et qui ne convenait guère à l'esprit d'entreprise moderne; car c'était un de ces chemins à peine ébauchés et mal calculés que les premiers colons qui s'établissent dans un pays tracent ordinairement avant d'avoir le temps et les moyens de faire plus de recherches et d'en tracer de meilleurs. Quoiqu'il fût plus difficile et plus périlleux que celui qui l'avait remplacé, ce reste de l'enfance du pays était le chemin le plus direct et le plus pittoresque pour arriver au plateau de la montagne, et les piétons continuaient à s'en servir. Le temps en avait rétréci la largeur, et les arbres le couvraient presque entièrement de leurs branches. Le caractère sauvage, hardi et retiré de ce sentier fit éprouver à Eve une telle sensation de plaisir, qu'elle ne put s'empêcher de l'exprimer. Pendant qu'ils le suivaient, ils entrevoyaient de temps en temps le lac et le village, et ceux qui ne connaissaient pas encore cet endroit en faisaient l'éloge à chaque instant.

— La plupart de ceux qui voient cette vallée pour la première fois, dit Aristobule, trouvent quelque chose à dire en sa faveur; quant à moi, je la regarde aussi comme assez curieuse.

— Curieuse! s'écria Paul. Monsieur est du moins singulier dans le choix de ses expressions.

— Vous l'avez déjà rencontré, dit Eve en riant, car elle était alors d'humeur à rire de la moindre bagatelle; nous le savons très-bien; ne nous avait-il pas préparés à voir un poëte, quand nous n'avons trouvé qu'un ancien ami!

— Qu'un ancien ami, miss Effingham! — Faites-vous donc tant de cas des poëtes et si peu des anciens amis?

— Cet homme extraordinaire, M. Aristobule Bragg, dérange réellement toutes les idées, au point de changer même la signification ordinaire des mots, à ce que je crois. Il est si à son aise et si gauche, — si rusé et si novice, — si peu propre à ce qu'il est et si prêt à être toute autre chose, que je sais à peine de quels termes me servir pour tout ce qui a quelques rapports avec lui; je crains qu'il ne vous ait persécuté depuis votre arrivée à Templeton?

— Point du tout. Je connais assez bien les gens de sa caste pour savoir comment agir avec eux. M'étant aperçu qu'il me soupçonnait la disposition de faire des vers sur le lac, j'ai eu soin d'en griffonner à la hâte une couple, comme le premier jet d'une inspiration poétique, et de les laisser tomber dans un endroit où j'étais sûr qu'il les trouverait, et j'ai vécu huit jours de la renommée qu'ils m'ont value.

— Vous avez donc le goût de la poésie? demanda Eve avec un sourire un peu malin.

— Je suis aussi éloigné de l'ambition d'être poëte, que je le suis du désir d'épouser l'héritière du trône d'Angleterre, ce qui, je crois, est maintenant le but de tous les Icares de notre temps. Je ne suis qu'un plagiaire, car le distique qui m'a couvert de gloire pendant toute une semaine, était de Pope, auteur si complètement oublié dans ces beaux jours de la littérature, dans lesquels on semble croire que toutes les connaissances sont condensées dans les productions des dernières années, qu'on pourrait faire passer sous son nom un poëme tout entier, sans craindre que le plagiat fût découvert. C'étaient simplement les deux premiers vers de l'*Essai sur l'Homme*, et comme il s'y trouve heureusement une « allusion à l'orgueil des rois, » ils passeraient pour originaux aussi bien que pour excellents dans dix-neuf villages sur vingt en Amérique, dans ce temps d'ultra-républicanisme. Sans doute M. Bragg s'est imaginé qu'un éloge du peuple allait suivre, et que l'ouvrage finirait par un tableau brillant de Templeton et de ses environs.

— Je ne sais si je dois permettre à un étranger ces sarcasmes contre la liberté, dit Eve d'un air sérieux qui n'était pas tout à fait d'accord avec ses sentiments ; car jamais, dans toute sa vie, elle ne s'était sentie si heureuse que ce matin-là.

— Un étranger, miss Effingham ! — Pourquoi étranger ?

— Quoi ! vous connaissez votre cosmopolitisme ; et le cousin du capitaine Ducie ne doit-il pas être Anglais ?

— Je ne répondrai point au « ne doit-il pas être ; » car la simple mention du fait répond suffisamment à la question. — Le cousin du capitaine Ducie n'est pas Anglais, et il n'a jamais, comme je vois que vous le soupçonnez, servi dans la marine anglaise, ni dans aucune autre que celle de son pays natal.

— C'est vraiment nous prendre par surprise et de la manière la plus agréable, s'écria Eve en le regardant avec un plaisir qu'elle ne cherchait pas à déguiser, tandis qu'un nouveau feu lui montait au visage. Nous ne pouvons que prendre intérêt à un homme qui nous a rendu tant de services, et mon père ainsi que M. John Effingham...

— Votre cousin John, dit Paul en appuyant sur le premier mot.

— Eh bien ! mon père et mon cousin John, puisque vous le préférez ainsi, ont consulté la liste de la marine américaine, et y ont inutilement cherché votre nom, à ce que j'ai appris, et la conséquence qu'ils en ont tirée était assez juste, vous en conviendrez vous-même.

— S'ils avaient remonté à quelques années plus haut, ils auraient eu plus de succès. J'ai quitté le service, et je ne suis plus marin que de souvenir. Depuis quelques années, j'ai voyagé comme vous sur terre et sur mer.

Eve ne dit plus rien, quoique chaque syllabe qu'il avait prononcée eût été écoutée par des oreilles attentives et retenue par une mémoire scrupuleusement fidèle. Ils marchèrent en silence jusqu'au moment où ils arrivèrent près d'une maison agréablement située sur la pente de la montagne, près d'un beau bois de pins. Lorsqu'ils furent sur une terrasse en face de cette habitation, le village de Templeton était directement devant eux, à environ cent pieds plus bas Là, ils s'arrêtèrent tous pour voir plus distinctement un lieu qui offrait tant d'intérêt à la plupart de nos voyageurs.

— J'espère que vous connaissez assez les localités pour nous servir de cicerone, dit M. Effingham à Paul. Pendant un séjour d'une semaine à Templeton, vous ne pouvez guère avoir manqué de voir le wigwam.

— Je devrais peut-être hésiter à l'avouer, ou du moins en rougir, répondit le jeune homme, remplissant cette dernière obligation en rougissant jusqu'au front; mais la curiosité l'a emporté sur le savoir-vivre; et cédant à la tentation, j'ai obtenu de la politesse de Monsieur de m'admettre dans votre habitation, dans laquelle, comme dans les environs, j'ai probablement passé plus de temps qu'il n'était agréable à ceux qui s'y trouvaient.

— Je prie Monsieur de ne point parler de cela, dit Aristobule. Dans ce pays, nous vivons à peu près en commun ; et quant à moi, quand un homme comme il faut se présente, étranger ou voisin, je me fais une règle de lui montrer de la civilité en le priant de déposer son chapeau.

— Il me paraît, dit Eve, désirant changer le sujet de la conversation, qu'il se trouve à Templeton un nombre extraordinaire de clochers. Quel besoin un si petit village peut-il avoir de tant de bâtiments de cette espèce?

— C'est à cause de l'orthodoxie, Miss, répondit Aristobule, qui pensa que c'était à lui qu'il appartenait de répondre à cette question. Il y a une nuance d'opinion entre chacun de ces clochers.

— Voulez-vous dire, Monsieur, qu'il y a à Templeton autant de nuances de croyances religieuses, que je vois de bâtiments paraissant destinés au culte?

— Doublez-en le nombre, Miss, et ajoutez-en quelques-unes par-dessus le marché. Vous ne voyez que cinq chapelles, et nous comptons dans ce village sept dénominations de sectes régulièrement hostiles, sans parler des diversités d'opinion sur des bagatelles. Cet édifice que vous voyez là sur la même ligne que les cheminées de la première maison est le nouveau Saint-Paul, l'ancienne église de M. Grant, église aussi orthodoxe dans son genre qu'aucune du diocèse, comme vous pouvez le reconnaître à la forme des fenêtres. C'est une affaire qui va bien, quoiqu'elle ait perdu quelque chose depuis un certain temps, le ministre ayant gagné un rhume qui lui a fait perdre la voix. J'ose pourtant dire que cette église reviendra sur l'eau, car cet accident n'est pas une raison pour l'abandonner, quelque grave qu'il soit. Quelques-uns de nous ont résolu de soutenir le nouveau Saint-Paul dans cette crise, et moi-même je me suis fait une loi d'y aller de deux dimanches l'un.

— Je suis charmé que nous devions y avoir si souvent votre compagnie, dit M. Effingham ; car c'est notre église, et c'est là que ma fille a été baptisée. — Mais divisez-vous vos opinions religieuses par moitié, monsieur Bragg ?

— En autant de parties qu'il y a de dénominations de culte dans notre voisinage, Monsieur, donnant pourtant toujours une préférence décidée au nouveau Saint-Paul, attendu les circonstances particulières, et particulièrement à cause des fenêtres. — Ce bâtiment sombre que vous voyez là-bas bien loin, Miss, est la chapelle des méthodistes ; mais il y a peu de chose à en dire, car le méthodisme n'a guère fleuri parmi nous depuis l'introduction des nouvelles lumières qui ont éclipsé tout son éclat. Je crois que les méthodistes tiennent un peu à l'ancienne doctrine, et c'est une grande cause de leur état actuel d'apathie ; car le peuple aime la nouveauté.

— Et, s'il vous plait, Monsieur, quel est ce bâtiment presque sur la même ligne que le nouveau Saint-Paul, et qui lui ressemble un peu par sa forme et sa couleur ?

— A l'exception des fenêtres, Miss ; car, comme vous pouvez le voir, il a deux rangées de fenêtres régulières, carrées par le haut. C'est la première chapelle presbytérienne ; c'est une bonne chapelle, et une bonne religion aussi par le temps qui court. Je me fais une loi d'y aller au moins une fois par mois ; le changement est si agréable et si naturel à l'homme ! Je vous dirai pourtant, Miss, que ma préférence, en tant que j'en ai une, est pour le nouveau Saint-Paul ; et j'ai eu le plus grand regret que ces presbytériens aient remporté dernièrement sur nous un avantage important dans un point essentiel.

— Je suis fâchée de l'apprendre, monsieur Bragg; car, professant moi-même la religion épiscopale, et ayant une grande confiance en l'antiquité et la pureté de cette Eglise, je regretterais beaucoup de la voir supplantée par une autre.

— Je crains pourtant que nous ne devions lui céder le pas sur ce point; car à cet égard ces presbytériens l'ont véritablement emporté sur les épiscopaux.

— Et sur quel point l'ont-ils emporté d'une manière si signalée?

— Quoi! Miss! leur nouvelle cloche pèse cent livres de plus que celle du nouveau Saint-Paul, et le son s'en fait entendre bien plus loin. Je sais fort bien que cet avantage ne leur servira de rien au jour du dernier compte; mais cela fait une grande différence dans cet état d'épreuve. — Vous voyez cette grande maison jaunâtre, entourée d'un mur élevé et surmontée d'un beffroi? Dans son caractère régulier, c'est la cour de justice et la prison du comté; mais en matière de religion, elle sert indifféremment à tous.

— Voulez-vous dire que les personnes de toutes les religions y sont jugées, ou qu'on y professe tous les cultes?

— C'est cela même, Miss; car je crois qu'elle a servi à toutes les nuances de religion, à l'exception des juifs. — Cette tour en bois, peinte, appartient aux universalistes; et cet édifice grec, qui n'est pas encore peint, aux anabaptistes. Les quakers, je crois, se réunissent dans leurs maisons, et les différentes nuances de presbytériens en font autant.

— Y a-t-il donc des nuances de croyance dans la même secte, et cela dans une population si peu nombreuse? demanda Eve avec une véritable surprise.

— Nous sommes dans un pays libre, Miss, et la liberté aime la variété. Plus il y a d'hommes, plus il y a d'opinions.

— Cela est vrai, Monsieur, dit Paul; mais ici il paraît y avoir beaucoup d'opinions et peu d'hommes. Ce n'est pas tout encore: d'après ce que vous dites vous-même, quelques-uns ne savent même pas bien précisément quelle est leur opinion. Mais pouvez-vous nous dire quels points essentiels sont compris dans ces nuances d'opinion?

— Il faudrait toute la vie d'un homme pour en comprendre la moitié, Monsieur. Les uns disent que l'enthousiasme est la religion, et d'autres que c'est le contentement. Ceux-ci veulent la pratique des bonnes œuvres, et ceux-là la décrient. Il y en a qui soutiennent qu'ils seront sauvés s'ils font le bien, et il s'en trouve qui prétendent que, s'ils ne font que cela, ils seront damnés. Plusieurs pensent que faire un peu de mal est nécessaire au salut, et quelques-uns qu'on n'est jamais si près de se convertir que lorsqu'on est plus profondément enfoncé dans le péché.

— La subdivision est l'ordre du jour, dit John Effingham. Chaque comté doit être subdivisé pour qu'il y ait un plus grand nombre de villes capitales de comté et d'officiers de comté, et il faut qu'il en soit de même pour chaque religion, pour qu'il y ait une plus grande variété et une meilleure qualité de saints.

Aristobule lui répondit par un signe de tête d'approbation, et il l'aurait fait par un clin d'œil malin s'il eût osé prendre cette liberté avec un homme qui lui imposait autant que John Effingham.

— *Monsieur*, demanda mademoiselle Viefville, n'y a-t-il pas « d'église, » de « véritable église » à Templeton?

— Pardonnez-moi, Miss, répondit Aristobule, qui n'aurait pas plus voulu convenir qu'il ne savait pas ce que la gouvernante entendait par ces mots « la véritable église, » qu'une des sectes dont il venait de parler n'aurait voulu admettre qu'elle n'était pas infaillible dans sa doctrine; — il y en a plusieurs, mais on ne peut les voir de cet endroit.

— Qu'il serait plus pittoresque, et même plus chrétien, du moins en apparence, s'écria Paul, de voir ces bonnes gens se réunir pour adorer Dieu en commun! Combien ressortent la faiblesse et l'ignorance des hommes, quand on les voit se livrer à des subtilités sur une doctrine sainte qui leur apprend en termes aussi clairs que formels qu'ils sont simplement requis de croire à la puissance et à la bonté de cet Être dont ils ne peuvent comprendre ni la nature ni les œuvres.

— Tout cela est fort bon, dit John Effingham; mais alors que deviendrait la liberté de conscience? La plupart des hommes entendent aujourd'hui par la foi une ferme confiance dans leurs propres opinions.

— Et dans ce cas, ajouta Aristobule, nous serions aussi privés de cette belle variété d'églises qui font l'ornement de notre village. Il en résulte un grand avantage, car on achète plus volontiers du terrain pour bâtir dans un village quand il s'y trouve cinq églises, que lorsqu'il n'y en existe qu'une seule. Tel qu'il est aujourd'hui,

Templeton a un aussi bel assortiment d'églises qu'aucun village que je connaisse.

— Dites plutôt, Monsieur, reprit John Effingham, un assortiment de fioles à vinaigre et de pots à moutarde; car mes yeux n'ont jamais rien vu qui y ressemble mieux que ces prodiges d'architecture.

— C'est pourtant une belle chose, dit Eve, de voir le toit de la maison de Dieu s'élever au-dessus de tous les autres, comme on le voit dans d'autres pays, au lieu d'avoir sous les yeux une masse de tavernes, comme cela n'arrive que trop souvent dans notre cher pays.

Tandis qu'elle faisait cette remarque, la petite troupe arrivait au pied de la montagne, et elle s'avança vers le village. En arrivant devant la porte du wigwam, tous s'arrêtèrent pour considérer cette production du goût de John Effingham; car il avait fait de si grands changements à la création originale d'Hiram Dolittle, que, du moins à l'extérieur, ce célèbre architecte lui-même n'aurait pu reconnaître dans cette maison le fruit de ses talents.

— C'est certainement avoir porté un peu loin la liberté de l'ordre composite, dit M. Effingham.

— Si votre maison, telle que je l'ai changée et perfectionnée, ne vous plaît pas, Édouard, j'en serai réellement très-fâché.

— Oh! cousin John! s'écria Eve, c'est un singulier mélange des styles grec et gothique. Par quelles autorités pouvez-vous justifier cette liberté?

— Que pensez-vous de la cathédrale de Milan, Miss? demanda John Effingham en appuyant sur ce dernier mot pour imiter Aristobule[1]. Est-ce une si grande nouveauté de voir un mélange des deux styles? ou le goût en architecture est-il assez pur en Amérique pour vous faire penser que j'aie commis une faute impardonnable?

— Non. Rien de ce qui sort des règles ne doit frapper dans un pays où l'imitation domine sur tout ce qui est immatériel, tandis que l'originalité désorganise tout ce qui est cher et sacré.

— Pour vous punir d'un tel discours, je voudrais avoir laissé les vieux nids de corbeaux où je les ai trouvés, afin que leur beauté pût récréer vos yeux, que cet édifice semble tellement

---

[1]. Jamais on n'appelle une demoiselle *miss* sans y joindre son nom de baptême ou de famille.

blesser. — Mademoiselle Viefville, permettez-moi de vous demander comment vous trouvez cette maison ?

— *Mais c'est un petit château.*

— *Un château effinghamisé*, dit Eve en riant.

— L'opinion générale dans cette partie du pays, dit Aristobule, est que M. John Effingham a fait ses changements d'après le plan de quelque édifice d'Europe; mais j'ai oublié le nom du temple qu'on cite : ce n'est pourtant ni celui de Minerve ni le Panthéon.

— J'espère du moins, dit M. Effingham en s'avançant sur la petite pelouse, que ce ne sera pas le temple des Vents.

CHAPITRE XI.

Oui, j'irai. — Que je meure de mélancolie si je perds un grain de ce divertissement.
SHAKSPEARE.

LES progrès de la société en Amérique ont été marqués par plusieurs particularités qui ne se retrouvent pas dans l'avancement plus régulier et plus méthodique des autres parties du monde dans la carrière de la civilisation. D'une part, les arts de la vie, comme Minerve qu'un seul coup fit sortir du cerveau de son père, se sont montrés tout à coup en pleine maturité, comme l'héritage légitime des colons; tandis que, de l'autre, tout tend à établir, sous le rapport de la qualité, une médiocrité qui est la suite des institutions. Tout ce qu'Eve avait vu pendant cette journée l'avait frappée comme étant de cette nature mixte, qui, sans avoir rien de vulgaire, était bien loin des idées de perfection qu'elle devait à son éducation européenne. Cependant, dans le wigwam, comme il avait plu à son cousin de nommer la maison de son père, il y avait plus d'ensemble, et l'on donnait plus d'attention à ces petits détails qu'elle s'était habituée à regarder comme essentiels aux aises de la vie et à l'élégance. Elle était donc plus satisfaite de sa demeure future que de tout ce qu'elle avait vu jusqu'alors en Amérique.

Comme nous avons déjà eu occasion de décrire l'intérieur de

cette maison[1], il nous reste peu de chose à dire sur ce sujet ; car, quoique John Effingham en eût complétement changé l'extérieur, il n'avait fait que peu de changements dans l'intérieur. Il est vrai que la couverture du toit peinte en couleur de nuage avait disparu ; ainsi que ces colonnes qui étaient si noblement soutenues par le haut. A ce toit on en avait substitué un qui ne s'avançait plus d'une manière si gauche au-delà des murailles, et les colonnes avaient été remplacées par une petite tour d'entrée que le nouvel architecte avait très-avantageusement imaginé d'ajouter au bâtiment, car il l'embellissait et le rendait plus commode. Dans le fait, le wigwam n'offrait aucun des traits les plus ordinaires d'une maison américaine de ce genre. Il ne s'y trouvait pas une seule colonne, soit grecque, soit romaine, soit égyptienne. On n'y voyait ni jalousies, ni balcons ornés de treillage, ni aucun mélange de couleurs ; au contraire, c'était un ancien édifice très-simple, construit avec beaucoup de solidité, avec d'excellents matériaux, et avec ce caractère respectable de dignité et de convenance que nos pères connaissaient un peu mieux que nous, leurs dignes successeurs. Indépendamment de la tour d'entrée, ou porche, du côté du nord, John Effingham avait aussi ouvert une porte au sud, par le moyen de laquelle on pouvait en sortant de l'intérieur éviter la transition trop brusque de l'air chaud à l'air froid. Il avait aussi fait construire des offices qui ne défiguraient en rien le bâtiment, chose assez rare dans ces remaniements d'architecture.

Dans l'intérieur on avait fait graduellement au wigwam des améliorations depuis cette époque qui, en consultant les arts plutôt que la chronologie, peut s'appeler les siècles de ténèbres de l'Otségo. La grande salle avait perdu longtemps auparavant la décoration qui la caractérisait, le bras coupé de Wolf, et l'on y avait substitué un papier gothique, mieux adapté à l'architecture réellement respectable de cet appartement. L'urne censée contenir les cendres de la reine Didon, comme la cruche qui va trop souvent à l'eau, avait été brisée dans une guerre d'extermination déclarée aux araignées par une servante soigneuse. Le vieil Homère avait subi le destin de tout ce qui est argile ; Shakspeare lui-même avait été réduit en poussière, et il ne restait pas un vestige de Washington et de Franklin, tout indigènes qu'ils étaient. Au lieu de ces vénérables monuments du passé, John Effingham,

---

[1]. Voir *les Pionniers*, chap. III.

qui conservait un souvenir agréable des beautés que ses yeux y avaient trouvées dans son enfance, leur avait cherché des remplaçants dans une boutique de New-York, et un Shakspeare, un Milton, un Dryden, un Locke et un César, reposaient avec une dignité tranquille sur les supports qui avaient soutenu leurs illustres prédécesseurs. Quoique le temps n'eût pas encore beaucoup changé la couleur de cette nouvelle collection, la poussière et la négligence commençaient déjà à y jeter une teinte d'antiquité.

La surintendante de la cuisine du wigwam ayant veillé à ce que tout fût prêt, on se mit à table dès que chacun eut donné quelque attention à sa toilette, et le déjeuner fut servi dans la grande salle. Comme le service n'avait rien de scientifique ni de remarquable par l'élégance ou par la qualité opposée, nous nous dispenserons d'entrer dans aucun détail à ce sujet.

— On ne s'apercevra pas beaucoup de l'absence de l'architecture européenne dans cette maison, dit Eve en se mettant à table, et en jetant un coup d'œil sur la salle haute et spacieuse dans laquelle ils étaient rassemblés. — Ici, du moins, on trouve réunis l'espace et les aises, sinon l'élégance.

— Aviez-vous perdu tout souvenir de ce bâtiment, mon enfant? lui demanda son père; — j'espérais que vous éprouveriez quelque chose du bonheur de se retrouver dans la maison sous le toit de laquelle on est né.

— Je serais bien fâchée de voir exposer au grand jour toutes les folies auxquelles je viens de me livrer dans mon cabinet de toilette, répondit Eve, récompensant la sollicitude paternelle de M. Effingham par un regard plein de tendresse; — quoique Grace, moitié riant, moitié pleurant, m'ait menacée de le faire. Nancy Sidley a aussi pleuré; et comme Annette elle-même a versé quelques larmes par sympathie, vous ne pouvez pas vous imaginer que j'aie été assez stoïcienne pour ne pas donner quelques signes de sensibilité. Mais l'accès est passé, et je commence à m'armer de philosophie. — J'espère, cousin John, que vous n'avez pas oublié que le salon est l'empire d'une dame.

— J'ai respecté vos droits, miss Effingham, quoique, dans le désir de ne pas blesser votre goût, j'aie ordonné que quelques gravures et tableaux antédiluviens fussent jetés...

— Au grenier?

— Au feu. Ils ne méritaient pas les honneurs du grenier, tel qu'il est à présent, cette partie de la maison ayant été convertie en chambres pour les domestiques. Mademoiselle Annette aurait des vapeurs si les ouvrages des artistes dont se contentait la génération passée venaient à frapper de trop près des yeux qui ont vu le Louvre.

— *Point du tout, monsieur*, dit mademoiselle Viefville fort innocemment ; *Annette a du goût dans son métier sans doute, mais elle est trop bien élevée pour demander l'impossible. Je ne doute pas qu'elle ne se fût conduite avec décorum.*

Chacun se mit à rire, car la gaieté présidait au repas ; et la conversation continua.

— Je serai satisfaite si Annette échappe aux convulsions, dit Eve ; un goût raffiné est son faible ; et, pour parler franchement, ce que je me rappelle des ouvrages dont vous parlez n'est pas de la nature la plus flatteuse.

— Et pourtant, dit sir George, rien ne m'a plus étonné que l'état respectable de la peinture et de la gravure en ce pays. Je ne m'y attendais pas, et probablement mon plaisir a été proportionné à ma surprise.

— Vous avez raison sur ce point, sir George, dit John Effingham. Celui qui se rappelle ce qu'était une ville d'Amérique il y a un demi-siècle, verra un contraste parfait dans une ville d'Amérique d'aujourd'hui ; et cela est également vrai des arts dont vous parlez, mais avec cette différence que ces arts prennent une bonne direction par suite d'une instruction convenable, tandis que les villes en prennent une mauvaise, parce qu'elles sont sous l'influence de l'argent, qui est essentiellement ignare de sa nature. Si j'avais laissé beaucoup de l'ancien mobilier ou quelqu'une des gravures, nous verrions miss Effingham en ce moment froncer le sourcil au lieu de nous enchanter par son sourire.

— J'ai pourtant vu de très-beaux vieux meubles en ce pays, cousin John.

— Sans doute, mais non pas dans ce canton. Les moyens de transport manquaient il y a un demi-siècle, et peu de personnes risquaient de belles choses sur les chariots mal construits dont on se servait alors. Dans cette maison, il se trouvait quelques vieux meubles très-beaux qui y ont été transportés à force d'argent, et ils y sont encore ; mais, en général, le dix-huitième siècle peut être regardé en ce pays comme une antiquité très-reculée.

Après le déjeuner, M. Effingham conduisit ses hôtes et sa fille dans les principaux appartements de la maison, tantôt riant des changements que son cousin avait faits, tantôt en faisant l'éloge. La bibliothèque était une assez belle pièce, — assez belle du moins pour un pays où l'architecture en est encore à l'état de chrysalide. Les murs étaient couverts d'un papier gothique à fond vert, entouré d'une très-jolie bordure; mais cette bordure manquait au-dessus du cintre de chaque croisée, et comme il y en avait quatre, l'uniformité du dessin était interrompue quatre fois. Eve découvrit bientôt ce défaut, et elle en demanda la cause.

— C'est la suite de ce qu'on peut appeler un accident américain, répondit John Effingham; une de ces calamités nombreuses que vous êtes destinée à éprouver comme maîtresse d'une maison américaine. Il ne se trouvait plus dans le pays de bordure pareille à celle-ci, car nous sommes dans un pays de boutiquiers, mais non de fabricants. — A Paris, Mademoiselle, on n'aurait eu besoin que d'envoyer chez le fabricant de papier pour s'en procurer; mais chez nous, hélas! quand on n'a pas assez d'une chose, c'est comme si l'on n'en avait pas du tout. En fait d'ouvrages d'art, nous sommes des consommateurs, mais nous ne produisons rien. Il y a bien loin pour envoyer chercher à Paris douze à quinze pieds de bordure; et cependant il faut le faire, ou mes belles arches gothiques resteront toujours imparfaites.

— Cet inconvénient est réel, dit sir George; et nous l'éprouvons même en Angleterre, pour tout ce qui est marchandise importée.

— Et nous, presque pour toute chose, excepté pour ce qui concerne la nourriture.

— Cela ne prouve-t-il pas que l'Amérique ne peut jamais devenir un pays de manufactures? demanda le baronnet avec cet intérêt qu'un Anglais intelligent ne peut manquer de prendre à cette question importante. Si vous ne pouvez fabriquer un objet aussi simple que du papier à tenture, ne vaudrait-il pas mieux donner toute votre attention à l'agriculture?

Comme il était plus facile de voir quel sentiment dictait cette question que d'en reconnaître la logique, toute la compagnie sourit; mais John Effingham, qui avait une véritable affection pour le baronnet, se contenta d'y faire une réponse évasive; grande preuve d'amitié de la part d'un homme aussi caustique.

Au total, l'examen de la maison parut satisfaisant à celle qui devait en être la maîtresse ; elle se plaignit pourtant que le mobilier ressemblât trop à celui d'une maison de ville.

— Car vous vous souviendrez, ajouta-t-elle, que nos visites ici seront une sorte de *villeggiatura*.

— Oui, oui, belle dame; et il ne se passera pas longtemps avant que vos goûts parisiens et romains soient prêts à prononcer que tout le pays n'est qu'une *villeggiatura*.

— Voilà ce qu'on gagne à être hadgi, Eve, dit Grace, qui surveillait avec attention l'expression de la physionomie de sa cousine, et qui pensait qu'il ne manquait rien au wigwam pour en faire une maison parfaite; vous méprisez les choses qui font nos jouissances.

— C'est un argument dont on pourrait se servir, ma chère cousine, pour prouver qu'on doit préférer la cassonade au sucre raffiné.

— Dans le café, certainement, Miss, dit Aristobule, qui, ayant contracté ce goût auprès d'une mère économe, le regardait réellement comme le meilleur. Dans ce pays, chacun préfère la cassonade dans le café.

— Oh ! mon père et ma mère, comme je vous en veux ! dit Eve sans faire attention aux distinctions subtiles de M. Bragg, qui sentaient trop le néophyte en cuisine pour avoir un grand poids sur l'esprit de ceux à qui il les adressait ; — comme je vous en veux d'avoir négligé tant de sites admirables pour placer cette maison dans l'endroit qu'elle occupe !

— A cet égard, ma fille, nous devons plutôt remercier le ciel d'y trouver une maison si confortable. Comparé au genre de civilisation qui l'entourait alors, ce bâtiment était un palais à l'époque où il fut construit, et il était, près des humbles habitations qui l'environnaient, ce que le château en Europe est près des chaumières du village. Songez que des briques n'avaient jamais été empilées sur des briques pour former les murs d'une maison dans tout le pays quand ce wigwam fut construit. C'est le temple de Neptune de l'Otségo, sinon de tous les comtés voisins.

Eve pressa de ses lèvres la main qu'elle tenait dans les siennes, et ils passèrent de la bibliothèque dans la chambre voisine. En s'approchant d'une fenêtre, ils virent une troupe de jeunes gens qui s'apprêtaient à faire une partie de balle sur la pelouse en face de la maison.

— Sûrement, monsieur Bragg, dit M. Effingham avec un ton de

mécontentement qui ne lui était pas ordinaire, vous n'avez pas permis cette liberté?

— Liberté! Monsieur; je suis avocat de la liberté partout où je la trouve. — Parlez-vous des jeunes gens qui sont sur la pelouse, monsieur Effingham?

— Certainement, Monsieur; et permettez-moi de dire que je crois qu'ils auraient pu choisir un endroit plus convenable pour s'amuser. Ils se méprennent s'ils pensent que je souffrirai cette liberté.

— Je crois, Monsieur, qu'ils ont toujours joué à la balle sur ce terrain.

— Toujours! je puis vous assurer que c'est une grande méprise. Quelle famille placée, comme nous le sommes, au centre d'un village, souffrirait qu'on envahît ainsi un terrain qui lui appartient? On a eu raison d'appeler cette maison un wigwam, si nous sommes obligés d'entendre devant notre porte les cris d'une bande pareille.

— Vous oubliez, Edouard, dit John Effingham en ricanant, qu'en Amérique « toujours » ne signifie que dix-huit mois. On arrive à l'antiquité en remontant à cinq lustres; et après une génération, aux siècles de ténèbres. J'ose dire que ces aimables jeunes gens, qui animent leurs jeux par tant de juremens innocents, vous regarderaient comme très-déraisonnable et comme un usurpateur de leurs droits, si vous aviez la présomption de vouloir les congédier.

— Pour dire la vérité, monsieur John, dit Aristobule, cela serait très-impopulaire.

— Comme je ne puis souffrir que les oreilles des dames soient blessées par des cris aussi grossiers, et que je ne consentirai jamais qu'un terrain qui m'appartient et qui fait partie de ma maison soit envahi d'une manière si illégale, je vous prie, monsieur Bragg, d'aller inviter ces jeunes gens à choisir quelque autre lieu pour se divertir.

Aristobule reçut cette commission d'assez mauvaise grâce; car, quoique sa sagacité naturelle lui dit que M. Effingham avait raison, il connaissait trop bien les habitudes qu'on avait prises dans le pays depuis dix ans, pour ne pas prévoir que cet ordre serait contraire aux idées que ces jeunes gens s'étaient formées de leurs droits; car, comme il l'avait dit avec vérité, tout marche d'un pas si rapide en Amérique, et l'opinion populaire y est si arbitraire, qu'une coutume qui n'existe que depuis un an est regardée comme sacrée, jusqu'à ce qu'il plaise au public d'y renoncer. Il se préparait lentement à aller s'acquitter de cette mission désagréable, quand M. Effingham sonna. Pierce, son domestique ordinaire, était occupé à déballer les malles, et celui qui se présenta était attaché au wigwam. M. Effingham lui donna ordre d'aller chez le perruquier du village, et de lui dire de venir lui couper les cheveux.

— Ne vous en inquiétez pas, Tom, dit Aristobule au domestique en prenant son chapeau, je vais sortir, et je passerai moi-même chez M. Lather.

— Je ne puis songer à vous charger d'une pareille commission, Monsieur, s'écria M. Effingham, à qui sa délicatesse n'aurait pas permis d'employer à des fonctions serviles un homme exerçant une profession libérale; Tom peut fort bien y aller.

— N'y pensez pas, mon cher Monsieur; j'ai du plaisir à faire ces petites commissions. Une autre fois, vous en ferez autant pour moi.

Aristobule partit alors plus gaiement; car il résolut d'aller d'abord chez le perruquier, se flattant, chemin faisant, de trouver quelque expédient pour déterminer les jeunes gens à quitter la pelouse sans compromettre sa popularité. Il est vrai que ces jeunes gens n'avaient pas encore le droit de voter dans les élections; mais quelques-uns d'entre eux l'auraient bientôt, et tous avaient des langues, instrument que M. Bragg craignait autant que certaines gens craignent le salpêtre. Après avoir vu le perruquier, il entra sur la pelouse, et s'adressa à l'un de ceux qui faisaient le plus de bruit.

— Un beau temps pour jouer à la balle, Dickey; mais ne croyez-vous pas que vous auriez plus de place dans la grande rue que sur cette petite pelouse, où vous courez si souvent le risque de perdre vos balles dans les bosquets?

— Cette place peut nous servir assez bien, faute de meilleure. Sans cette maudite maison, nous ne pourrions désirer un endroit plus convenable pour jouer à la balle.

— Je ne vois pas pourquoi on a bâti une maison justement en cet endroit, dit un autre; elle gâte le meilleur endroit du village pour jouer à la balle.

— Chacun a ses idées, reprit Aristobule, mais si j'étais à votre place, j'essaierais de la grande rue. Je suis convaincu que vous trouveriez le lieu plus agréable.

Les jeunes gens ne pensaient pas de même, ou ils n'avaient pas envie de changer le théâtre de leur divertissement. Pendant ce temps nos amis continuaient à examiner les changements faits par John Effingham dans la maison, et quand il eurent tout vu, ils se séparèrent et se retirèrent chacun dans sa chambre.

Cependant Aristobule restait sur la pelouse, et exécutait sa mission le mieux possible, à ce qu'il lui semblait. Au lieu de dire tout simplement qu'il était désagréable au propriétaire de la maison de voir envahir de cette manière une partie du terrain qui lui appartenait, afin de mettre un terme à cette invasion pour le présent et pour l'avenir, il continua à user d'adresse pour arriver au but désiré.

— On ne peut rendre raison des goûts, Dickey, dit-il, mais je persiste à croire que la grande rue conviendrait mieux pour jouer à la balle, qu'une pelouse si rétrécie.

— Je vous dis, monsieur Bragg, que nous nous en contentons, s'écria Dickey ; nous ne sommes pas difficiles, et nous sommes pressés. Dans une demi-heure, il faut nous remettre à notre ouvrage. — Lance la balle, Sam !

— Il y a tant de haies près de cette pelouse ! continua Aristobule avec un air d'indifférence. Il est vrai que les officiers du village ont défendu de jouer à la balle dans les rues ; mais je suppose que vous ne vous souciez guère de leurs défenses ni de leurs menaces.

— Nous en soucier ! s'écria un jeune vaurien, particulièrement aimable, en envoyant sa balle au milieu de la grande rue ; qu'est-ce qu'un officier du village pour qu'il nous dise où nous devons jouer à la balle ?

— Sans doute, dit Aristobule ; et en continuant comme vous venez de commencer, vous pouvez faire décider la question. Je crois cette défense très-injuste, et vous ne pouvez jamais avoir une si bonne occasion pour la faire révoquer. D'ailleurs il est aristocratique de jouer à la balle au milieu de touffes de rosiers et de dahlias.

L'appât réussit. Quels jeunes gens, et surtout quels apprentis américains, peuvent résister à l'occasion de montrer qu'ils se croient au-dessus des lois ! Jamais aucun d'eux n'avait songé qu'il fût aristocratique de jouer à la balle au milieu de touffes de rosiers, et quelques-uns s'étaient déjà plaints de s'être piqué les doigts en cherchant leur balle.

— Je sais que M. Effingham sera fâché de vous voir partir, continua Aristobule, poursuivant son avantage : mais on ne peut toujours renoncer à son plaisir pour celui des autres.

— Je voudrais bien savoir qui est M. Effingham? s'écria Joé Wart; s'il veut nous voir jouer à la balle, qu'il arrache ses rosiers! Allons! mes amis, allons! je suis de l'avis de M. Bragg; suivez-moi tous dans la grande rue.

Ils évacuèrent la pelouse *en masse*, et Aristobule rentrant dans la maison tout joyeux, alla trouver M. Effingham, qui attendait son retour avec patience dans la bibliothèque.

— Je suis charmé d'avoir à vous apprendre, Monsieur, que les joueurs de balle ont quitté la pelouse. Quant à M. Lather, il refuse votre proposition.

— Refuse ma proposition!

— Oui, Monsieur. Son idée est que s'il peut venir chez vous pour vous couper les cheveux, vous pouvez tout aussi bien aller chez lui pour vous les faire couper; et, tout bien considéré, il préfère ne pas entreprendre cette besogne.

— Je regrette, Monsieur, de vous avoir laissé vous charger d'une commission si désagréable, d'autant plus que ce perruquier paraît disposé à l'impertinence.

— Pas du tout, Monsieur; M. Lather est un fort brave homme à sa manière, et particulièrement bon voisin. A propos, il m'a prié de vous demander de lui permettre de faire une brèche à la haie de votre jardin pour porter du fumier sur son champ de pommes de terre qui en a le plus grand besoin, à ce qu'il dit.

— Sans contredit, Monsieur. Comment pourrais-je lui refuser de faire passer son fumier, même à travers ma maison, s'il le désirait? C'est un citoyen si estimable et un si bon voisin! Je suis seulement surpris de la modestie de sa demande.

M. Effingham se leva, sonna Pierce, et se retira dans sa chambre, ne sachant trop, d'après tout ce qu'il avait déjà vu, s'il était réellement dans ce Templeton qu'il avait connu dans sa jeunesse, et si sa maison lui appartenait ou non.

Quant à Aristobule, qui dans tout ce qui s'était passé ne voyait rien qui fût contraire aux règles ou à ses idées de convenance, il se hâta de retourner chez le perruquier qui paraissait ignorer si complètement les premiers devoirs de son métier, pour lui dire qu'il était libre de faire une brèche dans la haie de M. Effingham pour le transport de son fumier.

De peur que le lecteur ne suppose que nous dessinons des caricatures au lieu de peindre l'état actuel de la société, il peut être nécessaire d'expliquer que M. Bragg prétendait à la faveur populaire; que, comme M. Dodge, il considérait comme sacré tout ce qui se présentait au nom du public, et qu'il avait une déférence si positive et si générale pour les majorités, qu'il pensait qu'une demi-douzaine d'hommes avait toujours raison contre un, même quand celui-ci avait en sa faveur non-seulement la lettre de la loi, mais encore l'équité, d'après la décision de la véritable majorité du pays, sur le point contesté. En un mot, M. Bragg, comme une classe nombreuse de ses concitoyens, portait ses idées de liberté jusqu'au point de croire que la liberté était un moyen et non un but.

CHAPITRE XII.

> Sur ma foi, tu étais en humeur de dire des folies hier soir, quand tu parlais de Pigrogromctus, des Valpiens passant l'équinoxe de Québus.....
> Sir Andrew Aguecheek.

Il vient d'être dit que les progrès de la société dans ce qu'on appelle un nouveau pays ont quelque chose de particulier. Au commencement d'un établissement, il y a beaucoup de cette bienveillance et de cet intérêt mutuel dont les hommes sont disposés à se donner réciproquement des preuves quand ils se sont embarqués dans une entreprise commune et hasardeuse. Les besoins et les efforts mutuels diminuent la distance que mettent nécessairement entre eux l'éducation, les habitudes et les manières; et celui même qui peut soutenir et qui soutient son caractère et son rang dans le monde, le fait avec cette sorte de familiarité qui marque les rapports des officiers avec les soldats pendant une campagne fatigante. Des hommes et même des femmes qui, en toute autre circonstance, auraient été des étrangers les uns pour les autres, rompent le pain ensemble et ont d'autres relations sociales. L'esprit d'aventure et la manière dont il faut vivre dans la forêt rabaissent les prétentions de l'homme dont l'esprit est plus cultivé, et qui n'a que les ressources de l'intelligence, presque au niveau de celui qui n'a en partage que l'énergie physique et le travail de ses mains. Dans leurs rapports entre eux, tous se rencontrent en quelque sorte sur un terrain neutre, l'un cédant quelque chose de sa supériorité, l'autre réclamant une apparence extérieure d'égalité, quoiqu'il sente fort bien que cette égalité est le résultat des circonstances dans lesquelles il est placé. En un mot, cet état de société est favorable aux prétentions de la force purement animale, et désavantageux à celles des facultés intellectuelles.

Cette période de temps peut s'appeler peut-être la plus heureuse du premier siècle d'une colonie. Les premiers besoins de la vie sont si sérieux et occupent tellement, qu'on oublie les petites contrariétés; et les choses qui causeraient un dépit sérieux dans un état de société plus régulière, sont prises comme devant naturellement avoir lieu, et l'on en rit comme d'incidents du jour auxquels on devait s'attendre. On ne voit partout que bienveillance; le voisin va gaiement à l'aide de son voisin; la vie est pleine d'une gaieté insouciante; on s'associe sans distinction avec tous ses compagnons, et chacun montre l'enjouement heureux de l'enfance. On remarque que ceux qui ont passé par cet état d'épreuve ne se le rappellent ordinairement qu'avec regret, et aiment à raconter les scènes et les événements quelquefois ridicules qui distinguent l'histoire d'un nouvel établissement, de même que le chasseur soupire après la forêt.

A ce temps de gaieté, de travail, d'aventures et d'affection mutuelle, en succède un autre pendant lequel la société commence à s'organiser et les passions ordinaires à reprendre leur empire. C'est alors qu'on voit la lutte pour les places, la jalousie entre les familles qui se les disputent et l'influence de l'argent. Les circonstances ont peut-être établi la supériorité reconnue de quelques familles, et leur société est le but auquel les autres aspirent. Les professions savantes, en y comprenant le clergé, — ou ce que l'on appelle ainsi par courtoisie, — prennent la préséance, comme leur étant due, mais seulement après la richesse, quand elle est soutenue par quelques dehors. Alors commencent dans la société ces degrés qui mettent en défaut les institutions, et qui suivent aussi naturellement la civilisation, que les goûts et les habitudes sont le résultat du plaisir qu'on a trouvé à s'y livrer.

C'est peut-être l'état le moins attrayant de société dans tout pays qui peut se dire libre et éloigné de la barbarie. Les goûts sont trop peu cultivés pour exercer une influence essentielle, et quand ils existent, ils sont ordinairement accompagnés des prétentions qui suivent toujours l'enfance des connaissances. La lutte n'en est que plus sérieuse par suite du *pêle-mêle* qui a précédé, et certains hommes prétendent à une considération qui semblerait hors de leur portée dans une communauté plus ancienne et mieux organisée. C'est alors que les manières laissent le plus à désirer, parce qu'il leur manque le naturel et la sensibilité de la première période, tandis qu'elles sont exposées aux rudes attaques d'hommes grossiers et vulgaires. Car, comme les hommes reconnaissent ordinairement une supériorité établie depuis longtemps, l'antiquité ayant un charme qui est quelquefois capable même de réprimer les passions; la marche du temps, dans les communautés plus anciennes, décide ce qui est ici un objet de contention. Ce que nous venons de dire provient peut-être d'un principe général et naturel; mais l'état de la société que nous décrivons en ce moment a quelques traits qui lui sont particuliers. La civilisation de l'Amérique, même dans ses districts plus anciennement colonisés, qui fournissent aujourd'hui des émigrants pour des contrées plus nouvelles, est inégale, un Etat étant placé à un niveau plus élevé que l'autre. Sortant, comme elle le fait, de différentes parties de ce vaste pays, la population d'un nouvel établissement, quoique singulièrement homogène pour les circonstances, apporte nécessairement avec elle ses singularités locales. Si à de tels éléments on ajoute une certaine quantité d'Européens de diverses nations et de toutes conditions, les effets de ce mélange et les luttes sociales temporaires qui s'ensuivent ne causeront aucune surprise.

La troisième et dernière condition de la société dans « un nouveau pays » est celle dans laquelle l'influence des causes particulières qui viennent d'être énoncées cesse de se faire sentir, et où les hommes et les choses sont gouvernés par des lois plus générales. Le résultat en est nécessairement de laisser la communauté en possession d'une civilisation qui se conforme à celle de tout le pays, que le niveau en soit plus bas ou plus élevé, et il s'opère une division en castes qui est plus ou moins strictement maintenue, suivant les circonstances.

Les périodes, — comme les astronomes appellent le temps qu'emploie une révolution céleste, — les périodes des deux premières de ces trois époques dans l'histoire d'un nouvel établissement dépendent beaucoup des progrès qu'il fait en richesse et en population. Dans quelques endroits, l'âge pastoral ou celui de la bonne intelligence dure toute une vie, ce qui fait peut-être rétrograder les habitants sous le rapport de quelques-unes des plus nobles qualités, mais ce qui les rend plus heureux en ce qui concerne les plaisirs du moment ; dans d'autres, elle s'écoule rapidement comme les joies vives de la race humaine entre quatorze et vingt ans.

La seconde période est ordinairement de plus longue durée, les habitudes de migration du peuple américain retardant l'organisation de la société plus longtemps que cela n'arriverait dans tout autre cas. On peut dire qu'elle ne se termine entièrement que lorsque la grande majorité de la génération existante est née dans le nouvel établissement, et ne connaît d'autres objets de comparaison que ceux près desquels elle a passé sa vie. Et même quand cela arrive, il s'y trouve souvent un si grand nombre d'oiseaux de passage, — d'hommes qui sont des aventuriers cherchant à s'avancer et qui vivent sans connaître les bons rapports de voisinage, comme on peut dire qu'ils vivent sans domicile, — qu'il s'y trouve longtemps un état mixte de société pendant lequel on peut mettre en doute si une communauté appartient à la seconde ou à la troisième période.

Templeton était exactement alors dans cette situation équivoque ; car, quoique la troisième génération des premiers colons fût déjà dans l'âge mûr, tant d'étrangers allaient et venaient, que leur influence neutralisait presque celle du temps et de l'ordre naturel des choses. La population était à peu près également partagée entre les descendants des premiers habitants et des gens qu'on pouvait regarder comme les hirondelles et les autres oiseaux de passage. Tous ceux qui étaient arrivés dans ce canton dans la force de l'âge, et dont les travaux avaient fait du désert l'habitation d'hommes civilisés, s'ils n'avaient pas été littéralement placés dans la tombe de leurs pères, avaient été les premiers chacun de leur race ensevelis dans la terre qui devait couvrir un si grand nombre de leurs descendants. Il restait encore quelques-uns de ceux qui étaient arrivés jeunes dans le désert ; mais les événements de la première période, que nous avons imparfaitement rapportés dans un autre ouvrage [1], n'étaient déjà plus que des traditions. Ces premiers colons conservaient encore une partie

---

1. Dans *les Pionniers*.

des sentiments qui les avaient animés pendant leurs anciens rapports avec leurs voisins, et un de leurs plus grands plaisirs était de parler des travaux pénibles et des privations de leur jeunesse, comme le vétéran aime à parler de marches, de siéges, de batailles et de ses cicatrices. Ce serait aller trop loin que de dire qu'ils voyaient avec méfiance la partie plus éphémère de la population, car, familiarisés avec le changement, ils s'étaient habitués à voir de nouveaux visages; mais ils avaient un secret penchant les uns pour les autres; ils préféraient ceux qui pouvaient partager sincèrement leurs propres sentiments, et ils aimaient naturellement la compagnie de ceux qui pensaient comme eux sur tous les points. Ce n'était que dans cette portion de la communauté qu'on pouvait trouver cette sorte de sentiment qui se rattache aux localités, l'esprit d'aventure ayant produit sur eux l'effet du temps, tandis que ceux qui étaient nés sur les lieux, n'étant pas animés par les souvenirs qui avaient tant de charmes pour leurs pères, n'éprouvaient pas encore suffisamment l'intérêt qu'inspirent les traditions pour connaître ce sentiment dans toute sa force. Des sentiments tout opposés distinguaient les oiseaux de passage dont nous avons si souvent parlé, classe nombreuse, inquiète et agitée, qui suffit presque pour détruire tout ce qu'il y a de poésie et d'attachement local dans tout endroit où elle arrive.

Cependant, à Templeton et dans les cantons voisins, les deux influences hostiles étaient à peu près égales, les descendants des pères du pays commençant à se prononcer contre les idées relâchées et le manque de sentiments, caractère particulier des bandes conduites par un esprit constant de migration. Les premiers commençaient à considérer l'autel devant lequel s'étaient prosternés leurs pères comme plus saint que tout autre, la terre qui couvrait leur tête comme plus sacrée que celle que la charrue labourait; et les lieux où ils avaient passé leur enfance, et où ils s'étaient livrés à leurs premiers jeux, leur étaient plus chers que le grand chemin foulé par les pieds de la multitude.

Tels étaient les éléments de la société dans laquelle nous avons introduit nos lecteurs, et qu'il sera de notre devoir de leur faire mieux connaître, à mesure que nous avancerons dans le récit régulier des événements de notre histoire.

Le retour des Effingham, après une si longue absence, fit naturellement sensation dans un pareil village, et les visites arrivèrent au wigwam aussitôt que les convenances le permirent.

Beaucoup de faux bruits se répandirent naturellement, et avant que dix jours se fussent écoulés, on disait déjà que miss Eve allait épouser sir George Templemore, — M. Powis, — et même M. Bragg. Cette dernière histoire avait pris naissance dans quelques mots échappés à ce dernier, qui avait laissé entrevoir ses espérances précoces en aidant quelques amis à vider une bouteille de mauvais vin honoré du nom de champagne. Mais de pareils contes naissaient et mouraient si souvent dans une société où le mariage est un sujet général de conversation parmi les jeunes filles, qu'ils portaient avec eux leur propre réfutation. Le troisième jour après l'arrivée des voyageurs fut un jour de réception au wigwam, et ils eurent soin d'être tous à la maison à midi, et prêts à recevoir les visites. Une des premières fut celle de M. Howel, célibataire à peu près du même âge que M. Effingham, ayant une fortune honnête et des habitudes tranquilles. La nature avait fait pour M. Howel plus que l'éducation ; car, à très-peu d'exceptions près, il avait passé toute sa vie dans la vallée de Templeton. Sans aimer l'étude ni la science, il avait employé tout son temps à se tenir au courant de la littérature du jour, car il aimait beaucoup la lecture ; et comme il était trop indolent pour discuter et même pour réfléchir, son esprit avait reçu toutes ses impressions des ouvrages qu'il lisait, comme il se forme un creux dans une pierre par la goutte d'eau qui y tombe constamment. Malheureusement pour M. Howel, il ne savait que sa propre langue, et toutes ses lectures se bornant nécessairement à des ouvrages anglais, il s'était imbu peu à peu et sans le savoir de toutes les opinions, de tous les préjugés et de tous les principes, — si ce dernier mot peu s'employer en ce cas, — qu'il avait convenu aux intérêts et aux passions de l'Angleterre de promulguer par le moyen de la presse. Une parfaite bonne foi régnait dans toutes ses opinions, et quoiqu'il fût naturellement modeste, il se croyait si certain que ses autorités avaient toujours raison, qu'il était porté à prendre un ton un peu dogmatique sur tous les points qu'il regardait comme établis par ses auteurs. Il y avait souvent des escarmouches, mais toujours amiables, entre John Effingham et M. Howel ; car tandis que celui-ci avait des connaissances si bornées, et était si porté à une crédulité innocente, le premier était original dans ses vues, habitué à voir et à penser par lui-même, et était d'ailleurs assez disposé à accorder toute leur valeur aux avantages qu'il possédait.

— Voici notre vieux voisin et mon ancien camarade d'école, Tom Howel, dit M. Effingham, qui était debout près d'une fenêtre, en le voyant traverser la pelouse qui était devant la maison. C'est un homme ayant le cœur aussi bon que qui que ce soit, sir George, un homme qui est véritablement Américain; car c'est tout au plus s'il a quitté ce comté une demi-douzaine de fois dans toute sa vie, et je ne connais personne qui soit plus honnête et qui ait plus de douceur dans le caractère.

— Oui, dit John Effingham, il est aussi Américain que puisse l'être un homme qui regarde tout ce qu'il voit avec des lunettes anglaises; qui ne parle que pour énoncer des opinions anglaises; qui condamne une chose ou une autre d'après des préjugés anglais, et qui a un palais anglais pour tout ce qu'il goûte. Américain! Cet homme n'est pas plus Américain que le journal *le Times* ou *Charing Cross*. Il a fait un voyage à New-York, pendant la dernière guerre, tout exprès pour s'assurer par ses propres yeux qu'une frégate yankee avait débarqué un Anglais dans ce port.

— Sa prédilection pour tout ce qui est Anglais ne sera pas un défaut à mes yeux, dit le baronnet en souriant, et j'ose dire que nous serons bons amis.

— Bien certainement M. Howel est un homme très-aimable, ajouta Grace. De toute votre coterie à Templeton, c'est mon plus grand favori.

— Oh! je prévois une intimité entre sir George et Howel, reprit John Effingham; et il s'engagea une petite guerre de mots entre lui et sa cousine.

— Je vous assure, cousin John, que je me souviens parfaitement et avec grand plaisir de M. Howel. Je n'ai pas oublié qu'il me passait tous mes petits caprices quand j'étais enfant.

— Cet homme est un second Burchell. J'ose dire que lorsque vous étiez enfant, il ne venait jamais au wigwam sans avoir les poches farcies de gâteaux et de bonbons.

L'entrevue fut cordiale de part et d'autre; M. Howel revit ses anciens amis avec une affection pleine de chaleur, et exprima son ravissement du changement qui s'était opéré en Eve. John Effingham ne lui fit pas un moindre accueil que les autres, car il aimait aussi leur bon et crédule voisin.

— Je suis charmé de vous revoir, très-charmé de vous revoir, dit M. Howel en se mouchant pour cacher quelques larmes qui voulaient sortir de ses yeux. Je pensais aller à New-York pour vous voir ; mais la distance est grande, et à mon âge c'est une affaire sérieuse. Vous paraissez fort bien soutenir le vôtre, Messieurs.

— Et pourtant nous sommes tous deux plus vieux que vous de quelques mois, Howel ; ce qui ne nous a pas empêchés de parcourir toute cette distance pour venir vous voir, dit M. Effingham.

— Oui, vous êtes de grands voyageurs, de très-grands voyageurs, et vous êtes habitués au mouvement. Vous avez été jusqu'à Jérusalem, à ce que j'ai entendu dire.

— J'ai passé par ses portes, mon bon ami, dit John Effingham, et j'aurais bien voulu que vous fussiez avec moi. Un tel voyage aurait pu vous guérir de la maladie du pays.

— Je suis fixé ici à fer et à clous, et je ne m'attends plus à me trouver jamais sur l'Océan. A une certaine époque, j'avais pensé qu'un tel événement pourrait arriver, mais à présent j'ai renoncé à tout espoir à ce sujet. Eh bien ! miss Eve, de tous les pays que vous avez vus, auquel donnez-vous la préférence ?

— Je crois que l'Italie est celui qui obtient le plus de suffrages, répondit Eve avec un sourire amical ; mais il se trouve de belles choses presque dans tous les pays.

— L'Italie ! — Eh bien ! cela m'étonne beaucoup. Je ne savais pas qu'il y eût quelque chose de particulièrement intéressant en Italie. Je m'attendais à vous entendre dire que vous préfériez l'Angleterre.

— L'Angleterre est certainement aussi un beau pays ; mais il lui manque bien des avantages dont jouit l'Italie.

— Et quoi ? demanda M. Howel, changeant ses jambes d'un genou sur l'autre, afin de se placer dans une position plus convenable pour écouter et faire des objections au besoin. Que peut posséder l'Italie que l'Angleterre ne possède à un degré supérieur ?

— Ses souvenirs, et tout l'intérêt que le temps et de grands événements jettent sur un pays.

— Et l'Angleterre manque-t-elle de souvenirs et de grands événements ? N'y a-t-il pas dans ce pays le conquérant, et si vous le voulez le roi Alfred ? — la reine Elisabeth et Shakspeare ? — Songez à Shakspeare, ma chère miss Effingham ! — Et sir Walter Scott, et la conspiration des poudres, — Olivier Cromwell, l'abbaye de Westminster, le pont de Londres et George IV, —

George IV, le descendant d'une ligne de véritables rois! — Au nom du ciel, que peut posséder l'Italie qui inspire autant d'intérêt que toutes ces choses?

— Elles sont sans doute fort intéressantes, dit Eve, cherchant à sourire; mais l'Italie a aussi ses restes des anciens temps. Vous oubliez les Césars.

— Assez bons pour des temps barbares, cela peut être; mais que sont-ils auprès des monarques anglais? J'aimerais mieux voir un roi d'Angleterre *boná fide* que tous les Césars qui ont jamais mis le feu à Rome. Je crois qu'il n'a jamais existé de véritable roi que le roi d'Angleterre.

— Quoi! pas même le roi Salomon! s'écria John Effingham.

— Oh! c'était un roi de la Bible, et personne n'y pense jamais. — L'Italie! eh bien! je n'attendais pas cela de la fille de votre père. — Le père de votre trisaïeul doit être né Anglais, monsieur Effingham?

— J'ai lieu de le croire, Monsieur.

— Et Milton, et Dryden, et Newton et Locke! — noms prodigieux! valant tous les Césars mis ensemble! — Et Pope! Qu'a-t-on en Italie à comparer à Pope?

— On y a du moins le pape, dit Eve en riant [1].

— Et il y a aussi la Tête du Sanglier dans Eastcheap, et la Tour, et la reine Anne, et tous les beaux esprits de son règne, et... et... et Titus Oates, et le champ de bataille de Bosworth, et Smithfield où furent brûlés tous les martyrs, et mille autres endroits qui donnent un intérêt immense à la vieille Angleterre.

— Rien n'est plus vrai, dit John Effingham avec l'air d'être du même avis; mais, Howel, vous avez oublié Peeping Tom de Coventry et le climat.

— Et Holyrood House, et la cathédrale d'York, et celle de Saint-Paul! continua le digne M. Howel, trop occupé de son énumération de choses qui étaient sacrées pour lui, pour faire attention à cette interruption; — et le château de Windsor! Qu'y a-t-il dans le monde entier qui puisse égaler le château de Windsor comme résidence royale?

Le besoin qu'il eut de prendre haleine fournit à Eve l'occasion de répliquer, et elle la saisit avec un empressement dont elle fut ensuite la première à rire.

---

[1]. Jeu de mots. Le mot *pope* signifiant « pape » en anglais.

—Suivant mon pauvre jugement, monsieur Howel, il y a plus de réelle magnificence dans le grand escalier de Caserta que dans tout le château de Windsor réuni, si vous en exceptez la chapelle.

—Mais Saint-Paul?

—On peut y opposer Saint-Pierre, du moins comme pendant, je crois.

—C'est ce que disent les catholiques, mais j'ai toujours regardé cela comme une de leurs impostures; je ne crois pas qu'il puisse exister rien d'aussi beau que Saint-Paul.—Ensuite il y a les nobles ruines de l'Angleterre : vous devez convenir qu'elles sont sans rivales.

—Le temple de Neptune à Pœstum passe pour offrir des ruines très-intéressantes.

— Oui, pour les ruines d'un temple, cela peut être, quoique je ne me souvienne pas d'en avoir jamais entendu parler jusqu'à ce moment. Mais les ruines d'un temple ne peuvent être comparables à celles d'une abbaye.

—Le goût est une chose arbitraire, Tom Howel; vous et moi nous le savons fort bien, car lorsque nous étions jeunes, nous nous disputions souvent sur la beauté de nos chevaux, dit M. Effingham, voulant mettre fin à une discussion qui lui semblait prématurée, après une si longue absence.—Voici deux jeunes amis qui ont partagé avec nous les périls de notre dernier voyage, et à qui nous sommes redevables en grande partie de nous trouver ici en sûreté. Voici un de nos concitoyens, M. Powis; et voici un ami anglais qui sera certainement charmé de faire connaissance avec un admirateur si ardent de son pays,—sir George Templemore.

M. Howel n'avait jamais vu un Anglais titré, et il fut tellement pris au dépourvu qu'il salua d'un air un peu gauche. Mais comme les deux jeunes gens lui rendirent son salut avec cette aisance respectueuse qui annonce la connaissance du monde, il se remit bientôt de sa confusion momentanée.

—J'espère, miss Eve, reprit M. Howel après cette courte interruption, que vous avez rapporté ici un cœur américain—un cœur tout entier? Il a déjà couru certains bruits sur des marquis français et des barons allemands; mais je comptais trop sur votre patriotisme pour croire que vous voulussiez épouser un étranger.

—Je me flatte que vous exceptez les Anglais, s'écria gaiement sir George. Nous sommes presque le même peuple.

— Je suis fier de vous entendre parler ainsi, Monsieur ; rien ne me flatte plus que d'être regardé comme Anglais, et je n'aurais certainement pas accusé miss Effingham d'avoir manqué d'amour pour son pays, si...

— Si elle avait épousé une demi-douzaine d'Anglais, s'écria John Effingham, qui vit que la conversation que son cousin avait cherché à détourner courait risque de se renouer. — Mais, Howel, vous ne m'avez pas encore fait compliment des changements que j'ai faits à cette maison, j'espère que vous en êtes content ; comment les trouvez-vous ?

— Un peu trop français.

— Français ! il n'y a pas un seul trait français dans tout l'animal. — Qui vous a mis une pareille idée dans la tête ?

— C'est l'opinion générale, et j'avoue que le bâtiment me plairait davantage, s'il était moins continental.

— Sur ma foi, mon ancien ami, il serait difficile de dire ce qu'il est. — C'est un original, — Effingham enté sur Dolittle, si vous voulez. — Du reste il est plutôt anglais qu'aucune autre chose.

— Je suis charmé de vous entendre parler ainsi, car j'avoue que j'ai du penchant à aimer cette maison. — Miss Eve, je meurs d'envie de savoir si vous avez vu tous nos célèbres contemporains quand vous étiez en Europe. C'est ce qui serait pour moi un des plus grands plaisirs d'un voyage.

— Dire que nous les avons vus tous, ce serait aller trop loin, mais nous en avons vu plusieurs.

— Scott, bien certainement ?

— Nous avons eu le plaisir de nous trouver quelquefois avec sir Walter à Londres.

— Et Southey, et Coleridge, et Wordsworth, et Bulwer, et Roger, et Campbell, et la tombe de Byron, et Horace Smith, et miss Landon, et Barry Cornwall, et...

— *Cum multis aliis*, dit John Effingham, pour arrêter ce torrent de noms. Eve en a vu la plupart, et comme Jubal dit à Shylock : « Nous avons souvent été où nous avons entendu parler du reste. » — Mais, mon ami Tom, vous ne dites rien de Goëthe, de Tieck, et de Schlegel ; de Lamartine, de Chateaubriand, et de Delavigne, — de Mickiewiecz, de Nota, de Manzoni, etc.

Le bon M. Howel écoutait cette liste que John Effingham débitait avec volubilité, dans un silence produit par l'étonnement ;

car, à l'exception d'un ou deux de ces hommes distingués, il n'en avait jamais entendu parler, et, dans la simplicité de son cœur, il s'était imaginé qu'il n'existait aucun personnage remarquable encore vivant dont il ne connût quelque chose, et qui ne passât la plus grande partie de son temps en Angleterre.

— Ah! dit John Effingham en regardant à une fenêtre, voici le jeune Wenham qui arrive pour rétablir l'équilibre. Je crois que vous devez l'avoir oublié, Edouard; mais vous vous souvenez certainement de son père.

M. Effingham et son cousin sortirent du salon pour recevoir le nouvel arrivant, avec qui le dernier avait fait connaissance pendant qu'il surveillait les réparations du wigwam.

M. Wenham était fils d'un homme de loi du comté qui avait fait de bonnes affaires, et, étant fils unique, il avait hérité d'une assez belle fortune. Par son âge, il faisait partie de la génération à laquelle Eve appartenait, plutôt qu'à celle de son père; et si M. Howel était un compendium de toutes les idées provinciales que l'Amérique s'était faites de l'Angleterre il y a quarante ans, on pouvait dire que M. Wenham appartenait à l'école contraire, et était aussi ultrà-américain que son voisin était ultrà-anglais. S'il y a *une jeune France*, il y a aussi *une jeune Amérique*, quoique les sectateurs de la dernière marchent d'un pas moins hardi que ceux de la première. M. Wenham se regardait comme un modèle d'indépendance nationale, et parlait constamment de la supériorité de l'Amérique, quoique les anciennes impressions ne fussent pas encore entièrement effacées de son système moral, comme les hommes arrivés à l'âge mûr jettent un regard autour d'eux quand ils traversent un cimetière pendant l'obscurité, comme pour chercher le revenant qui a effrayé leur enfance. John Effingham connaissait à fond ce jeune homme, et en disant qu'il arrivait à propos pour rétablir l'équilibre, il faisait allusion à la différence frappante qui existait entre son caractère et celui de M. Howel.

Les présentations et les politesses d'usage étant terminées, nous rendrons compte de la conversation qui suivit.

— Vous devez, miss Effinggam, dit M. Wenham, qui, en vrai Américain, et étant lui-même un jeune homme, crut de rigueur d'adresser la parole à une jeune dame de préférence à toute autre personne, — vous devez être satisfaite des grands progrès que notre pays a faits pendant votre absence.

Eve répondit simplement que son extrême jeunesse, quand elle avait quitté son pays, l'avait empêchée de conserver des idées bien précises sur de pareils sujets. — J'ose dire, ajouta-t-elle, que tout ce que vous dites est très-vrai; mais une personne comme moi, qui ne se rappelle que des pays où la société est bien plus ancienne, est un peu portée, je crois, à être plus frappée de ce qui manque encore à celui-ci, que des progrès qu'il peut avoir faits, et qui sont encore loin de l'avoir conduit à la perfection.

M. Wenham parut piqué, — indigné serait peut-être un mot plus convenable; — mais il réussit à conserver son sang-froid, chose qui n'est pas toujours facile à un homme qui a été élevé en province et qui y a contracté toutes ses habitudes, quand il voit le peu de cas que font les autres de ce qui est pour lui le beau idéal.

— Arrivant précisément d'Angleterre, dit M. Howel, miss Effingham doit découvrir mille imperfections dans ce pays. Cette musique, par exemple, — faisant allusion aux sons d'une flûte qu'on entendait dans une maison voisine, les fenêtres étant ouvertes, — cette musique doit être insupportable à ses oreilles après celle de Londres.

— La musique *des rues* de Londres est certainement une des meilleures, sinon la meilleure de l'Europe, répondit Eve en jetant sur le baronnet un coup d'œil qui le fit sourire, et je crois que celle que nous entendons appartient à cette classe.

— Avez-vous lu les articles signés « Minerva, » dans le *Courrier hebdomadaire*, miss Effingham? demanda M. Wenham, voulant voir si elle aimait le genre sentimental, après avoir si mal réussi dans sa première tentative pour l'intéresser; — on les regarde généralement comme une addition précieuse à la littérature américaine.

— Vous êtes un heureux mortel, Wenham, dit M. Howel, si vous pouvez trouver en Amérique une littérature à laquelle on puisse ajouter ou dont on puisse extraire quelque chose. A l'exception d'almanachs, de rapports tronqués et mal rédigés, de jugements et de vers de journaux, je n'y connais rien qui mérite ce nom.

— Il est possible, monsieur Howel, que nous n'imprimions pas nos livres sur d'aussi beau papier, et que nous ne les ornions pas d'aussi riches reliures que dans quelques autres pays; mais quant au jugement et au style, la littérature américaine n'a à craindre aucune littérature d'Europe.

— A propos, monsieur Effingham, vous avez été en Russie. Avez-vous vu l'empereur, par hasard?

— J'ai eu ce plaisir, monsieur Howel.

— Est-ce réellement un monstre, comme on nous le représente?

— Un monstre! — Que voulez-vous dire, mon digne ami? Vous ne parlez sûrement pas de son physique?

— Je ne sais que vous en dire. — Je me suis mis dans l'idée qu'il ne brille pas par la beauté. Je me le figure comme une sorte de garçon boucher, petit, et ayant l'air commun.

— Vous calomniez un des plus beaux hommes de notre siècle.

— Je crois que je soumettrais la question à un jury. Après ce que j'ai lu de lui dans des ouvrages anglais, je ne puis croire qu'il soit si bien fait.

— Mais, mon cher voisin, ces ouvrages anglais se trompent : ou ils ont des préventions, ou ils sont de mauvaise foi.

— Oh! je ne suis pas homme à m'en laisser imposer ainsi. D'ailleurs, quel motif un écrivain anglais peut-il avoir pour calomnier l'empereur de Russie?

— Sans doute, quel motif? s'écria John Effingham. Vous avez la bouche fermée, Edouard.

— Mais songez, monsieur Howel, que nous avons *vu* l'empereur Nicolas.

— Je suis sûr, miss Effingham, que votre bonté naturelle vous a portée à le juger le plus favorablement possible; et à présent que j'y pense, je crois que, depuis le congrès de Gand, bien des Américains ont été disposés à en juger de même. Non, non; je me contente de ce qu'en disent les Anglais. Ils sont beaucoup plus près que nous de Saint-Pétersbourg, et ils sont aussi plus accoutumés à rendre un compte exact en pareille occasion.

— Mais, Tom Howel, s'écria M. Effingham avec plus de chaleur que de coutume, à quoi sert d'être plus près dans un cas semblable, si l'on n'est pas assez près pour voir de ses propres yeux?

— Fort bien, fort bien, mon bon ami, nous en parlerons une autre fois. Je connais votre penchant à juger tout le monde avec indulgence. Maintenant, je vous souhaite le bonjour à tous, et j'espère vous revoir bientôt.— Miss Eve, j'ai un mot à vous dire, si vous voulez bien accorder à un jeune homme de cinquante ans une minute de tête à tête dans la bibliothèque.

Eve se leva sur-le-champ et conduisit M. Howel dans la bibliothèque. Dès qu'ils y furent entrés, il en ferma la porte avec soin d'un air satisfait, et lui dit à demi-voix:

— Pour l'amour du ciel, ma chère miss Effingham, dites-moi qui sont ces deux étrangers que nous avons laissés dans le salon?

— Mon père vous les a déjà nommés, monsieur Howel : M. Paul Powis et sir George Templemore.

— Anglais, sans doute?

— Sir George est Anglais; mais nous pouvons réclamer M. Powis comme notre compatriote.

— Sir George Templemore!—Quel superbe jeune homme!

— Oui, dit Eve en souriant, on peut convenir qu'il est bel homme.

— Il est admirable! — L'autre monsieur, j'ai oublié son nom, — est fort bien aussi, mais ce sir George a l'air d'un prince.

— Je crois que la majorité donnerait la préférence à M. Powis, dit Eve, rougissant en dépit d'elle-même.

— Quel motif peut l'avoir porté à venir dans ces montagnes?
— Sir George Templemore! reprit M. Howel sans s'apercevoir de la confusion de miss Effingham; — est-ce un vrai lord?

— Seulement un baronnet, monsieur Howel. Vous savez que mon père vous a dit que nous avons été compagnons de voyage.

— Mais que pense-t-il de nous, miss Eve? Je meurs d'envie de savoir ce qu'un pareil homme pense réellement de nous.

— Il n'est pas toujours facile de savoir ce que pensent des hommes semblables; mais je suis portée à croire qu'il est disposé à penser favorablement de quelques-uns de nous.

— Oui, de vous, de votre père, de M. John. — Vous avez voyagé, vous êtes plus d'à demi Européens. Mais que peut-il penser de ceux qui n'ont jamais quitté l'Amérique?

— Je crois qu'il a de la partialité même pour quelques personnes de cette classe, répondit Eve en souriant.

— Eh bien! j'en suis charmé. — Savez-vous quelle est son opinion sur l'empereur Nicolas?

— Je ne me souviens pas de l'avoir jamais entendu prononcer son nom; je ne crois même pas qu'il l'ait jamais vu.

— Cela est étonnant! un tel homme doit avoir tout vu, doit savoir tout. — Mais je garantis qu'au fond il le connaît parfaitement. Si par hasard vous avez pris de vieux journaux anglais pour envelopper des paquets, permettez-moi de vous prier de me les prêter : peu m'importe leur date. Un journal anglais de cinquante ans est plus intéressant qu'un des nôtres sortant de la presse.

Eve lui promit de lui envoyer tout ce qu'elle en avait, et, s'étant serré la main, ils se séparèrent. En retournant au salon, elle rencontra John Effingham dans le corridor.

— Eh bien ! lui demanda-t-il avec un sourire malin, Howel vous a-t-il fait des propositions?

— Oui. — Il m'a proposé de lui prêter tous les vieux journaux anglais que nous pouvons avoir.

— Sans doute, Tom Howel avalera toutes les balivernes qui portent le timbre de Londres.

— J'avoue que j'ai été très-surprise de trouver dans un homme respectable et intelligent assez de faiblesse d'esprit pour s'en rapporter à de telles autorités, et se former une opinion d'après des informations puisées à de pareilles sources.

—Vous pouvez être surprise, Eve, d'entendre avouer franchement une telle faiblesse ; mais, quant à la faiblesse en elle-même, vous êtes maintenant dans un pays auquel l'Angleterre fournit toutes ses pensées, excepté sur les sujets qui touchent aux événements du jour.

— C'est ce que je ne puis croire, cousin John. Si cela était vrai, comment serions-nous indépendants? où aurions-nous pris le courage de lui faire la guerre?

— L'homme qui a atteint sa majorité est indépendant de l'autorité légale de son père, mais il ne l'est pas des leçons qu'il en a reçues dans son enfance.—Un soldat a quelquefois l'esprit mutin ; mais quand ce moment est passé, c'est ordinairement l'homme le plus soumis de tout le régiment.

—Tout cela me paraît fort étonnant. Je conviens que beaucoup de choses du même genre m'ont frappée désagréablement depuis notre retour, surtout dans la société ordinaire ; mais je n'aurais jamais cru qu'on pût pousser les préventions aussi loin que notre bon voisin Howel.

—Vous en avez vu un exemple sur un sujet fort peu important pour nous ; mais comme le temps fournit des moyens d'observation et de comparaison, vous en verrez d'autres sur des matières de la plus grande importance sous un point de vue national. Il est dans la nature humaine de rabaisser les choses qui nous sont familières, et de se faire une fausse idée de celles qui sont éloignées de nous par le temps ou par la distance. Mais rentrons dans le salon, et vous trouverez dans le jeune Wenham un homme qui s'imagine être un partisan d'une nouvelle école, quoique ses préjugés et sa dépendance mentale soient presque aussi visibles que celle du pauvre Howel.

L'arrivée de nouvelles visites, et notamment de plusieurs dames, força Eve de remettre à une autre occasion l'examen du caractère de M. Wenham. Elle revit plusieurs jeunes personnes qu'elle avait laissées enfants, et dont quelques-unes étaient même déjà chargées de tous ces soins qui pèsent si lourdement sur la jeune femme américaine.

CHAPITRE XIII.

> Il faut rester à genoux plus longtemps. — Je suis à supplier.
> LA REINE CATHERINE.

Les Effingham furent bientôt régulièrement établis chez eux, et les politesses d'usage furent promptement échangées. Ils renouèrent leurs anciennes liaisons et firent quelques nouvelles connaissances. Les premières visites furent une sorte de tâche; mais les choses ne tardèrent pas à reprendre leur marche ordinaire, et comme jouir du repos de la vie de campagne était leur premier but, ce moment d'agitation fut bientôt oublié.

Le cabinet de toilette d'Eve donnait sur le lac. Environ huit jours après son arrivée, elle y était avec Annette, qui, suivant sa coutume, l'aidait à s'habiller, tandis que Nanny Sidley, toujours jalouse, sans le savoir, de quiconque servait sa jeune maîtresse, préparait tout ce qu'elle s'imaginait que sa chère enfant pourrait avoir envie de mettre ce matin. Grace y était aussi. Elle s'était échappée des mains de sa femme de chambre pour consulter un de ces ouvrages qui rendent compte de l'extraction des familles nobles de la Grande-Bretagne, dont Eve avait un exemplaire au milieu d'une grande quantité de livres de routes, d'almanachs de Gotha, de guides de la cour, et d'autres ouvrages du même genre, qu'elle avait emportés dans ses voyages.

— Oh! le voici! s'écria Grace avec cette vivacité qu'on montre souvent quand on a enfin réussi à trouver ce qu'on a cherché longtemps.

—Voici quoi, cousine?

Grace rougit, et elle se serait volontiers mordu la langue pour la punir de son indiscrétion; mais, trop franche pour vouloir tromper, elle dit la vérité quoique à contre-cœur.

— Je voulais seulement voir ce qu'on dit dans ce livre de la famille de sir George Templemore; il est désagréable de vivre sous le même toit avec un homme de la famille duquel on ne connaît rien.

— Avez-vous trouvé son nom?

— Oui; je vois qu'il a deux sœurs qui sont mariées, et un frère qui est dans les gardes; mais...

— Mais quoi?

— Mais son titre n'est pas très-ancien.

— Le titre d'aucun baronnet n'est très-ancien, car cet ordre n'a été institué que sous le règne de Jacques Ier.

— Je ne le savais pas; mais ce n'est qu'en 1700 qu'un de ses ancêtres a été créé baronnet. Or, Eve...

— Or quoi, Grace?

— Nous sommes toutes deux, — Grace ne voulut pas borner sa remarque à elle seule, — nous sommes toutes deux de familles plus anciennes. Votre extraction en Angleterre remonte beaucoup plus haut que 1700; et je crois pouvoir aussi réclamer pour les Van Courtlandt une antiquité plus reculée.

— Personne n'en doute, Grace; mais que faut-il en conclure? Devons-nous insister pour prendre le pas sur sir George en entrant dans un appartement?

Grace rougit jusqu'aux yeux, et pourtant elle rit involontairement.

— Quelle folie! Personne ne songe à de pareilles choses en Amérique.

— Excepté à Washington, où l'on m'assure que les femmes de sénateurs se donnent des airs. — Mais vous avez raison, Grace, les femmes n'ont d'autre rang en Amérique que celui que leur donne leur situation dans le monde, comme méritant ou non le titre de *dames*, et nous ne serons pas les premières à donner l'exemple d'enfreindre cette règle. Je crois donc que l'antiquité de notre extraction ne comptera pour rien, et que nous devons laisser la préséance au baronnet, à moins qu'il ne reconnaisse les droits de notre sexe.

— Vous savez fort bien que je ne veux rien dire de si absurde.

Sir George Templemore ne paraît pas songer à son rang; M. Powis lui-même le traite, sous tous les rapports, comme son égal, et sir George semble admettre qu'il en a le droit.

La femme de chambre d'Eve tressait en ce moment les cheveux de sa maîtresse pour les retrousser; mais la manière soudaine dont celle-ci tourna la tête vers sa cousine les lui arracha des mains, et les épaules de miss Effingham furent couvertes par sa belle chevelure.

— Et pourquoi M. Powis ne traiterait-il pas sir George Templemore comme son égal à tous égards, Grace? demanda Eve avec une vivacité qui ne lui était pas ordinaire.

— Pourquoi, Eve? L'un est un baronnet, et l'autre n'est qu'un simple Américain.

Eve Effingham garda le silence une minute, et son petit pied s'agita, quoiqu'on lui eût inculqué avec soin que les bonnes manières exigeaient que cette charmante partie du corps d'une femme restât le plus possible à l'état de tranquillité. Mais l'Amérique ne contenait pas deux êtres du même sexe, du même âge, et occupant la même situation, qui offrissent tant de différences dans leurs opinions, et l'on pourrait dire dans leurs préjugés, que les deux cousines. Grace Van Courtlandt, issue d'une des meilleures familles de son pays natal, s'était pendant son enfance nourrie d'idées qui se rattachaient au rang héréditaire par les traditions des manières coloniales, par la lecture des romans, en entendant reprocher au bas peuple son ignorance et sa présomption, et à l'aide de son imagination qui contribuait à jeter du brillant et de l'éclat sur un état de choses qui gagne considérablement à être vu de loin. Au contraire, tout ce qu'Eve savait sur ce sujet était uniquement fondé sur les faits. Elle avait été placée de bonne heure dans la société des familles les plus nobles et les plus distinguées de l'Europe; non seulement elle avait vu la royauté dans ses jours de gala et de représentation, espèce de parade adressée aux sens, ou simple observation de formes qui peuvent avoir leur signification, mais auxquelles il serait difficile d'assigner une raison; mais elle avait vécu longtemps dans l'intimité de personnes de haute naissance et de haut rang, et cela dans assez de pays différents pour avoir secoué l'influence de cette nation particulière qui a transmis à l'Amérique, comme un héritage, un si grand nombre de ses idées. Des observations faites avec soin lui avaient fait reconnaître que les distinctions arbitraires et poli-

tiques n'établissent entre les hommes que bien peu de différence ; et bien loin de s'être laissé abuser par le clinquant de la vie, en passant tant d'années sous son influence immédiate, elle avait appris à discerner le faux et le vrai, à reconnaître ce qui est respectable et utile, et à le distinguer de ce qui n'est que la suite d'un égoïsme arbitraire. Eve pensait donc que la position d'un Américain bien élevé pouvait et même devait être la plus haute de toutes les positions humaines, à l'exception de celle de souverain. Un tel homme à ses yeux n'avait pas de supérieur dans la société, sauf ceux qui sont chargés de la gouverner, et elle croyait qu'un tel homme était plus que noble, puisque la noblesse même a ses degrés. Elle avait été habituée à voir son père et John Effingham reçus dans les premiers cercles d'Europe, respectés pour leurs connaissances et leur esprit indépendant ; ne se faisant distinguer en rien des autres par leurs manières, excitant l'admiration par leur bel extérieur, leur politesse, leur air noble et leurs principes ; ayant toutes les habitudes qui suivent une bonne éducation ; pleins de libéralité, montrant une dignité mâle, et n'ayant personne entre eux et la Divinité. Elle avait donc appris à regarder les Européens de sa race comme égaux en rang à quelques Européens que ce fût, et comme supérieurs à la plupart d'entre eux pour tout ce qui est essentiel à la véritable distinction. Ce n'était pas comme princes et comme ducs qu'elle estimait les hommes qui portaient ces titres, et comme son esprit parcourait avec rapidité la longue liste des degrés artificiels de la société européenne, et qu'elle voyait Grace attacher de l'importance au rang équivoque et purement conventionnel de baronnet anglais, il lui sembla que quelque chose de burlesque s'attachait à cette idée.

— « Un simple Américain, » Grace ! dit-elle, répétant les paroles de sa cousine ; un simple Américain bien élevé n'est-il pas l'égal d'un pauvre baronnet ?

— D'un pauvre baronnet, Eve !

— Oui, ma chère, d'un pauvre baronnet ; je connais fort bien la signification et la portée de ce que je dis. Je sais que nous ne connaissons pas la famille de M. Powis comme nous pourrions la connaître, dit Eve ; et ici des couleurs plus vives lui couvrirent les joues, en dépit de tous les efforts qu'elle faisait pour les empêcher d'y paraître ; — mais nous savons qu'il est Américain ; c'est quelque chose du moins, et nous voyons qu'il est bien élevé, et quel Américain bien élevé peut être au-dessous d'un baronnet.

anglais? Croyez-vous que votre oncle, Grace, que mon cousin John, dont l'esprit est si fier et si élevé, voudraient accepter une aussi pauvre distinction que celle de baronnet, si nos institutions étaient changées au point de permettre de pareilles classifications sociales?

— Et que seraient-ils donc, Eve, sinon baronnets?

— Comtes, marquis, ducs, princes même. Ce sont les titres des plus hautes classes en Europe; et dans ce cas, ce seraient ceux qui appartiendraient aux plus hautes classes de notre pays ou des équivalents.

— Je crois qu'on ne persuaderait pas à sir George Templemore d'admettre tout cela.

— Si vous aviez vu miss Eve entourée et admirée par des princes comme je l'ai vue, miss Grace, dit Nanny Sidley, vous ne trouveriez pas un simple sir George à moitié assez bon pour elle.

— Notre bonne Nanny entend *un* sir George, dit Eve en riant, et non *le* sir George en question. Mais sérieusement, chère cousine, c'est plus de nous et moins des autres qu'on ne le croit ordinairement que dépend le jour sous lequel on nous regarde. Ne savez-vous pas qu'il existe en Amérique des familles qui, si elles étaient disposées à faire des objections autres que celles qui sont purement personnelles, en feraient au mariage de leur fille avec des baronnets et des porteurs de rubans rouges ou bleus, sous le rapport du rang qu'elles occupent? Quelle absurdité ce serait si *un* sir George ou *le* sir George refusait, par égard pour son rang, la fille d'un président des États-Unis, par exemple! Et pourtant, j'en réponds, vous ne regarderiez pas comme un grand honneur personnel, si M. Jackson avait un fils, qu'il demandât votre main pour lui à mon père. Respectons-nous nous-mêmes, ayons soin d'agir en véritables dames et en hommes bien élevés, et loin que les rangs et les titres nous deviennent nécessaires, nous mettrons en discrédit, avant qu'il soit longtemps, toutes ces futiles distinctions, en prouvant qu'elles ne sont utiles ni à aucun intérêt important, ni au véritable bonheur, et qu'elles ne rendent pas plus respectable.

— Et ne croyez-vous pas, Eve, que sir George Templemore pense qu'il existe une différence de rang entre lui et nous?

— C'est ce dont je ne saurais répondre. Il est assez modeste; et quand il verra que nous appartenons à la plus haute condition sociale d'un grand pays, il est possible qu'il regrette de n'avoir pas eu le même bonheur dans le sien, — surtout depuis qu'il vous a connue, Grace.

Grace rougit, parut charmée, enchantée même, et pourtant surprise. Il est inutile d'expliquer les causes des trois premières expressions de son émotion, mais la dernière peut exiger un court examen. Rien que le temps et un changement de circonstances ne peut élever une province, ou une ville de province, à ce sentiment d'indépendance qui distingue d'une manière si frappante un district métropolitain ou une capitale. Il serait aussi raisonnable de s'attendre à voir des enfants n'avoir aucun égard à ce qu'ils entendent dire dans le salon, que de croire que le provincial pensera par lui-même. Il n'est donc pas surprenant que Grace Van Courtlandt, avec ses idées étroites, la société qu'elle avait vue, et ses habitudes de province, fût tout le contraire d'Eve, en tout ce qui concerne l'indépendance de la pensée, sur des sujets semblables à celui qu'elles discutaient alors. Si Grace fût seulement née dans la Nouvelle-Angleterre, le rang social du baronnet aurait eu moins d'influence sur elle; car, quoique la population de cette partie de l'Union ait en général plus de déférence pour la Grande-Bretagne que la population d'aucune autre partie de la république, elle en a probablement moins pour le rang, parce que ses habitudes coloniales se rattachent moins aux usages aristocratiques de la mère-patrie. Grace était alliéee par le sang aux plus hautes classes d'Angleterre, — et il en était de même des plus anciennes familles de New-York; — et les traditions de sa famille venaient à l'appui de celles de sa colonie pour la confirmer dans le respect qu'elle avait pour un titre anglais. Eve aurait pu éprouver le même sentiment, si elle n'eût été placée dans une autre sphère, à un âge peu avancé, et si elle n'y avait puisé les idées que le lecteur connaît déjà, idées qui étaient aussi enracinées dans son esprit que celles de Grace l'étaient dans le sien.

—C'est une étrange manière d'envisager le rang d'un baronnet, Eve! s'écria Grace dès qu'elle se fut remise de la confusion que lui avait occasionnée l'allusion personnelle que sa cousine venait de faire. Je doute fort qu'il vous fût possible de porter sir George Templemore à considérer du même œil sa situation dans le monde.

— Sans doute, ma chère, je crois plus probable qu'il la verra, comme beaucoup d'autres choses, par les yeux d'une autre personne. Quoi qu'il en soit, nous parlerons à présent de choses plus agréables; car j'avoue que lorsque je pense aux titres, j'ai du goût pour les plus élevés, et qu'un simple baronnet peut à peine inspirer un sentiment...

— Mais, Eve, s'écria Grace avec vivacité, un baronnet anglais est noble; sir George me l'a assuré lui-même hier soir. Je crois que les hérauts d'armes ont récemment établi ce fait à leur satisfaction.

— J'en suis bien aise, ma chère, répondit Eve en retenant avec peine une envie de bâiller. Cela sera d'une grande importance pour eux à leurs propres yeux. Dans tous les cas, je vous accorde que sir George Templemore, chevalier ou baronnet, grand baron ou petit baron, a l'âme noble; et que peut désirer de plus une personne raisonnable? Savez-vous, chère cousine, que le wigwam sera plein à déborder la semaine prochaine; — qu'il sera nécessaire d'allumer le feu de notre conseil, — et qu'il faudra fumer le calumet d'un grand nombre de bienvenues?

— J'ai appris de M. Powis que son parent, le capitaine Ducie, arrivera lundi.

— Et mistress Hawker doit arriver mardi, M. et mistress Bloomfield mercredi, et le brave et honnête fumeur de cigares et ennemi des *litterati*, le capitaine Truck, jeudi au plus tard. Nous formerons un cercle nombreux pour la campagne, et j'entends parler de promenades sur le lac et d'autres amusements. — Mais je crois que mon père tient dans la bibliothèque une consultation à laquelle il désire que nous soyons tous présents, et nous irons l'y joindre si vous le trouvez bon.

Comme la toilette d'Eve était terminée, les deux cousines se levèrent, et descendirent pour aller rejoindre la compagnie. M. Effingham était debout devant une table couverte de plans, et trois ou quatre hommes, maîtres ouvriers, ayant un air respectable, étaient à ses côtés. Ces hommes paraissaient doux, polis et respectueux; ils avaient un air de simplicité franche, et en même temps de déférence pour l'âge et la condition du maître de la maison; et cependant tous, un seul excepté, avaient leur chapeau sur la tête. Celui qui formait l'exception avait mieux profité des relations fréquentes qu'il avait eues avec cette famille, et il y avait appris que le respect pour soi-même comme pour les autres exigeait qu'on observât les règles depuis longtemps établies du décorum dans les rapports qu'on a avec la société. Les autres, quoique sans aucune apparence ou intention de grossièreté, observaient moins les lois du savoir-vivre, par une habitude de licence qui a remplacé peu à peu les anciennes règles des convenances sur de pareils objets, et dont l'origine peut s'attribuer à certaines idées politiques fausses et impraticables, engendrées par les artifices d'astucieux démagogues. Cependant, pas un de ces maîtres ouvriers, hommes véritablement civils et honnêtes, qui restaient la tête couverte dans la bibliothèque de M. Effingham, ne sentait probablement le manque d'égards dont ils étaient coupables; ils ne faisaient que céder insensiblement à une coutume vicieuse et vulgaire.

— Je suis charmé que vous soyez arrivée, ma chère, dit M. Effingham en voyant entrer sa fille, car je vois que j'ai besoin d'appui pour soutenir ici mes opinions. John garde un silence obstiné; et quant à tous ces messieurs, je crains qu'ils n'aient décidément pris parti contre moi.

— Vous pouvez toujours compter sur mon appui, quelque faible qu'il soit, mon père; mais quel est le point contesté aujourd'hui?

— On fait la proposition de changer l'intérieur de l'église, et notre voisin, M. Gouge, apporte les plans d'après lesquels il a, dit-il, fait récemment un changement semblable dans plusieurs églises de ce comté. Le projet est de supprimer entièrement les bancs fermés, de substituer ce qu'on appelle des *slips*, d'abaisser la chaire, et d'élever le plancher en forme d'amphithéâtre.

— Peut-il y avoir un motif suffisant pour un tel changement? demanda Eve avec surprise. Des *slips!* le son de ce mot a quelque chose de vulgaire. Abaisser la chaire semble une innovation inutile. Je doute que ce changement soit orthodoxe.

— Il est très-populaire, Miss, répondit Aristobule, qui causait à voix basse avec quelqu'un près d'une fenêtre. Cette mode prend universellement, et toutes les dénominations de chrétiens commencent à l'adopter.

Eve se retourna involontairement, et elle vit avec surprise que l'éditeur du *Furet Actif* faisait partie de la compagnie. Elle lui fit une révérence d'un air froid et réservé; mais M. Dodge, — qui, n'étant pas en état de résister à l'opinion publique, avait rasé ses moustaches, — la salua en souriant, voulant donner à entendre à tous les spectateurs qu'il était sur le pied de la familiarité avec cette famille.

— Il peut être populaire, monsieur Bragg, répondit Eve après avoir fait sa profonde révérence à M. Dodge, mais il me semble qu'on ne saurait dire qu'il soit convenable. C'est changer l'ordre naturel des choses, — abaisser le juste et élever le pécheur.

— Vous oubliez, Miss, que, comme les choses sont à présent, le peuple ne peut rien voir. Il est tenu à terre, si l'on peut parler ainsi, d'une manière contre nature. Personne ne peut rien voir autour de soi que le ministre et les chantres qui sont au premier rang de la galerie. Cela est injuste.

— Je ne crois pas, Monsieur, qu'il soit nécessaire à la dévotion de pouvoir regarder autour de soi dans une église, et qu'on ne puisse écouter aussi bien une instruction religieuse quand on est placé plus bas que le ministre que quand on est plus haut.

— Pardon, Miss ; — Eve fronça le sourcil comme elle le faisait toujours quand M. Bragg employait en lui parlant ce terme vulgaire et presque méprisant ; — pardon, Miss, nous ne voulons placer personne ni plus haut ni plus bas ; tout ce que nous désirons, c'est une juste égalité. Tout le monde sera autant que possible de niveau.

Eve le regarda avec surprise, et hésita un instant à lui répondre, comme si elle eût douté qu'elle l'eût bien entendu.

— Une juste égalité ! — Egalité à qui ? — Ce n'est sûrement pas au ministre ordonné par l'Eglise, tandis qu'il remplit ses saintes fonctions. — Encore moins à la Divinité.

— Nous ne regardons pas tout à fait les choses sous ce point de vue, Miss. Le peuple a bâti l'église, vous ne pouvez en disconvenir. — Vous en conviendrez vous-même, monsieur Effingham.

Cette assertion était incontestable. Le père et la fille firent un signe d'assentiment, mais sans prononcer un seul mot.

— Eh bien ! le peuple ayant bâti l'église, se demande naturellement pourquoi il l'a bâtie.

— Pour le culte de Dieu ! dit Eve d'un ton si solennel qu'il imposa un instant à Aristobule, malgré toute sa confiance en lui-même.

— Oui, Miss, pour le culte de Dieu, et la convenance du public.

— Certainement ; pour le culte public et la convenance publique, ajouta M. Dodge en appuyant sur l'adjectif deux fois répété.

— Vous du moins, mon père, vous n'y consentirez pas?

— Pas aisément, ma chère. J'avoue que toutes mes idées des convenances seraient renversées en voyant le pécheur, à l'instant où il vient faire profession d'humilité et de repentir, se placer avec orgueil et ostentation, comme s'il était tout gonflé de son importance.

— Vous conviendrez, monsieur Effingham, dit Aristobule, que les églises ont été bâties pour la convenance publique, comme M. Dodge l'a si bien remarqué.

— Non, Monsieur ; elles sont bâties pour le culte de Dieu, comme ma fille l'a si bien remarqué.

— Je vous l'accorde aussi, Monsieur.

— Monsieur Bragg place sans doute la convenance publique en seconde ligne, dit John Effingham, parlant pour la première fois, et avec ce ton caustique qui lui était ordinaire.

Eve se retourna et jeta les yeux sur son cousin. Il était debout devant la table, les bras croisés, et l'expression de ses beaux traits était celle du sarcasme et du mépris.

— Cousin John, cela ne doit pas être.

— Cousine Eve, cela sera néanmoins.

— Certainement non. On ne peut jamais oublier les apparences au point de faire du temple de Dieu un théâtre où la convenance des spectateurs est le seul grand objet qu'on doive avoir en vue.

— Vous avez voyagé, Monsieur, dit John en s'adressant particulièrement à M. Dodge, et vous avez dû entrer dans des édifices consacrés au culte dans d'autres parties du monde. La manière dont toutes les classes, riches et pauvres, grands et petits, s'agenouillent avec la même humilité devant l'autel, ne vous a-t-elle pas frappé comme étant aussi belle que simple, — et particulièrement dans les pays catholiques ?

— Non certainement, monsieur John Effingham. J'ai été dégoûté de la bassesse de leurs rites, et véritablement choqué de la manière abjecte dont les hommes se mettent à genoux sur des pierres froides et humides, comme s'ils étaient des mendiants.

— Et n'étaient-ils pas des mendiants ? demanda Eve d'un ton presque sévère. Ne devaient-ils pas se considérer comme tels, quand ils venaient implorer la merci d'un Dieu éternel et tout puissant ?

— Enfin, miss Effingham, le peuple doit avoir l'ascendant ; et il est inutile de lui dire qu'il n'aura pas les plus hautes places à l'église comme dans l'État. Je ne vois réellement aucune raison pour qu'un ministre soit élevé au-dessus de ses paroissiens. Les églises du nouvel ordre consultent la convenance publique, et placent chacun de niveau, autant que cela est possible. Autrefois, une famille était enterrée dans son banc de telle sorte qu'elle ne pouvait ni voir ni être vue ; et je me souviens du temps où je ne pouvais apercevoir que la perruque de notre ministre, car il était de l'ancienne école ; et en ce qui concernait ses ouailles, il aurait aussi bien fait de prier dans sa chambre. Je dois dire que je suis partisan de la liberté, quand ce ne serait que dans les bancs d'église.

— Je suis fâchée, monsieur Dodge, dit Eve avec douceur, que vous n'ayez pas étendu vos voyages jusque dans les pays mahométans, où beaucoup de sectes chrétiennes pourraient prendre des leçons utiles, au moins sur la partie du culte qui se rattache aux apparences. Là vous n'auriez pas vu de bancs, mais vous auriez vu des pêcheurs prosternés en masse sur des pierres froides sans se faire une idée de bancs garnis de coussins, et de toutes les aises d'un salon. Nous autres protestants, nous n'avons pas changé en mieux la pratique de nos ancêtres catholiques à cet égard ; et l'innovation que vous proposez est à mes yeux une invasion irrévérente et presque criminelle des droits du temple.

— Ah ! miss Effingham, cela vient de ce qu'on substitue les formes à l'essence des choses. Quant à moi, je puis dire que j'ai été choqué des extravagances que j'ai vues dans les cérémonies du culte dans la plupart des pays où j'ai voyagé. — Figurez-vous, monsieur Bragg, des êtres raisonnables, des hommes et des femmes, à genoux sur la pierre, comme des chameaux dans le désert, prêts à recevoir le fardeau dont leurs maîtres vont les charger. — M. Dodge aimait à emprunter ses images aux pays où il prétendait avoir voyagé. — Pas un banc, pas un coussin, rien de ce qui convient à un être libre et intelligent, mais tout arrangé de la manière la plus abjecte, comme si des âmes humaines, responsables devant leur Dieu, étaient des muets dans le palais d'un sultan.

— Vous devriez en faire mention dans le *Furet Actif*, dit Aristobule.

— Tout viendra avec le temps, Monsieur ; j'ai quelque chose en réserve, et je me propose de faire quelques remarques pour prouver qu'un être raisonnable ne doit *jamais* se mettre à genoux. Suivant moi, Messieurs et dames, Dieu n'a jamais eu dessein qu'un Américain se mit à genoux.

Les respectables ouvriers qui étaient autour de la table ne

donnèrent pas un assentiment complet à cette proposition, car l'un d'eux se hasarda à dire qu'il ne voyait pas grand mal à ce qu'un homme se mît à genoux devant Dieu. Mais ils pensaient évidemment que le nouveau système de bancs valait mieux que l'ancien.

— Il m'a toujours paru, miss Effingham, dit un autre, que j'entends et que je comprends mieux le sermon sur un banc peu élevé, que dans une de ces machines à haut dossier qui ont l'air d'une fourrière à moutons.

— Mais vous en retirez-vous mieux en vous-même, Monsieur? Pouvez-vous dévouer toutes vos pensées au culte de Dieu avec plus de sincérité et de vérité?

— Vous voulez parler des prières, je suppose?

— Certainement, Monsieur; je parle des prières et des actions de grâces.

— Quant à cela, nous les laissons faire au ministre en général. Au surplus, je conviens que le devant des nouveaux bancs n'est pas aussi commode pour s'appuyer que celui des anciens. Ils valent mieux pour s'asseoir, mais ils ne sont pas aussi bons pour s'appuyer. Au surplus, on commence chez nous à prendre la mode de rester assis pendant les prières, et l'on en fait autant dans votre église, miss Effingham. Le sermon est le principal, après tout.

— Oui, dit M. Gouge, donnez-moi un bon sermon de préférence à de bonnes prières. On peut se contenter de prières telles quelles; mais en fait de sermon, il faut tout ce qu'il y a de meilleur.

— Ces messieurs, dit John Effingham, considèrent la religion à peu près comme un cordial contre le froid, qu'il faut prendre en dose suffisante pour faire circuler le sang. Ils ne sont pas gens à se laisser mettre en fourrière comme des moutons égarés.

— M. John a toujours son mot à dire, observa un troisième; et M. Effingham congédia l'assemblée en disant qu'il réfléchirait à cette affaire.

Quand les ouvriers furent partis, on discuta encore assez longuement le même sujet. Enfin, les Effingham déclarèrent qu'ils s'opposeraient à cette innovation, qui leur semblait irrévérente dans la forme, contraire à l'esprit de recueillement et d'humilité qui convient à la prière, et incompatible avec la délicatesse de leurs habitudes. Bragg et Dodge, d'une autre part, continuèrent à soutenir que l'opinion publique demandait à haute voix ce changement; qu'il ne convenait pas à la dignité de l'homme d'être mis en fourrière même dans une église, et que, dans le fait, un bon sermon dans le culte public valait mieux que toutes les prières qui peuvent sortir de la bouche ou du cœur.

CHAPITRE XIV.

> Nous suivrons Cade.—Nous suivrons Cade !
> JACK CADE.

— Les idées de ce M. Bragg et de notre ancien compagnon de voyage, M. Dodge, sur les formes religieuses paraissent être particulières, dit sir George Templemore en traversant la pelouse en face du wigwam, avec les trois dames, Paul Powis et John Effingham, pour aller se promener sur le lac. Je crois qu'il serait difficile de trouver un autre chrétien qui refuserait de s'agenouiller pour prier.

— En cela vous vous trompez, Templemore, répondit Paul ; car, pour ne rien dire d'une secte particulière qui a une pieuse horreur de cette pratique, ce pays est plein de gens qui y ont renoncé. Nos dignes ancêtres, comme tous les néophytes, ont donné dans l'extrême relativement aux formes, comme en beaucoup d'autres choses. Quand vous irez à Philadelphie, vous verrez un exemple burlesque, — burlesque, s'il ne s'y mêlait quelque chose de révoltant, — de la manière dont on peut être étranglé par un moucheron et avaler un chameau ; et je suis fâché d'avoir à dire que c'est notre propre église qui le fournit.

C'était une musique délicieuse pour les oreilles d'Eve d'entendre Paul Powis citer « ses dignes ancêtres » comme ayant été Américains, et s'identifier si complètement avec le pays où elle avait elle-même reçu le jour. Car, quoiqu'elle blâmât plusieurs de ses usages et qu'elle ne fermât point les yeux sur les absurdités et les contradictions qu'elle y remarquait, elle avait trop bien vu les autres pays pour ne pas être fière de ce que le sien contenait d'excellent. Elle trouvait aussi du plaisir à l'entendre déclarer ouvertement qu'il appartenait à la même église, pour laquelle elle avait un respect si profond.

— Et qu'y a-t-il de si ridicule à Philadelphie qui ait rapport à notre vénérable église ? lui demanda-t-elle. Je ne suis pas disposée à la trouver en faute.

— Vous savez que les protestants, dans leur horreur de l'idolâtrie, discontinuèrent l'usage de prendre la croix pour symbole religieux extérieur, et qu'il a existé un temps où probablement on n'aurait pas vu une seule croix dans tout un pays qui était habité par des hommes qui faisaient la grande affaire de leur vie de professer leur amour pour Jésus-Christ, et leur confiance dans les mérites de son expiation.

— Nous savons certainement tous que nos ancêtres ont été un peu trop rigides et scrupuleux sur tous les points qui concernaient les apparences extérieures.

— Ils ont bien sûrement réussi à rendre les rites religieux aussi peu agréables aux sens qu'il était possible en aspirant à une prétendue perfection qui favorise singulièrement l'orgueil spirituel. Je ne sais si les voyages ont produit sur vous le même effet que sur moi ; mais je sens que l'antipathie dont j'avais hérité pour la représentation visible de l'instrument de notre salut a fait place à une sorte d'affection solennelle pour ce symbole, surtout quand il est simple, et qu'il n'est accompagné d'aucun de ces accessoires sanglants et minutieux dont il n'est que trop souvent entouré dans les pays catholiques. Les protestants allemands, qui ordinairement ornent l'autel d'une croix, sont les premiers qui m'ont guéri du dégoût dont j'avais été imbu dans mon enfance pour ce symbole.

— Je crois, cousin John, que nous aussi nous avons été agréablement frappés de cet usage en Allemagne. Autrefois, la simple vue d'une croix me donnait presque sur les nerfs ; aujourd'hui, j'en suis venue au point d'aimer à en voir ; et je crois que le même changement s'est opéré en vous, car je n'ai pas découvert moins de deux croix parmi les ornements de la grande fenêtre de la tour d'entrée du wigwam.

— Vous auriez pu aussi en découvrir une à chaque porte du bâtiment, grande ou petite. Nos dignes ancêtres, comme Powis les appelle, et dont la piété, soit dit en passant, ne brillait guère par l'humilité spirituelle et la charité chrétienne, étaient assez ignorants pour placer des croix à toutes les portes qu'ils construisaient, tandis qu'ils se couvraient les yeux avec une pieuse horreur quand ils voyaient ce signe sacré dans une église.

— A chaque porte ! s'écrièrent tous les protestants de la compagnie.

— Oui, je puis dire à chaque porte, du moins à chaque porte à panneaux faite il y a vingt ans. J'ai découvert le secret de notre bévue en visitant en France un château dont la construction remontait au temps des croisades. Il appartenait aux Montmorency, en la possession desquels il avait passé par suite d'une alliance avec la famille de Condé ; et le vieux domestique qui m'en montrait les curiosités me fit remarquer, comme un pieux usage des croisés, les croix de pierres qui étaient dans les fenêtres, ce qui leur fit donner le nom de *croisées*. On voit ici les mêmes croix dans les barrières en bois; et si vous jetez un regard sur la plus humble porte devant laquelle vous passerez dans ce village, vous y verrez le même symbole se présenter hardiment à vos yeux, au milieu d'une population dont presque chaque individu serait saisi d'horreur à la seule pensée de placer sur le seuil de sa porte le signe de la bête, comme ils appellent l'emblème du salut.

Tous exprimèrent leur surprise ; mais la première porte devant laquelle ils passèrent prouva la vérité de ce que venait de dire John Effingham. Le zèle catholique n'aurait pu y placer son symbole d'une manière plus visible, et il se montrait aux yeux de tous les passants comme pour tourner en dérision l'ignorance et les prétentions absurdes qui attachaient tant d'importance aux points les moins essentiels d'une religion dont la base est la foi et l'humilité.

— Et l'église de Philadelphie ? demanda Eve aussitôt que sa curiosité fut satisfaite pour ce qui concernait les portes ; je suis plus impatiente que jamais de savoir quelle sotte bévue nous y avons aussi commise.

— Impie serait peut-être une expression plus convenable, répondit Paul. Le seul clocher qui a existé dans cette ville depuis un demi-siècle, est surmonté *d'une mitre*, tandis qu'on a eu grand soin d'en supprimer *la croix*.

On ne répondit rien ; car l'argument qui consiste à présenter simplement les faits, a souvent plus de force que celui qui appelle à son appui toutes les ressources de la logique et de la rhétorique. Chacun voyait la folie, pour ne pas dire la présomption, d'un pareil procédé, et s'étonnait qu'une population douée de sens commun eût pu agir ainsi. — Nous nous trompons, il y avait une exception, et c'était sir George Templemore. Ses idées d'une église se rattachant intimement à l'Etat, ses préjugés anti-catholiques, qui tenaient à la politique autant qu'à la religion, faisaient qu'il ne voyait rien d'inconvenant dans ce qui s'était passé à Philadelphie, et qu'il trouvait qu'on n'avait pas eu tort d'abattre la croix et de conserver la mitre.

— C'était sans doute une église épiscopale, dit-il, et si elle n'était pas romaine, quel meilleur symbole pouvait-on choisir que la mitre?

— A présent que j'y réfléchis, cela n'est pas si étrange, s'écria Grace avec vivacité. Vous savez, monsieur Effingham, que les protestants attachent une idée d'idolâtrie à la manière dont les catholiques vénèrent la croix.

— Et à la mitre celle d'évêques, de pairs au parlement, d'Eglise et d'Etat, dit John Effingham.

— Oui; mais j'ai vu l'église en question, et je sais qu'elle a été bâtie avant la guerre de la révolution. C'était une église anglaise plutôt qu'américaine.

— Précisément; et Templemore a raison de la défendre ainsi que la mitre.

— J'ose dire qu'un évêque y a officié.

— J'ose le dire aussi, car c'est un fait; et j'ajouterai qu'il aurait préféré que la mitre fût à deux cents pieds en l'air plutôt que sur sa tête couverte de cheveux blancs, qui lui donnaient l'air d'un apôtre. — Mais voilà bien assez de théologie pour ce matin; je vois Tom et ses barques; prenons des rames.

Ils arrivaient alors sur une espèce de petit quai qui servait de lieu de débarquement pour le village, et le batelier dont il vient d'être parlé était à attendre quelque pratique. Mais au lieu de requérir ses services on le congédia, les Effingham et leurs deux amis préférant ramer eux-mêmes. Des excursions aquatiques avaient souvent lieu sur cette belle nappe d'eau limpide pendant les mois d'été; et quand il se trouvait dans une compagnie des hommes en état de manier la rame, l'usage était de se passer de batelier.

Dès que l'esquif léger se fut approché du bord du quai, toute la compagnie s'embarqua. Paul et le baronnet prirent les rames, et à l'aide de leurs vigoureux efforts, la barque fut bientôt loin du rivage.

— Ce monde commence réellement à être trop petit pour l'esprit aventureux du siècle, dit sir George, tandis que son compagnon et lui ramaient plus à leur aise en se dirigeant vers la rive orientale, sous des montagnes bien boisées, où les dames avaient désiré d'être conduites. Nous voici, Powis et moi, ramant sur un lac au milieu des montagnes de l'Amérique, après avoir ramé comme compagnons le long de la côte d'Afrique et sur les bords du grand désert; et qui sait si la Polynésie et les terres australes ne nous verront pas encore ensemble comme croiseurs?

— L'esprit du siècle fait réellement des miracles en ce genre, dit John Effingham. Des contrées dont nos pères ne connaissaient que le nom deviennent aussi familières à nos enfants que nos propres maisons, et, comme vous l'observez très-justement, on peut à peine prévoir jusqu'où ira la génération qui les suivra.

— *Il est vraiment fort extraordinaire de se trouver sur un lac américain*, dit mademoiselle Viefville.

— Plus extraordinaire que de se trouver sur un lac de la Suisse, Mademoiselle?

— *Non; mais tout aussi extraordinaire pour une Parisienne.*

— Je vais maintenant, continua Eve, vous faire les honneurs, — je ne parle pas pour M. John Effingham et pour miss Van Courtlandt, — des merveilles et des curiosités de notre lac et de notre pays. — Là-bas, près de la petite maison qui est élevée sur une source d'eau délicieuse, était la hutte de Natty Bumppo, autrefois connu dans toutes ces montagnes comme chasseur renommé; homme qui avait la simplicité d'un habitant des bois, l'héroïsme d'un sauvage, la foi d'un chrétien et l'enthousiasme d'un poëte. Rarement on vit un homme meilleur que lui dans son genre.

— Nous en avons tous entendu parler, s'écria le baronnet, regardant avec curiosité l'endroit indiqué, et nous devons prendre intérêt à tout ce qui concerne un homme si brave et si juste. Je voudrais pouvoir trouver son semblable.

— Hélas! dit John Effingham, le temps de « Bas-de-Cuir » est passé! Il m'a précédé dans le monde, et je vois peu de restes de son caractère dans un pays où l'esprit de spéculation l'emporte sur la moralité, et où l'on trouve plus d'émigrants que de chasseurs. Natty avait probablement choisi cet endroit pour sa hutte à cause du voisinage de la source. — Cela n'est-il pas vrai, miss Effingham?

— Oui, et ce petit ruisseau que vous voyez sortir des broussailles et tomber comme des diamants dans le lac a été nommé « la source des Fées » dans quelque ballade qui, comme la plupart de nos opinions, doit avoir été importée; car je ne vois aucun rapport entre ce nom et le caractère du pays, les fées n'ayant jamais été connues dans l'Otségo, même par tradition.

La barque arriva alors près d'une rive sur laquelle de beaux arbres bordaient le lac, avançant quelquefois leurs branches sur les eaux qui réfléchissaient leurs formes fantastiques. En ce moment, un autre esquif s'approchait d'eux sans se presser. A un signe que fit John Effingham, quelques vigoureux coups de rames mirent bientôt les deux barques bord à bord.

— C'est le vaisseau amiral, dit John Effingham à demi-voix tandis qu'ils s'en approchaient, et l'homme qui le monte n'est rien moins que le commodore du lac. Autrefois, le chef du lac était un amiral, mais c'était dans un temps où, étant plus près de la monarchie, nous conservions encore quelques expressions européennes. Aujourd'hui, personne ne s'élève en Amérique à un plus haut grade que celui de commodore, soit sur l'Océan, soit dans l'Otségo, quels que puissent être ses services et son mérite.
— Voilà une belle journée, commodore; je me réjouis de vous voir encore sur l'eau dans toute votre gloire.

Le commodore, grand homme maigre, ayant les formes d'un athlète et des cheveux blancs, pouvait avoir soixante-dix ans, et pourtant il était aussi actif qu'un jeune homme dans tous ses mouvements. A peine eut-il jeté un coup d'œil sur la barque qui s'avançait, qu'il reconnut la voix de John Effingham. Il examina toute la compagnie à l'aide de ses lunettes, sourit d'un air de bonne humeur, et fit un signe amical d'une main, tandis qu'il ramait de l'autre, assis à l'arrière de sa nacelle, la taille droite et la tête levée.

— Oui, monsieur John, dit-il, la matinée est belle, et la lune au point convenable pour aller sur l'eau. Ce n'est peut-être pas un jour scientifique pour la pêche, mais je suis venu voir si toutes les pointes et les baies du lac sont à leur place.

— Comment se fait-il, commodore, que l'eau du lac près du village soit moins limpide que de coutume? Même ici, on voit quelque chose flotter sur sa surface.

— Quelle question pour M. John Effingham! et en parlant d'un lac qui l'a vu naître! Voilà ce que c'est que de voyager dans des pays éloignés. On oublie autant de choses qu'on en apprend, à ce que je vois. Et le commodore levant la main à la manière d'un orateur, ajouta : Il faut que vous sachiez, Messieurs et Dames, que le lac est en fleur.

— En fleur! Je ne savais pas que l'eau fleurissait comme les plantes.

— Oui sans doute, elle a ses fleurs comme ses fruits, monsieur John. Mais, pour en récolter les fruits, il faut de l'adresse et savoir creuser le lac. Il n'y a pas eu de pêche miraculeuse dans l'Otségo depuis quelques années, car aujourd'hui il faut la connaissance des appâts et un tact scientifique pour faire venir sur l'eau une nageoire. Eh bien! j'ai pourtant vu trois fois de mon temps la tête du *sogdollader* hors de l'eau; mais on m'a dit qu'avant moi l'amiral l'a une fois tenu dans sa main.

— Le sogdollader! dit Eve, qui s'amusait des singularités de cet homme, qu'elle se souvenait d'avoir vu commodore du lac quand elle était encore enfant. — Il faut que vous nous appreniez ce que signifie ce mot, et ce que vous entendez par « sa tête » et « hors de l'eau ».

— Un sogdollader, ma chère jeune dame, est la perfection d'une chose. Je sais que M. Grant, quand il vivait, avait coutume de dire que ce mot ne se trouvait pas dans les dictionnaires; mais il y a bien des mots qui devraient s'y trouver et que les imprimeurs ont oubliés. En fait de truites saumonnées, le sogdollader est le commodore. Je ne vous dirai pas tout ce que je sais du patriarche de ce lac, car vous me croiriez à peine; mais s'il ne pesait pas cent livres après avoir été vidé, il n'y a pas un bœuf dans le pays qui en pèse une sur ses quatre pieds.

— Et vous avez vu sa tête hors de l'eau? dit John Effingham.

— Trois fois, monsieur Effingham. La première, il y a trente ans, et j'avoue que je l'ai manqué alors faute de science, car l'art ne s'apprend pas en un jour; je n'avais encore fait mon métier que dix ans. La seconde fut cinq ans après, et j'avais pêché pendant près d'un mois tout exprès en son honneur. Pendant une minute il y eut entre nous une sorte de contestation pour savoir s'il sortirait du lac ou si j'y entrerais. Ni l'un ni l'autre n'arriva, mais je vis complètement ses ouïes hors de l'eau, et j'en fus très-glorieux. Washington ne fut pas plus joyeux quand Cornwallis se rendit, que je ne le fus en cette grande occasion.

— On ne peut jamais juger des sentiments d'un autre, à ce qu'il paraît. J'aurais cru qu'en cette grande occasion, comme vous la nommez si justement, vous auriez éprouvé du désappointement de n'avoir pas réussi à le prendre.

— C'est ce qu'aurait pensé un pêcheur ignare, monsieur John, mais avec de l'expérience on juge mieux des choses. La gloire doit se mesurer par la qualité et non par la quantité, et je regarde comme une plus belle plume au chapeau d'un homme d'avoir vu une demi-minute la tête du sogdollader hors de l'eau, que de ramener sa barque pleine de brochetons. — La dernière fois que je vis le patriarche, je n'essayai pas de le tirer sur ma barque, mais nous passâmes près de deux minutes à converser ensemble, lui dans l'eau, moi sur mon esquif.

— Converser! s'écria Eve; converser avec un poisson! Que pouvait-il avoir à dire?

— Un poisson peut parler aussi bien qu'un de nous, jeune dame; la seule difficulté est de comprendre ce qu'il dit. J'ai entendu de vieux colons dire que Bas-de-Cuir avait coutume de s'entretenir des heures entières avec les animaux de la forêt, et même avec les arbres.

— Avez-vous connu Bas-de-Cuir, commodore?

— Non, jeune dame; je suis fâché de dire que je n'ai jamais eu le plaisir de le voir. C'était un grand homme! On peut parler des Jefferson et des Jackson; mais moi je regarde Washington et Natty Bumppo comme les deux seuls grands hommes de mon temps.

— Et que pensez-vous donc de Bonaparte, commodore? demanda Paul.

— Je crois réellement, Monsieur, que Bonaparte n'était pas un homme à mépriser; mais qu'aurait-il été dans les bois auprès de Bas-de-Cuir? Ce n'est pas grand'chose, Messieurs, d'être un grand homme parmi vos habitants des villes, que j'appelle gens à parapluie. Natty était presque aussi grand à la pêche qu'à la chasse, quoique je n'aie jamais ouï dire qu'il ait vu le sogdollader.

— Nous nous reverrons encore cet été, commodore, dit John Effingham. En ce moment nos dames désirent entendre les échos, et il faut que nous vous quittions.

— Cela est tout naturel, monsieur John, répondit le commodore en riant et en agitant la main d'une manière qui lui était particulière. — Toutes les femmes aiment à entendre ces échos; car elles ne sont jamais satisfaites d'avoir dit une chose une fois, et il faut qu'elles la répètent. Quand une dame vient sur le lac d'Otségo, une des premières choses qu'elle fait toujours, c'est de demander qu'on la conduise aux Rochers Parlants, afin de s'entretenir avec elle-même. Il en vient quelquefois un grand nombre, et alors elles parlent toutes ensemble, de manière à jeter la confusion dans les échos. — Je suppose, jeune dame, ajouta-t-il en s'adressant à Eve, que vous savez ce qu'on dit de ces voix?

— Tout ce que j'ai entendu dire, c'est que ce sont les échos les plus parfaits du monde entier, répondit Eve en se tournant pour lui faire face, tandis que sa barque passait devant celle du vieux pêcheur.

— Bien des gens prétendent qu'il n'y a pas d'écho du tout, et que les sons qu'on entend sont produits par l'esprit de Bas-de-Cuir, qui rôde toujours dans les environs de son ancienne demeure, et qui répète tout ce que nous disons pour se moquer de notre ignorance, et pour nous reprocher d'envahir les bois. Je ne dis pas que cette opinion soit la vérité, ou que ce soit la mienne; mais nous savons tous que Natty n'aimait pas à voir un nouveau colon arriver dans les montagnes, et qu'il aimait les arbres comme un rat musqué aime l'eau. On montre ici, un peu plus haut, un arbre auquel il faisait une entaille chaque fois qu'il arrivait un nouveau venu; mais quand il en eut fait dix-sept, il n'eut pas le cœur d'aller plus loin, et il y renonça de désespoir.

— Cela est si poétique, commodore, que c'est dommage que ce ne puisse être la vérité. Je préfère cette explication du mystère des Rochers Parlants à celle qu'on donne de la Source des Fées.

— Vous avez raison, jeune dame, s'écria le vieux pêcheur, tandis que les deux barques s'écartaient l'une de l'autre; jamais on n'a connu une fée dans l'Otségo, mais il fut un temps où nous pouvions nous vanter d'un Natty Bumppo.

Le commodore fit un nouveau geste de la main, et Eve lui fit un signe d'adieu. L'esquif continua à longer la rive du lac, s'avançant quelquefois plus au large pour éviter le contact de branches suspendues sur les eaux, ou de quelque arbre qui avait poussé en ligne horizontale, et revenant ensuite aussi près du rivage qu'il était possible. Eve crut n'avoir jamais vu de plus beau feuillage que celui qu'offrait toute la rampe de la montagne. Plus de la moitié de la forêt de grands pins qui couvrait la terre quand les premiers colons étaient arrivés dans le pays, avaient déjà disparu; mais par une de ces lois incompréhensibles de la nature, ces pins étaient déjà remplacés par presque toutes les variétés des arbres d'Amérique. De jeunes arbres verts, avec leurs teintes à la Rembrandt, offraient une beauté particulière, et faisaient contraste avec les nuances plus vives des arbres que l'hiver prive de leurs feuilles. Çà et là, quelque arbrisseau couvert de fleurs égayait ce tableau, et des massifs de châtaigniers aussi en fleurs semblaient entourer d'une gloire naturelle les cimes sombres des pins.

La barque fit ainsi plus d'un mille, effrayant quelquefois un oiseau de passage perché sur une branche, ou un oiseau aquatique nageant près du rivage. Enfin John Effingham fit cesser de ramer, et guidant l'esquif à l'aide du gouvernail, il dit à ses compagnons de lever les yeux, attendu qu'ils étaient sous le « pin silencieux. »

Une exclamation générale de plaisir suivit ce premier regard, car il est rare qu'un arbre se montre sous un jour plus avantageux que celui qui attira sur-le-champ tous les yeux. Ce pin avait crû sur l'extrême bord du lac ses racines pénétrant dans la terre à quelques pieds au-dessus du niveau de l'eau, mais dans une telle situation, que la distance qui séparait le tronc du lac semblait s'ajouter à la hauteur de l'arbre. Comme tous ceux qui poussent dans les épaisses forêts de l'Amérique, sa taille avait augmenté pendant dix siècles, et on le voyait alors dans sa gloire solitaire, monument de ce que ces montagnes, dont la végétation était encore si riche, avaient été dans les jours de leur splendeur. Jusqu'à une hauteur de près de cent pieds, le tronc était lisse et sans branches, et alors commençaient des masses de feuillage d'un vert foncé, qui l'entouraient comme la fumée qui s'élève vers le ciel en guirlandes. Cet arbre gigantesque s'était incliné vers la lumière, cherchant à se dégager du milieu de ses semblables, et sa cime avançait alors sur le lac à dix ou quinze pieds de ses racines. Cette courbure presque insensible prêtait de la grâce à cette déviation de la ligne perpendiculaire, et y donnait assez de grandeur pour en rendre l'effet vraiment sublime. Quoiqu'il n'y eût pas un souffle de vent sur le lac, le courant d'air au-dessus de la forêt était suffisant pour en agiter les branches les plus hautes, qui cédaient avec grâce à cette impulsion.

— Ce pin est mal nommé, dit sir George Templemore, car c'est l'arbre le plus éloquent que j'aie jamais vu.

— Il est vraiment éloquent, ajouta Eve, car on l'entend parler même en ce moment des orages terribles qui ont grondé autour de sa cime ; des saisons qui se sont écoulées depuis qu'il a élevé sa tête verdoyante au-dessus de la foule de frères qui croissaient derrière lui et à ses côtés, et de tout ce qui s'est passé sur le lac de l'Otségo, quand ce lac était une perle enchâssée dans la forêt. Quand le conquérant débarqua en Angleterre, cet arbre était déjà à peu près ce que nous le voyons. Voici donc du moins une antiquité américaine.

— Un goût naturel et cultivé, miss Effingham, dit Paul, vous a fait apercevoir un des charmes véritables du pays. Si nous pensions moins à ce que nous devons à l'art, et davantage à ce dont nous sommes redevables à la nature, nous serions moins exposés à la critique.

Eve ne manquait jamais d'attention toutes les fois que Paul parlait, et ses couleurs devinrent plus vives pendant qu'il faisait ce compliment à son goût; mais ses beaux yeux bleus étaient toujours fixés sur le pin.

— Il peut être silencieux sous un rapport, mais il est tout éloquence sous un autre, reprit-elle avec un enthousiasme auquel la remarque de Paul n'avait pas nui. Cette petite crête de verdure qui ressemble à un panache dit mille choses à l'imagination.

— Je n'ai jamais vu un homme, pour peu qu'il eût l'esprit poétique, venir sous cet arbre, dit John Effingham, sans qu'il tombât dans la même série d'idées. J'y ai amené une fois un homme célèbre par son génie, et après avoir regardé avec attention une minute ou deux la belle touffe de verdure qui couronne cet arbre, il s'écria : « Cette masse de verdure se balançait dans les airs quand Colomb se hasarda pour la première fois sur une mer inconnue. » C'est vraiment un arbre éloquent, car il parle de même à tous ceux qui s'en approchent, et son langage va droit au cœur en réveillant les souvenirs.

— Et pourtant, après tout, son silence est son éloquence, ajouta Paul, et son nom lui convient mieux qu'on ne le croirait d'abord.

— Il l'a probablement reçu par suite du contraste qu'il fait avec les Rochers Parlants qui sont un peu plus loin, à demi cachés par la forêt. Si vous voulez reprendre vos rames, Messieurs, nous nous mettrons en communication avec l'esprit de Bas-de-Cuir.

Paul et le baronnet se remirent à ramer, et une dizaine de minutes après l'esquif se trouva à environ cinquante verges du rivage, dans un endroit où le flanc de la montagne était entièrement exposé à la vue. John Effingham salua les rochers en criant d'une voix sonore et distincte : « Bonjour ! » Les sons moqueurs lui furent renvoyés avec une si parfaite ressemblance d'intonation, qu'elle fit tressaillir les novices. Chacun fit le même essai tour à tour, et l'écho en répondant ne perdit rien de sa réputation.

— Cela surpasse véritablement les célèbres échos du Rhin, s'écria Eve enchantée ; car quoique les derniers répètent si clairement les sons du cor, je ne crois pas qu'ils répondent à la voix humaine avec la même fidélité.

— Vous avez raison, Eve, lui dit son cousin ; je ne me rappelle aucun endroit où l'on entende un écho aussi parfait que celui de ces Rochers Parlants. En augmentant notre distance d'un demi-mille, et nous servant d'un cor, je sais, par ma propre expérience que nous entendrions répéter des mesures entières d'un air. L'intervalle entre les sons et leur répétition serait aussi plus marqué, ce qui nous laisserait le temps d'y donner une attention sans partage. Quoi qu'on puisse dire du surnom du pin, ces rochers ont été bien nommés, et si l'esprit de Bas-de-Cuir est pour quelque chose dans cette affaire, c'est un esprit moqueur [1].

John Effingham regarda alors à sa montre, et parla à ses compagnons d'un autre plaisir qu'il leur avait préparé. Sur une sorte de petite promenade publique formée sur une pointe, située à l'endroit où une rivière sortait du lac, était une hutte qu'on appelait « la Maison aux canons. » On y avait placé deux ou trois petites pièces d'artillerie ; et, — preuve que le pays n'avait à craindre aucun ennemi extérieur ou intérieur, — la porte en restait toujours ouverte, et chacun pouvait y entrer et même se servir des canons, quoiqu'ils appartinssent à un corps organisé de l'État. John Effingham en avait fait placer un un peu plus bas dans la vallée, et il avertit toute la compagnie qu'on pouvait attendre à tout moment une explosion qui éveillerait tous les échos endormis des montagnes. A peine avait-il fini de parler, que le coup partit. La bouche du canon était tournée vers l'est, et le son atteignit d'abord le côté des montagnes qui était voisin du village. Les réverbérations en partirent, passèrent le long de la chaîne, de caverne en caverne, de rocher en rocher, et de bois en bois, et se perdirent enfin, comme un tonnerre éloigné, à deux ou trois lieues au nord. Cette expérience fut répétée trois fois, et elle produisit toujours le même effet magnifique ; les montagnes occidentales répondant aux échos des rochers de l'est, comme les sons mouvants d'une musique imposante.

— Un tel site serait un trésor dans le voisinage d'un théâtre

---

1. Allusion au chant d'un oiseau d'Amérique, nommé moqueur, qui imite le ramage des autres.

de mélodrames, dit Paul en souriant ; car certainement nul tonnerre artificiel ne saurait égaler celui que nous venons d'entendre. Une nappe d'eau comme celle-ci pourrait même soutenir une gondole.

— Et je crois qu'un homme habitué à l'horizon sans bornes de l'Océan pourrait s'en lasser avec le temps, dit John Effingham d'un ton expressif.

Paul fit des protestations contraires avec vivacité, et l'on continua à ramer en silence.

— Voilà l'endroit où nous avons eu si longtemps coutume d'aller faire des piques-niques, dit Eve en montrant à ses compagnons une jolie pointe ombragée par de beaux chênes, et sur laquelle on voyait une maison grossièrement construite, mais dans un état de dilapidation évidemment causé par les mains de l'homme. John Effingham sourit, tandis que sa cousine montrait cet endroit à ses compagnons, en leur promettant de leur en faire voir bientôt les beautés de plus près.

— A propos, miss Effingham, dit-il, je suppose que vous vous flattez d'hériter de cette charmante retraite?

— Il est tout naturel qu'un jour, — un jour bien éloigné, j'espère, — j'hérite de ce qui appartient à mon père.

— Naturel et légal, ma belle cousine ; mais vous avez à apprendre qu'il existe un pouvoir qui menace de vous disputer vos droits.

— Quel pouvoir, — quelle puissance humaine peut disputer ses droits légitimes à un propriétaire? Cette pointe nous a appartenu depuis que l'homme civilisé a mis le pied dans ce pays. Qui aura la présomption de vouloir nous en dépouiller?

— Vous serez bien surprise d'apprendre que ce pouvoir existe avec la disposition de l'exercer. Le public, le public tout puissant, gouvernant tout, faisant les lois et les violant, a un caprice passager de s'emparer de cette pointe si chérie, et il faudra qu'Edouard montre une énergie extraordinaire pour l'en empêcher.

— Vous ne parlez pas sérieusement, cousin John?

— Aussi sérieusement que la grandeur du sujet peut le comporter, comme dirait M. Dodge.

Eve n'en dit pas davantage, mais elle eut l'air vivement contrarié; elle garda le silence jusqu'à l'instant où ils rentrèrent au wigwam, et alors elle se hâta d'aller trouver son père, et de lui faire part de ce qu'elle venait d'apprendre. M. Effingham écouta sa fille, comme il le faisait toujours, avec un tendre intérêt ; et quand elle eut fini son récit, il l'embrassa, et lui dit de ne pas regarder comme possible ce qu'elle paraissait craindre si sérieusement.

— Mais mon cousin John ne badinerait pas avec moi sur un pareil sujet, mon père, répliqua-t-elle. Il sait quel prix j'attache à la moindre chose qui rappelle d'anciennes affections.

— Nous pouvons prendre des informations sur cette affaire, si vous le désirez, mon enfant. Sonnez, s'il vous plaît.

Pierce entra, et il fut chargé de prier M. Bragg de venir dans la bibliothèque. Aristobule arriva. Il n'était nullement de bonne humeur ; car il était très-mécontent de ne pas avoir été invité à faire partie de la promenade sur le lac, croyant avoir droit de partager tous les amusements des autres. Cependant, il eut assez d'empire sur lui-même pour ne pas faire paraître son mécontentement.

— Je désire savoir, Monsieur, dit M. Effingham sans autre préface, s'il peut y avoir quelque méprise sur le droit de propriété à la pointe de pêche sur la rive occidentale du lac.

— Certainement non, Monsieur, elle appartient au public.

Les joues de M. Effingham s'enflammèrent ; il parut surpris, mais il resta calme.

— Le public ! Affirmez-vous sérieusement, Monsieur, que le public prétende réclamer cette pointe ?

— La réclamer, monsieur Effingham. Depuis que j'habite ce comté, je n'ai jamais entendu contester le droit du public sur cette pointe.

— Votre séjour dans ce comté ne remonte pas à une date fort ancienne, Monsieur, et il est possible que vous vous trompiez. J'ai quelque curiosité de savoir de quelle manière le public a acquis ses droits sur cette pointe. Vous êtes homme de loi, monsieur Bragg, et vous pouvez m'en rendre un compte intelligible.

— Votre père la lui a donnée de son vivant, Monsieur : tout le monde ici vous le dira.

— Croyez-vous, monsieur Bragg, qu'il y ait ici quelqu'un qui voulût prêter serment de ce fait ? Vous savez qu'il faut des preuves, même pour obtenir justice.

— Je doute fort, Monsieur, qu'il se trouve quelqu'un qui refusât d'en prêter serment. C'est la tradition générale de tout le comté ; et, pour vous parler franchement, il y a ici un peu de mécontentement, parce que M. John Effingham a parlé de donner en cet endroit des divertissements où tout le monde ne serait pas admis.

— Cela ne fait que prouver que les traditions naissent fort inconsidérément dans ce comté. Mais comme je désire bien connaître tout ce qui concerne cette affaire, faites-moi le plaisir d'aller dans le village et de demander aux habitants que vous croyez les mieux instruits ce qu'ils pensent sur cette question, afin que je puisse agir en conséquence. Sachez surtout sur quel titre le public fonde ses prétentions, car je n'aime pas à marcher dans les ténèbres.

Aristobule sortit sur-le-champ, et Eve, voyant l'affaire entamée, se retira aussi, laissant à son père le soin de réfléchir sur ce qui venait de se passer. M. Effingham se promena quelque temps dans la bibliothèque. Il avait l'esprit fort agité, car la pointe de terre en question s'identifiait avec les sentiments et les souvenirs de sa jeunesse ; et après la maison qu'il habitait, c'était de toutes ses propriétés celle à laquelle il était le plus attaché. D'ailleurs il ne pouvait se dissimuler, malgré l'esprit d'opposition qu'il montrait aux sarcasmes de son cousin, que depuis son départ de son pays il s'y était opéré bien des changements, dont quelques-uns n'étaient pas en mieux. Un esprit de désordre s'était répandu, et les hommes sans principes et s'inquiétant peu des lois avaient recours à l'audace quand ils voulaient intimider. Cependant, en repassant dans son esprit les faits de l'affaire et la nature de ses droits, il se dit que personne ne pouvait songer à les contester, et il se mit à écrire, oubliant presque qu'il eût été question de ce sujet désagréable.

Aristobule fut absent quelques heures, et il ne revint que quelques instants avant l'heure du dîner. M. Effingham était encore seul dans la bibliothèque, et ne songeait plus en ce moment à la mission qu'il avait donnée à son gérant.

— C'est comme je vous le disais, Monsieur ; le public prétend que la pointe est une propriété commune, et il est de mon devoir de vous dire, monsieur Effingham, qu'il est déterminé à soutenir son droit.

— En ce cas, Monsieur, il est à propos que je fasse savoir au public qu'il n'est pas propriétaire de la pointe, que c'est moi qui le suis, et que je suis déterminé à soutenir mon droit.

— En touchant à des ronces, on peut se piquer, Monsieur.

— Sans doute, et c'est ce que le public apprendra s'il persiste à envahir les droits individuels.

— Eh bien! Monsieur, quelques-uns de ceux à qui j'ai parlé ont été jusqu'à me charger de vous dire... J'espère que vous ne vous méprendrez pas sur mes motifs.

— Si vous avez quelque communication à me faire, monsieur Bragg, faites-la sans réserve; il est à propos que je sache exactement la vérité.

— Eh bien! Monsieur, je suis porteur d'une espèce de cartel. Le peuple désire que vous sachiez qu'il ne reconnaît pas votre droit et qu'il s'en moque; pour dire les choses par leur nom, il vous défie.

— Je vous remercie de cette franchise, monsieur Bragg; elle augmente mon estime pour vous. Les affaires en sont arrivées à un tel point qu'il est nécessaire d'agir. Si vous voulez prendre un livre un instant, j'aurai un autre service à vous demander.

Aristobule prit un livre, mais il ne lut pas. Il ne pouvait revenir de son étonnement en voyant un homme se préparer de sang-froid à soutenir une contestation avec le public, — ce public imposant, pour lequel il avait lui-même cette sorte de déférence qu'un esclave asiatique a pour son monarque. Ce n'était que parce qu'il se sentait appuyé par ce pouvoir tout-puissant, — car il regardait comme tel le pouvoir du public, — qu'il avait osé parler si clairement à M. Effingham; car Aristobule pensait en secret que le plus sûr en Amérique était toujours de faire cause commune avec la masse de la communauté, qu'elle eût tort ou raison. Pendant ce temps, M. Effingham écrivait un avertissement pour défendre à qui que ce fût de mettre le pied désormais sur sa propriété de la pointe. Il le remit ensuite à M. Bragg, en le chargeant de le faire insérer dans le numéro du journal du village qui devait paraître le lendemain matin. Aristobule prit l'avertissement, et sortit sur-le-champ pour s'acquitter de sa mission, sans faire aucun commentaire sur ce sujet.

Le soir arriva, et quand M. Effingham fut de nouveau seul dans la bibliothèque, M. Bragg y entra bien plein de son sujet. Il fut suivi par John Effingham, qui avait appris quelque chose de ce qui s'était passé.

— Je regrette d'avoir à vous dire, monsieur Effingham, dit Aristobule, que votre avertissement a excité dans Templeton la plus forte agitation dont j'aie jamais eu le malheur d'être témoin.

— Ce qui doit être très-encourageant pour nous, monsieur Bragg, car les gens qui agissent dans un moment d'agitation sont sujets à tomber dans l'erreur.

— Cela est vrai en ce qui concerne les individus, Monsieur; mais il s'agit ici d'une agitation publique.

— Je ne vois pas que cela change l'affaire. Si un homme agité est sujet à faire des sottises, une demi-douzaine en feront encore de plus grandes.

Aristobule l'écoutait avec une surprise toujours croissante. L'agitation était un des moyens du public pour arriver à son but, et les hommes de la trempe de M. Bragg y avaient si souvent recours, qu'il ne s'était jamais présenté à son esprit qu'un individu pût y être indifférent. Pour dire toute la vérité, il avait tellement craint que la part qu'il serait obligé de prendre dans cette affaire ne lui fît perdre sa popularité, qu'il avait contribué lui-même à exciter cette agitation, dans l'espoir « d'étrangler » le projet de M. Effingham, comme il le dit élégamment à un de ses affidés dans la langue énergique du pays.

— L'agitation publique est un instrument bien fort, monsieur Effingham, dit-il avec une sorte de pieuse horreur politique.

— Je sais parfaitement, Monsieur, qu'il peut même devenir un instrument terrible. Des hommes livrés à l'agitation, agissant en masse, et formant ce qu'on appelle des attroupements, ont commis mille excès et mille crimes.

— Votre avertissement est vu de très-mauvais œil. Pour vous parler sincèrement, il est on ne saurait plus impopulaire.

— Je suppose que vous appelez toujours impopulaire la résistance individuelle à une agression?

— Mais le public appelle votre avertissement un acte d'agression.

— Tout le mérite de la question consiste en un simple fait : si je suis propriétaire légitime de la pointe de terre dont il s'agit, le public, ou la portion du public qui prend part à cette affaire est l'agresseur, d'autant plus que la multitude agit contre un seul. S'il peut légalement en revendiquer la propriété, non seulement j'ai tort, mais je suis très-indiscret.

Le calme avec lequel M. Effingham parlait produisit quelque effet sur Aristobule, et il fut un instant ébranlé; mais ce ne fut qu'un instant, car la peine de l'impopularité se présenta de nouveau à son imagination, qui était accoutumée depuis si longtemps à étudier le caprice populaire, qu'il regardait la faveur publique comme le souverain bien de la vie.

— Mais le public affirme que la pointe lui appartient, monsieur Effingham.

— Et moi, j'affirme qu'elle ne lui appartient pas, monsieur Bragg! Jamais elle ne lui a appartenu, et jamais elle ne lui appartiendra de mon consentement.

— C'est tout simplement une question de fait, dit John Effingham, et j'avoue que je voudrais savoir d'où ce public tout-puissant tire ses droits à cette propriété, et comment il les a acquis. Vous êtes assez homme de loi, monsieur Bragg, pour savoir que le public ne peut posséder une propriété qu'en vertu de l'usage continu qu'il en a fait, ou d'un statut spécial. Or, quel titre allègue le public à l'appui de cette prétention?

— D'abord l'usage continu, Monsieur, et ensuite une donation spéciale.

— Vous savez que l'usage, pour être valide, doit avoir lieu malgré les droits réclamés par d'autres prétendants. Or, je suis un témoin vivant que feu mon oncle a *permis* au public l'usage de cette pointe, et que le public a accepté cette condition. L'usage n'en a donc eu lieu contre les droits de personne, et il n'a pas duré assez longtemps pour constituer une prescription. Chaque heure que mon cousin a *permis* au public de jouir de sa propriété ajoute à ses droits et à l'obligation que doit lui avoir le public, et impose d'autant plus à ce public le devoir d'y renoncer du moment qu'il le désire. Si mon oncle, comme vous semblez le dire, en a fait une donation spéciale, il doit y avoir une loi qui autorise la communauté à l'accepter, ou du moins un fidéi-commis. En existe-t-il?

— Je conviens, monsieur John Effingham, que je n'ai vu ni loi, ni décret, et je doute qu'il en existe. Cependant le public doit avoir des droits, car il est impossible que tout le monde se trompe.

— Rien n'est plus commun que de voir des communautés entières se tromper, surtout dans les moments d'agitation.

Tandis que son cousin parlait, M. Effingham ouvrit un secrétaire, y prit une liasse de papiers, et déplia plusieurs titres en parchemin auxquels étaient attachés de grands sceaux portant les armoiries de l'ancienne colonie et celles d'Angleterre.

— Voici mes titres de propriété, Monsieur, dit-il à Aristobule;

si le public en a de meilleurs, qu'il les produise, et je céderai sur-le-champ à ses prétentions.

— Personne ne doute que le roi, par son agent autorisé, le gouverneur de la colonie de New-York, n'ait accordé cette propriété à un de vos prédécesseurs, monsieur Effingham, et qu'elle ne soit légalement échue à votre père; mais tout le monde affirme que ce dernier a volontairement accordé cette pointe au public pour son usage.

— Je suis charmé que la question se resserre dans des limites si faciles à vérifier. Quelle preuve y a-t-il que mon père ait jamais eu cette intention?

— Le bruit commun. J'ai parlé à vingt habitants du village, et tous s'accordent à dire que la pointe a été à l'usage du public comme propriété publique depuis un temps immémorial.

— Aurez-vous la bonté, monsieur Bragg, de me nommer quelques-uns de ceux qui font cette assertion?

Aristobule nomma sur-le-champ les personnes dont il venait de parler, et il y mit un empressement qui prouvait qu'il pensait que leur témoignage était irrécusable.

— De tous ceux que vous venez de nommer, dit M. Effingham, je n'en connais que trois, et ce sont presque des enfants. Les douze premiers sont certainement des gens qui ne connaissent de ce village que ce qu'ils ont pu y glaner depuis quelques années qu'ils y demeurent, et je crois que les autres ne l'habitent que depuis quelques semaines.

— Ne vous ai-je pas dit, Edouard, dit John Effingham, qu'un « toujours » américain signifie dix-huit mois, et qu'un « temps immémorial » ne remonte qu'à la dernière crise du système monétaire?

— Les hommes que je viens de citer, Monsieur, font partie de la population, reprit Aristobule; et, du premier au dernier, ils sont tous prêts à faire serment que votre père, de manière ou d'autre, — car ils n'entrent pas dans des détails minutieux, — a donné au public des droits sur cette propriété.

— Ils se trompent, et je serais fâché qu'aucun d'eux appuyât une fausseté par un serment. — Voilà mes titres; que le public en montre de meilleurs, s'il le peut, — un titre quelconque.

— Votre père peut avoir abandonné ce terrain au public, et ce serait un titre valable.

— Il n'en a rien fait, et j'en suis la preuve vivante. Il l'a laissé à ses héritiers en mourant, et j'ai exercé pleinement tous les droits de propriété jusqu'à mon départ. Il est vrai que je ne l'ai pas mis dans ma poche pour voyager, mais je l'ai laissé en partant sous la protection des lois, et je crois que le riche peut l'invoquer comme le pauvre, quoique nous soyons dans un pays libre.

— Eh bien! Monsieur, puisque vous paraissez si ferme, je suppose qu'il faudra qu'un jury en décide; mais je vous avertis en homme qui connaît son pays, que la déclaration d'un jury, rendue contre l'opinion, est ce que vous ne pouvez espérer. Si l'on prouve que votre père a eu l'intention de donner cette propriété au public, c'est une affaire perdue.

M. Effingham examina un instant ses papiers, et en ayant choisi un, il le passa à M. Bragg, en lui indiquant un alinéa particulier.

— Voici le testament de feu mon père, Monsieur, et vous verrez ici qu'il dispose spécialement de la pointe en question, la laissant à ses héritiers en des termes qui écartent toute idée d'aucune intention de la donner au public. C'est du moins la dernière preuve que moi, son fils unique, son seul héritier, et l'exécuteur de ses dernières volontés, je possède de ses désirs. Si ce public errant et de temps immémorial, dont vous parlez, en a une meilleure, j'attends avec impatience qu'il la produise.

L'air calme de M. Effingham avait abusé M. Bragg, qui ne s'attendait pas à une preuve qui anéantissait si complètement les prétentions du public. La clause du testament qui disposait de cette propriété était simple, claire et précise, et l'on ne pouvait contester que M. Effingham n'eût succédé à tous les droits de son père, sans aucune condition ni réserve.

— Cela est fort extraordinaire! s'écria Aristobule, après avoir lu plusieurs fois la clause du testament, et chaque lecture contribuant à rendre la question encore plus claire en faveur du propriétaire véritable. — Le peuple aurait dû connaître cette disposition de feu M. Effingham.

— Je crois qu'il l'aurait dû, avant de songer à dépouiller son fils de sa propriété; ou du moins il aurait dû être certain qu'une telle disposition n'existait pas.

— Vous m'excuserez, monsieur Effingham, mais je pense que, dans un cas semblable, quand le public s'est imbu d'une fausse idée, comme je conviens à présent que cela est clairement prouvé en ce qui concerne cette affaire, il est du devoir d'un bon citoyen de l'éclairer et de l'informer qu'il n'a aucun droit à l'objet qu'il réclame.

— C'est ce que j'ai déjà fait dans l'avertissement que vous avez eu la bonté de porter au journal, quoique je nie que je fusse obligé à le faire.

— Mais, Monsieur, le public est mécontent du mode que vous avez adopté pour le détromper.

— C'est, je crois, le mode qui est usité en pareil cas.

— Il attend quelque chose de différent, Monsieur, dans une affaire où le public est... est...

— Dans son tort! s'écria John Effingham. J'avais déjà entendu parler de cette affaire, Edouard, et je blâme votre modération. Est-il vrai que vous ayez dit à plusieurs de vos voisins que vous n'avez pas dessein de les empêcher de se promener sur la pointe, ni même d'y pêcher, et que votre seule intention est de pouvoir y aller avec votre famille sans y être troublé par des importuns.

— Très-certainement, John. Mon seul désir est de conserver cette propriété, telle que je l'ai reçue, à ceux à qui elle a été spécialement laissée; d'en assurer de temps en temps la jouissance tranquille à ceux qui y ont le meilleur droit, et de prévenir la dévastation qui a déjà eu lieu parmi les arbres par ces hommes grossiers qui s'imaginent être tout le public, et devenir eux-mêmes les maîtres toutes les fois que le public a quelque droit. Du reste, je n'entends priver mes voisins d'aucun des amusements qu'ils peuvent trouver sur ce terrain.

— Vous êtes beaucoup plus indulgent que je ne le serais, et que vous ne le serez peut-être vous-même quand vous aurez lu ceci.

A ces mots, John Effingham remit à son cousin un petit placard qui convoquait pour le soir même une assemblée des habitants pour résister à la *prétention arrogante* de M. Effingham sur la propriété qu'on lui contestait. Ce placard portait les marques ordinaires d'un esprit faible, méchant et vulgaire; on affectait d'y appeler M. Effingham *un* M. Effingham, et il n'était revêtu d'aucune signature.

— Ceci mérite à peine notre attention, John, dit M. Effingham avec douceur. Des assemblées de cette espèce ne peuvent décider de la validité d'un titre; et nul homme ayant quelque respect pour lui-même ne voudra être l'instrument d'une si misérable tentative pour empêcher un citoyen, par l'intimidation, de faire valoir ses droits.

— En ce qui concerne cette assemblée, dont le projet a été formé par l'ignorance ou une basse méchanceté, je conviens avec vous qu'elle finira probablement comme finissent de pareils efforts, par le ridicule. Mais...

— Pardon, monsieur John, s'écria Aristobule, l'agitation est effrayante. On a été jusqu'à parler de la loi de Lynch[1].

— En ce cas, dit M. Effingham, il faut véritablement montrer plus de fermeté. — Connaissez-vous, Monsieur, quelqu'un qui ait osé faire une telle menace?

Aristobule baissa les yeux sous le regard sévère de M. Effingham, et il regretta de lui en avoir tant dit, quoiqu'il n'eût dit que la vérité. Il bégaya une explication obscure et à peine intelligible, et proposa de se rendre en personne à l'assemblée, afin de bien comprendre ce qui s'y passerait sans courir le risque de se méprendre. M. Effingham y consentit; car il était trop indigné de cet attentat à ses droits comme citoyen et comme homme pour vouloir discuter ce sujet plus longtemps avec son gérant. Aristobule partit. John Effingham resta avec son cousin longtemps après que tout le reste de la famille se fut retiré chacun dans son appartement, et pendant ce long espace de temps il lui communiqua sur cette affaire bien des détails que M. Effingham ne connaissait nullement.

CHAPITRE XV.

> On vendra en Angleterre pour un penny le pain de sept demi-pence; le pot à trois cercles en aura dix; je déclarerai crime de félonie de boire de la petite bière; tout le royaume sera en commun, et mon cheval paîtra l'herbe dans Cheapside.
>
> JACK CADE.

QUOIQUE l'affaire de la pointe continuât à répandre l'agitation le jour suivant dans le village de Templeton, on l'avait presque

---

[1]. La loi de Lynch consiste en deux mots : à se rendre justice à soi-même. Il y a en plusieurs exemples de cet abus dans les établissements éloignés du centre des Etats-Unis.

oubliée au wigwam. Plein de confiance dans ses droits, M. Effingham, quoique indigné qu'on voulût abuser ainsi de sa longue libéralité, grâce à laquelle ce terrain avait été ouvert au public, ce qui n'avait été que trop souvent gênant et désagréable pour le propriétaire, avait pour le moment écarté ce sujet de son esprit, et repris ses occupations ordinaires. Il n'en était pas de même de M. Bragg. Il avait assisté à l'assemblée comme il l'avait promis, et maintenant une sorte d'importance mystérieuse semblait régler tous ses mouvements, comme s'il eût été le dépositaire de quelque grand secret. Cependant personne n'y faisait attention; car Aristobule, ses secrets et ses opinions avaient trop peu de prix aux yeux de la plus grande partie de la compagnie pour qu'on s'en inquiétât. Il avait pourtant trouvé un homme qui sympathisait avec lui en la personne de M. Dodge, qui, grâce à la grande politesse de M. Effingham, avait été invité à passer quelques jours avec ceux dans la compagnie desquels il avait, fort involontairement, couru tant de périls. Ils devinrent bientôt amis intimes; et tout étranger qui aurait été témoin de leurs conférences secrètes dans des coins, de leurs conversations à demi-voix, et de leurs secouements d'épaules, les aurait crus chargés des affaires les plus importantes de l'Etat. Mais cette pantomime, qui avait pour but d'éveiller l'attention générale, était à peu près perdue pour toute la compagnie. Les dames, accompagnées de Paul et du baronnet, allèrent faire une promenade à pied dans la forêt après le déjeuner, et les deux cousins continuèrent à lire avec une indifférence contrariante les journaux qui arrivaient de la ville tous les matins. Ni Aristobule ni M. Dodge n'y purent résister plus longtemps; et après avoir mis leur esprit à la torture pour engager l'un ou l'autre à leur faire quelque question sur l'assemblée de la veille, le désir de se décharger le cœur l'emporta sur leur affectation de mystère, et ils firent prier M. Effingham de leur donner audience dans sa bibliothèque. M. Effingham y consentit; mais prévoyant quel serait le sujet de la conversation, il pria John de rester. Tous quatre furent bientôt réunis dans cet appartement.

A l'instant même où sa demande d'une entrevue venait de lui être accordée, Aristobule hésita sur ce qu'il devait dire. Enfin M. Effingham lui ayant dit qu'il était prêt à l'entendre, il sentit qu'il était trop tard pour changer de détermination.

— J'ai assisté à l'assemblée d'hier soir, comme nous en étions convenus, monsieur Effingham, dit-il, et c'est avec beaucoup de regret que je me trouve forcé d'en rapporter le résultat à un homme pour qui j'ai un si profond respect.

— L'assemblée a donc eu lieu? dit M. Effingham en faisant une légère inclination pour répondre au compliment du gérant.

— Oui, Monsieur; et je crois que M. Dodge vous dira que l'assemblée était nombreuse.

— Le public était convenablement représenté, dit l'éditeur du *Furet Actif;* cinquante à soixante personnes étaient présentes.

— Le public a très-certainement le droit de s'assembler et de délibérer sur les droits qu'il peut croire lui appartenir, dit M. Effingham; je n'ai rien à dire contre une telle marche. Mais je pense qu'il aurait mieux consulté sa propre dignité, s'il avait exigé que la convocation fût faite par des hommes plus respectables que ceux qui, m'a-t-on dit, sont à la tête de cette affaire, et qu'elle fût conçue en termes plus convenables.

Aristobule jeta un coup d'œil sur M. Dodge, et M. Dodge jeta un coup d'œil sur Aristobule; car ni l'un ni l'autre de ces champions politiques ne se faisait une idée de la dignité calme avec laquelle un homme bien élevé pouvait envisager une affaire de cette nature.

— Ils ont adopté plusieurs résolutions, Monsieur, dit Aristobule avec la gravité qu'il prenait toujours quand il parlait de choses de cette nature; — oui, Monsieur, plusieurs résolutions.

— On devait s'y attendre, répondit M. Effingham en souriant. Les Américains sont un peuple qui aime les résolutions. Trois hommes ne peuvent se réunir sans nommer un président et un secrétaire, et une résolution est une suite aussi naturelle d'une telle « organisation, » — je crois que c'est le mot consacré, — qu'un œuf est celle du caquetage d'une poule.

— Mais, Monsieur, vous ne savez pas encore quelle est la nature des résolutions qu'ils ont prises.

— Rien de plus vrai, monsieur Bragg; c'est un renseignement que j'aurai le plaisir d'obtenir de vous.

Aristobule et Steadfast se regardèrent encore avec un air de surprise, car ils ne pouvaient revenir de leur étonnement qu'un homme pût être si indifférent aux résolutions prises par une assemblée régulièrement organisée, ayant un président et un secrétaire, et se disant le public d'une manière si peu équivoque.

— C'est un devoir dont je m'acquitte à contre-cœur, monsieur

Effingham; mais, puisque vous l'exigez, il faut le remplir. La première résolution qu'ils ont prise est que feu votre père avait l'intention de donner la pointe au public.

— Cette résolution doit décider l'affaire. Elle détruit toutes-les résolutions de mon père sur le même sujet. Mais se sont-ils arrêtés à la pointe, monsieur Bragg? n'ont-ils pas aussi pris une résolution portant que feu mon père avait intention de donner au public sa femme et ses enfants?

— Non, Monsieur; il n'a rien été dit sur cet objet.

— Je ne puis trop exprimer ma reconnaissance de leur modération, car ils avaient autant de droit de prendre cette résolution que la première.

— Le pouvoir du public est redoutable, monsieur Effingham.

— Oui, Monsieur; mais heureusement celui de la République l'est encore davantage, et je compte sur son appui en cette crise.

— Crise, n'est-il pas le mot d'usage, John?

— Qu'il y ait un changement d'administration, qu'une diligence vienne à verser, ou qu'un cheval de charrette meure, tout cela est également une crise dans le vocabulaire américain, Edouard.

— Eh bien! monsieur Bragg, après avoir adopté la résolution qu'ils connaissent les intentions de mon père mieux qu'il ne les connaissait lui-même, comme le prouve la méprise qu'il a faite dans son testament, qu'ont-ils fait de plus dans la plénitude du pouvoir du public?

— Ils ont pris une seconde résolution portant qu'il était de votre devoir d'exécuter les intentions de votre père.

— A cet égard, nous sommes parfaitement d'accord, et le public le découvrira très-probablement avant la fin de cette affaire. C'est une des plus pieuses résolutions que j'aie jamais vu prendre par le public. En ont-ils adopté encore quelque autre?

Malgré sa longue habitude de basse déférence pour les hommes qu'il était accoutumé à appeler le public, M. Bragg avait pour les principes et le caractère de M. Effingham un respect que nul sophisme, nul encouragement dans les pratiques de confusion sociale ne pouvaient vaincre, et il hésita un instant à lui communiquer la résolution suivante. Mais voyant que M. Effingham et son cousin attendaient qu'il parlât, il fut obligé de faire taire ses scrupules et de s'expliquer clairement.

— Je suis fâché d'être obligé d'ajouter, monsieur Effingham, qu'ils ont déclaré ensuite que vous vous étiez rendu odieux par votre conduite relativement à la pointe, et que cette conduite et votre avertissement leur inspiraient un souverain mépris.

— Si je dois être regardé comme odieux, dit M. Effingham avec le plus grand calme, parce que je réclame le droit de disposer à mon gré de ce qui m'appartient, que doit-on penser de votre public qui prétend disposer de ce qui n'est pas à lui?

— Tout le monde ne regardera certainement pas cette résolution du même œil. Je me suis hasardé à donner à entendre à l'assemblée qu'il pouvait y avoir quelque méprise; mais...

— Elle a décidé, suivant l'usage, qu'elle était infaillible, dit John Effingham, qui avait, non sans peine, gardé le silence jusqu'alors. Vous pouvez regarder cette affaire comme il vous plaira, Édouard; mais à mes yeux c'est un attentat contre la vérité, une violation des lois, un outrage indécent aux droits d'un citoyen.

— Que dites-vous, monsieur John! Vous oubliez que ces résolutions ont été adoptées par une assemblée publique; — une assemblée publique est sacrée!

John Effingham allait lui répondre avec tout le mépris que lui inspirait un tel abus des termes, mais un geste de son cousin l'engagea à garder le silence.

— Voulez-vous à présent, monsieur Bragg, dit ce dernier, me donner quelque idée de la composition de cette assemblée? M. Howel n'y était certainement pas?

Aristobule fut obligé de convenir que M. Howel ne s'y trouvait pas. M. Effingham nomma ensuite vingt à trente des habitants les plus respectables et les plus éclairés du village, en y comprenant ceux qui, par leur âge, leur position dans le monde, et leur longue résidence à Templeton, avaient le droit de prendre intérêt à une telle question, et aucun d'eux n'y avait paru. Surpris de ce résultat, d'après le ton d'importance avec lequel M. Bragg avait parlé de l'assemblée, il lui demanda ensuite les noms de ceux qui s'étaient mis le plus en avant dans cette affaire. Le plus grand nombre se composait de cette population flottante qui forme une si grande partie de la plupart des communautés américaines, et il y en avait même qui n'avaient pas demeuré plus d'un mois à Templeton.

— Ces hommes me sont étrangers pour la plupart, dit M. Effingham, et d'après leur âge et le peu de durée de leur résidence dans ce village ils ne peuvent connaître le mérite de la question contestée, ni rien savoir de mon père, qui est mort il y a près de trente ans.

— Ils n'en forment pas moins le peuple, Monsieur.

— Non, Monsieur, ils ne forment pas le peuple. C'est une prétention impudente; ils n'ont pas plus de droit à être considérés ainsi, qu'à vouloir s'emparer de ma propriété.

— Il suffit qu'ils se regardent comme le peuple pour qu'ils prétendent avoir le droit de tout faire, dit John Effingham. J'espère, Edouard, que vous n'avez pas dessein de supporter de telles insultes ?

— Que voulez-vous que je fasse, John, si ce n'est d'avoir pitié d'hommes assez ignorants pour vouloir s'ériger en juges dans leur propre cause ? Certainement je soutiendrai mes droits légitimes; c'est même à présent un devoir dont je dois m'acquitter pour l'honneur des lois de notre pays ; mais je ne vois pas que vous puissiez exiger autre chose de moi.

— Mais ils ont publiquement exprimé leur mépris pour vous.

— Ce qui est le signe le plus sûr qu'ils ne me méprisent pas. Le mépris est silencieux, et l'on n'en fait jamais parade aux yeux du monde. On ne méprise pas un homme quand on croit nécessaire de faire une déclaration solennelle qu'on le méprise. J'espère que ma conduite prouvera de quel côté le mépris se trouve réellement.

— Ils se sont rendus coupables de libelle contre vous en prenant une résolution pour vous déclarer odieux.

— C'est à la vérité une forte mesure, et elle mérite d'être réprimée dans l'intérêt des lois et des bonnes mœurs. Personne ne peut se mettre moins en peine que moi, monsieur Bragg, d'opinions dont la fausseté est si clairement démontrée par la manière absurde dont ceux qui les avouent se sont laissés induire en erreur; mais c'est aller trop loin, quand quelques membres de la communauté se permettent de prendre de telles libertés à l'égard d'un citoyen, surtout lorsqu'il s'agit d'un droit prétendu qu'ils réclament. Je vous prie donc de les informer que, s'ils osent publier leur résolution qui me déclare odieux, je leur apprendrai ce qu'ils paraissent ne pas savoir encore, que nous vivons dans un pays gouverné par des lois; je les ferai assigner pour cette offense. J'espère que c'est m'expliquer assez clairement.

Aristobule resta confondu. Faire assigner le public était une chose dont il n'avait jamais entendu parler, et il commença à s'apercevoir que la question avait deux faces. Cependant son respect pour les assemblées publiques, et sa soif de popularité, le décidèrent à ne pas abandonner l'affaire sans un nouvel effort.

— Ils ont déjà ordonné que leurs résolutions fussent publiées, Monsieur, dit-il, comme si cet ordre n'eût pu être révoqué.

— Je crois, Monsieur, que lorsqu'il s'agira d'en venir au fait, et qu'ils songeront aux peines qui résulteront d'une poursuite, les chefs commenceront à songer à leur personne plus qu'à leur caractère public. Ceux qui chassent en troupes, comme les loups, ont ordinairement peu de courage quand ils sont seuls : la fin le prouvera.

— Je voudrais de tout mon cœur que cette fâcheuse affaire pût s'arranger à l'amiable, dit Aristobule. Elle fera naître des animosités, et rendra le voisinage déplaisant.

— On pourrait le croire, dit John Effingham, car personne n'aime à être persécuté.

— Mais ici, monsieur John, c'est le public qui se croit persécuté.

— Ce terme, appliqué à un corps qui non-seulement fait la loi, mais qui l'exécute, est si évidemment absurde, que je suis surpris qu'il se trouve quelqu'un qui veuille l'employer. — Mais, monsieur Bragg, vous avez vu des pièces qui doivent vous avoir convaincu que le public n'a pas le moindre droit à cette pointe de terre.

— Cela est vrai, Monsieur ; mais vous voudrez bien vous souvenir que le peuple ne sait pas ce que je sais à présent.

— Et vous voudrez bien vous souvenir, Monsieur, que, lorsqu'il plaît au peuple de prendre un ton si haut, comme dans cette affaire, il doit s'assurer qu'il en a le droit. L'ignorance, en pareil cas, est comme l'excuse tirée d'un état d'ivresse, elle ne fait que doubler la faute.

— Ne pensez-vous pas, monsieur John, que M. Effingham aurait pu informer les citoyens de l'état réel des choses ? Le peuple a-t-il si grand tort pour avoir fait une méprise ?

— Puisque vous me faites cette question franchement, monsieur Bragg, j'y répondrai avec la même sincérité. M. Effingham est un homme d'un âge mûr, fils, héritier et exécuteur testamentaire d'un homme que tout le monde convient avoir été propriétaire de la pointe de terre contestée. Connaissant ses propres affaires, ce M. Effingham, en vue de la tombe de son père, et sous le toit paternel, a eu l'intolérable impudence...

— Arrogance, est le mot employé par le public, John, dit M. Effingham en souriant.

— Eh bien! l'intolérable arrogance de supposer que ce qui lui appartient est à lui; et il ose l'affirmer sans avoir eu la politesse d'envoyer ses titres et ses papiers privés à tous ceux qui habitent ce village depuis si peu de temps, qu'ils ne peuvent savoir rien de ce qui s'y est passé depuis un demi-siècle. Quelle arrogance impardonnable, Edouard!

—Vous paraissez oublier, monsieur John, que le public a droit d'être traité avec plus d'attention qu'un particulier. S'il a commis une erreur, il fallait le détromper.

— Sans contredit; et je conseille à M. Effingham de vous charger, vous, son gérant, d'aller montrer à chaque homme, à chaque femme, à chaque enfant du village, ses titres de propriété, et le testament de son père, et de leur en faire à tous la lecture, afin que tous, hommes, femmes, enfants, puissent être bien convaincus qu'i's n'ont aucun droit aux propriétés d'Edouard Effingham.

— On pourrait adopter une marche plus courte, Monsieur.

—On le pourrait sans doute, mais c'est ce que mon cousin a déjà fait en faisant insérer dans le journal, suivant l'usage, son avertissement. Au surplus vous devez savoir, monsieur Bragg, qu'il y a trois ans, quand je faisais faire des réparations à cette maison, je me suis donné beaucoup de peine pour rectifier l'erreur que j'appris alors que votre public immaculé avait commise par son penchant à vouloir connaître les affaires des autres mieux que les parties intéressées ne les connaissent elles-mêmes.

Aristobule ne dit rien de plus, mais il renonça à l'affaire, de désespoir. Il sortit de la maison, et alla informer les esprits les plus ardents de la détermination de M. Effingham de ne pas se laisser intimider par les résolutions d'une prétendue assemblée publique. Le sens commun, pour ne pas dire l'honnêteté commune, commença à reprendre peu à peu son ascendant, et la prudence mit aussi son poids dans la balance. Cependant Aristobule et M. Dodge furent d'accord que c'était une témérité inouïe de résister ainsi à la volonté du peuple, et cela sans que le motif fût proportionné à l'audace; car la valeur intrinsèque de la pointe contestée n'avait d'importance pour aucune des deux parties.

Le lecteur ne doit pas supposer qu'Aristobule Bragg et Steadfast Dodge appartenaient à la même variété de l'espèce humaine, parce qu'ils avaient les mêmes idées sur cette affaire, et d'autres traits généraux de ressemblance dans leur manière de penser. Ils offraient nécessairement tous deux ces traits de caste, de condition, d'origine, et d'opinions qui caractérisent leur ordre particulier ; mais quand on en venait à ces distinctions plus subtiles qui marquent l'espèce et l'individualité, il n'aurait pas été facile de trouver deux hommes plus essentiellement différents. Le premier était hardi au moral et au physique, aspirant à tout, ayant de l'empire sur lui-même, adroit, ayant l'esprit singulièrement propre à réussir dans ses projets, quand il savait à qui il avait affaire, et intelligent pour les conduire. Si la nature l'avait jeté dans une sphère plus distinguée, les mêmes qualités qui le rendaient si propre à la situation présente, se seraient plus heureusement développées, et auraient probablement fait de lui un homme instruit, aimable, et en état de contribuer au bonheur de ses semblables. Si tel n'était pas son destin, c'était un malheur plutôt que sa faute ; car, semblable à une cire molle, son caractère avait pris très-promptement l'impression des objets avec lesquels il était en contact. D'une autre part, Steadfast Dodge était naturellement hypocrite, lâche, vain, envieux et méchant, et les circonstances n'avaient fait que prêter leur aide à la tendance naturelle de son caractère. Que des hommes jetés par la nature dans deux moules si différents se fussent rencontrés comme à un point central commun dans un si grand nombre de leurs opinions et de leurs habitudes, c'était le résultat de leur éducation et du chapitre des accidents.

Entre les autres points de ressemblance qui existaient entre eux, était leur coutume de confondre la cause et les effets des institutions particulières sous lesquelles ils vivaient et avaient été élevés. Parce que la loi donnait au peuple cette autorité qui, sous d'autres systèmes, est confiée à un seul homme ou au petit nombre, ils s'imaginaient que le peuple était investi d'un pouvoir bien plus grand qu'ils ne l'auraient cru, s'ils eussent bien compris leurs propres principes ; en un mot, ils commettaient l'un et l'autre cette méprise qui devient trop commune en Amérique, celle de supposer que les institutions du pays étaient des moyens et non une fin. D'après cette fausse idée ils ne voyaient que le mécanisme du gouvernement, et oubliaient que le pouvoir qui était donné collectivement au peuple ne lui était accordé que pour lui assurer toute la liberté dont peuvent jouir les individus. Aucun d'eux ne s'était assez élevé au-dessus des idées vulgaires pour comprendre que l'opinion publique, pour être toute-puissante ou même formidable au-delà d'une effervescence temporaire, doit être conforme à la justice, et que si un homme se rend méprisable en adoptant inconsidérément et injustement de fausses idées, des corps d'hommes, tombant dans la même erreur, encourent les mêmes peines, et, en outre, le reproche de s'être comportés en lâches.

Tous deux avaient encore commis une autre méprise, faute de savoir distinguer les principes. La résistance d'un individu à la volonté populaire leur paraissait en soi-même un acte d'arrogance et d'aristocratie, sans qu'il fût besoin d'examiner la question de savoir si cet individu avait tort ou raison. Ils croyaient avec assez de justice, dans l'acception générale de ce terme, que le peuple était le souverain, et ils faisaient partie d'une classe nombreuse qui, dans une démocratie, regardent la désobéissance au souverain, même dans ses caprices illégaux, à peu près comme le sujet d'un despote considère la désobéissance à son maître.

Il est à peine nécessaire de dire que M. Effingham et son cousin pensaient à cet égard tout différemment. Judicieux, juste et libéral dans toute sa conduite, le premier surtout ne songeait qu'avec peine à ce qui venait de se passer, et il se promena plusieurs minutes en silence après le départ de M. Bragg, étant réellement trop affligé pour pouvoir parler.

— C'est une affaire très-extraordinaire, John, dit-il enfin. Il me semble que c'est une pauvre récompense de la libéralité que j'ai montrée en permettant au public depuis trente ans de venir se récréer sur une propriété qui m'appartient, et souvent, très-souvent, comme vous le savez, d'une manière gênante pour moi et pour mes amis.

— Je vous avais prévenu, Edouard, que vous ne deviez pas vous attendre à retrouver l'Amérique à votre retour telle que vous l'aviez laissée en partant pour l'Europe. Je suis convaincu qu'aucun pays n'a subi en si peu de temps un pareil changement en pire.

— Qu'une prospérité pécuniaire sans exemple détériore sensiblement les manières de ce qu'on appelle le monde, en introduisant tout à coup dans la société des corps nombreux d'hommes et de femmes sans éducation et sans instruction, c'est une suite naturelle de causes évidentes. Nous devons même nous attendre à ce que cette circonstance corrompe les mœurs, car on nous a appris à croire que c'est l'influence la plus corruptrice sous laquelle on puisse vivre ; mais j'avoue que je ne croyais pas voir le jour où des étrangers, oiseaux de passage, créatures d'une heure, s'arrogeraient le droit de demander aux anciens habitants, depuis longtemps établis dans le pays, de leur justifier de leur titre à leurs propriétés, sous peine d'en être dépouillés par la violence, chose extraordinaire et inouïe.

— Depuis longtemps établis! répéta John en riant. Qu'appelez-vous depuis longtemps établis? N'avez-vous pas été absent dix ans, et ces gens ne réduisent-ils pas tout au niveau de leurs habitudes? Je suppose que vous vous imaginez que vous pouvez aller à Rome, à Constantinople, à Jérusalem, y passer quatre à cinq lustres, revenir ensuite à Templeton, et en reprenant possession de votre maison, vous appeler un ancien habitant de ce village.

— Bien certainement! je le suppose. Combien n'avons-nous pas rencontré d'Anglais, de Russes et d'Allemands en Italie, qui y séjournaient depuis bien des années, et qui n'en conservaient pas moins leurs droits naturels et leur attachement à leur patrie?

— Cela est vrai dans les pays où la société est permanente, où les hommes sont accoutumés à voir les mêmes objets, les mêmes figures, et à entendre les mêmes noms pendant toute leur vie. J'ai eu la curiosité de prendre quelques informations, et je me suis assuré qu'aucune des anciennes familles établies à Templeton n'a pris part à cette affaire de la pointe, et que toutes les clameurs ont été poussées par ce que vous appelez les oiseaux de passage. Mais qu'importe? Ces gens s'imaginent que tout est réduit aux six mois que la loi exige pour avoir le droit de voter, et que le tour de rôle dans les personnes est aussi nécessaire au républicanisme que le tour de rôle dans les places.

— N'est-il pas extraordinaire que des gens qui ont si peu de lumières sur ce sujet soient si indiscrets et prennent un ton si péremptoire?

— Point du tout en Amérique, Edouard. Regardez autour de vous, et vous verrez des aventuriers prendre le dessus partout : dans le gouvernement, dans les villes, et même dans les villages. Nous sommes une nation changeante. Je conviens pourtant que c'est la suite naturelle de causes légitimes, car un immense pays couvert de forêts ne peut se peupler à d'autres conditions. Mais cette nécessité a vicié le caractère national, et l'on ne peut souffrir aucun *statu quo*, même quand il est utile. Tout contribue à confirmer ce sentiment, et rien ne le combat. Le retour constant des élections habitue les hommes au changement de leurs fonctionnaires publics. Le grand accroissement de la population amène de nouvelles figures, et la prompte accumulation des richesses place de nouveaux hommes en évidence. L'architecture du pays n'est pas assez respectable pour inspirer le désir de conserver les bâtiments, sans lesquels nous n'aurons pas de monuments à révérer.

— Nul tableau ne manque de coloris quand vous l'avez retouché, John.

— Lisez le premier journal qui s'offre à vous, et vous y verrez *les jeunes gens* du pays fortement invités à s'assembler pour délibérer sur les affaires publiques, comme si l'on ne voulait plus des conseils et de l'expérience de leurs pères. Nul pays ne peut prospérer quand le mode ordinaire de conduire les affaires qui tiennent à la racine du gouvernement commence par un tel acte d'impiété filiale.

— C'est certainement un trait désagréable du caractère national; mais nous devons nous rappeler les artifices employés par les intrigants pour capter ceux qui sont encore sans expérience.

— Si j'avais un fils qui eût la présomption de dénoncer avec si peu de respect la sagesse et l'expérience de son père, je déshériterais le drôle.

— Ah! John, c'est un fait notoire que les enfants des célibataires sont particulièrement bien élevés. Espérons pourtant que le temps amènera d'autres changements, et que l'un de ces changements sera plus de constance dans les personnes, dans les choses et dans les affections.

— Le temps amènera des changements, Edouard; mais pour tout ce qui touche aux droits individuels, dès qu'ils blessent le caprice ou de prétendus intérêts populaires, il est à craindre qu'ils aient lieu dans un tout autre sens que celui que vous supposez.

— La tendance est certainement de substituer la popularité au droit; mais il faut prendre le bon avec le mauvais. Vous-même, John, vous ne voudriez pas échanger cet état d'oppression populaire contre aucun des autres systèmes de gouvernement que vous connaissez.

— Je n'en sais rien. — Non, je n'en sais rien. De tous les genres de tyrannie, la tyrannie de la populace est celle que j'ai le plus en horreur.

— Vous aviez coutume d'admirer le système de gouvernement de l'Angleterre, dit M. Effingham en souriant d'une manière que son cousin comprit fort bien ; mais je crois que vos observations ont un peu diminué votre admiration.

— Ecoutez, Edouard, nous concevons tous de fausses idées dans notre jeunesse, et je n'ai pas été plus infaillible que les autres ; mais s'il fallait choisir entre les deux, j'aimerais mieux la froide et entêtée domination des lois anglaises, que de consentir à être foulé aux pieds par le premier vagabond à qui il peut arriver de traverser cette vallée en courant après des dollars. Il y a une chose dont vous devez convenir vous-même, c'est que le peuple a trop de penchant à négliger les devoirs qu'il devrait remplir, et à s'acquitter de ceux dont il n'est aucunement chargé.

Cette remarque, pleine de vérité, termina la conversation.

CHAPITRE XVI.

> Son sein était un vaste palais, une rue large, où se logeaient toutes les pensées héroïques, et où la nature avait pris une si ample habitation, que les autres âmes, auprès de la sienne, demeuraient dans des culs-de-sac.
> JOHN MORTON.

Le village de Templeton, comme on l'a déjà dit, était une ville en miniature. Quoiqu'il contînt dans son enceinte une demi-douzaine de maisons ayant un jardin et distinguées par un nom, comme nous l'avons également dit, sa surface ne couvrait pas plus d'un mille carré. Cette disposition à la concentration, qui est aussi particulière à une ville d'Amérique que la disposition à s'étendre est remarquable dans les campagnes, et qui semble même exiger qu'une maison n'ait que trois fenêtres à sa façade et vingt-cinq pieds de largeur sur la rue, avait présidé à la naissance de ce village, comme à celle d'un grand nombre de ses prédécesseurs et de ses contemporains.

Dans une des rues les plus retirées de Templeton demeurait une dame possédant une petite fortune, qui avait cinq enfants, et qui était très-habile dans l'art de faire circuler les nouvelles.

Mistress Abbot, — c'était son nom, — était précisément sur les confins de ce qu'on appelait « la bonne société » du village; situation la plus difficile de toutes celles dans lesquelles puisse se trouver une femme ambitieuse et ci-devant jolie. Elle n'avait pourtant pas encore renoncé à l'espoir d'obtenir un divorce et ses suites. Elle était singulièrement dévote, et même presque *à la rage*. A ses propres yeux, elle était la perfection même; à ceux de ses voisins, il n'y avait que de légères objections à faire contre elle. Au total, elle offrait en sa personne un composé assez ordinaire de piété, de médisance, de charité, de commérage, de bonté, de méchanceté, de décorum, et d'envie de se mêler des affaires des autres.

Les domestiques de mistress Abbot étaient aussi peu nombreux que sa maison était petite. Elle n'avait qu'une seule servante, jeune fille qu'elle appelait son aide, nom qui lui convenait parfaitement, car elle et sa maîtresse faisaient en commun tout l'ouvrage de la maison. Cette fille, indépendamment de ses fonctions de faire la cuisine et le blanchissage de toute la famille, était la confidente de toutes les idées errantes de sa maîtresse sur le genre humain en général, et sur ses voisins en particulier; et elle l'aidait aussi souvent à débiter ses commentaires sur ces derniers, qu'à toute autre chose. Mistress Abbot ne connaissait la famille Effingham que par des ouï-dire qui avaient pris leur source dans sa propre école, n'étant arrivée que récemment dans ce village. Elle avait fixé sa résidence à Templeton parce qu'on pouvait y vivre à bon marché; et ayant négligé de se conformer aux usages du monde en allant faire une visite au wigwam, suivant la coutume, elle commençait à se formaliser, du moins au fond de son cœur, de ce qu'Eve, par délicatesse, s'était abstenue d'en faire une dans une maison où, d'après toutes les idées reçues, elle avait tout lieu de supposer que sa présence n'était pas désirée. C'était donc dans cet esprit qu'elle s'entretenait avec Jenny, sa servante, le matin qui suivit la conversation rapportée dans le chapitre qui précède, dans sa petite salle au rez-de-chaussée, quelquefois travaillant à l'aiguille, plus souvent passant la tête par la fenêtre qui donnait sur la rue, afin de voir ce que pouvaient faire ses voisins.

— C'est une conduite bien extraordinaire que celle de M. Effingham relativement à la pointe, Jenny, dit-elle, mais j'espère que le peuple lui rendra l'usage de ses sens. Le public en a toujours été en possession depuis aussi longtemps que ma mémoire puisse aller, et il y a déjà quinze mois que je demeure à Templeton. — Pourquoi donc M. Howel va-t-il si souvent dans la boutique du barbier qui est en face de la croisée de miss Bennett? — On croirait que cet homme est toute barbe.

— Je suppose que M. Howel se fait raser quelquefois, dit la logicienne Jenny.

— Non, non; et quand il le ferait, nul homme décent ne songerait à se poster en face de la fenêtre d'une dame pour une pareille opération. — Orlando Furioso Samuel, dit-elle à son fils ainé, enfant de onze ans, courez à la boutique de M. Jones, écoutez ce qu'on y dit, et rapportez-moi les nouvelles dès que vous entendrez quelque chose qui vaille la peine d'être ramassé. En revenant vous entrerez chez la voisine Brown, et vous la prierez de me prêter son gril. — Jenny, il est temps de mettre les pommes de terre sur le feu.

— *Ma'!* s'écria de la porte Orlando Furioso Samuel, — car mistress Abbot était assez en arrière de son siècle pour ignorer que les mots « ma mère » étaient plus à la mode que le terme vulgaire que l'enfant venait de prononcer. — *Ma'!* et s'il n'y a pas de nouvelles dans la boutique de M. Jones?

— Dans ce cas, entrez dans la taverne la plus voisine. Il doit y avoir quelque chose de nouveau par cette belle matinée, et je meurs d'envie de savoir ce que ce peut être. Songez bien à me rapporter autre chose que le gril, Fury, ou ne remettez jamais le pied ici de votre vie! — Comme je le disais, Jenny, le droit du public, — qui est notre droit, car nous faisons partie du public, — à cette pointe, est aussi clair que le jour, et je suis surprise de l'impudence de M. Effingham, qui ose le nier. Je suis sûre que c'est sa fille française qui l'y a excité; on dit qu'elle est monstrueusement arrogante.

— Eve Effingham est-elle Française? demanda Jenny, évitant avec soin tout terme ordinaire de civilité pour montrer son savoir-vivre; — je croyais qu'elle n'était qu'une native de Templeton.

— Qu'importe où une personne est née? la chose essentielle, c'est de savoir où elle vit. Eve Effingham a vécu si longtemps en France, qu'elle ne peut qu'écorcher l'anglais, et miss Delby m'a dit la semaine passée, qu'en préparant un projet de souscription pour mettre un nouveau coussin dans la chaire de son église, elle a écrit le mot charité *carotty.*

— Est-ce un mot français, mistress Abbot?

— Je suis portée à le croire, Jenny. Les Français sont très-chiches; ils donnent des carottes à leurs pauvres pour toute nourriture, et je suppose qu'ils ont adopté ce mot. — Bianca Alzuma Anne!

— Marm[1]!

— Qui vous a appris à m'appeler marm? Est-ce ainsi que vous avez appris votre catéchisme? dites ma' sur-le-champ.

— Ma'!

— Prenez votre chapeau, courez chez mistress Wheaton, et demandez-lui s'il y a quelque chose de nouveau ce matin relativement à la pointe; et écoutez bien..... La voilà qui part comme s'il s'agissait d'une affaire de vie ou de mort.

— C'est que j'ai envie d'apprendre les nouvelles, ma'.

— C'est probable, ma chère, mais en attendant que je vous aie tout dit, vous en apprendrez plus qu'en vous pressant ainsi. — Entrez chez mistress Green, et demandez-lui comment on a trouvé le sermon du ministre étranger hier soir. Priez-la de me prêter un arrosoir, si elle le peut. — Partez à présent, et revenez le plus tôt possible. Ne vous amusez jamais en chemin quand vous rapportez des nouvelles.

— Personne n'a le droit d'arrêter la malle, je crois, mistress Abbot? dit Jenny.

— Non vraiment, sans quoi on ne pourrait en calculer les conséquences. Vous devez vous rappeler, Jenny, que même les personnes pieuses ont été obligées d'y renoncer, la convenance publique l'emportant même sur la religion. — Roger Démétrius Benjamin, dit-elle à son second fils qui avait deux ans de moins que l'aîné, vos yeux sont meilleurs que les miens. — Qui sont tous ces gens qui sont rassemblés dans la rue? M. Howel n'est-il pas avec eux?

— Je n'en sais rien, ma'! répondit l'enfant en bâillant.

— Eh bien! courez y voir, et ne vous amusez pas à chercher votre chapeau. — En revenant, entrez dans la boutique du tailleur, et demandez-lui s'il a fait votre gilet neuf, et s'il sait quelque chose de nouveau. — Je crois, Jenny, que, dans le cours de cette journée, nous apprendrons quelque chose qui vaudra la peine d'être entendu. — A propos, on dit que Grace Van Court-

---

1. Prononciation vulgaire du mot anglais *madame.*

landt, la cousine de miss Effingham, a encouru la censure de son Eglise?

— C'est la dernière personne que j'aurais crue pouvoir être censurée; car tout le monde dit qu'elle est si riche, qu'elle pourrait manger de l'argent si bon lui semblait, et elle est sûre de se marier un jour ou l'autre.

— Oh! cela me fait bien au cœur quand je vois une de ces personnes qui font les importantes, bien punies par le ciel. Rien ne me rendrait plus heureuse que de voir Eve Effingham elle-même gémir en esprit. Cela lui apprendrait à prendre les pointes au public.

— Mais alors, mistress Abbot, elle deviendrait presque aussi bonne chrétienne que vous.

— Elle! non, non; quoique je sois une misérable pécheresse, car je n'ai pas reçu le don de la grâce, vingt fois par jour je doute si je suis réellement convertie ou non, et le péché a pris tellement possession de mon cœur, que je crois qu'il crèvera avant d'en être délivré. — Rinaldo Rinaldini Timothée, traversez la rue, mon enfant, faites mes compliments à mistress Hulbert, demandez-lui s'il est vrai ou non que le jeune Dickson, l'homme de loi, doive épouser Aspasie Tubbs, et empruntez-lui une écumoire, ou un pot d'étain, ou toute autre chose que vous puissiez porter, car nous pouvons avoir besoin de quelque chose de cette sorte dans le cours de la journée. — Je crois, Jenny, qu'on trouverait à peine une créature pire que moi dans tout Templeton.

— Comment? mistress Abbot! s'écria Jenny, qui avait entendu trop souvent de pareils actes d'humilité pour en être fort surprise; c'est parler de vous presque aussi mal que je l'ai entendu faire la semaine dernière à quelqu'un que je ne nommerai pas.

— Et qui est votre quelqu'un? Je voudrais bien le savoir. J'ose dire que ce n'est rien de mieux que quelque scrupuleux personnage qui s'imagine que lire des prières dans un livre, se mettre à genoux et prendre un surplis, est la religion. Grâce du ciel! je me soucie fort peu de l'opinion de pareilles gens. Apprenez, Jenny, que si je croyais ne pas valoir mieux que certaines personnes que je pourrais nommer, je désespérerais de mon salut.

— Mistress Abbot! beugla un morveux couvert de haillons, ayant le visage sale et les pieds nus, qui entra dans la maison sans frapper à la porte, et qui s'avança au milieu de la chambre, son chapeau sur la tête, avec une rapidité qui annonçait une grande habitude à pénétrer chez les autres; mistress Abbot, ma' désire savoir si vous comptez sortir de Templeton d'ici à huit jours.

— Et pourquoi désire-t-elle le savoir, Ordéal Bumgrum?

— Oh! elle a besoin de le savoir.

— Et moi aussi j'ai besoin de savoir pourquoi elle en a besoin. Retournez chez vous à l'instant, et demandez à votre mère pourquoi elle vous a envoyé ici avec ce message. — Jenny, je suis très-curieuse de savoir pourquoi mistress Bumgrum a chargé Ordéal de venir me faire une telle question.

— J'ai entendu dire que mistress Ordéal a dessein elle-même de faire un voyage, et peut-être désire-t-elle avoir votre compagnie.

— Je vois Ordéal qui revient, et nous saurons bientôt à quoi nous en tenir. Quel enfant pour les commissions! il vaut tous les miens mis ensemble. Jamais vous ne le verrez perdre de temps en allant par les rues; il saute comme un chat par dessus les haies des jardins, et il traverse même une maison, si elle est sur son chemin, comme s'il en était le maître, si la porte en est seulement entr'ouverte d'un pouce.

Mais Ordéal était essoufflé, et Jenny eut beau le secouer comme un pommier, elle ne put en faire tomber les nouvelles. Mistress Abbot lui montra le poing, dans son impatience d'avoir une réponse; mais l'enfant ne pouvait parler avant d'avoir repris haleine.

— Je crois qu'il le fait exprès, dit Jenny.

— Le meilleur porteur de nouvelles du village, s'écria mistress Abbot, qui n'est plus bon à rien parce qu'il a l'haleine courte!

— Je voudrais que les gens ne fissent pas leurs haies si hautes, dit enfin Ordéal dès qu'il put respirer. Qu'ont-ils besoin de faire des haies par dessus lesquelles on ne peut sauter?

— Eh bien! qu'a dit votre mère? demanda Jenny, le secouant encore *con amore*.

— Ma' désire savoir, mistress Abbot, dans le cas où vous n'auriez pas besoin de vous en servir vous-même, si vous voudriez lui prêter votre nom pendant quelques jours pour aller à Utique. Elle dit que les gens ne la traitent pas à moitié si bien quand elle s'appelle Bumgrum que lorsqu'elle prend un autre nom, et cette fois elle voudrait essayer le vôtre.

— N'est-ce que cela? Vous n'aviez pas besoin de tant vous presser pour une telle bagatelle, Ordéal. Faites mes compliments à votre mère, et dites-lui qu'elle est la bien venue à prendre mon nom, et je désire qu'il lui soit utile.

— Ma' dit qu'elle est disposée à payer le prêt de votre nom, si vous voulez lui dire quel sera le montant du dommage.

— Oh! ce n'est pas la peine de parler d'une bagatelle semblable; j'ose dire qu'elle me le rendra aussi bon que je le lui prête. Je ne suis pas assez mauvaise voisine et assez aristocrate pour vouloir garder mon nom pour moi seule. Dites à votre mère que je le lui prête avec plaisir, et qu'elle peut le garder tant qu'elle voudra, et qu'elle ne songe pas à rien payer pour cela. Je puis avoir à emprunter le sien ou quelque autre chose un de ces jours; quoique, pour dire la vérité, mes voisins me reprochent de me conduire en femme fière, parce que je ne leur emprunte pas aussi souvent qu'une bonne voisine devrait le faire.

Ordéal partit, laissant mistress Abbot dans une situation à peu près semblable à celle de l'homme qui n'avait pas d'ombre. Un coup frappé à la porte l'empêcha de reprendre sa première discussion avec sa servante, et M. Steadfast Dodge se montra dès que le mot « entrez » eut été prononcé. En fait de nouvelles, M. Dodge et mistress Abbot avaient de grands rapports : il vivait en les publiant, et elle en les débitant.

— Vous êtes le bien venu, monsieur Dodge, dit la maîtresse de la maison; j'ai appris que vous avez passé la journée d'hier chez les Effingham.

— Oui, mistress Abbot; les Effingham ont insisté si fortement que je n'ai pu me dispenser de faire ce sacrifice, après avoir été si longtemps leur compagnon de voyage. D'ailleurs, c'est une sorte de soulagement de trouver à parler un peu français, quand on a été dans l'habitude de le parler tous les jours pendant des mois entiers.

— On m'a dit qu'il y a compagnie chez eux.

— Seulement deux de nos compagnons de voyage : — un baronnet anglais et un jeune homme dont on ne sait rien. C'est un personnage mystérieux, mistress Abbot, et je déteste le mystère.

— Nous nous ressemblons en cela, monsieur Dodge. Je crois que chacun devrait savoir tout. Ce n'est pas dans un pays libre qu'il doit y avoir des secrets. Je ne cache rien à mes voisins, et pour dire la vérité, j'aime que mes voisins en agissent de même avec moi.

— En ce cas, les Effinghams ne vous conviendront guère, car je n'ai jamais vu une famille qui ait la bouche si close. Quoique j'aie été si longtemps sur le même bord avec miss Eve, je ne l'ai pas entendue une seule fois parler de manque d'appétit, de mal de mer, de migraine, ou d'autres choses semblables; et vous ne sauriez vous figurer combien elle est réservée sur le sujet des *beaux* [1]. Je ne crois pas l'avoir jamais entendue prononcer ce mot, ni même faire allusion à une seule promenade à pied ou à cheval qu'elle ait faite avec un homme dans toute sa vie. Je la regarde, mistress Abbot, comme excessivement artificieuse.

— Et vous ne risquez pas de vous tromper, Monsieur. Quand une jeune personne ne parle jamais de beaux, c'est un signe certain qu'elle y pense toujours.

— Je crois que cela est dans la nature humaine. Nulle personne ingénue ne pense jamais beaucoup à ce qui fait le sujet de la conversation. — Mais que pensez-vous, mistress Abbot, du mariage qui est sur le tapis au wigwam?

— Du mariage! s'écria mistress Abbot, à peu près comme un chien se jette sur un os. Quoi? déjà! C'est la chose la plus indécente dont j'aie jamais entendu parler! Comment? monsieur Dodge, il n'y a pas encore quinze jours que la famille est de retour, et déjà songer à un mariage! Un homme veuf qui se remarie un mois après la mort de sa femme ne fait pas pire.

Mistress Abbot faisait habituellement une distinction entre les hommes veufs et les veuves; car les premiers, disait-elle, pouvaient se marier quand bon leur semblait, au lieu qu'une veuve était obligée d'attendre qu'on lui fît une offre. Elle regardait un homme qui songeait à se remarier trop tôt après la mort de sa femme avec cette sorte d'horreur qu'on pouvait attendre d'une femme qui pensait à un second mari pendant que le premier vivait encore.

— Oui, c'est peut-être un peu prématuré, quoique les parties se connaissent depuis longtemps. Comme vous le dites fort bien, il aurait été plus décent d'attendre pour voir la tournure que prendront les choses dans un pays qu'on peut dire être pour eux une contrée étrangère.

1. Mot adopté en anglais pour désigner ceux qui rendent des soins à une femme, qui ont des attentions pour elle.

— Mais qui sont les parties, monsieur Dodge?
— Miss Eve et M. John Effingham.
— M. John Effingham ! s'écria la dame, qui voyait disparaître un de ses beaux rêves ; eh bien ! cela est par trop fort. Mais il ne l'épousera pas, la loi l'en empêchera, et nous vivons dans un pays où il y a des lois ! — Un homme ne peut épouser sa nièce.
— C'est blesser toutes les convenances, et l'on devrait y mettre ordre. Mais ces Effinghams font à peu près tout ce qui leur plaît.
— Je suis fâchée d'avoir entendu dire que leur société est excessivement désagréable, dit mistress Abbot, regardant M. Dodge avec un air d'inquiétude, comme si elle eût craint que la réponse ne fût négative.
— Aussi désagréable qu'il est possible, ma chère dame ; à peine trouveriez-vous en eux un seul trait qui vous plairait, dit Dodge ; et ils ont la bouche aussi close que s'ils craignaient sans cesse de se compromettre.
— Jamais on ne peut apprendre d'eux la moindre nouvelle, m'a-t-on dit. Il y a Dorinda Mudge qui a été employée un jour au wigwam par Eve et par Grace, et qui m'a dit qu'elle a essayé tous les moyens possibles pour les faire parler, en leur parlant elle-même des choses les plus connues, — de choses que mes enfants savent au bout du doigt, — comme les affaires des voisins, et comment chacun va dans son état ; mais, quoiqu'elles l'écoutassent un peu, — ce qui est quelque chose, j'en conviens, — elle ne put en tirer une syllabe en forme de réponse ou de remarque. Elle m'a dit qu'elle avait été tentée plusieurs fois de les planter là ; car il est monstrueusement désagréable de se trouver avec des gens qui ont la langue liée.
— J'ose dire que miss Effingham pouvait jeter çà et là quelques mots sur sa traversée et ses anciens compagnons de voyage, dit Steadfast, regardant à son tour mistress Abbot avec inquiétude.
— Point du tout. Dorinda soutient qu'il est impossible d'en tirer un seul mot sur rien de ce qui concerne un de ses semblables. Quand Dorinda leur parla de l'affaire fâcheuse arrivée dans la famille de notre pauvre voisin Bronson, — affaire bien désagréable, monsieur Dodge, et je ne serais pas surprise qu'elle brisât le cœur de mistress Bronson, — quand Dorinda leur en conta les détails, qui sont capables d'émouvoir la sensibilité d'une grenouille, aucune d'elles ne lui répondit ni ne lui fit une seule question. A cet égard, me dit-elle, Grace ne vaut pas mieux

qu'Eve, ni Eve mieux que Grace. Au lieu d'avoir l'air de désirer d'en savoir davantage, que fit Eve? Elle se mit à dessiner et à montrer à sa cousine ce qu'elle appelait les particularités des paysages suisses. Alors les deux mijaurées se mirent à parler de la nature, notre belle nature, comme Eve eut l'impudence de l'appeler; comme si la nature humaine, avec ses hauts et ses bas, n'était pas un sujet d'entretien plus convenable pour deux jeunes personnes que des lacs, des rochers et des arbres. Mon opinion est, monsieur Dodge, qu'il y a une ignorance complète au fond de tout cela, car elles ne savent pas plus ce qui se passe dans les environs, que si elles étaient au Japon.

— Tout cela n'est qu'orgueil, mistress Abbot, orgueil insigne. Elles se croient trop au-dessus des autres pour entrer dans le détail de leurs affaires. J'ai mis à l'épreuve miss Effingham en revenant d'Angleterre, et jamais je n'ai pu la faire parler de choses ayant rapport aux intérêts des autres, quoique je susse qu'elle devait les connaître et qu'elle les connaissait. C'est un véritable Tartare en jupons, et jamais vous ne lui ferez faire que ce qui lui plaît.

— Avez-vous entendu dire que Grace a encouru la censure de son Eglise?

— Pas un mot. Quel ministre lui donne des instructions.?

— C'est plus que je ne saurais vous dire. Ce n'est pas le ministre de l'Eglise épiscopale, j'en réponds : on n'a jamais entendu parler d'une conversion réelle, active, régénératrice et portant de bons fruits sous sa direction.

— Non, mistress Abbot, non; il y a en général trop peu d'onction dans la religion anglicane. Ses ministres ont trop de froideur et d'apathie. Je garantis que pas un pécheur n'a été saisi de pieuses convulsions dans leurs églises; pas un n'a été tout à coup transformé en saint. Nous avons, *nous*, mistress Abbot, bien des actions de grâces à rendre au ciel.

— Sans doute; car nous avons eu de bien glorieux priviléges. A coup sûr, ce n'est qu'un orgueil criminel qui a pu abuser une malheureuse pécheresse comme Eve Effingham au point de lui faire croire qu'elle est trop élevée au-dessus de ses semblables pour penser à leurs affaires et y prendre intérêt. Quant à moi, ma conversion m'a tellement ouvert le cœur, qu'il me semble que je voudrais savoir tout ce qui concerne le dernier des habitants de Templeton.

— C'est le véritable esprit de la religion, mistress Abbot; soyez-y ferme, et votre rédemption est assurée. Je ne publie un journal que pour montrer l'intérêt que je prends à mes semblables.

— J'espère, monsieur Dodge, que la presse n'a pas dessein de laisser dormir cette affaire de la pointe. La presse est le véritable gardien des droits du public, et je puis vous dire que toute la communauté attend son appui dans cette crise.

— Nous ne manquerons pas de faire notre devoir, répondit M. Dodge en baissant la voix, et en regardant autour de lui. —
— Quoi! un individu insignifiant, qui n'a pas le moindre droit au-dessus du moindre citoyen de ce pays, l'emporterait sur cette grande et puissante communauté! quand même M. Effingham serait propriétaire de cette pointe de terre.....

— Il ne l'est pas, monsieur Dodge. De temps immémorial, depuis que j'habite Templeton, c'est le public qui en a toujours été propriétaire. D'ailleurs le public dit qu'il en est propriétaire, et ce que dit le public fait loi dans cet heureux pays.

— Mais en supposant qu'elle n'appartînt pas au public.....

— Mais je vous dis qu'elle lui appartient, répéta la dame encore plus positivement.

— Eh bien! Madame, qu'il en soit propriétaire ou non, l'Amérique n'est pas un pays où la presse doive garder le silence quand un individu insignifiant veut braver le public. Laissez-nous le soin de cette affaire, mistress Abbot; on ne la négligera point.

— J'en suis pieusement enchantée.

— Je vous dis cela comme à une amie, continua M. Dodge en tirant de sa poche avec précaution un manuscrit qu'il se prépara à lire à la dame, dont les yeux exprimaient la curiosité qui la dévorait.

Le manuscrit de M. Dodge contenait un prétendu compte de toute l'affaire de la pointe. Le style en était obscur, et il s'y trouvait plusieurs contradictions; mais l'imagination de mistress Abbot savait les concilier et remplir toutes les lacunes. Ce pamphlet était rempli de tant de professions de mépris pour M. Effingham, que tout homme raisonnable devait être surpris qu'un sentiment qui est ordinairement si passif cût éclaté tout à coup avec une activité si violente. Quant aux faits, pas un seul n'était fidèlement rapporté, et il s'y trouvait plusieurs mensonges, dont le but évident était de donner un faux coloris à toute l'affaire.

— Je crois que cela doit aller au but, dit Steadfast, et nous avons pris des moyens pour en assurer la circulation.

— Voilà qui fera bien! s'écria mistress Abbot avec un transport de joie qui lui permettait à peine de respirer. — J'espère qu'on croira tout cela.

— N'en doutez pas. Si c'était une affaire de parti, la moitié du monde le croirait, et l'autre moitié n'en croirait rien. Mais dans une affaire qui concerne un individu, chacun est toujours prêt à croire ce qui peut donner à parler.

En ce moment, le tête à tête fut interrompu par le retour des divers messagers de mistress Abbot; et tous, comme la colombe partie de l'arche, rapportèrent avec eux quelque chose sous la forme de commérages. L'affaire de la pointe était le sujet général. A la vérité les différents rapports se contre-disaient positivement; mais mistress Abbot, dans la bienveillance et la piété de son cœur, trouva le moyen d'en extraire la confirmation de ses désirs charitables.

M. Dodge tint sa parole, et le pamphlet fut publié. La presse, dans tout le pays, s'en empara avec avidité, comme de tout ce qui pouvait l'aider à remplir ses colonnes. Personne ne parut disposé à prendre des informations sur la vérité de l'histoire, et sur le caractère de l'autorité sur laquelle elle s'appuyait. Elle était imprimée, et cela parut une sanction suffisante à la grande majorité des éditeurs et de leurs lecteurs. Très-peu avaient assez l'habitude de réfléchir par eux-mêmes pour hésiter dans leur opinion. Et ce fut ainsi qu'une injustice criante fut commise sans aucun remords contre un citoyen, par ceux qui, pour s'en rapporter à ce qu'ils disent eux-mêmes, étaient les champions réguliers et habituels des droits de l'homme.

John Effingham fit remarquer à son cousin étonné cet exemple insigne d'injustice avec ces froids sarcasmes qui étaient son arme ordinaire contre les faiblesses, les fautes et les crimes de son pays. Sa fermeté et celle de M. Effingham firent pourtant qu'on n'osa publier les résolutions adoptées par l'assemblée à laquelle Aristobule avait assisté. Au bout d'un certain temps, le premier se les procura, et les fit imprimer lui-même, jugeant que c'était le meilleur moyen de faire connaître le véritable caractère de la populace insensée qui avait ainsi dégradé la liberté en faisant profession de la servir tout en prouvant si évidemment qu'elle n'en connaissait pas l'esprit.

La fin de cette affaire offrit un champ étendu aux commentaires que pouvait faire un bon observateur des hommes. Dès que la vérité fut généralement connue sur la question de savoir à qui appartenait la pointe de terre contestée, et que le public fut bien assuré que, bien loin d'avoir le moindre droit à la propriété, il n'en avait joui que par faveur, ceux qui s'étaient compromis par des assertions ridicules et par des outrages indécents voulurent sauver leur amour-propre en cherchant des excuses pour leur conduite dans celle de l'autre partie. Ils blâmèrent hautement M. Effingham de n'avoir pas fait ce qu'il avait précisément fait, c'est-à-dire informé ses concitoyens que le public n'avait aucun droit à cette propriété ; et quand on leur démontra que ce reproche était une absurdité, ils se plaignirent du mode qu'il avait adopté pour faire ce qu'il avait fait, quoique ce fût celui que chacun, en pareil cas, employait constamment. Après ces accusations vagues et indéfinies, ceux qui avaient fait le plus de bruit dans cette affaire commencèrent à nier tout ce qu'ils avaient dit, en déclarant qu'ils avaient toujours su que cette propriété appartenait à M. Effingham, mais qu'ils n'aimaient pas que lui, ou qui que ce fût, eût la présomption de vouloir leur apprendre ce qu'ils savaient déjà. En un mot, la fin de cette affaire montra la nature humaine sous ses aspects ordinaires de prévarication, de mensonge, de contradiction et d'inconséquence ; et malgré les appels à la liberté qu'ils avaient faits, ceux qui avaient été le plus coupables d'injustice furent ceux qui se plaignirent le plus haut, comme si c'étaient eux seuls qui eussent souffert.

— Je dois convenir, John, dit M. Effingham, qu'après une si longue absence ce pays ne se montre pas à nous sous le jour le plus favorable ; mais on trouve des erreurs dans tous les pays et dans toutes les institutions.

— Oui, Edouard, voyez les choses du plus beau côté, c'est votre usage ; mais si vous n'adoptez pas ma manière de penser avant que vous soyez d'un an plus vieux, je renonce à l'honneur d'être prophète. — Je voudrais que nous pussions connaître le fond de la pensée de miss Effingham à ce sujet.

— Miss Effingham, dit Eve, a été affligée, désappointée, contrariée, mais elle ne désespère pas de la république. D'abord aucun de nos voisins respectables n'a pris part à cette affaire, et c'est quelque chose ; quoique j'avoue que je suis surprise qu'une portion considérable de la communauté, qui se respecte, souffre tranquillement qu'un petit nombre d'ignorants prétendent la représenter dans une affaire qui intéresse de si près le sens commun et la justice.

— Vous avez encore à apprendre, miss Effingham, que les hommes peuvent être saturés de liberté à tel point qu'ils deviennent insensibles à toute autre chose. Les plus grandes injustices se commettent dans cette bonne république où nous vivons, sous prétexte qu'elles sont faites par le public et pour le public. Le peuple se courbe devant cet épouvantail, avec autant de soumission que Gesler aurait voulu que les Suisses saluassent son chapeau, comme celui du substitut de Rodolphe. Il faut des idoles aux hommes, et les Américains s'en sont fait une d'eux-mêmes.

— Et cependant, cousin John, vous seriez bien fâché d'être obligé de vivre sous un système de gouvernement moins libre. Je crains que vous n'affectiez quelquefois de dire ce que vous ne pensez pas tout à fait.

CHAPITRE XVII.

*Allons, ce n'est pas le temps de penser à des rêves ;
nous en parlerons plus tard.* SHAKSPEARE.

Le jour qui suivit celui pendant lequel eut lieu la conversation que nous venons de rapporter, fut un jour d'attente et de plaisir au wigwam : mistress Hawker, M. et mistress Bloomfield devaient venir, et la matinée se passa rapidement dans cette gaieté légère que fait naître un pareil espoir dans une maison de campagne d'Amérique. Les voyageurs devaient quitter la ville la veille au soir, et quoique la distance fût de près de deux cent trente milles, ils avaient promis d'arriver pour l'heure ordinaire du dîner. Les Américains n'ont pas de rivaux pour la vitesse tant qu'ils suivent la grande route, et sir George Templemore lui-même, quoique arrivant d'un pays où il y a des routes macadamisées et d'excellents chevaux de poste, exprima sa surprise en apprenant qu'un voyage de cette longueur, dont près de cent milles devaient se faire par terre, serait terminé en vingt-quatre heures.

— On aime particulièrement la rapidité d'un tel voyage, dit-il, quand il doit amener une amie comme mistress Hawker.

— Et mistress Bloomfield! ajouta Eve avec vivacité. Je fais reposer sur elle la réputation des femmes américaines.

— Plus que sur mistress Hawker, miss Effingham?

— Non pas dans toutes les qualités qui rendent cette dernière si aimable et si respectable, mais certainement plus du côté de l'esprit. Je sais, sir George, quelle est l'opinion que, comme Européen, vous avez conçue de mon sexe en ce pays.

— Juste ciel! ma chère miss Effingham, — mon opinion de votre sexe en Amérique! Il est impossible à qui que ce soit d'avoir une plus haute opinion de vos belles compatriotes, — comme j'espère le prouver, — comme je me flatte que mon respect et mon admiration l'ont toujours prouvé. — Powis, comme Américain, vous m'absoudrez de ce manque de goût, — de jugement, — de sensibilité.

Paul sourit; mais il répondit au baronnet embarrassé et réellement ému qu'il le laisserait dans les bonnes mains où il était tombé.

— Vous voyez cet oiseau qui voltige si gaiement autour des toits du village, reprit Eve, montrant avec le bout de son parasol l'objet dont elle parlait, car ils se promenaient tous trois sur la pelouse en face de la maison en attendant l'arrivée de leurs amis; je suppose que vous êtes assez bon ornithologiste pour m'en dire le nom?

— Vous êtes disposée à la sévérité ce matin. — Cet oiseau est une hirondelle.

— Une d'elles ne fait pas l'été, suivant un proverbe que chacun connaît. Nous avons déjà oublié notre cosmopolitisme, et, à ce que je crains, notre franchise en même temps.

— Depuis que Powis a arboré ses couleurs nationales, répondit sir George en souriant, je ne me sens plus aussi libre qu'autrefois sur de pareils sujets. Quand je croyais avoir en lui un allié secret, je ne craignais pas de faire quelques concessions en matières semblables; mais l'aveu qu'il a fait de son pays m'a mis sur mes gardes. Cependant je ne conviendrai en aucun cas, que je sois insensible aux qualités de vos concitoyennes. Powis, en sa qualité d'Américain, peut prendre cette liberté; mais, quant à moi, je soutiens qu'elles sont au moins égales aux femmes de tous les pays que je connais.

— En naïveté, en beauté, en délicatesse, en simplicité, en sincérité.

— En sincérité! le croyez-vous, ma chère miss Effingham?

— En sincérité par-dessus tout, mon cher sir George Templemore. La sincérité et la franchise sont les dernières qualités que je leur refuserais.

— Mais pour en revenir à mistress Bloomfield, elle est intelligente, — extrêmement intelligente, j'en conviens ; mais en quoi son intelligence se distingue-t-elle de celle des personnes de son sexe de l'autre côté de l'Océan ?

— Peut-être n'y a-t-il pas de différence plus remarquable que celle qui se manifeste par des traits nationaux. Naples et New-York sont sous la même latitude, et cependant je crois que vous conviendrez avec moi qu'il y a peu de ressemblance entre les goûts et les habitudes de la population respective de ces deux villes.

— Je conviens que je ne comprends pas cette allusion. — La saisissez-vous mieux que moi, Powis ?

— Je ne dirai pas cela, répondit Paul ; mais je crois que je comprends ce que veut dire miss Effingham. Vous avez assez voyagé pour savoir qu'il y a plus d'aptitude chez le peuple du Midi que chez le peuple du Nord. Le premier reçoit plus promptement les impressions, et a les perceptions plus vives.

— Je crois que cela est vrai, mais vous avouerez aussi qu'il est moins constant et qu'il a moins de persévérance.

— Nous sommes d'accord sur ce point, sir George, reprit Eve, quoique nous puissions différer sur les causes. L'inconstance dont vous parlez se rattache peut-être à des causes morales plutôt que physiques ; et nous autres, dans ce pays-ci, nous pourrions peut-être prétendre être exempts de quelques-unes. Mais mistress Bloomfield se distingue de ses rivales d'Europe par un extérieur si féminin, qu'il peut paraître frêle; par des contours si délicats, qu'ils indiqueraient une faiblesse générale, sans ses traits brillants d'esprit; et par une intelligence si vive, qu'on la prendrait presque pour de l'inspiration. Et pourtant tout cela est balancé par un bon sens pratique qui rend ses conseils aussi sûrs que son amitié est fervente. Cette dernière qualité vous ferait quelquefois douter de son génie, car elle est aussi simple qu'utile. Or, c'est en cela que l'Américaine, quand elle s'élève au-dessus de la médiocrité, se fait principalement distinguer de l'Européenne. Celle-ci, comme un génie, est presque toujours dans les nuages, au lieu que mistress Bloomfield, dans son essor le plus élevé, est tout cœur et tout bon sens. Nous sommes une nation pratique, et les qualités pratiques y sont accordées même à l'ordre le plus élevé de talents.

— On croit que les Anglaises ont plus de sang-froid, et n'éprouvent pas autant l'influence du sentimentalisme que quelques-unes de leurs voisines du continent.

— Et l'on a raison; mais...

— Mais quoi, miss Effingham? Il y a dans tout ceci un léger retour du cosmopolitisme qui me rappelle les jours de nos périls et de nos aventures. Ne nous cachez pas une de vos pensées, si vous désirez conserver cette réputation.

— Eh bien! pour être sincère, je vous dirai que vos femmes vivent sous un système trop artificiel et trop factice, pour ouvrir toujours une pleine carrière au sens commun. Quelles peuvent être, par exemple, les idées habituelles d'une femme qui, en professant la doctrine du christianisme, est accoutumée à voir un tel ascendant à l'argent, qu'on exige pour remplir le premier des devoirs sacrés de l'Eglise? Il serait aussi raisonnable de prétendre qu'une glace frappée par une balle à un point d'où partent une infinité de rayons, comme nous en avons vu si souvent à Paris, réfléchirait fidèlement les objets, que de supposer qu'un esprit familiarisé avec de tels abus pourrait sentir les choses pratiques qui exigent du sens commun.

— Mais tout cela est habitude, miss Effingham.

— Je le sais, sir George, et c'en est une fort mauvaise. Vos ecclésiastiques eux-mêmes y deviennent tellement accoutumés, qu'ils ne voient pas l'erreur grossière qu'ils commettent. Je ne dis pas que ce soit positivement un péché, puisqu'on n'use pas de compulsion, mais j'espère que vous serez d'accord avec moi, monsieur Powis, quand je dis qu'un membre du clergé devrait être scrupuleux sur un pareil objet, même au point de refuser les petites offrandes que les riches dans ce pays-ci ont coutume de faire pour les baptêmes.

— Je pense comme vous. Ce serait prouver qu'ils sentent mieux quelle est la nature des fonctions qu'ils remplissent; et celui qui désire donner, en trouve toujours l'occasion.

— On pourrait prendre une leçon de Franklin, qui, dit-on, engagea son père à prononcer un bénédicité sur tout un baril de cochon salé, afin que tout fût fait en une fois, dit John Effingham qui venait de se joindre à eux, et qui avait entendu une partie de la conversation. Dans le cas dont il s'agit, on pourrait, en faisant payer les honoraires du mariage, calculer un taux moyen qui comprendrait tous les baptêmes futurs. Mais voici notre voisin Howel, qui nous donnera son opinion sur ce sujet. Aimez-vous les usages de l'Eglise anglicane relativement aux baptêmes, Howel?

— M. Howel est si complètement Anglais, dit miss Effingham en serrant cordialement la main de son bon voisin, qu'il donnerait son suffrage en faveur de toute coutume qui pourrait se vanter d'une telle origine.

— Et n'est-ce pas un sentiment plus naturel pour un Américain, que cette méfiance sans cause qui repousse un usage uniquement parce qu'il vient d'Angleterre? demanda sir George avec un ton de reproche.

— Ce n'est point à cause de l'origine, sir George, que j'ai du respect pour ce qui vient de votre pays : je tâche de ne me laisser atteindre par aucun préjugé. Mon admiration pour l'Angleterre est l'effet de la conviction. J'examine tous ses mouvements avec le plus grand soin pour voir si elle fera un faux pas, et je suis obligé de dire que je ne l'ai pas encore vue une seule fois dans l'erreur. Quel tableau différent offre la France! — J'espère que votre gouvernante n'est pas à portée de m'entendre, miss Eve; ce n'est pas sa faute si elle est née Française, et je ne voudrais pas blesser sa sensibilité; — mais quel tableau différent offre la France! Je l'ai aussi surveillée de près, je puis dire, depuis quarante ans, et je ne l'ai jamais vue agir comme elle l'aurait dû. Vous conviendrez que c'est beaucoup dire pour un homme qui est parfaitement impartial.

— C'est véritablement un tableau effrayant, Howel! surtout étant tracé par un homme sans préventions, dit John Effingham; et je ne doute pas que sir George Templemore n'en ait meilleure opinion de lui à l'avenir; qu'il ne se regarde comme un lion vaillant, et qu'il ne vous considère comme un véritable prince. — Mais voici « *l'extra-exclusif* » qui contient nos amis.

La pelouse était située de manière à commander la route qui conduisait au village, et l'on voyait la voiture louée par mistress Hawker et ses amis la parcourir rapidement. Eve et ses compagnons en exprimèrent leur satisfaction ; mais ils continuèrent à se promener, quelques minutes devant encore s'écouler avant l'arrivée de leurs amis.

— Un extra-exclusif! répéta sir George, c'est une expression singulière, et qui ne sent nullement la démocratie.

— Dans toute autre partie du monde, il suffirait de dire un extra ; mais ici il faut y ajouter le mot « exclusif », pour y donner « le timbre de la tour », dit John Effingham d'un air caustique. Tout peut être ici exclusif, mais il faut pour cela le sceau public ; une diligence étant destinée pour tout le monde, plus elle est exclusive, mieux cela vaut. Nous entendrons bientôt parler de bâtiments à vapeur exclusifs, de chemins de fer exclusifs, le tout à l'usage du peuple exclusif.

Sir George demanda alors sérieusement une explication de ce terme, et M. Howel l'informa qu'on nommait un « extra », en Amérique, une voiture destinée à conduire les voyageurs qui excédaient le nombre de ceux que pouvait contenir une diligence ; mais qu'un « extra-exclusif » signifiait une voiture louée par un individu particulier.

— C'est donc ainsi qu'on court la poste en Amérique? dit le baronnet.

— Vous avez saisi la meilleure idée qu'on puisse en donner, répondit Paul. C'est dans le fait courir la poste avec un cocher au lieu de postillons ; car peu de personnes, dans ce pays où il y a tant de bâtiments à vapeur, pensent à se servir de leur voiture pour voyager. L'ultra-exclusif américain non seulement court la poste, mais il la court très-rapidement dans les parties du pays habitées depuis longtemps.

— J'ose dire que tout cela ne vaut rien, dit M. Howel, et on le reconnaîtrait en y réfléchissant. — Il n'y a rien d'exclusif en Angleterre, n'est-ce pas, sir George?

Tout le monde se mit à rire, excepté celui qui faisait cette question. Mais le bruit des roues et des chevaux, en passant sur le pont du village, annonça l'arrivée des voyageurs. A peine Eve et ses compagnons avaient-ils regagné la porte de la maison, que la voiture s'y arrêta, et un moment après elle fut serrée dans les bras de mistress Bloomfield. Il ne fallut qu'un coup d'œil pour voir que la voiture contenait plus de voyageurs qu'on n'en attendait, et comme ils en descendaient lentement, les spectateurs se rangèrent tout autour, curieux de voir qui allait en sortir.

La première personne qui descendit après mistress Bloomfield fut le capitaine Truck, qui cependant, au lieu de saluer ses amis, se retourna avec empressement vers la portière par laquelle il venait de passer, et offrit galamment la main à mistress Hawker. Ce ne fut qu'après s'être acquitté de ce devoir, qu'il chercha Eve des yeux ; car le digne capitaine avait conçu tant de respect et d'admiration pour cette dame, qu'elle avait presque supplanté notre héroïne dans son cœur. M. Bloomfield parut ensuite, et une double exclamation de surprise et de plaisir partit en même temps lorsqu'on vit descendre le dernier voyageur.

— Ducie! s'écria sir George; c'est mieux que nous ne nous y attendions.

— Ducie! s'écria Paul; vous arrivez plusieurs jours plus tôt que nous ne l'espérions.

L'explication fut aussi courte que simple. Le capitaine Ducie avait trouvé plus de facilité qu'il ne l'avait supposé pour voyager rapidement, et il était arrivé à Fort-Plain en même temps que les autres voyageurs. Le capitaine Truck, qui avait trouvé mistress Hawker avec M. et mistress Bloomfield sur une des barques de la rivière, avait été chargé de faire les arrangements nécessaires pour le reste du voyage. Pendant qu'il s'en occupait, il rencontra le capitaine Ducie. Leur surprise fut mutuelle, et, quand le capitaine eut dit quelle était sa destination, il fut reçu très-cordialement dans « l'ultra-exclusif ».

M. Effingham accueillit tous ses hôtes avec l'hospitalité qui le distinguait. Je ne crois pas beaucoup à de prétendues vertus nationales, particulières à tel ou tel peuple, m'étant assuré, à ma satisfaction, par des observations assez étendues, que la différence morale entre les hommes n'est pas très-considérable; mais je suis tenté de dire, en cette occasion, que M. Effingham reçut les voyageurs avec une hospitalité américaine; car s'il est une vertu que ce peuple puisse prétendre posséder à un plus haut degré que la plupart des autres nations chrétiennes, c'est celle d'une hospitalité simple, sincère et confiante. Le propriétaire du wigwam avait un profond respect pour mistress Hawker, comme tous ceux qui la connaissaient; et quoique son esprit moins actif eût moins de plaisir que sa fille à considérer les traits intelligents de mistress Bloomfield, il avait aussi pour cette dame une affection fondée sur l'estime. Il était très-charmé de voir Eve entourée de deux personnes de son sexe, remarquables par leur esprit et leur excellente éducation, et n'offrant rien qui ressemblât à un caractère artificiel ou emprunté. M. Bloomfield était un homme tranquille, sensé et bien élevé. Sa femme l'aimait passionnément sans faire parade de son attachement, et il avait le secret de se rendre agréable partout où il était. Le capitaine Ducie, qui, en véritable Anglais, avait eu besoin d'être un peu pressé pour se décider à se présenter au wigwam avant le jour qu'il avait annoncé dans sa lettre, et qui avait sérieusement eu l'idée de passer quelques jours dans quelque taverne des environs, pour attendre que ce jour fût arrivé, se trouva agréablement désappointé par l'accueil qu'il reçut, et qui n'aurait été ni moins franc ni moins cordial, s'il fût arrivé sans être aucunement attendu. M. Effingham savait que les usages qu'une population plus nombreuse et plus raffinée rendent peut-être nécessaires dans des pays plus anciens, ne l'étaient pas dans le sien ; et la circonstance que le capitaine Ducie était si proche parent de Paul Powis, ajoutait un grand poids en sa faveur.

— Dans ces montagnes retirées, capitaine Ducie, nous n'avons que peu de choses qui puissent intéresser un voyageur et un homme du monde, dit M. Effingham après les premiers compliments, quand on fut entré dans la maison ; mais il y a un intérêt qui nous est commun dans nos aventures passées, et nous pourrons en parler quand d'autres sujets de conversation nous manqueront. Quand nous nous sommes rencontrés sur l'Océan, et que vous nous avez privés si inopinément de la compagnie de notre ami Powis, nous ignorions que vous aviez un meilleur droit que nous à sa société, celui de la parenté.

Le capitaine Ducie rougit un peu, mais répondit avec un ton de politesse et de reconnaissance.

— Il est très-vrai, ajouta-t-il, que Powis et moi nous sommes parents, et c'est sur cette circonstance que je fonde tous mes droits à votre hospitalité ; car je sais que j'ai été pour vous la cause involontaire de trop de souffrances et de dangers pour que ma présence puisse rappeler des souvenirs agréables, malgré la bonté que vous avez de me comprendre comme ami dans les aventures dont vous parlez.

— Des dangers heureusement passés font rarement naître des souvenirs très-désagréables, surtout quand ils se rattachent à des scènes du plus vif intérêt. — J'ai entendu dire, Monsieur, que le malheureux jeune homme qui a été la principale cause de tout ce qui s'est passé, a prévenu lui-même la sentence que la loi aurait prononcée contre lui.

— Il a été son propre exécuteur, victime d'une sotte faiblesse que votre société est, je crois, encore trop jeune pour encourager. La vanité puérile de briller par son extérieur, — genre de vanité qui, soit dit en passant, n'attaque guère les hommes bien nés et la classe à laquelle on pourrait croire qu'elle appartient plus spécialement, — cause la perte d'une foule de jeunes gens en Angleterre, et celui-ci a été du nombre. Je ne me suis jamais trouvé plus content que lorsqu'il quitta ma corvette; car la vue d'un homme atteint d'une telle faiblesse dégoûte de la nature humaine. Mais quelque misérable qu'ait été son destin, quelque digne de pitié que fût sa situation quand il était prisonnier sur mon bord, c'est à cette circonstance que je dois le plaisir de vous connaître, vous et votre aimable famille, et sans cela je n'aurais peut-être jamais eu le bonheur de vous rencontrer.

Ce discours civil reçut une réponse convenable, et M. Effingham s'adressa au capitaine Truck, à qui il n'avait pas encore trouvé le temps de dire la moitié de ce que son cœur lui inspirait.

— Je suis enchanté de vous voir sous mon toit, mon digne ami! lui dit-il en serrant les doigts rudes et basanés du capitaine entre ses mains plus douces et plus blanches; car ici je puis dire que vous êtes réellement sous mon toit, au lieu que les maisons de ville n'ont pas ce même air d'intime familiarité. J'espère que vous passerez ici une bonne partie de vos jours de repos; et quand nous serons plus vieux de quelques années, nous nous amuserons à bavarder de toutes les merveilles que nous avons vues ensemble.

Les yeux du capitaine brillèrent, et il rendit le serrement de main de M. Effingham avec une énergie qui ressemblait à la pression d'une vis. — Le plus heureux jour de ma vie, dit-il ensuite, fut celui où je congédiai pour la première fois le pilote de port, comme commandant d'un bâtiment; le second fut celui où je me trouvai à bord du *Montauk*, après avoir fait savoir à ces infâmes Arabes que leur absence nous convenait mieux que leur compagnie; et je crois réellement que celui-ci doit passer pour le troisième. Je n'ai jamais su, mon cher Monsieur, combien j'aimais votre fille que lorsqu'elle a été loin de mes yeux.

— C'est un discours si galant qu'il ne doit pas être perdu pour la personne la plus intéressée. — Eve, ma chère amie, notre digne ami vient de faire une déclaration qui sera une nouveauté pour vous, car vous n'avez pas eu beaucoup d'occasions d'en entendre une semblable.

M. Effingham informa alors sa fille de ce que le capitaine Truck venait de dire.

— C'est certainement la première déclaration de cette sorte que j'aie jamais entendue, répondit Eve en souriant, et j'avoue, avec la simplicité d'une jeune fille sans artifice, que l'attachement est réciproque. S'il y a quelque indiscrétion dans un aveu si précipité, il faut l'attribuer à la surprise et à la découverte si subite que j'ai faite de mon pouvoir; car les parvenus ne sont pas toujours très-exacts à suivre les règles.

— J'espère que *mamselle* Viefville se porte bien, dit le capitaine en serrant la main qu'Eve lui avait présentée, et qu'elle n'est pas mécontente de ce pays, étranger pour elle?

— Mademoiselle Viefville vous fera ses remerciements elle-même en dînant. Je crois qu'elle ne regrette pas encore la belle France d'une manière déraisonnable; et comme je la regrette moi-même sous plus d'un rapport, il serait injuste de ne pas permettre à une Française quelque liberté à cet égard.

— Je vois dans cette salle une figure étrangère. — Est-ce quelqu'un de la famille, ma chère miss Eve?

— Ce n'est pas un parent, mais c'est un ancien ami. — Aurai-je le plaisir de vous présenter à lui, capitaine?

— J'osais à peine vous le demander, car je sais que vous avez sur ce sujet quelques idées particulières, mais je conviens que j'en serais charmé. Je n'ai ni présenté personne ni été présenté à qui que ce soit depuis mon départ de New-York, à l'exception du capitaine Ducie que j'ai présenté à mistress Hawker, ainsi qu'à M. et mistress Bloomfield, comme vous pouvez bien le supposer. Ils ont fait connaissance régulièrement, et je vous ai épargné la peine de cette présentation.

— Et mistress Bloomfield? Mistress Hawker vous a-t-elle présenté à elle dans toutes les formes?

— C'est la chose la plus extraordinaire que j'aie jamais vue de ma vie. Pas un mot ne fut dit en forme de présentation, et cependant je fis connaissance avec mistress Bloomfield si aisément, que, quand il s'agirait de ma vie, je ne saurais dire comment cela s'est fait. — Mais cet ancien ami de votre famille, miss Eve...

— Capitaine Truck, je vous présente M. Howel; — monsieur Howel, voici le capitaine Truck, dit Eve, imitant la manière du capitaine avec une gravité admirable. Je suis charmée de pouvoir faire faire connaissance à deux personnes pour qui j'ai tant d'estime.

— Le capitaine Truck est le commandant du *Montauk?* dit M. Howel, en jetant un regard à Eve, comme pour dire : Ne me trompé-je pas?

— Lui-même. C'est le brave marin à qui nous sommes tous redevables du bonheur d'être ici.

— Vous méritez d'être envié, capitaine Truck. De tous les hommes de votre profession, vous êtes précisément celui que je désirerais le plus supplanter. Je crois que vous faites deux voyages par an en Angleterre?

— J'en fais trois, Monsieur, quand le vent le permet. Il m'est même arrivé de voir la vieille île quatre fois de janvier à janvier.

— Quel plaisir! Ce doit être la perfection de la navigation que de faire voile entre l'Amérique et l'Angleterre!

— Cela n'est pas désagréable d'avril en novembre, Monsieur; mais les longues nuits, le gros temps et les grands vents ne procurent pas beaucoup de satisfaction le reste de l'année.

— Mais je parle du pays, — de l'Angleterre même, et non de la traversée.

— Oh! l'Angleterre a ce que j'appelle une bonne côte; elle est élevée, et l'on y donne beaucoup d'attention aux phares. Mais à quoi servent une bonne côte et des phares quand le brouillard est si épais qu'on ne peut voir de l'avant à l'arrière d'un bâtiment?

— M. Howel parle principalement de l'intérieur du pays, dit Eve, des villes, de la civilisation, des usages et surtout du gouvernement.

— A mon avis, Monsieur, le gouvernement anglais y regarde de beaucoup trop près relativement au tabac et à d'autres bagatelles que je pourrais nommer. Ensuite il restreint l'usage du guidon aux vaisseaux du roi, tandis qu'à mon avis, ma chère miss Eve, un paquebot de New-York est aussi digne de porter un guidon qu'aucun vaisseau qui flotte sur l'Océan. — J'entends les paquebots réguliers allant d'Amérique en Europe, et non les bâtiments faisant route au sud.

— Mais tout ce dont vous parlez, mon cher Monsieur, n'est qu'une tache sur le soleil. Laissant de côté de pareilles bagatelles, je crois que vous conviendrez que l'Angleterre est le pays le plus délicieux qui soit au monde.

— Pour être franc avec vous, monsieur Howel, il y fait un chien de temps en octobre, novembre, décembre, janvier et février. Mars y est parfois tout autre chose qu'agréable, et avril est comme une jeune fille qui lit un de vos romans mélancoliques, tantôt souriant, tantôt pleurnichant.

— Mais les mœurs du pays, mon cher Monsieur, les traits moraux de l'Angleterre, doivent être une source de plaisir constant pour un vrai philanthrope, répliqua M. Howel, tandis qu'Eve, voyant que la discussion pourrait être longue, était allée rejoindre les dames. — Un Anglais a toutes les raisons possibles pour être fier de l'excellence morale de son pays.

— Pour vous dire la vérité, Monsieur, il y a quelques-uns des traits moraux de Londres qui ne sont pas d'une grande beauté. Si vous pouviez passer vingt-quatre heures dans les environs des docks de Sainte-Catherine, vous y verriez des choses qui causeraient des convulsions dans Templeton. Les Anglais sont un beau peuple, j'en conviens, mais leur morale n'est pas bien emplumée.

— Asseyons-nous, Monsieur; je crains que nous ne nous entendions pas bien; et pour pouvoir continuer notre conversation, je vous prierai de me permettre de me placer près de vous à table.

Le capitaine Truck y consentit volontiers; ils se mirent à table, et continuèrent leur entretien de la même manière qu'il avait commencé, l'un persistant à voir tous les objets à l'aide d'une imagination dérangée, et attaquée d'une sorte de monomanie, l'autre semblant obstinément déterminé à juger de tout le pays d'après l'expérience limitée qu'il avait acquise dans le voisinage des docks de Sainte-Catherine.

— Nous avons fait une rencontre aussi inattendue qu'agréable en la personne du capitaine Truck, dit mistress Hawker à Eve, qui s'était assise près d'elle. Je crois réellement que si je devais faire naufrage et courir le risque de la captivité, je voudrais que cela m'arrivât en sa compagnie.

— Mistress Hawker fait tant de conquêtes, dit mistress Bloomfield, que nous ne devons pas nous étonner de ses succès auprès de ce digne marin. Mais que direz-vous, miss Effingham, quand vous saurez que je suis aussi dans ses bonnes grâces? Cet échantillon de la marine me donnera une meilleure idée des maîtres et des contre-maîtres, des Trinculo et des Stéphano, pour tout le reste de ma vie.

— Ne parlez pas des Trinculo et des Stéphano, ma chère mistress Bloomfield; car, à l'exception des samedis soirs, quand il porte le toast « des maîtresses et des femmes, » il n'existe pas un homme plus exemplaire que notre excellent ami le capitaine Truck. Il a trop de religion et de moralité pour avoir un vice aussi vulgaire que celui de la boisson.

— De religion! s'écria mistress Bloomfield avec surprise. C'est un mérite auquel je ne savais pas qu'il eût le moindre droit. J'aurais pu lui supposer quelque superstition, quelques courts accès de repentir pendant une tempête, mais rien qui fût régulier en fait de religion comme les vents alisés.

— Vous ne le connaissez donc pas; car on trouve rarement un homme plus sincèrement religieux, quoique je convienne que c'est d'une manière qui est peut-être particulière à l'Océan. Quoi qu'il en soit, il est rempli d'attentions pour les dames.

— L'essence de la politesse. Pour ne rien embellir, il y a en lui un air de déférence mâle qui est agréable à la vanité de notre sexe. C'est sans doute une habitude de paquebot, et nous devons vous remercier de quelque partie de ce mérite. Sa langue ne se lasse jamais de faire votre éloge, et si je n'étais bien convaincue que vous n'épouserez jamais un républicain américain, je craindrais excessivement les suites de sa visite ici. Quoique je vous aie dit que j'étais aussi dans ses bonnes grâces, la balance n'est incertaine qu'entre mistress Hawker et vous. Je sais que vous n'avez pas coutume de plaisanter sur ce sujet inépuisable de conversation pour les jeunes personnes, — le mariage; mais ce cas forme une exception si complète, que je me flatte que vous excuserez mon indiscrétion. Notre capitaine *doré,* car il n'est pas *cuivré,* proteste que mistress Hawker est la plus charmante vieille dame qu'il ait jamais vue, et que miss Effingham est la plus charmante jeune personne qu'il ait jamais connue. Chacune de vous peut donc voir le terrain qu'elle occupe, et jouer ses cartes en conséquence. J'espère que vous me pardonnerez de toucher à un sujet si délicat.

— Je voudrais d'abord entendre la réponse de mistress Hawker, dit Eve.

— Tout ce que j'ai à dire, répondit cette dame d'un ton de plaisanterie, se borne à exprimer ma reconnaissance, à déclarer ma résolution de ne pas encore changer de condition, attendu mon extrême jeunesse, et à annoncer que je suis disposée à laisser le champ libre à toute rivale plus âgée, sinon plus belle.

— En ce cas, dit Eve en riant, quoiqu'elle désirât que la conversation changeât de sujet, car elle voyait Paul s'avancer de leur côté, je crois que ce que j'ai de mieux à faire, c'est d'ajourner ma décision, le temps laissant bien des choses à ma disposition. Le temps fera voir ce que j'aurai décidé.

— En vérité, répliqua mistress Bloomfield, qui ne connaissait pas les motifs de son amie, c'est une coquetterie que rien ne saurait justifier, et je me trouve obligée de m'assurer de quel côté vient le vent. Vous vous rappellerez que je suis la confidente du capitaine, et vous savez quelle est la responsabilité d'une confidente en pareil cas : celle d'un témoin dans un duel n'est rien en comparaison. Pour que je puisse avoir un témoignage en ma faveur au besoin, il est bon que j'informe M. Powis des faits principaux de l'affaire. — Le capitaine Truck, Monsieur, est un fervent admirateur de miss Effingham, et je cherche à découvrir s'il doit se pendre ce soir sur la pelouse dès que la lune sera levée, ou vivre encore une misérable semaine. Je vais donc vous faire subir un interrogatoire, miss Eve ; préparez-vous à vous défendre. — Avez-vous quelque objection à faire contre le pays natal de votre admirateur?

Quoique très-contrariée de la tournure que cette plaisanterie avait prise, Eve conserva tout son sang-froid, car elle savait que mistress Bloomfield avait trop de tact pour dire avec intention la moindre chose qui pût blesser les convenances ou embarrasser sérieusement une amie.

— Il serait bien singulier que j'eusse des objections à faire contre un pays qui non seulement est le mien, mais qui a été si longtemps celui de mes ancêtres. De ce côté, mon chevalier n'a rien à craindre.

— Je suis charmée de vous entendre parler ainsi, dit mistress Bloomfield, jetant presque sans le savoir un coup d'œil sur sir George Templemore. — Et vous, monsieur Powis, que je crois Européen, cet aveu sera pour vous une leçon d'humilité. — A présent, miss Effingham, faites-vous quelque objection contre votre admirateur parce qu'il est marin?

Eve rougit, malgré tous les efforts qu'elle fit pour montrer du calme, et pour la première fois depuis qu'elle la connaissait, elle fut mécontente de mistress Bloomfield. Elle hésita, et de manière à donner encore plus de force à sa réponse, avant d'en faire une, qui fut négative.

— L'heureux mortel peut donc être Américain et marin. C'est un grand encouragement. Avez-vous quelque répugnance pour soixante ans?

— Je regarderais certainement cet âge en tout autre comme un léger défaut, puisque mon père n'en a encore que cinquante.

Mistress Bloomfield fut frappée du tremblement de voix et de l'air d'embarras d'une jeune personne qui avait ordinairement tant d'aisance et de franchise, et, avec le tact d'une femme, elle renonça sur-le-champ à badiner davantage. Mais elle réfléchit plus d'une fois, dans le cours de la journée, à cette émotion réprimée; et, à compter de ce moment, elle observa silencieusement la conduite d'Eve envers tous les hôtes de son père.

— C'est assez d'espérance pour un jour, dit-elle en se levant. Le pays et la profession doivent chercher, s'il est possible, à contrebalancer le nombre des années. — Mistress Hawker, je vois à cette pendule que nous ne serons pas prêtes pour l'heure du dîner, à moins que nous ne nous retirions promptement.

Les deux dames montèrent dans leur chambre; Eve, qui avait déjà fait sa toilette pour le dîner, resta dans le salon. Paul était encore près d'elle, et, comme elle, il paraissait embarrassé.

— Il y a bien des hommes qui seraient enchantés d'entendre le peu de mots qui sont sortis de vos lèvres dans ce badinage, dit-il, dès que mistress Bloomfield ne fut plus à portée de l'entendre. Etre Américain et marin ne sont donc pas de sérieux défauts à vos yeux?

— Dois-je être rendue responsable des caprices et des plaisanteries de mistress Bloomfield?

— Nullement; mais je crois que vous vous regardez comme responsable de la franchise et de la véracité de miss Effingham. Je puis comprendre votre silence quand les questions qu'on vous fait vont trop loin; mais je suis certain que ce que vous assurez positivement doit être vrai et sincère.

Eve leva les yeux sur lui avec reconnaissance, car elle vit que son respect pour elle lui avait dicté cette remarque; mais, se levant, elle lui dit en faisant un effort pour ne pas se trahir :

— C'est faire une affaire très-sérieuse d'un petit badinage sur notre honnête et vieux capitaine à cœur de lion. Et maintenant, pour vous prouver que je sens le mérite de votre compliment, et que j'en suis reconnaissante, j'agirai sans façon en vous priant de prendre le capitaine Truck sous votre soin spécial tant qu'il restera ici. Mon père et mon cousin sont ses amis sincères; mais leurs habitudes ne se rapprochent probablement pas des siennes autant que les vôtres. C'est donc à vous que je le confie, et je vous prie de faire en sorte qu'il regrette le moins possible son bâtiment et l'Océan.

— Je voudrais savoir comment m'acquitter de cette mission, miss Effingham. Etre marin n'est pas toujours une recommandation près des personnes polies, intelligentes et bien élevées.

— Mais quand on est poli, intelligent et bien élevé, être marin ne fait qu'ajouter une branche de connaissances utiles à celles qu'on possède déjà. Je suis certaine que le capitaine sera en bonnes mains. Et maintenant j'irai remplir aussi mon devoir en me rendant près des dames.

Eve le salua en passant devant lui, et sortit du salon aussi rapidement qu'elle le pouvait convenablement. Paul resta immobile quelques instants après son départ, et il ne sortit de sa rêverie que lorsque le capitaine Truck l'appela, pour qu'il le soutînt dans quelques-unes de ses opinions sur l'Angleterre contre les idées visionnaires que M. Howel avait puisées dans les livres.

— Qui est ce M. Powis? demanda mistress Bloomfield à Eve, quand celle-ci entra dans son cabinet de toilette, avec un air d'impatience et de curiosité qui ne lui était pas ordinaire.

— Ne savez-vous pas, ma chère mistress Bloomfield, qu'il était notre compagnon de voyage sur *le Montauk*, et qu'il nous a rendu des services infinis en nous aidant à échapper aux Arabes?

— Je sais tout cela. Mais est-il Européen ou ne l'est-il pas?

Eve ne s'était jamais trouvée plus embarrassée qu'elle ne le fut pour répondre à cette question bien simple.

— Je ne crois pas qu'il le soit; — nous pensions qu'il l'était quand nous le rencontrâmes en Europe, et même pendant toute la traversée; mais, depuis son arrivée, il a avoué qu'il est notre compatriote.

— Y a-t-il longtemps qu'il est ici?

— Il y était avant nous. Il venait du Canada, et il attendait son cousin, le capitaine Ducie, qui est venu avec vous.

— Son cousin! il a donc des cousins anglais? M. Ducie, avec

une réserve vraiment anglaise, a gardé cela pour lui seul. Le capitaine Truck nous avait dit quelque chose de ce que M. Ducie lui avait enlevé un de ses passagers, — ce M. Powis, — le héros des rochers d'Afrique ; — mais j'ignorais qu'il fût de retour dans notre... dans son pays. — Est-il aussi aimable que sir George Templemore ?

— Je vous laisse le soin d'en juger, mistress Bloomfield. Je les trouve tous deux fort aimables ; mais il entre tant de caprice dans les goûts d'une femme, que je ne veux pas juger pour les autres.

— Il est marin, je crois, dit mistress Bloomfield d'un air distrait ; — il faut qu'il le soit pour avoir travaillé à la manœuvre comme le capitaine Truck m'a dit qu'il l'avait fait. — Powis ! Powis ! — ce n'est pas un de nos noms. Il est sans doute d'un des Etats du Sud.

L'habitude de dire la vérité rendit service à Eve et l'empêcha de trahir ses sentiments.

— Nous ne connaissons pas sa famille, répondit-elle simplement. Nous voyons qu'il a été parfaitement élevé; mais il ne parle jamais ni de son origine, ni de ses parents.

— Sa profession doit lui avoir donné les idées d'un homme bien né ; car, d'après le capitaine Truck, il a servi dans la marine, quoique je crusse que c'était dans la marine anglaise. — Je ne connais de Powis ni à Philadelphie, ni à Baltimore, ni à Richmond, ni à Charleston. Il faut qu'il soit de l'intérieur.

Eve ne pouvait blâmer son amie d'une curiosité qui ne l'avait pas peu tourmentée elle-même, quoiqu'elle eût désiré changer le sujet de la conversation.

— M. Powis serait très-flatté, dit-elle en souriant, s'il savait qu'il est un objet de tant d'intérêt pour mistress Bloomfield.

— Je conviens qu'il m'en inspire. D'après son air, son extérieur et l'expression de sa physionomie, je le regarde comme le jeune homme le plus distingué que j'aie jamais vu. En y ajoutant tout ce que j'ai entendu dire de son courage et de son sang-froid, il faudrait ne pas être femme pour ne pas prendre intérêt à lui. Je donnerais tout au monde pour savoir dans lequel de nos Etats il est né, — s'il est vrai qu'il soit Américain.

— Nous en avons pour preuve sa parole. Il est né dans notre pays, et il n'a servi que dans notre marine.

— D'après le peu qu'il a dit dans notre courte conversation, il me paraît avoir été élevé d'une manière supérieure à sa profesion.

— M. Powis a beaucoup voyagé. Quand nous l'avons rencontré en Europe, c'était dans un cercle particulièrement propre à former l'esprit et les manières d'un jeune homme.

— En Europe! Vous n'avez donc pas fait connaissance avec lui comme avec sir George Templemore, à bord du paquebot?

— Notre connaissance avec aucun d'eux n'a commencé sur le paquebot. Mon père les avait vus tous deux très-souvent pendant notre séjour dans différentes parties de l'Europe.

— Et la fille de votre père?

— Et la fille de mon père aussi, répondit Eve en souriant. Nous avons fait connaissance avec M. Powis dans des circonstances particulières qui nous ont laissé un vif souvenir de son courage et de ses talents. Il nous a rendu presque le même service sur un des lacs de la Suisse qu'ensuite sur l'Océan.

Tout cela était nouveau pour mistress Bloomfield, et, à son air, il était facile de voir que ces nouvelles l'intéressaient. En ce moment la cloche du dîner sonna, et toute la compagnie arriva successivement dans le salon. Tandis que M. Effingham offrait le bras à mistress Hawker pour la conduire dans la salle à manger, mistress Bloomfield prit gaiement celui d'Eve, en disant que, du moins pour le premier jour, elle se croyait le droit de prendre une place à côté de la jeune maîtresse du wigwam.

— M. Powis et sir George n'auront-ils pas une querelle pour l'honneur de la seconde? demanda-t-elle à Eve à demi-voix en se rendant dans la salle à manger.

— Vous êtes dans une grande erreur, mistress Bloomfield. Sir George est beaucoup plus content de pouvoir se placer près de ma cousine Grace.

— Cela est-il possible? demanda son amie en la regardant attentivement.

— Rien n'est plus vrai, et je suis très-charmée de pouvoir vous l'affirmer. Jusqu'à quel point miss Van Courtlandt en est-elle charmée, c'est ce que le temps nous apprendra; mais le baronnet laisse voir chaque jour et tout le long du jour qu'il n'est jamais plus heureux que lorsqu'il lui est permis d'être près de ma cousine.

— Il a donc moins de goût, de jugement et d'intelligence que je ne l'avais cru?

— Cela ne s'ensuit pas nécessairement, ma chère mistress

Bloomfield; et, quand il serait vrai, il ne faudrait pas le dire si ouvertement.

— *Se non è vero, è ben trovato.*

CHAPITRE XVIII.

> Ils sont à toi pour un temps; mais tu rendras enfin les trésors; tes portes s'ouvriront, tes verroux tomberont, inexorable passé. BRYANT.

Le capitaine Ducie s'était retiré d'assez bonne heure dans la soirée, et il était à lire dans sa chambre, quand un coup frappé à sa porte changea le cours de ses idées. — Entrez, dit-il, et la porte s'ouvrit.

— J'espère, Ducie, dit Paul en entrant, que vous n'avez pas oublié d'apporter le grand portefeuille que je vous ai laissé, et relativement auquel je vous ai écrit quand vous étiez encore à Québec.

Le capitaine lui montra le portefeuille qui était encore sur le plancher avec le reste de son bagage.

— Je vous remercie de vos soins, dit Paul; et prenant le portefeuille sous son bras, il ajouta : Il contient des papiers importants pour moi, et quelques-uns que j'ai lieu de croire importants pour d'autres.

— Attendez, Powis; un mot avant que vous me quittiez. — Templemore est-il de trop ici?

— Pas du tout; j'ai une sincère affection pour lui, et je serais très-fâché de le voir nous quitter.

— Et pourtant il me semble singulier qu'un homme ayant ses habitudes passe son temps dans ces montagnes, quand je sais qu'on croit qu'il est à inspecter le Canada, dans la vue de faire un rapport sur la situation de ce pays.

— Sir George est-il réellement chargé d'une mission de cette espèce? demanda Paul avec intérêt.

— Non pas d'une mission positive, peut-être parce que cela était inutile : Templemore est riche, et n'a pas besoin d'appointements. Cependant il est entendu qu'il verra quelle est la situation des deux provinces, et qu'il en rendra compte au gouvernement. J'ose dire qu'il ne sera pas traduit en justice pour cause de négligence, mais on sera surpris de sa conduite.

— Bonsoir, Ducie ; Templemore préfère un wigwam à Quebec, et les naturels d'un pays aux colons d'un autre : voilà tout.

Une minute après, Paul était à la porte de la chambre de John Effingham, et, après y avoir frappé, il reçut aussi la permission d'entrer.

— Ducie ne m'a pas oublié ; voici le portefeuille qui contient les papiers du pauvre Lundi, dit-il en le mettant sur une table, et parlant de manière à faire voir qu'il était attendu. Nous avons véritablement négligé trop longtemps ce devoir, et il faut espérer que ce délai ne fera tort à personne.

— Est-ce là le paquet? demanda John Effingham, tendant la main pour recevoir une liasse de papiers que Paul avait prise dans le portefeuille. Nous briserons les sceaux à l'instant même, et nous verrons ce que nous avons à faire avant de nous coucher.

— Ces papiers sont à moi, répondit le jeune homme en les regardant avec un air d'intérêt avant de les déposer sur la table, et ils sont très-importants. — Voilà ceux de M. Lundi.

John Effingham reçut le paquet des mains de son jeune ami, plaça les lumières à sa portée sur la table, mit ses lunettes, et invita Paul à s'asseoir. Ils se mirent en face l'un de l'autre. Le soin de rompre les sceaux et de jeter un premier coup d'œil sur les pièces appartenait naturellement au plus âgé, qui d'ailleurs était par le fait celui à qui elles avaient été confiées.

— Voici d'abord une pièce écrite et signée par le pauvre Lundi lui-même, en forme de certificat général, dit John Effingham. Il la lut d'abord lui-même, et la passa ensuite à Paul. Elle était ainsi conçue :

« A tous ceux que cela peut concerner. — Moi, John Lundi, je déclare et certifie que les lettres et autres pièces ci-jointes sont véritables et authentiques. Jane Dowse, qui a écrit, et à qui il a été adressé un si grand nombre de ces lettres, était ma mère, ayant épousé en secondes noces Pierre Dowse, l'homme qui y est si souvent nommé, et qui la porta à faire des choses dont elle s'est fortement repentie ensuite. En me confiant ces pièces, elle m'a laissé seul juge de ce que je devais faire, et je les ai mises sous cette enveloppe, afin qu'elles pussent encore être utiles, si j'étais retiré subitement de ce monde. Tout dépend de pouvoir découvrir qui est véritablement le nommé Bright, car ma mère ne l'a jamais connu sous un autre nom. Elle sait pourtant qu'il était Anglais, et elle pense qu'il était ou qu'il avait été au service d'une famille distinguée.

« John Lundi. »

La date de cette pièce remontait à plusieurs années, ce qui prouvait que l'intention de faire ce qui était juste avait existé depuis quelque temps dans l'esprit de M. Lundi, et toutes les pièces étaient bien conservées. Elles avaient aussi été numérotées par ordre, précaution qui facilita beaucoup les recherches des deux amis. Toutes les lettres originales parlaient d'elles-mêmes, et les copies étaient écrites d'une main ferme et nette, avec la méthode d'une personne accoutumée aux affaires. En un mot, en tant qu'il s'agissait des pièces, tout était clair et parfaitement expliqué.

John Effingham lut la pièce n° 1 avec attention, mais tout bas, et la remit ensuite à Paul, en lui disant avec sang-froid : C'est l'ouvrage d'un misérable scélérat.

Paul la lut à son tour : c'était une lettre signé David Bright et adressée à mistress Jane Dowse. Elle était écrite avec beaucoup d'art. Elle contenait force protestations d'amitié. Celui qui l'écrivait disait qu'il avait connu la famille de cette femme en Angleterre, et surtout son premier mari, et annonçait le désir de lui être utile. Il parlait aussi en termes assez obscurs des moyens qu'il avait de le faire, ajoutant qu'il les lui ferait connaître quand elle lui aurait dit si elle voulait s'embarquer dans l'entreprise qu'il méditait. Cette lettre était datée de Philadelphie, adressée à quelqu'un à New-York, et d'une date fort ancienne.

— C'est vraiment un rare échantillon de scélératesse, dit Paul en la remettant sur la table, et elle a été écrite dans le même esprit qui porta le diable à tenter notre mère commune. Je ne crois pas avoir jamais rien lu qui fût empreint d'une si basse astuce.

— Et à en juger par ce que nous savons déjà, il paraît qu'il a réussi. Dans cette autre lettre, vous verrez qu'il s'explique un peu plus, — seulement un peu, quoique évidemment encouragé par l'intérêt et la curiosité que montre cette femme dans sa réponse à la première épître; réponse que voici.

Paul lut les deux lettres, et les mit ensuite sur la table, en attendant celle qui était alors entre les mains de John Effingham.

— Il est probable que ce sera une histoire d'amour illégitime et de ses suites malheureuses, dit celui-ci avec son ton froid ordinaire en remettant à Paul les réponses aux lettres n° 2 et n° 3. Le monde est plein de ces aventuriers infortunés, et je croirais qu'il s'agit d'Anglais, d'après un mot ou deux que vous trouverez dans cette épître honnête et consciencieuse. De fortes distinctions artificielles, sociales et politiques, rendent peut-être des expédients de cette nature plus fréquents en Angleterre que dans tout autre pays. La jeunesse est la saison des passions, et bien des hommes, dans la légèreté de cet âge, se préparent des regrets amers pour toute leur vie.

John Effingham, en levant les yeux pour remettre cette pièce à son compagnon, s'aperçut que les couleurs des joues de celui-ci étaient devenues plus foncées, et que sa rougeur s'étendait jusqu'à son front. D'abord un soupçon désagréable se présenta à son esprit, et il l'admit avec regret ; car Eve et son bonheur futur se rattachaient intimement au caractère et à la conduite de ce jeune homme dans son imagination. Mais quand il vit Paul prendre le papier d'une main ferme, un effort sur lui-même l'ayant mis en état de vaincre une émotion pénible, la dignité calme avec laquelle il en fit la lecture dissipa tous ses soupçons. Ce fut en ce moment que John Effingham se rappela qu'il avait cru autrefois que Paul lui-même pouvait être le fruit d'une imprudence semblable à celle qu'il venait de condamner. La commisération prit sur-le-champ la place de la première impression, et il était tellement absorbé dans ces idées, qu'il n'avait pas encore pris la lettre suivante quand Paul mit sur la table celle qu'il venait de lire.

— Cette lettre, Monsieur, semble annoncer une de ces pénibles histoires de passion effrénée et de leurs suites funestes, dit le jeune homme avec un ton de fermeté qui paraissait indiquer qu'il ne pouvait avoir aucun rapport personnel avec aucun événement d'une nature si désagréable ; — continuons notre examen.

Ces signes de tranquillité d'âme encouragèrent John Effingham, et il lut tout haut les lettres suivantes, de sorte que tous deux en même temps apprirent ce qu'elles contenaient. Ils en lurent ainsi sept à huit qui ne leur apprirent guère autre chose que le fait que l'enfant qui était le sujet de toute cette correspondance, devait être reçu par Pierre Dowse et sa femme, et être élevé comme le leur, moyennant une somme considérable, et indépendamment d'une pension annuelle qui leur serait payée. Ces lettres apprenaient aussi que cet enfant, qu'on avait l'hypocrisie de désigner sous le nom du « favori », avait été réellement placé sous la garde de Jane Dowse, et que plusieurs années s'étaient écoulées depuis cet arrangement, avant que la correspondance se terminât. La plupart des dernières lettres avaient rapport au paiement de la pension, et toutes contenaient quelques questions sur le « favori »; mais elles étaient faites d'un ton si froid, et les réponses sur ce sujet étaient si vagues et si brèves, qu'il était aisé de voir que ce nom était singulièrement mal appliqué. Au total, il se trouvait une quarantaine de ces lettres, à chacune desquelles il avait été ponctuellement répondu, et leurs dates remplissaient un intervalle de près de douze ans.

La lecture de toutes ces lettres prit une bonne heure, et quand John Effingham mit ses lunettes sur la table, l'horloge du village sonnait minuit.

— Jusqu'à présent, dit-il, tout ce que nous avons appris, c'est qu'un enfant a été élevé sous un faux nom, et nous n'avons d'autre fil pour suivre cette affaire que les noms de ceux qui y ont pris part, personnages évidemment obscurs, et dont le plus important paraît avoir pris un nom supposé, d'après ce qu'en dit le pauvre Lundi dans sa déclaration. Lui-même, quoique en possession de connaissances indirectes qui nous manquent, ne peut avoir su précisément quelle injustice a été commise, s'il en a été commis; ou certainement, avec les bonnes intentions qu'il manifeste, il n'aurait pas laissé ce fait essentiel dans l'obscurité.

— Ce sera probablement une affaire très-compliquée, dit Paul, et il est fort douteux que nous puissions la débrouiller; mais comme vous devez être fatigué, je crois que nous pouvons sans inconvénient remettre à un autre jour l'examen du reste de ces papiers.

John Effingham y consentit, et pendant la courte conversation qui suivit cette détermination, Paul prit la liasse de papiers qui lui appartenait, les remit dans le portefeuille, et mit en ordre ceux qui leur avaient été confiés par M. Lundi, pour les y replacer également.

— La formalité que nous avons observée de mettre nos sceaux sur ce paquet quand le pauvre Lundi nous en chargea paraît inutile à présent, dit-il, et il suffira probablement que je vous laisse le portefeuille et que j'en emporte la clef.

— C'est ce qu'on ne peut savoir, répondit John Effingham avec la circonspection plus grande qu'il devait à son âge et à son expérience; nous n'avons pas encore lu toutes ces pièces, et comme nous avons de la cire et des lumières, et que chacun de nous a son cachet attaché au cordon de sa montre, il vaut mieux que ce paquet soit remis dans le même état qu'auparavant. Après cela vous pouvez me laisser le portefeuille ou l'emporter, comme bon vous semblera.

— Je vous le laisserai ; car quoiqu'il contienne des pièces qui sont pour moi d'une grande importance, je n'en ai aucun besoin en ce moment.

— En ce cas, le mieux est que je place dans mon secrétaire le paquet qui contient des papiers auxquels nous avons un intérêt commun, et que vous gardiez plus immédiatement sous vos yeux ceux qui vous appartiennent personnellement.

—Cela est inutile, à moins que ce portefeuille ne vous gêne. Je ne sais si je ne suis pas plus heureux quand il est loin de ma vue que lorsqu'il est constamment sous mes yeux, pourvu que je sois assuré qu'il est en sûreté.

Paul prononça ces mots avec un sourire forcé, et il y avait dans ses manières et sur sa physionomie un air de mélancolie qui frappa son compagnon. Cependant celui-ci se borna à lui faire un signe de tête pour indiquer son consentement, et le portefeuille fut déposé silencieusement dans le secrétaire. Paul se leva pour lui souhaiter le bonsoir, mais John Effingham lui saisit la main et le força en quelque sorte à se rasseoir. Un intervalle de silence embarrassant pour tous deux s'ensuivit ; mais il ne dura que quelques instants.

—Nous avons supporté assez de fatigues et couru assez de dangers ensemble, dit John Effingham, pour que nous soyons amis. Je serais très-mortifié que vous pussiez croire qu'une curiosité impertinente me fait désirer d'avoir votre confiance à un plus haut degré que vous n'êtes peut-être disposé à l'accorder. J'espère donc que vous attribuerez à son véritable motif la liberté que je prends en ce moment. L'âge établit quelque différence entre nous, et l'intérêt vif et sincère que je prends à vous doit me donner le droit de ne pas être traité tout à fait en étranger. Cet intérêt, — je pourrais dire en toute vérité cette affection,—a été porté au point que je vous ai surveillé avec une attention inquiète, et que j'ai reconnu que vous n'êtes pas exactement dans la même situation que les autres hommes qui occupent votre condition dans le monde ; et je suis persuadé que l'amitié, peut-être les avis d'un homme qui a tant d'années de plus que vous, peuvent vous être utiles. Vous m'avez déjà dit assez de choses sur votre situation personnelle pour me donner presque le droit de demander à en savoir davantage.

John Effingham prononça ces mots du ton le plus doux et le plus propre à inspirer la confiance, et peu de personnes auraient pu, dans une telle occasion, donner à leur voix et à leurs regards une plus grande force de persuasion. Les traits de Paul s'agitèrent, et il fut évident à son compagnon qu'il était ému, mais qu'il n'était pas mécontent.

— Je suis reconnaissant, Monsieur, très-reconnaissant de l'intérêt que vous prenez à moi, répondit Paul; et si je savais sur quels points vous désirez des informations, il n'y a rien que je puisse vouloir vous cacher. Ayez donc la bonté de me faire des questions, afin que je n'aie pas à vous parler de choses qu'il vous importerait peu de savoir.

— Tout ce qui concerne réellement votre bonheur aurait de l'intérêt pour moi. Vous avez été l'instrument de la Providence pour me sauver, moi et ceux que j'aime le plus au monde, d'un destin pire que la mort; et étant garçon et sans enfants, j'ai pensé plus d'une fois à essayer de vous tenir lieu des amis que je crains que vous n'ayez perdus. Vos parents....

— Sont morts l'un et l'autre. Je ne les ai jamais vus, dit Paul avec un sourire mélancolique, et j'accepterai bien volontiers votre offre généreuse si vous me permettez d'y mettre une condition.

— Un mendiant doit se contenter de ce qu'on lui donne, répondit John Effingham souriant à son tour; et si vous me permettez de prendre à vous un intérêt personnel et que vous m'accordiez quelquefois la confiance due à un père, je ne serai pas exigeant. Quelle est la condition dont vous parlez?

— C'est que le mot « argent » soit rayé de notre vocabulaire, et que vous ne changiez rien à votre testament. Vous chercheriez dans le monde entier que vous ne pourriez trouver une plus digne et plus aimable héritière que celle que vous avez déjà choisie, et que la Providence vous a donnée. Auprès de vous je ne suis pas riche, mais j'ai une fortune honnête, et comme il est probable que je ne me marierai jamais, elle suffira à tous mes besoins.

John Effingham fut plus charmé qu'il ne voulut le dire de cette franchise et de la sympathie secrète qui existait entre eux; mais il sourit de la condition qui lui était imposée, car, au su d'Eve, et avec l'entière approbation de son père, il avait déjà ajouté à son testament un codicille par lequel il laissait au jeune homme qui leur avait rendu de si grands services la moitié de tous ses biens. Il lui fit une réponse évasive.

— Je ne changerai rien à mon testament, puisque vous le désirez; ainsi votre condition est acceptée. Je suis charmé d'apprendre de vous ce que votre manière de vivre m'avait préparé à entendre, que vous jouissez d'une fortune qui vous rend indépendant. Ce fait établira plus d'égalité entre nous, et mettra le sceau à une amitié qui, j'espère, est à présent un traité conclu. — Vous avez beaucoup vu le monde, Powis, pour un homme de votre âge et de votre profession.

— On pense assez communément que les hommes de ma profession voient beaucoup le monde, et que c'est une suite nécessaire de leurs devoirs; mais je conviens avec vous, Monsieur, que ce n'est le voir que dans un cercle très-limité. Il y a déjà plusieurs années que les circonstances, — je pourrais dire l'ordre positif d'un homme à qui je devais obéir, m'ont fait abandonner ma profession, et, depuis ce temps, je n'ai guère fait que voyager. Différentes causes m'ont fait admettre en Europe dans des sociétés que peu de nos concitoyens ont l'avantage de fréquenter, et j'espère que je n'ai pas tout à fait perdu l'occasion d'en profiter. Ce fut comme voyageur sur le continent européen que j'eus le plaisir de rencontrer pour la première fois M. et miss Effingham. J'ai passé beaucoup de temps en pays étranger, même pendant mon enfance, et je dois à cette circonstance la connaissance de plusieurs langues.

— Mon cousin m'en a informé : vous avez décidé la question de votre pays en nous disant que vous êtes Américain, et cependant je vois que vous avez des parents anglais, puisque le capitaine Ducie est votre cousin.

— Nous sommes fils de deux sœurs, quoique notre amitié n'ait pas toujours été proportionnée à ce degré de parenté. Quand nous nous rencontrâmes sur mer près des côtes d'Amérique, il y eut dans cette entrevue quelque chose de contraint et de glacial, qui, se joignant à mon retour soudain en Angleterre, ne dut pas faire une forte impression en ma faveur sur ceux qui furent témoins de ce qui se passa entre nous.

— Nous avions confiance en vos principes, et quoique les premières conjectures n'aient peut-être été agréables à aucun de nous, un peu de réflexion nous assura qu'il n'existait aucun juste motif de soupçon.

— Ducie est brave et estimable, et il a la franchise et la générosité d'un marin. Nous nous étions vus en champ clos face à face, comme ennemis, et cette circonstance donna un air gauche à notre rencontre. Il est vrai que nos blessures morales s'étaient cicatrisées, et nous étions l'un et l'autre fâchés et honteux de ce qui était arrivé.

— Il faut une querelle très-sérieuse pour armer l'un contre l'autre les enfants de deux sœurs, dit John Effingham d'un ton grave.

— J'en conviens; mais à cette époque le capitaine Ducie n'était pas disposé à admettre la parenté. Je montrai un ressentiment peut-être trop vif de quelques propos qu'il tint sur ma naissance, et entre deux militaires le résultat en était presque inévitable. Ducie m'envoya un cartel, et je n'étais pas d'humeur à le refuser. Une couple de blessures peu dangereuses termina l'affaire. Mais un intervalle de trois ans avait mis mon antagoniste en état de reconnaître qu'il ne m'avait pas rendu justice, que j'avais été provoqué sans raison, et que nous devions être amis. Le généreux désir de me donner toutes les explications convenables le porta à saisir la première occasion qui s'offrirait pour venir en Amérique, et quand il se mit en chasse du *Montauk*, par suite d'un ordre de l'Amirauté transmis par le télégraphe, il attendait à chaque instant l'ordre d'appareiller pour nos mers, où il désirait venir expressément pour me rencontrer. Vous pouvez donc juger combien il se trouva heureux de me trouver inopinément à bord du paquebot qui contenait l'objet de sa croisière, et de faire ainsi, comme on dit, d'une pierre deux coups.

— Et vous avait-il enlevé dans des intentions encore meurtrières? demanda sir Effingham en souriant.

— Nullement : on ne pourrait trouver deux meilleurs amis que nous ne le devînmes, Ducie et moi, quand nous eûmes passé quelques heures ensemble à bord de sa corvette. Quand nous nous vîmes de plus près, et que nous pûmes apprécier notre caractère et nos motifs respectifs, tout obstacle à notre réconciliation disparut, ce qui arrive souvent quand il a existé une forte antipathie causée par des préventions injustes; et, longtemps après notre arrivée en Angleterre, on n'aurait pu désirer entre deux cousins une intimité plus étroite que celle qui régnait entre nous. Vous savez, Monsieur, que nos cousins anglais ne voient pas toujours leurs parents transatlantiques d'un œil très-favorable.

— Cela n'est que trop vrai, dit John Effingham avec fierté, quoique ses lèvres tremblassent en parlant ainsi ; et c'est en grande partie la faute de ce misérable esclavage mental qui, après soixante ans d'indépendance nominale, a laissé ce pays si complètement à la merci d'une opinion étrangère et hostile. Il faut nous respecter nous-mêmes pour que les autres apprennent à nous respecter.

— Je suis entièrement d'accord avec vous, Monsieur ; mais pour ce qui me regarde personnellement, l'injustice qu'ils m'avaient faite auparavant porta mes parents à me recevoir peut-être mieux qu'ils n'auraient été disposés à le faire sans cette circonstance. Je n'avais rien à leur demander quant à la fortune, n'ayant nulle envie d'élever une question qui pourrait ébranler la pairie des Ducie.

— La pairie ! — Vos deux parents étaient donc Anglais ?

— Ils ne l'étaient, je crois, ni l'un ni l'autre, mais le temps où les deux peuples n'en faisaient qu'un est encore si peu éloigné, qu'il n'est pas étonnant qu'un droit de cette nature ait passé dans les colonies. La mère de ma mère hérita d'une de ces anciennes baronnies qui passent à tous les héritiers, n'importe leur sexe ; et par suite de la mort de deux frères, ce droit, dont n'avait pourtant joui personne de la génération précédente, descendit à ma mère et à ma tante, la première étant morte, comme on le prétendait, sans enfants.

— Sans enfants ! vous vous oubliez.

— J'aurais dû dire sans enfants légitimes, ajouta Paul rougissant jusqu'aux tempes. Mistress Ducie, qui avait épousé le fils cadet d'un noble Anglais non titré, réclama le titre et l'obtint. Mes prétentions avaient jeté de l'incertitude sur le droit à la pairie, et c'est à cette circonstance que je dois sans doute en partie l'esprit d'opposition que je rencontrai d'abord ; mais après la conduite généreuse de Ducie, je ne pouvais hésiter à me joindre à lui pour demander que la couronne reconnût formellement les droits de la personne qui était en possession du titre, et lady Dunluce y est maintenant légalement maintenue.

— Il y a dans ce pays bien des jeunes gens qui tiendraient avec plus de ténacité à l'espoir d'une pairie en Angleterre.

— Cela est assez probable, mais en y renonçant je n'ai pas fait un grand sacrifice ; car on pouvait à peine supposer que les ministres anglais consentiraient à accorder ce rang à un étranger qui ne se faisait pas scrupule d'avoir ses principes et ses prédilections nationales. Je ne dirai pas que cette pairie ne me semblât pas désirable, cela est inutile ; mais je suis né Américain, je veux mourir Américain, et un Américain qui pense seulement à faire valoir une telle prétention, est comme le geai au milieu des paons. Au surplus, moins on en parle, mieux cela vaut.

— Vous êtes bien heureux d'avoir échappé aux journaux, qui vous auraient probablement appelé Votre Grâce, en vous élevant tout d'un coup au rang de duc.

— Au lieu de quoi, je n'aurais eu d'autre rang que celui du chien de la fable, qui ne veut ni manger, ni souffrir que d'autres mangent. Si ma tante se trouve heureuse d'être appelée lady Dunluce, je lui souhaite beaucoup de plaisir, et quand Ducie lui succédera, comme cela lui arrivera quelque jour, un excellent homme sera pair d'Angleterre ; voilà tout. Vous êtes le seul de mes concitoyens à qui j'aie jamais parlé de cette affaire, Monsieur, et je vous prie de me garder le secret.

— Quoi ! m'est-il défendu d'en parler à ma famille ? Je ne suis pas le seul ami sincère et véritable que vous ayez ici, Powis.

— A cet égard, je vous laisse toute liberté d'agir comme il vous plaira, mon cher Monsieur. Si M. Effingham prend assez d'intérêt à moi pour désirer de savoir ce que je vous ai dit, qu'il n'y ait point de mystère,—ou si..... si mademoiselle Viefville.....

— Ou Nanny Sidley, ou Annette, dit M. John Effingham, avec un sourire de bonté. Eh bien ! fiez-vous à moi ; mais avant que nous nous séparions, il y a un autre fait dont je désire m'assurer, quoique un mot que vous avez prononcé me permette à peine de douter de votre réponse.

— Je vous comprends, Monsieur, et je n'avais pas dessein de vous laisser dans le doute sur un point si important. S'il y a un sentiment plus pénible que tous les autres pour un homme qui a quelque fierté, c'est de douter de la pureté de sa mère. Grâce au ciel, la mienne était sans reproche, ce qui a été clairement établi, sans quoi je n'aurais pu avoir aucune prétention à la pairie.

— Ni à sa fortune, ajouta John Effingham, en respirant comme un homme qui se sent tout à coup soulagé du poids d'un soupçon désagréable.

— Ma fortune ne vient ni de mon père ni de ma mère. Je la

dois à un de ces hommes qui, par suite d'un caractère généreux, ou, si vous le voulez, d'un caprice, adoptent quelquefois des individus qui leur sont étrangers par le sang. Mon tuteur m'adopta, m'emmena avec lui, me fit entrer encore bien jeune dans la marine, et finit par me laisser tout ce qu'il possédait. Comme il était garçon, qu'il n'avait pas de proches parents, et qu'il ne devait sa fortune qu'à lui seul, j'acceptai sans scrupule le don qu'il m'avait fait avec tant de libéralité. Il y ajouta une sorte de condition que je quitterais le service, que je voyagerais pendant cinq ans, que je reviendrais ensuite en Amérique, et que je me marierais. Mais il n'avait pas prononcé la nullité du legs, si je ne m'y conformais pas en tout : c'était uniquement un avis solennel donné par un homme qui m'avait prouvé si longtemps qu'il était mon véritable ami.

— Je lui envie l'occasion qu'il a eue de vous être utile. J'espère qu'il aurait approuvé votre fierté nationale; car je crois qu'au fond c'est à ce sentiment qu'il faut attribuer en grande partie votre désintéressement dans l'affaire de la pairie.

— Oui, sans doute, il l'aurait approuvée. Mais il ne sut jamais que j'y avais des droits, car je ne les acquis que par la mort de deux lords qui étaient frères de mon aïeule. Mon tuteur était un homme honorable sous tous les rapports, et surtout par sa fierté nationale. Quand il était en Europe, on lui offrit un ordre étranger; mais il le refusa avec la dignité d'un homme qui sentait qu'un Américain ne devait pas accepter une distinction que son pays avait rejetée.

— Je porte presque envie à cet homme, dit John Effingham avec chaleur. Avoir su vous apprécier, Powis, c'est la marque d'un excellent jugement; mais il paraît qu'il s'est convenablement apprécié lui-même, ainsi que son pays et la nature humaine.

— Et pourtant il était peu apprécié par les autres. Il passa bien des années dans une de nos plus grandes villes, sans qu'on fît plus d'attention à lui qu'à un des esprits les plus communs. On pensait moins à lui qu'au moindre courtier.

— Il n'y a rien en cela qui me surprenne. La classe des élus est trop petite partout pour qu'elle soit nombreuse sur aucun point donné, et surtout parmi une population éparse comme celle de l'Amérique. Le courtier apprécie le courtier aussi naturellement que le chien apprécie le chien et le loup le loup. Les qualités dont vous venez de parler sont celles qui doivent être convenablement estimées par un peuple à qui l'on a fait mettre des habits d'homme quand il devait encore être en lisières. Je suis plus vieux que vous, mon cher Paul; — c'était la première fois qu'il lui donnait un nom si familier, et le jeune homme en fut touché; — je suis plus vieux que vous, mon cher Paul, et je me hasarderai à vous dire un fait important qui peut servir à vous adoucir quelque mortification : dans la plupart des nations, il y a des modèles élevés sur lesquels on affecte du moins de porter les yeux. On loue et l'on semble apprécier les actions pour leur mérite intrinsèque. Il y a peu de cela en Amérique. Si l'on fait l'éloge de quelqu'un, c'est moins pour lui-même que pour l'intérêt d'un parti, ou pour nourrir la vanité nationale. Dans le pays où l'opinion politique devrait jouir de plus de liberté, elle se trouve le plus persécutée, et le caractère du peuple porte chacun à s'imaginer qu'il a un droit de propriété sur toute la renommée du pays. L'Angleterre offre beaucoup de cet esprit de faiblesse et d'injustice, et il est à craindre que ce ne soit un mauvais fruit de la liberté, car il est certain que le caractère sacré de l'opinion est le mieux apprécié dans les pays où elle a le moins d'efficacité. Nous nous moquons constamment de ces gouvernements qui enchaînent l'opinion; et cependant je ne connais aucune nation où l'expression de l'opinion soit aussi sûre d'attirer la persécution et l'hostilité, que la nôtre, quelque libre qu'elle y soit déclarée par la loi.

— Cela vient de sa puissance. On se querelle ici sur l'opinion, parce que l'opinion gouverne. Ce n'est qu'une lutte pour arriver au pouvoir. Mais pour en revenir à mon tuteur, c'était un homme d'un caractère à penser et à agir par lui-même, et aussi éloigné qu'on peut l'être de cette existence de revues et de journaux qui est celle de tant d'Américains.

— Oui, sans doute, une existence de revues et de journaux, répéta John Effingham, souriant des termes employés par Paul. Ne connaître la vie que par de tels intermédiaires, c'est une situation semblable à celle de ces Anglais qui puisent leurs idées de la société dans des romans écrits par des hommes et des femmes qui n'y sont point admis, ou dans des articles du journal de la cour. Je vous remercie, monsieur Powis, de la preuve de confiance que vous m'avez donnée. Je ne l'ai pas sollicitée par une curiosité frivole, et je n'en abuserai pas. Au premier jour nous reprendrons notre examen des papiers du malheureux Lundi. Jusqu'à présent, ils ne promettent pas des révélations bien importantes.

Ils se serrèrent la main, et Paul, éclairé par son compagnon, se retira. Quand il fut à la porte de sa chambre, il se retourna, et vit que John Effingham le suivait encore des yeux. Celui-ci lui répéta bonsoir avec un de ces sourires aimables qui donnaient une si douce expression à sa physionomie, et chacun d'eux rentra dans sa chambre.

CHAPITRE XIX.

Item, un chapon, 2s, 2 d.
Item, sauce, 4d.
Item, vin, 5s 6d.
Item, pain, un demi-penny.
SHAKSPEARE.

Le lendemain matin, John Effingham ne fit aucune allusion à la conversation de la nuit précédente, mais il serra la main de Paul de manière à l'assurer qu'il n'avait rien oublié. Comme il trouvait un secret plaisir à obéir aux moindres ordres d'Eve, il chercha le capitaine Truck même avant le déjeuner; et comme il avait fait connaissance avec le commodore du lac avant l'arrivée de la famille Effingham, il fit venir ce personnage important, et le présenta dans toutes les formes à l'honnête capitaine. L'entrevue de ces deux hommes distingués fut grave, cérémonieuse et pleine de dignité, chacun d'eux sentant probablement qu'il était gardien temporaire d'une certaine partie d'un élément qui leur était également cher à tous deux. Après quelques minutes données, comme cela devait être, à tous les points d'étiquette, il s'établit entre eux plus de confiance et de familiarité, et il fut convenu qu'ils passeraient la matinée à pêcher ensemble, Paul ayant promis d'y conduire les dames dans l'après-midi s'il avait assez d'influence sur elles pour les déterminer à l'accompagner.

Après le déjeuner, Eve saisit une occasion pour remercier Paul de l'attention qu'il avait eue pour leur ami commun; car elle savait qu'il avait déjeuné de bon matin, et qu'il était déjà sur le lac, quoiqu'il ne fût que dix heures.

— J'ai même osé outre-passer vos instructions, miss Effingham, car j'ai promis au capitaine de faire tous mes efforts pour vous décider, vous et le plus de dames qu'il sera possible, à vous fier à ma science navale pour vous conduire dans un endroit où nous trouverons le capitaine avec son ami le commodore, ou pour aller faire un pique-nique sur la pointe, comme vous le jugerez plus à propos.

— Et j'emploierai mon influence pour que cet engagement soit tenu. Mistress Bloomfield a déjà témoigné le désir de faire une promenade sur le lac, et je ne doute pas que je ne trouve encore d'autres compagnes. Permettez-moi de vous remercier encore une fois de cette attention, car je connais trop bien votre goût pour ne pas sentir que vous pourriez trouver un objet de vos soins plus agréable.

— En vérité, j'ai une sincère estime pour notre vieux capitaine, et bien souvent je ne désirerais pas une meilleure compagnie que la sienne. Mais quand il serait aussi désagréable que je le trouve franc et aimable, vos désirs suffiraient pour me cacher tous ses défauts.

— Vous avez appris, monsieur Powis, qu'on se souvient des petites attentions aussi bien que des services importants, et après nous avoir sauvé la vie, vous désirez prouver que vous savez vous acquitter des petits devoirs sociaux aussi bien que des grands. J'espère que vous déciderez sir George Templemore à être de la partie, et à quatre heures nous serons prêtes à vous accompagner. Jusqu'alors j'ai promis à mistress Bloomfield un petit commérage dans son cabinet de toilette.

Nous quitterons maintenant la compagnie qui est restée à terre, pour suivre ceux qui sont déjà sur le lac, c'est-à-dire les deux pêcheurs. Le commencement des relations entre le navigateur sur l'eau salée et le navigateur sur l'eau douce fut tant soit peu contraint. Les termes de leurs professions respectives ne s'accordaient presque en rien; et quand le capitaine employait une expression technique, le commodore l'entendait presque toujours dans le sens contraire. Cette circonstance rabaissa dans l'esprit du capitaine le digne commodore, qui était pourtant très-habile dans sa profession, mais qui l'exerçait comme sur un lac et non comme sur l'Océan. En un mot, quand ils arrivèrent dans un endroit favorable à la pêche, le capitaine commençait à concevoir une idée du commodore qui n'était pas d'accord avec la déférence due à son rang.

— Je suis venu avec vous, *commodore*, dit le capitaine Truck en appuyant particulièrement sur ce titre, pour jouir du plaisir de la pêche, et vous m'accorderez une faveur spéciale en ne vous servant plus de phrases comme « câble-corde, » — « jeter l'ancre » et « *titivating.* » Quant aux deux premières, aucun marin ne s'en sert jamais; et pour la dernière, jamais je n'ai entendu un tel mot à bord d'un bâtiment, et du diable si je crois qu'il se trouve même dans le dictionnaire.

—Vous m'étonnez, Monsieur. « Jeter l'ancre » et « câble-corde » sont des expressions qui se trouvent dans la Bible, et par conséquent elles doivent être bonnes.

— Cela ne s'ensuit nullement, commodore, et je dois en savoir quelque chose; car comme mon père a été ministre, et que moi je suis marin, on peut dire que nous possédons bien ce sujet dans la famille. Saint Paul..... Vous avez entendu parler de saint Paul, commodore?

— Je le connais presque aussi bien que ce lac, Monsieur ; mais saint Pierre et saint André sont les hommes d'après mon cœur. Notre profession est fort ancienne, et vous voyez par leur exemple jusqu'où un pêcheur peut s'élever. — Je ne me souviens pas d'avoir jamais entendu dire qu'on ait fait un saint d'un capitaine de vaisseau.

— Non, non. Il y a toujours trop de besogne à bord d'un navire pour qu'on ait le loisir d'être autre chose qu'un commençant en fait de religion. Tom Leach, qui était encore mon premier lieutenant lors de mon avant-dernier voyage, et qui est à présent commandant lui-même d'un paquebot, s'il avait été convenablement élevé dans ce métier, aurait été un ministre aussi consciencieux que le fut son grand-père. Un tel homme pouvait être ministre aussi bien que marin. Je n'ai rien à dire contre saint Pierre et saint André; mais, à mon avis, ils n'en valent pas mieux pour avoir été pêcheurs; et si l'on pouvait savoir la vérité, j'ose dire qu'on verrait que ce sont eux qui ont introduit dans la Bible des phrases aussi absurdes que « câble-corde » et « jeter l'ancre. »

— Et s'il vous plaît, Monsieur, quelles sont celles dont vous vous servez en place? car, pour vous dire la vérité, nous n'en employons jamais d'autres sur tous nos lacs.

— Je n'ai pas de peine à le croire, car elles sentent diablement l'eau douce. — Nous disons « laissez aller l'ancre, » ou « lâchez l'ancre, » ou quelque expression raisonnable du même genre; mais jamais « jetez l'ancre, » comme si un morceau de fer pesant deux ou trois tonneaux pouvait se jeter par-dessus le bord, comme une pierre à tuer un moineau. Et quant à ce que vous appelez « câble-corde, » nous disons « câble, » — « chaîne » — ou « amarre, » suivant la raison et les circonstances. Vous n'entendrez jamais un vrai marin parler de « câble-corde » et de « jeter l'ancre ; » c'est un langage trop sentimental pour lui. — Quant aux cordes, je suppose que vous n'êtes pas arrivé à être commodore sans savoir combien il y en a sur un vaisseau.

— Je ne prétends pas les avoir comptées ; mais j'ai vu une fois un vaisseau voguant à toutes voiles, et je sais qu'il s'y trouvait autant de cordes qu'il y a de pins sur cette colline.

— Y a-t-il plus de sept de ces arbres sur votre colline ? c'est précisément le nombre de cordes qui se trouvent sur un bâtiment marchand, quoiqu'il puisse y en avoir une ou deux de plus sur un vaisseau de ligne.

— Vous me surprenez, Monsieur. Rien que sept cordes sur un navire ! j'aurais parié qu'il y en avait sept cents.

— Sans doute, sans doute. C'est ainsi qu'un marin d'eau douce prétend juger d'un navire. Quant aux cordes, je vais vous en dire les noms, et alors vous pourrez donner des leçons de grammaire et de modestie à vos conducteurs de canot. — Le capitaine lui fit alors l'énumération scientifique des cordes employées à bord d'un bâtiment. —Voilà tout, ajouta-t-il ensuite, et j'ai été sur la mer près d'un demi-siècle sans avoir jamais entendu prononcer les mots « câble-corde » par quiconque savait faire la manœuvre, prendre un ris ou tenir le gouvernail.

— Eh bien ! Monsieur, chacun son métier, dit le commodore en tirant de l'eau un beau brochet ; et c'était le troisième poisson qu'il prenait, tandis que le capitaine n'en avait pas encore pris un seul. — Vous êtes plus habile en cordes qu'en lignes, à ce qu'il paraît. Je suis loin de nier que vous ayez des connaissances et de l'expérience ; mais, quant à la pêche, vous conviendrez du moins que la mer n'est pas une fameuse école. J'ose dire que si le sogdollader mordait à votre hameçon, vous vous jetteriez dans le lac pour vous en débarrasser. Mais probablement, Monsieur, vous n'avez jamais entendu parler de ce célèbre poisson.

Malgré toutes les excellentes qualités du capitaine Truck, il avait un faible assez commun à cette classe d'hommes qui, ayant vu une si grande partie du globe, n'aiment point à avouer qu'ils n'en ont pas vu la totalité. La petite escarmouche qu'il venait d'avoir avec le commodore lui avait paru nécessaire pour soutenir sa dignité, et il l'avait engagée pour lui faire sentir sa supériorité. Cette supériorité une fois reconnue par son compagnon, il aurait été assez disposé à admettre que celui-ci était beaucoup meilleur pêcheur que lui; mais la discussion n'était pas encore assez avancée pour qu'il fit cette concession; et piqué de la dernière remarque du commodore, il aurait été prêt à affirmer qu'il avait mangé des sogdolladers à son déjeuner un mois tout entier, s'il eût été nécessaire.

— Bon, bon, répondit-il avec un air d'indifférence, vous ne vous imaginez sûrement pas que vous ayez dans un lac comme celui-ci des poissons qui ne se trouvent pas dans l'Océan. Si l'on voyait la queue d'une baleine battre l'eau de votre mare, tous vos croiseurs ne songeraient qu'à chercher un port. Quant aux sogdolladers, nous en faisons assez peu de cas sur l'eau salée; le poisson volant et même le dauphin sont beaucoup meilleurs à manger.

— Monsieur! s'écria le commodore avec quelque chaleur et beaucoup d'emphase, il n'y a qu'un sogdollader dans le monde, et il est dans ce lac. Personne ne l'a jamais vu que moi, sauf mon prédécesseur l'amiral.

— Bah! il y en a autant que de merlans dans la Méditerranée, et les Egyptiens les font frire. Dans les mers de l'Orient, on s'en sert pour amorcer les lignes pour prendre des cabillauds et d'autres poissons de moyenne taille qui sont difficiles sur le choix de leur nourriture; car je ne nie pas que le sogdollader ne soit un bon poisson, et cette circonstance en est la preuve.

— Je vous répète, Monsieur, s'écria le commodore en s'échauffant, qu'il n'y a qu'un seul sogdollader dans tout l'univers, et qu'il est dans le lac Otségo. Le sogdollader est une truite saumonée; une sorte de père de toutes les truites saumonées de cette partie du monde, un patriarche couvert d'écailles.

— Je ne doute pas que votre sogdollader n'ait assez d'écailles; mais à quoi bon perdre le temps à parler d'un pareil poisson? La baleine est le seul qui mérite d'occuper les pensées d'un homme. Quoique j'aie passé bien du temps sur la mer, je n'en ai jamais vu prendre que trois.

Ces derniers mots servirent heureusement au maintien de la paix; car s'il y avait dans le monde quelque chose pour laquelle le commodore eût une profonde vénération, c'était une baleine.

Il avait du respect pour l'homme qui en avait vu une sur la surface de l'Océan, et il sentit tout à coup sa gloire éclipsée par celle d'un marin qui en avait vu prendre trois, et qui avait passé toute sa vie parmi ces animaux gigantesques. Repoussant son bonnet en arrière, il regarda une minute le capitaine, et oublia le mécontentement que lui avaient causé ses sogdolladers, quoiqu'il fût encore porté à regarder comme un conte tout ce qu'il en avait dit.

— Capitaine Truck, dit-il d'un ton solennel, je conviens que je ne suis qu'un ignorant, un homme sans expérience, et qui a passé toute sa vie sur ce lac, qui, quelque grand et quelque beau qu'il soit, ne doit paraître qu'un étang aux yeux d'un marin comme vous, qui a passé tant d'années sur l'Atlantique.

— L'Atlantique! s'écria le capitaine d'un air de mépris; j'aurais une pauvre opinion de moi si je n'avais vu que l'Atlantique. Sur ma foi! quand je suis sur l'Atlantique pour faire une traversée de New-York à Porstmouth, il me semble que je suis sur une barque de canal, remorquée par des chevaux marchant sur un chemin de halage. En fait de mers, parlez-moi de l'océan Pacifique ou de la grande mer du Sud, où un homme peut naviguer un mois le vent en poupe pour aller d'une île à une autre. Parlez-moi de cet océan où il se trouve une manufacture d'îles en nombre suffisant pour fournir le marché, et de toute grandeur, pour convenir à chaque pratique.

— Une manufacture d'îles! répéta le commodore, qui commençait à regarder son compagnon avec un respect qu'il n'aurait jamais cru pouvoir éprouver pour quiconque pouvait venir sur le lac Otségo. — En êtes-vous bien sûr, Monsieur? Ne faites-vous pas quelque méprise?

— Pas la moindre; non seulement des îles, mais des archipels entiers sont fabriqués tous les ans par les insectes de la mer dans cette partie du monde. Mais il ne faut pas vous faire une idée des insectes d'un tel océan par ceux que vous voyez sur une goutte d'eau comme celle-ci.

— J'ose dire qu'ils sont aussi gros que nos brochets ou nos saumons, dit le commodore dans la simplicité de son cœur; car son amour-propre local et exclusif était alors complètement subjugué, et il n'y avait presque rien qu'il ne fût prêt à croire.

— Je ne parle pas de leur taille; c'est à leur nombre et à leur industrie que je fais allusion. Dites-moi maintenant, un seul requin ne mettrait-il pas tout votre lac en commotion?

— Je crois que nous viendrions à bout d'un requin, Monsieur. J'ai vu une fois un de ces animaux, et je crois réellement que le sogdollader est plus pesant que lui. Oui, je pense que nous viendrions à bout d'un requin.

— Vous voulez parler d'un requin des côtes, — des hautes latitudes; mais que diriez-vous d'un requin aussi grand qu'un de ces pins sur la colline?

— Un pareil monstre avalerait un homme tout entier.

— Un homme! dites tout un peloton, toute une file indienne. Je suppose que ces pins peuvent bien avoir trente à quarante pieds.

Un rayon d'intelligence et de triomphe brilla sur les traits basanés du vieux pêcheur, car il venait de découvrir un côté faible dans les connaissances de son compagnon. Ceux qui excellent dans une chose ne sont pas en général aussi habiles dans les autres, et le brave capitaine était complètement ignorant sur presque tout ce qui concernait la terre. Qu'elle pût produire un arbre plus long que son grand mât, c'était ce qu'il ne croyait pas probable, quoique ce mât lui-même ne fût qu'une partie d'un arbre; et, dans la louable intention de faire sentir au commodore la supériorité d'un vrai marin sur un navigateur d'eau douce, il lui avait laissé voir qu'il pouvait commettre des erreurs dans le calcul des hauteurs et des distances, circonstance dont le vieux pêcheur profita avec le même empressement que le brochet saisit l'hameçon. Cette méprise accidentelle épargna seule à ce dernier l'humiliation de s'abaisser jusqu'à la plus abjecte soumission; car le ton froid de supériorité du capitaine l'avait tellement dépouillé de tout amour-propre, qu'il était près de reconnaître qu'il ne valait pas mieux qu'un chien, quand cette heureuse bévue fut pour lui un trait de lumière.

— Il n'y a pas sur cette colline un seul pin qui n'ait plus de cent pieds, et un grand nombre sont plus près de deux cents, s'écria-t-il en agitant le bras avec un transport de joie pour les montrer. La mer peut avoir de grands monstres, capitaine; mais nos montagnes ont leurs grands arbres. Avez-vous jamais vu un requin qui eût cent pieds de longueur?

Le capitaine Truck aimait au fond la vérité, quoiqu'il se permît quelquefois de la voiler en plaisantant, et qu'il fût disposé à parler avec exagération des merveilles de l'Océan, et il ne pouvait en conscience affirmer une chose aussi extravagante. Il fut donc obligé d'avouer sa méprise, et, à compter de ce moment, la conversation continua sur un pied plus égal. Ils causèrent tout en pêchant, de politique, de philosophie, des arts utiles, de la nature humaine, de l'abolition de l'esclavage, et d'autres objets qui pouvaient intéresser deux Américains qui n'avaient autre chose à faire que de jeter de temps en temps un coup d'œil sur leurs lignes. Quoique peu de peuples possèdent moins l'art de la conversation que nos concitoyens, nulle autre nation ne prend un si vaste essor dans ses discussions. L'homme qui ne sait pas ou qui ne croit pas savoir un peu de tout, ne serait pas un vrai Américain ; et à cet égard, nos deux personnages n'étaient pas en arrière pour soutenir le caractère national. Cet entretien sur des objets d'intérêt général rétablit donc entre eux la bonne intelligence ; car, pour dire la vérité, notre ancien ami le capitaine Truck était un peu honteux de l'affaire des arbres. La seule particularité digne d'être rapportée qui eut lieu dans le cours de leur conversation, fut que le commodore commença peu à peu à appeler son compagnon « général, » les usages du pays paraissant exiger, à ses yeux, qu'un homme qui avait vu bien plus de choses que lui eût du moins un titre égal au sien, et celui d'amiral étant proscrit par les scrupules des principes républicains.

Après avoir pêché quelques heures, le vieil habitué du lac fit aborder son esquif à la pointe de terre dont il a été si souvent parlé. Il y alluma du feu, et se mit à préparer le dîner. Quand tout fut prêt, ils s'assirent sur l'herbe, et commencèrent à jouir du fruit de leurs travaux d'une manière que comprendra tout vrai pêcheur.

— Je n'ai pas encore pensé, général, dit le commodore en commençant ses opérations sur une perche, à vous demander si vous êtes aristocrate ou démocrate. Nous avons assez discuté ce matin sur le gouvernement ; mais cette question m'a échappé.

— Comme nous sommes ici tête à tête, sous ces beaux chênes, et causant comme deux anciens camarades, répondit le capitaine la bouche à demi pleine, je vous dirai la vérité sans la mâcher : j'ai été si longtemps le maître à bord de mon bâtiment que j'ai un mépris complet pour toute égalité. C'est une chose que j'abhorre, et quelles que puissent être les lois de ce pays, je pense que l'égalité n'est nullement fondée sur la loi des nations ; et après tout, commodore, c'est la seule loi véritable sous laquelle on puisse aimer à vivre.

— C'est la loi du plus fort, si je ne me trompe, général.

— Mais soumise à des règles. La loi des nations, pour vous avouer la vérité, est pleine de catégories, et cela fournit à un homme entreprenant l'occasion de faire fortune. Croiriez-vous bien qu'il y a des pays où l'on met une taxe sur le tabac?

— Une taxe sur le tabac! Jamais je n'ai entendu parler d'un pareil acte d'oppression en forme de loi, Monsieur! Qu'a donc fait le tabac pour qu'on pense à le taxer?

— Je crois, commodore, que sa plus grande offense est d'avoir beaucoup de partisans. Les taxes diffèrent de beaucoup d'autres choses, car elles attaquent en général ce qu'on aime le mieux.

— Cela est tout nouveau pour moi, général. Taxer le tabac! Il faut donc que les législateurs de ces pays ne chiquent point. — Je bois à votre bonne santé, Monsieur, et puissions-nous faire beaucoup de banquets comme celui-ci!

Alors le commodore porta à ses lèvres un grand bol à punch en argent, que Pierce avait fourni avec tout ce qui était nécessaire pour préparer ce breuvage, et il fixa ses yeux près d'une minute sur les branches d'un chêne noueux. Pendant ce temps, le capitaine le regardait avec un plaisir qui tenait de la sympathie, et quand son compagnon lui passa le bol, il imita son exemple, et fixa son œil sur un nuage qui semblait flotter tout exprès à un angle de quarante-cinq degrés au-dessus de lui.

— Voilà un nuage paresseux, dit-il en remettant le bol par terre. Je l'ai suivi des yeux près d'une minute, et il n'a pas avancé d'un pouce.

— Taxer le tabac! répéta encore le commodore en respirant longuement comme s'il eût seulement alors recouvré l'usage de ses poumons; autant vaudrait songer à mettre une taxe sur le punch. Un pays qui suit un pareil système politique doit tomber en décadence. Jamais je n'ai vu une persécution produire du bien.

— Je vois que vous êtes un homme sensé, commodore, et je regrette de ne pas avoir fait votre connaissance quand j'étais plus jeune. — Avez-vous pris une détermination quant à la foi religieuse?

— Pour vous répondre sans balbutier comme un enfant qui ne sait pas encore parler, mon cher général, je vous conterai en deux mots l'histoire de mes aventures en ce genre, afin que vous en jugiez vous-même. Je suis né dans l'Eglise épiscopale, si l'on peut parler ainsi; mais à vingt ans, j'ai été converti par les presbytériens. Je restai avec eux environ cinq ans, et alors je voulus essayer des anabaptistes, ayant découvert alors que l'eau était mon élément. A trente-deux ans, je pêchai souvent avec des méthodistes : ils me convertirent à leur tour ; et enfin j'ai pris à peu près le parti d'adorer Dieu tout seul, ici sur le lac.

— Croyez-vous faire mal en pêchant le dimanche?

— Pas plus qu'en mangeant du poisson le même jour. La foi est la pierre fondamentale de ma religion, général ; car j'ai entendu tellement parler de l'inutilité des œuvres, que j'en suis venu à ne pas regarder de très-près à ce que je fais. Les gens qui ont été convertis quatre ou cinq fois sont comme des brochets qui mordent à chaque hameçon.

— C'est à peu près comme moi. Sur la Rivière... — Vous savez sans doute où est la Rivière?

— Certainement. Elle est là-bas au bout du lac.

— Mon cher commodore, quand nous disons « la Rivière, » nous entendons toujours le Connecticut, et je suis surpris qu'un homme ayant votre sagacité ait besoin qu'on le lui apprenne. Il y a des gens sur la Rivière qui prétendent qu'un navire devrait mettre en panne le dimanche. Ils parlaient de former une société pour empêcher tout bâtiment de mettre à la voile le dimanche ; mais les armateurs étaient trop forts pour eux, et ils les menacèrent de monter une société pour empêcher les oignons de pousser, excepté les jours de la semaine. Eh bien ! j'ai commencé ma vie, en fait de religion, dans ce qu'on appelle la Plateforme, et je crois que je courrai la même bordée jusqu'à ce que je reçoive l'ordre de « jeter l'ancre, » comme vous le dites. Du reste, je pense comme vous que la foi est la seule chose nécessaire. Et s'il vous plaît, mon cher ami, que pensez-vous réellement du vieux Hickory?

— Dur, général ; — dur comme un jour de février sur ce lac. — Rien que nageoires et arêtes.

— Voilà ce que j'en ai jamais entendu dire de plus juste, et c'est dire beaucoup en peu de mots. Il n'y a pas de catégorie sur cela. — J'espère que le punch est à votre goût?

Cette question fit songer le vieux pêcheur à porter une seconde fois le bol à sa bouche, et il s'acquitta de nouveau de l'agréable devoir d'en faire passer le contenu par son gosier. Pour cette fois, ses yeux se dirigèrent sur une mouette qui planait sur sa tête, et il ne cessa de boire que lorsque l'oiseau descendit sur le lac. « Le général » prit le bol à son tour, mais il y mit plus d'adresse ;

car choisissant un objet stationnaire sur la cime d'un chêne qui croissait sur la montagne près de lui, il ne cessa de l'examiner avec un air d'attention abstraite que lorsqu'il eut vidé le bol jusqu'à la dernière goutte. Dès qu'il eut annoncé ce fait, le commodore l'aida à presser des citrons, et à faire un mélange de rhum, d'eau et de sucre, *secundùm artem*. Au même instant chacun d'eux alluma un cigare, et pendant quelque temps ils conversèrent les dents serrées.

— Nous nous sommes parlé réciproquement aujourd'hui avec tant de franchise, mon cher commodore, que si je savais quelle est votre opinion véritable sur les sociétés de tempérance, je regarderais votre âme comme faisant partie de la mienne. C'est par des communications aussi franches qu'on parvient à se connaître l'un l'autre.

— Si les liqueurs ne sont pas faites pour qu'on les boive, pourquoi les fait-on? Chacun peut voir que ce lac a été fait pour les barques et pour la pêche : il a la largeur, la longueur et la profondeur nécessaires pour cela. Maintenant, voici une liqueur distillée, mise en bouteille, et fermée d'un bouchon; je demande si tout cela ne prouve pas qu'elle a été faite pour être bue? Vos gens à tempérance sont ingénieux; mais qu'ils répondent à cela, s'ils le peuvent.

— Je voudrais de tout mon cœur, mon cher commodore, que nous nous fussions connus quarante ans plus tôt. Cela vous aurait fait connaître l'eau salée, et n'aurait laissé rien à désirer à votre éducation. Nous pensons, je crois, de même en toutes choses, si ce n'est sur les vertus de l'eau douce. Or, si ces gens à tempérance faisaient tout ce qu'ils veulent, nous deviendrions comme les Turcs, qui ne boivent jamais de vin, et qui ont une douzaine de femmes.

— Un des plus grands mérites de l'eau douce, général, c'est de pouvoir se mélanger.

— Sans punch, adieu aux soirées du samedi à bord, et c'est un thé pour les marins.

— Je voudrais savoir si ces gens à tempérance pêchent pendant la pluie depuis le lever du soleil jusqu'à son coucher.

— Ou s'ils font leur quart en jaquette mouillée depuis son coucher jusqu'à son lever. Boire alors un verre de punch, c'est la quintessence des jouissances humaines.

— Je le demande encore, si les liqueurs ne sont pas faites pour être bues, pour quoi sont-elles faites? Les sociétés de tempérance pourront-elles résoudre cette difficulté?

— Commodore, je vous souhaite encore vingt bonnes années de pêche sur ce lac, qui me paraît plus beau à chaque instant, et j'avoue qu'il en est de même de toute la terre, et pour vous prouver que je ne dis que ce que je pense, j'en attesterai la vérité en buvant.

Le capitaine fixa son œil droit sur la nouvelle lune, qui se trouvait alors à une hauteur convenable, ferma le gauche, et resta si longtemps dans cette attitude, que le commodore commença à craindre qu'il ne lui restât pour sa part que les pepins des citrons. Mais cette crainte ne venait que de ce qu'il ne connaissait pas suffisamment le caractère de son compagnon; car c'était l'homme le plus équitable qu'on aurait pu trouver parmi les maîtres de bâtiments; et si quelqu'un eût mesuré ce qui restait dans le bol quand il le remit au vieux pêcheur, il aurait vu qu'il ne s'en fallait pas de ce que peut contenir un dé qu'il n'en restât précisément la moitié. Ce fut alors le tour du commodore, et quand il eut fini de boire, le fond du bol était en ligne perpendiculaire avec sa bouche. Pendant que l'honnête pêcheur respirait après cet exploit, en baissant les yeux du haut du ciel sur la surface de la terre, il vit une barque qui traversait le lac, et qui venait du Pin-Silencieux à la pointe de terre sur laquelle ils discutaient si agréablement le mérite de la tempérance.

— C'est la compagnie du wigwam, dit-il, et ils arriveront à temps pour se convertir à nos opinions, s'ils ont quelques doutes sur les objets que nous avons discutés. Leur céderons-nous la place en remontant dans la barque, ou vous sentez-vous disposé à faire face à des femmes?

— Dans des circonstances ordinaires, commodore, je préférerais votre société à tous les cotillons du monde; mais il y a dans cette barque deux dames dont j'épouserais l'une ou l'autre à une heure d'avis.

— Monsieur, dit le commodore d'un ton grave, nous autres qui avons vécu garçons si longtemps, et qui sommes mariés à l'eau, nous ne devrions jamais plaisanter sur un sujet si sérieux.

— Je ne plaisante nullement. Je parle de deux femmes, dont l'une a vingt ans et l'autre soixante-dix, et je veux être pendu si je sais laquelle je préfère.

— Vous seriez plus vite débarrassé de la dernière, mon cher général, et je vous conseille de lui donner la préférence.

— Toute vieille qu'elle est, Monsieur, un roi aurait de la peine à obtenir son consentement. — Mais préparons du punch, afin de leur prouver que nous pensons à elles en leur absence.

Ils se mirent sérieusement à l'ouvrage; et pendant qu'ils faisaient le mélange des divers ingrédients, la conversation ne se ralentit pas. Ils étaient alors tous deux dans cet état où l'on est disposé à penser tout haut, et le commodore était parfaitement à son aise avec le capitaine.

— Pour vous dire sans déguisement ma façon de penser, mon cher Monsieur, dit le vieux pêcheur, le seul reproche que j'aie à vous faire, c'est que vous n'êtes pas né dans les Etats du milieu. J'admets les bonnes qualités des habitants de la Nouvelle-Angleterre en général; mais ce sont les plus mauvais voisins qu'on puisse avoir.

— C'est leur faire une nouvelle réputation, commodore; car, du moins à leurs propres yeux, ils passent pour être tout le contraire. Voudriez-vous m'expliquer ce que vous voulez dire?

— J'appelle mauvais voisin celui qui ne reste jamais assez longtemps à la même place pour s'y attacher à quelque chose. Moi, Monsieur, j'ai de l'attachement pour chaque caillou qui est sur les bords de ce lac, pour chaque goutte d'eau qu'il contient. — Ici le commodore se mit à tourner le bras droit autour de lui, les doigts étendus et séparés comme les pointes des chevaux de frise; — et chaque fois que je le traverse, je trouve que je l'aime davantage. Et pourtant, Monsieur, m'en croirez-vous? quand je suis parti le matin pour aller passer la journée sur le lac, et que je rentre le soir, je trouve la moitié des maisons pleines de nouvelles figures.

— Et que deviennent les anciennes? demanda le capitaine Truck, croyant le battre avec ses propres armes; voulez-vous dire que les habitants vont et viennent comme la marée?

— Précisément, Monsieur, comme il en était des harengs dans le lac avant qu'on eût établi des écluses sur le Susquehannah, et comme il en est encore des hirondelles.

— Eh bien! eh bien! mon bon ami, consolez-vous! vous reverrez un jour dans le ciel ceux que vous avez connus.

— Jamais. Pas un n'y restera, s'il est possible de changer de place : comptez-y bien, Monsieur, dit le commodore dans la simplicité de son cœur. Le ciel n'est pas un séjour qui conviendra à un Yankee, si, de manière ou d'autre, il peut aller plus à l'ouest. Ils ont tous l'esprit trop inquiet pour pouvoir rester en place. Vous qui êtes un navigateur, vous devez connaître les astres; y a-t-il un autre monde à l'ouest de celui-ci?

— C'est ce que je ne puis dire, commodore, car les points du compas n'ont rapport qu'aux objets qui sont sur cette terre. Je suppose que vous savez qu'un homme qui partirait d'ici, et qui marcherait toujours en droite ligne vers l'ouest, reviendrait exactement en cet endroit, et y arriverait du côté de l'est; de sorte que ce qui est pour nous l'ouest dans le ciel de ce côté de la terre, est l'est pour ceux qui sont placés de l'autre.

— C'est ce que je ne savais pas, général, je l'avoue. Je comprends fort bien que ce qui est bon aux yeux d'un homme sera mauvais à ceux d'un autre; mais je n'ai jamais entendu dire que ce qui est l'ouest pour l'un, soit l'est pour l'autre. Je crains qu'en parlant ainsi, vous n'ayez amorcé votre ligne avec un morceau de sogdollader.

— Point du tout, Monsieur, il n'y en a point de quoi prendre le plus petit goujon qui soit dans l'eau. Non, non, il n'y a ni est ni ouest, ni dessus ni dessous au-delà de la terre; et par conséquent nous autres, Yankees, nous devons tâcher de nous contenter du ciel. — Maintenant, commodore, donnez-moi le bol, et nous avancerons vers le rivage pour offrir aux dames nos hommages et du punch.

CHAPITRE XX.

O Roméo, Roméo! où es-tu, Roméo?
SHAKSPEARE.

L'EFFET ordinaire du punch est de faire qu'on voit double; mais, en cette occasion, la méprise fut d'un genre tout contraire, car deux barques venaient de toucher à la pointe, quoique le commodore n'en eût annoncé qu'une. Toute la compagnie réunie au wigwam s'y trouvait, en y comprenant même Steadfast et Aristobule. On avait aussi amené une couple de domestiques pour faire les arrangements pour le dîner.

Le capitaine Truck tint parole, et présenta galamment le bol de punch à chaque dame à mesure qu'elle mettait le pied sur le rivage. Mistress Hawker refusa d'y toucher, mais de manière à enchanter le vieux marin; car elle lui faisait si complètement oublier ses habitudes et ses préjugés, que tout ce qu'elle faisait ou disait lui paraissait juste et gracieux.

La compagnie se sépara bientôt par groupes et par couples; les uns s'asseyant sur les bords de l'eau limpide du lac pour jouir de la fraîcheur d'un vent léger qui en ridait la surface, les autres restant sur les barques pour pêcher, quelques-uns allant se promener dans les beaux bois qui bornaient cette pointe tapissée de verdure, et ombragée par de beaux chênes, qui avait été si récemment un sujet de contestation. Une heure ou deux s'étaient écoulées de cette manière, quand toute la compagnie fut invitée à se réunir pour dîner.

Le repas était servi sur l'herbe, quoique Aristobule eût fait plus que donner à entendre que le public, en pareil cas, faisait dresser des tables grossières. Mais M. Effingham et son cousin n'avaient pas besoin de prendre une leçon d'un pareil oiseau de passage sur la manière dont devait être conduite une petite fête champêtre dont ils avaient conçu l'idée; ils ordonnèrent aux domestiques de placer les plats sur le gazon. Les convives s'assirent tout autour sur la verdure, et le festin commença. Ce fut sur mademoiselle Viefville que cette scène parut faire le plus d'impression : elle offrait aux yeux un noble panorama, formé de montagnes couvertes de beaux arbres, d'un lac semblable à un miroir, de grands chênes dont les branches s'étendaient sur leur tête, et à peu de distance d'une épaisse forêt.

— *Mais vraiment*, s'écria-t-elle avec enthousiasme, *ceci, dans son genre, surpasse même les Tuileries. On passerait volontiers par les dangers du désert pour y arriver.*

Ceux qui la comprenaient sourirent de cette remarque caractéristique, et la plupart partageaient ses transports. Cependant la manière dont leurs compagnons exprimaient leur plaisir parut froide et peu satisfaisante à M. Dodge et à M. Bragg, accoutumés à voir les jeunes gens des deux sexes se livrer, en de pareilles occasions, à des démonstrations de gaieté plus bruyante que n'en permettaient le goût et les habitudes de la compagnie dans laquelle ils se trouvaient. En vain mistress Hawker, avec sa manière tranquille et pleine de dignité, jouissait de la vivacité d'esprit et des remarques judicieuses de mistress Bloomfield, et semblait retrouver sa jeunesse; en vain Eve, avec sa douce simplicité, son esprit cultivé et ses goûts perfectionnnés, semblait un miroir bien poli qui réfléchissait tous les éclairs que l'imagination et la mémoire faisaient briller si constamment devant elle; tout était perdu pour ces deux utilitaires. M. Effingham, toujours modèle d'urbanité et de bon ton, avait rarement été plus heureux; et son cousin ne s'était jamais montré plus aimable, car il avait laissé de côté toute la sévérité de son caractère pour être ce qu'il aurait dû être constamment, un homme dont l'énergie et la fermeté savaient céder le pas, au besoin, à des qualités plus aimables. Paul et le baronnet n'étaient pas en arrière de leurs compagnons plus âgés, chacun à sa manière se montrant avec avantage plein d'une gaieté mêlée de retenue, et qui plaisait d'autant plus qu'elle était tempérée par la connaissance, l'observation et l'usage du monde.

De toute la compagnie, — toujours à l'exception d'Aristobule et de Steadfast, — la pauvre Grace était la seule qui ne partageât pas complètement la gaieté générale. Pour la première fois de sa vie, elle sentait ce qui lui manquait, — ces connaissances qui appartiennent si particulièrement à la femme, qui se montraient si naturellement dans mistress Bloomfield et dans sa cousine, et que la première possédait presque par instinct et comme un don du ciel, tandis qu'Eve en était redevable non-seulement à la même source, mais à une application longue et constante et à une attention perpétuelle à ce qu'elle se devait à elle-même. Cette situation était bien différente de celle d'une jeune personne qui, par une complaisance mal avisée pour les coutumes d'une société qui n'avait d'autre but qu'une vaine parade, s'était fermé les sources de tous les plaisirs que l'intelligence seule peut éprouver. Cependant Grace était belle et attrayante, et quoiqu'elle ne pût concevoir où sa cousine, en général si simple et ayant si peu de prétentions, avait puisé toutes ces idées qui lui échappaient avec tant de profusion au milieu de l'abandon et de la gaieté de cette fête, et toutes ces allusions que lui inspirait un esprit aussi brillant que modeste, son cœur généreux et affectionné lui permettait d'être surprise sans qu'il s'y mêlât la moindre envie. Elle s'aperçut alors pour la première fois que si Eve était une hadgi, elle n'était pas une hadgi de la classe ordinaire, et tandis que son humilité lui faisait regretter amèrement les heures qu'elle avait perdues en amusements frivoles, si agréables aux jeunes personnes de son sexe qui avaient fait sa société ordinaire, ses regrets sincères ne diminuèrent rien de son admiration pour une cousine qu'elle aimait si tendrement.

Quant à M. Dodge et à M. Bragg, ils avaient décidé l'un et l'autre que c'était la plus sotte fête qu'ils eussent jamais vue en cet endroit, car il ne s'y trouvait ni grands éclats de rire, ni gaieté bruyante, ni traits d'esprit grossiers, ni plaisanterie politique. Il leur semblait que c'était le comble de l'arrogance qu'une compagnie particulière eût la présomption de se rendre sur un terrain consacré par l'opinion publique pour y jouir d'un plaisir que nul autre ne pouvait partager.

— J'espère, dit John Effingham vers la fin du repas, tandis que la compagnie se disposait à quitter la place pour que les domesques pussent s'occuper des préparatifs du départ; j'espère, ma chère mistress Hawker, que vous êtes informée du charme fatal attaché à cet endroit, où l'on assure que jamais on n'a fait en vain la cour à une femme. Voici le capitaine Truck et moi qui sommes prêts à chaque instant à nous servir de ces couteaux à découper, faute d'épées, et je crois qu'il sera prudent à vous de ne plus sourire d'aujourd'hui, de peur que la jalousie au teint jaune ne l'attribue à un faux motif.

— Si vous m'aviez défendu de rire, Monsieur, j'aurais pu résister à cette injonction; mais un sourire est beaucoup trop faible pour peindre le plaisir que cause une pareille journée. Vous pouvez donc compter sur ma discrétion. — Mais est-il bien vrai que ces ombrages soient favorables à l'hymen?

— On pourrait se méfier de l'histoire qu'un garçon raconterait des progrès de l'amour comme de celle de l'éducation de ses enfants; mais telle est la tradition, et je ne mets jamais le pied ici sans me faire auparavant à moi-même de nouveaux vœux de constance. Après cette annonce du danger, oserez-vous accepter mon bras? Je vois certains signes qui prouvent que nous ne pouvons passer toute la vie dans le sein de ces plaisirs, quelque grands qu'ils puissent être.

Toute la compagnie se leva, et se divisa encore en groupes et en couples qui allèrent se promener de nouveau sur le rivage ou sous les arbres pendant que les domestiques faisaient les préparatifs du départ. Le hasard, — peut-être une intention secrète, — fit que sir George et Grace se trouvèrent tête à tête; mais ils ne s'en aperçurent qu'après avoir descendu une petite hauteur qui les cachait aux yeux de leurs compagnons. Le baronnet fut le premier à remarquer combien la fortune l'avait favorisé, et sa sensibilité fut touchée de l'air de douce mélancolie qui couvrait les traits ordinairement si brillants de sa belle compagne.

— J'aurais joui trois fois davantage de cette agréable journée, dit-il avec un air d'intérêt qui fit battre plus vivement le cœur de Grace, si je n'avais vu qu'elle vous causait moins de satisfaction qu'à ceux qui vous entouraient. Je crains que vous ne soyez pas aussi bien que de coutume.

— Je ne me suis jamais mieux portée ; mais il est vrai que je ne suis pas disposée à la gaieté.

— Je voudrais avoir le droit de vous demander pourquoi, vous qui avez si peu de causes pour perdre votre gaieté, vous avez choisi pour cela un moment si peu opportun?

— Je n'ai pas choisi le moment ; c'est le moment qui m'a choisie, je crois. Jamais jusqu'à ce jour, sir George, je n'avais si bien senti toute mon infériorité sur ma cousine Eve.

— Infériorité que vous seule pouvez admettre.

— Non, je ne suis ni assez vaine ni assez ignorante pour être dupe de cette flatterie, répondit Grace, secouant la tête avec un sourire forcé ; car l'illusion que veulent nous faire ceux que nous aimons n'est pas sans charmes. — Quand j'ai vu ma cousine pour la première fois après son retour, mes propres imperfections me fermèrent les yeux sur sa supériorité ; mais j'ai appris peu à peu à respecter son esprit, son caractère, son tact, sa délicatesse, ses principes, son éducation, tout ce qui peut rendre une femme estimable et digne d'être aimée. Combien je me suis repentie d'avoir perdu en amusements puérils, en vanités frivoles, des moments précieux qui ne peuvent revenir, et d'être restée presque indigne d'être la compagne d'Eve Effingham!

Les sentiments que Grace renfermait dans son sein avaient un tel besoin de se répandre, qu'elle savait à peine ce qu'elle disait et à qui elle parlait; et dans l'amertume de ses regrets, elle se tordit les mains, de manière à émouvoir toute la sensibilité du baronnet.

— Personne que vous ne parlerait ainsi, miss Van Courtlandt, et moins que personne votre admirable cousine.

— Oui, sans doute, mon admirable cousine; mais que suis-je auprès d'elle? Aussi simple et sans plus d'affectation qu'un enfant, elle joint l'esprit solide d'un savant à toutes les grâces d'une femme et à toutes les connaissances d'un homme. Sachant tant de langues...

— Mais vous en parlez vous-même plusieurs, ma chère miss Van Courtlandt?

— Oui, je les parle, comme le perroquet répète des mots qu'il ne comprend pas. Mais Eve s'est servie de ces langues comme d'un moyen pour s'instruire. Elle vous dit, non ce que signifient telle phrase et tel idiome, mais ce que les plus grands écrivains ont pensé et écrit.

— Personne n'a un plus profond respect que moi pour votre cousine, miss Van Courtlandt ; mais, pour vous rendre justice, je dois dire que je ne me suis aucunement aperçu de sa grande supériorité sur vous.

— Cela peut être vrai, sir George, et j'ai été moi-même quelque temps sans m'en apercevoir. Ce n'est pour ainsi dire que d'heure en heure que j'ai appris à l'apprécier comme devait le faire une intime connaissance. Mais vous-même vous devez remarquer avec quelle promptitude mistress Bloomfield et elle s'entendaient aujourd'hui, et combien de preuves elles ont donné de leur goût et de leur instruction. Mistress Bloomfield est une femme remarquable, mais elle aime à mettre au grand jour les qualités dans lesquelles elle sait qu'elle excelle. Il n'en est pas de même d'Eve Effingham. En jouissant au plus haut degré de tous les plaisirs intellectuels, elle conserve toujours son air de simplicité. Pas plus tard qu'hier, la conversation roulant sur un sujet que je n'entendais pas bien, ma cousine me l'expliqua, à ma demande ; mais je remarquai fort bien que, tandis qu'elle se joignait si naturellement à mistress Bloomfield pour ajouter à nos plaisirs, elle ne disait que la moitié de ce qu'elle savait, pour ne pas éclipser son amie. Non, non, il n'existe pas dans ce monde une autre femme comme Eve Effingham.

— Savoir si bien reconnaître la supériorité d'autrui, c'est se montrer soi-même supérieure.

— Je connais maintenant toute mon infériorité, sir George, et tout ce que vous me direz par bonté ne pourra jamais me donner une meilleure opinion de moi. Eve a voyagé ; elle a vu en Europe bien des choses qui n'existent pas ici, et au lieu de passer sa jeunesse à des amusements frivoles, elle a mis à profit des moments précieux dont elle connaissait tout le prix.

— Si l'Europe possède ces avantages, pourquoi ne pas y aller vous-même, ma chère miss Van Courtlandt?

— Moi! — moi une hadgi! s'écria Grace avec un transport enfantin, mais en rougissant; et pour un instant elle oublia Eve et sa supériorité.

Il est bien certain que sir George Templemore, en partant le matin pour cette partie de plaisir, n'avait pas formé le projet d'offrir ce jour-là sa main, son rang et sa fortune à une jeune fille qui n'avait reçu qu'une demi-éducation provinciale, mais qu'il trouvait charmante, et qui l'était réellement. Depuis assez longtemps, il se demandait à lui-même s'il ferait cette offre, et il est probable qu'il en aurait cherché l'occasion un peu plus tard, s'il n'en eût trouvé une si favorable en ce moment, malgré tous ses doutes et tous ses raisonnements. S'il est vrai que « la femme qui hésite est perdue, » il l'est également que l'homme qui met sa raison aux prises avec la beauté, succombera bientôt. Si Grace Van Courtlandt eût eu moins de naturel et plus de coquetterie, sa beauté seule n'aurait pas réussi à faire cette conquête; mais le baronnet trouvait dans sa naïveté un charme qui était particulièrement attrayant pour un homme du monde. Il avait d'abord été entraîné vers Eve par la même qualité, l'éducation première des jeunes Américaines leur donnant un air moins contraint et moins emprunté que celle des Anglaises : mais il trouva dans Eve des qualités acquises qui rendaient sa naïveté moins remarquable que celle de sa cousine; et si pourtant Eve eût donné quelque encouragement à son admiration, il n'aurait pas été facile d'affaiblir l'impression qu'elle avait faite sur lui. Quoi qu'il en soit, Grace s'était insensiblement emparée de son cœur, et il lui déclara alors son amour en termes si passionnés, que, déjà prévenue en faveur du baronnet, il lui fut impossible d'y résister. Il ne se passa plus que quelques minutes avant qu'on les appelât pour partir; mais quand elle rejoignit la compagnie, Grace avait pris une meilleure opinion d'elle-même; elle était aussi heureuse qu'on peut l'être quand on voit dans l'avenir un horizon sans nuages, et elle ne songeait déjà plus à l'immense supériorité de sa cousine.

Par une singulière coïncidence, pendant que miss Van Courtlandt et le baronnet étaient occupés comme nous venons de le rapporter, Eve Effingham recevait une offre du même genre. Elle était à se promener avec son père, Paul et Aristobule; mais à peine étaient-ils arrivés sur le bord de l'eau, que le capitaine Truck appela les deux premiers pour décider une question sur laquelle il n'était pas d'accord avec le commodore. Cette désertion inattendue laissa Eve seule avec M. Bragg.

— C'est une remarque plaisante et singulière que celle que M. John Effingham nous a faite concernant la pointe, Miss, dit Aristobule dès qu'il se trouva en possession du terrain. — Je voudrais bien savoir s'il est réellement vrai qu'on n'ait jamais fait en vain la cour à une femme sous ces grands chênes. Si cela est, nous autres hommes, nous devons prendre garde à nous quand nous y venons.

A ces mots, Aristobule sourit agréablement, et eut l'air de vouloir paraître plus aimable que jamais s'il était possible. Mais Eve se respectait trop, et savait trop bien ce qui est dû à son sexe, pour permettre, autant que cela dépendait de sa volonté, une conversation triviale sur ce lieu commun vulgaire, l'amour et le mariage, sujet éternel d'entretien pour les jeunes gens des deux sexes du cercle particulier de M. Bragg, et son air de dignité calme et tranquille lui imposa et réprima son espoir ambitieux. Cependant, comme il avait ouvert la tranchée, il résolut de continuer l'attaque.

— M. John Effingham, répondit Eve avec sang-froid, fait quelquefois des plaisanteries qui pourraient égarer quiconque tenterait de le suivre.

— L'amour est un feu follet, j'en conviens, reprit Aristobule d'un ton sentimental, et il n'est pas étonnant que tant de gens s'embourbent en suivant sa lumière, qui n'est pas celle de la raison. Avez-vous jamais éprouvé la tendre passion, Miss?

Aristobule avait entendu faire précisément la même question à la soirée de mistress Houston, et il croyait, en la répétant, se mettre dans la bonne route pour arriver à une déclaration en toutes formes. Une femme ordinaire, offensée d'une telle question, aurait probablement reculé d'un pas, se serait redressée de toute sa hauteur, et y aurait répondu par un « monsieur! » prononcé avec emphase. Eve agit tout différemment. Elle sentit que la distance entre M. Bragg et elle était si grande, qu'il ne pouvait l'offenser par aucune prétention à l'égalité. Cette distance était pourtant le résultat de la différence de leurs opinions, de leurs habitudes et de leur éducation, plutôt que de leur condition; car, quoique Eve ne pût devenir l'épouse que d'un homme bien élevé, elle était supérieure à tous les préjugés qui n'ont qu'une base factice. Au lieu donc de montrer de la surprise, de l'indignation, ou de s'armer d'une dignité théâtrale, elle changea de conversation, permettant à peine à un sourire d'effleurer ses lèvres, et il fut si léger que son compagnon ne l'aperçut même pas.

— J'espère, dit-elle, que nous aurons le bonheur de trouver l'eau aussi tranquille en retournant au village, qu'elle l'était quand nous en sommes venus. — Je crois que vous ramez quelquefois, monsieur Bragg?

— Ah! Miss, une telle occasion peut ne jamais se représenter. Vous autres, dames étrangères, il est si difficile de pouvoir vous parler tête à tête! Permettez-moi donc de saisir cet heureux moment, ici, sous les chênes de l'hyménée, pour vous offrir cette main fidèle et ce cœur dévoué. Vous avez assez de fortune pour nous deux, je ne parlerai donc pas de ce vil sujet. Songez, Miss, combien nous serons heureux de soutenir et de soigner votre excellent père pendant sa vieillesse, et de descendre ensemble la montagne de la vie, où, comme dit la chanson :

> Nous nous donnerons la main
> Jusqu'au pied de la montagne,
> John Anderson, mon voisin.

— Vous tracez d'agréables tableaux, monsieur Bragg, et l'on y reconnaît la touche d'un maître.

— Quelque agréables que vous les trouviez, Miss, ils sont infiniment au-dessous de la vérité. Le lien du mariage, indépendamment de ce qu'il est le plus sacré de tous ceux qui nous attachent à la vie, est aussi celui qui est le plus cher au cœur. Heureux ceux qui contractent cet engagement solennel avec une perspective aussi belle que la nôtre! Nos âges se conviennent, nos dispositions sont les mêmes, nos habitudes sont si semblables qu'elles écartent toute crainte de changements désagréables, et notre fortune sera précisément ce qu'elle doit être pour rendre un mariage heureux avec la confiance d'un côté et la gratitude de l'autre. Quant au jour, je désire vous laisser entièrement maîtresse de le fixer; je ne vous presserai pas : c'est le privilége de votre sexe.

Eve avait souvent entendu John Effingham faire des commentaires sur l'impudence d'une partie de la population américaine, et elle s'en était amusée; mais elle ne s'était jamais attendue à être elle-même l'objet d'une attaque semblable. Pour que rien ne manquât à cette scène, Aristobule avait pris son canif, avait coupé une branche d'un buisson, et il s'occupait de son amusement favori en la taillant en pièces. On n'aurait pu faire un meilleur tableau d'un amour raisonnable.

— Vous gardez le silence, Miss? J'aurai égard à votre timidité naturelle, et je ne vous en dirai pas davantage pour le moment. Mais, comme se taire, c'est consentir...

— Un instant, s'il vous plaît, Monsieur, dit Eve en faisant un léger mouvement de son parasol pour lui imposer silence. Je présume que nos habitudes et nos opinions, quoique vous paraissiez les croire si semblables, offrent assez de différence pour que vous puissiez ne pas voir combien il est inconvenant qu'un homme placé dans la situation où vous êtes abuse de la confiance d'un père au point de faire à son insu une semblable proposition à sa fille. Mais comme vous m'avez fait l'offre de votre main en termes qui n'étaient pas équivoques, je désire y répondre aussi clairement. Je refuse, Monsieur, l'honneur et l'avantage de devenir votre femme.

— Le temps a des ailes, Miss.

— Et il vole rapidement, monsieur Bragg. Si vous conservez beaucoup plus longtemps votre emploi chez mon père, vous pouvez perdre l'occasion de faire votre fortune dans l'Ouest, où j'ai entendu dire que vous aviez depuis longtemps intention d'émigrer.

— Je renoncerai volontiers pour vous, Miss, à toutes mes espérances dans l'Ouest.

— Non, Monsieur, je ne puis consentir à un tel sacrifice. Je ne vous dirai pas: oubliez-*moi*, mais oubliez toutes vos espérances ici, et reprenez celles que vous avez si inconsidérément abandonnées au-delà du Mississipi. Je ne rapporterai pas cette conversation à mon père de manière à lui inspirer un mécontentement inutile contre vous; et en vous remerciant, comme doit le faire toute femme, d'une offre qui doit faire supposer que celui qui la fait a du moins quelque bonne opinion d'elle, je vous souhaite tout le succès possible dans vos entreprises à l'Ouest.

Eve ne laissa pas à M. Bragg le temps de faire de nouvelles instances; car, en terminant ces mots, elle lui fit une révérence et le quitta. M. Dodge, qui avait été de loin témoin de cette entrevue, se hâta alors d'aller joindre son ami, curieux d'en connaître le résultat; car il avait été secrètement arrangé entre ces deux modestes jeunes gens qu'ils tenteraient fortune tour à tour près de la riche héritière, si elle n'acceptait pas la première offre qui lui serait faite, ce qu'ils ne croyaient pourtant pas vraisemblable. Au grand chagrin de Steadfast, et probablement à la grande surprise du lecteur, Aristobule informa son ami que la manière dont Eve avait écouté sa déclaration et y avait répondu lui avait donné beaucoup d'encouragement.

— Elle m'a remercié de mon offre, monsieur Dodge, dit-il, et elle a répété plusieurs fois avec chaleur ses souhaits pour ma prospérité dans l'Ouest. Eve Effingham est réellement une charmante créature.

— Dans l'Ouest! Peut-être l'entendait-elle autrement que vous ne le pensez. Je la connais bien : c'est une fille artificieuse.

— Artificieuse, Monsieur! Elle m'a parlé aussi clairement qu'une femme pouvait le faire, et je vous répète qu'elle m'a donné tout l'encouragement possible. C'est quelque chose que d'avoir eu une conversation aussi claire avec Eve Effingham.

M. Dodge avala son mécontentement, et toute la compagnie remonta bientôt sur les barques pour retourner au village. Le commodore et le général restèrent tête à tête sur la leur, afin de pouvoir terminer avec plus de dignité leur discussion sur les affaires humaines en général.

Dans la même soirée, sir George Templemore demanda un entretien particulier à M. Effingham, qui était seul dans la bibliothèque.

— J'espère que cette demande n'est pas une annonce de départ, dit M. Effingham dès que le baronnet entra ; car, si cela était, je vous regarderais comme un homme qui oublie les espérances qu'il a fait naître. Vous nous avez donné à entendre, si vous n'en avez pas fait la promesse formelle, que vous passeriez encore un mois avec nous.

— Bien loin d'avoir conçu un dessein si perfide, Monsieur, je crains seulement que vous ne trouviez que j'abuse trop longtemps de votre hospitalité.

Il lui fit part ensuite du désir qu'il avait d'obtenir la main de Grace Van Courtlandt. M. Effingham l'écouta avec un sourire qui prouvait qu'il s'attendait à cette demande, et son œil brillait quand il lui répondit en lui serrant la main :

— Je vous l'accorde de tout mon cœur, sir George ; mais souvenez-vous que c'est une plante délicate que vous transplantez dans un sol étranger. Il y a bien peu de vos concitoyens à qui je consentirais à la confier, car je sais quel risque on court dans ces unions mal assorties.

— Mal assorties, monsieur Effingham!

— Je sais que la vôtre ne le sera pas dans l'acception ordinaire de ce terme ; car, quant à l'âge, à la naissance et à la fortune, vous et ma nièce vous vous convenez autant qu'on peut le désirer ; mais il n'arrive que trop souvent qu'une Américaine qui épouse un Anglais contracte une union mal assortie. Son bonheur dépend tellement du choix qu'elle fait d'un mari, que s'il s'agissait d'un homme qui m'eût inspiré moins de confiance, il me serait permis d'hésiter. Quoique Grace soit à présent maîtresse de ses actions, j'userai du privilége de tuteur pour vous donner un avis.
— Respectez toujours le pays de la femme que vous avez crue digne de porter votre nom.

— J'espère que je respecterai toujours tout ce qu'elle respecte elle-même. — Mais à quoi bon cet avis ? Miss Van Courtlandt est presque Anglaise de cœur.

— Une femme affectionnée réglera ordinairement ses goûts d'après ceux de son mari. Votre pays sera son pays, votre Dieu sera son Dieu. Cependant, sir George Templemore, une femme qui a de l'élévation dans l'âme ne peut jamais entièrement oublier le pays où elle est née. Vous autres Anglais, vous ne nous aimez pas, et une Américaine établie dans votre pays aura bientôt occasion d'y entendre des quolibets et des sarcasmes sur celui où elle est née.

— Juste ciel ! monsieur Effingham, vous ne vous imaginez pas que je conduirai ma femme dans des sociétés où…

— Ne vous offensez pas de mes doutes, Templemore. Je suis sûr que vous avez les meilleures intentions, et que vous ferez tout ce qui est convenable, dans l'acception ordinaire de ce mot ; mais je désire que vous fassiez encore plus, c'est-à-dire ce qui est juste. Grace a maintenant un respect et une estime véritable pour l'Angleterre, sentiment qui est à bien des égards motivé par des faits, et qui sera durable ; mais, sur certains points, l'observation, comme cela arrive souvent aux jeunes personnes douées de pénétration, lui fera découvrir les méprises dans lesquelles elle a été entraînée par l'enthousiasme et l'imagination. A mesure qu'elle connaîtra mieux les autres pays, elle en viendra à voir le sien avec des yeux plus favorables et plus éclairés ; elle sera moins frappée des objets qui lui plaisent à présent, et elle verra les choses sous un nouveau point de vue. Au risque de passer pour égoïste, j'ajouterai encore que, si vous désirez guérir votre femme de ce qu'on appelle la maladie du pays, le plus sûr moyen sera de la ramener dans le sien.

— En vérité, mon cher Monsieur, dit sir George en riant, cela a l'air d'en admettre les défauts.

— Oui, mais l'air seulement, car le fait est tout autre. Ce remède est aussi sûr pour les Anglais que pour les Américains, et pour les Allemands que pour ces deux autres nations. Cela dépend d'une loi générale d'après laquelle nous nous faisons une trop haute idée de nos plaisirs passés et des scènes dont nous sommes éloignés, et nous ne faisons pas assez de cas des avantages dont nous jouissons. Vous savez que j'ai toujours maintenu qu'il n'y a pas de vrai philosophe au-dessous de cinquante ans, ni de position dont on sente le prix, si elle n'a duré une douzaine d'années.

Ici M. Effingham sonna, et fit prier miss Van Courtlandt de venir le trouver dans la bibliothèque. Grace entra d'un air timide et en rougissant, mais avec une physionomie rayonnant de bonheur. Son oncle la regarda un instant, et une larme brilla dans ses yeux pendant qu'il l'embrassait avec une tendresse paternelle.

— Que Dieu vous protége! ma chère Grace, lui dit-il; c'est un changement terrible pour votre sexe, et pourtant vous le subissez toutes pleines d'espoir et avec une noble confiance. — Recevez sa main, Templemore, et aimez-la toujours. — Vous ne nous abandonnerez pas tout à fait; j'espère vous revoir encore une fois tous deux dans le wigwam avant de mourir.

— Mon oncle! mon oncle! s'écria Grace, fondant en larmes et se jetant dans les bras de M. Effingham; je suis ingrate, inconsidérée, d'abandonner ainsi les amis que la nature m'avait donnés. J'ai eu tort de...

— Tort! ma chère miss Van Courtlandt.

— Eh bien! sir George, je n'ai songé qu'à moi, dit la jeune fille ingénue, sentant à peine la force de cette expression. Peut-être faudrait-il réfléchir de nouveau à cette affaire.

— Je crois que les réflexions serviraient à peu de chose, dit M. Effingham en souriant, quoiqu'il s'essuyât les yeux en même temps. La seconde pensée des dames confirme ordinairement la première en pareille matière. — Que le ciel vous protége, Grace! et qu'il vous prenne aussi sous sa sainte garde, Templemore. Souvenez-vous de ce que je vous ai dit, et demain nous aurons une autre conversation sur ce sujet. — Eve sait-elle tout ceci, ma nièce?

Le sang monta aux joues de Grace, et s'en retira aussitôt. Elle baissa les yeux vers la terre.

— Il faut donc l'envoyer chercher, dit M. Effingham en s'avançant vers la sonnette.

— Mon oncle! s'écria Grace assez à temps pour l'empêcher de sonner, comment aurais-je pu cacher à ma chère cousine un secret si important?

— Je vois donc que je suis le dernier à l'apprendre, ce qui arrive ordinairement aux vieillards, et je crois même que je suis maintenant de trop.

M. Effingham embrassa de nouveau sa nièce avec affection, et quoiqu'elle cherchât à le retenir, il se retira.

— Il faut que nous le suivions, dit Grace s'essuyant les yeux à la hâte, et effaçant les traces des larmes qui avaient coulé sur ses joues. — Excusez-moi, sir George; — voulez-vous bien ouvrir la porte?

Le baronnet ouvrit, non la porte, mais ses bras. Grace tremblait comme si elle se fût trouvée sur le bord d'un précipice, et ses jambes lui refusèrent leur service; mais quand elle vit que sir George était près d'elle pour la soutenir, elle se rassura. Au lieu de quitter la bibliothèque sur-le-champ comme elle en avait eu le dessein, la cloche avait annoncé le souper avant même qu'elle se souvînt de ce qu'elle avait voulu faire.

CHAPITRE XXI.

> Aujourd'hui, que personne ne pense qu'il a affaire chez lui.
> — SHAKSPEARE.

Les chaleurs, qui sont toujours un peu plus tardives dans l'Otségo que dans les comtés situés plus au midi, régnaient alors dans les montagnes, et l'on était dans la première semaine de juillet. « Le jour de l'Indépendance, » comme les Américains appellent le 4 de ce mois, était arrivé, et tous les beaux esprits de Templeton furent mis en réquisition pour que la fête fût célébrée, suivant l'usage, d'une manière aussi intellectuelle que morale. La matinée commença par la parade de deux ou trois compagnies du voisinage en uniforme; on consomma dans les rues une grande quantité de pains d'épices et de bière d'épicéa; on ne but pas peu de whiskey dans les cabarets, et l'on vendit dans les tavernes beaucoup de liqueurs médiocres sous les noms les plus ambitieux.

On avait dit à mademoiselle Viefville que ce jour-là était la grande fête américaine, une fête nationale; et elle parut le matin ornée de rubans neufs, et sa physionomie, toujours animée, embellie par de nouveaux sourires. Cependant, à sa grande surprise, personne ne sembla partager ses sentiments; et quand le déjeuner fut fini, elle saisit un moment pour demander une explication à Eve dans un petit aparté.

— *Est-ce que je me suis trompée, ma chère? n'est-ce pas aujourd'hui la célébration de votre indépendance?*

— Vous ne vous trompez pas, ma chère demoiselle, et l'on a fait de grands préparatifs pour y faire honneur. On m'a dit qu'il devait y avoir une grande parade, un discours, un dîner et des feux d'artifice.

— *Et Monsieur votre père?*

— *Monsieur mon père* n'est pas grand partisan des réjouissances, et il prend ces démonstrations de joie annuelles à peu près comme un valétudinaire prend sa potion du matin.

— Et M. John Effingham?

— Est toujours philosophe. Vous ne devez pas attendre de lui de grandes démonstrations.

— *Mais ces jeunes gens?* — M. Bragg, M. Dodge, *même* M. Powis?

— Se réjouissent en Américains. Je présume que vous savez que M. Powis s'est déclaré notre concitoyen?

Mademoiselle Viefville jeta un coup d'œil sur la rue, où elle vit un assez grand nombre de campagnards, ayant la physionomie plus sombre et plus lugubre que celle d'un entrepreneur de funérailles, et se promenant avec un air désespéré de satisfaction. Elle leva les épaules, et murmura à demi-voix: *Que ces Américains sont drôles!*

Cependant, un peu plus tard, Eve surprit son père et tous les Américains de la compagnie, en proposant que les dames allassent faire une promenade dans la rue pour voir la fête.

— Ma chère enfant, lui dit son père, c'est une étrange proposition pour une demoiselle de vingt ans.

— Pourquoi étrange, mon père? Nous nous mêlions toujours aux fêtes de village en Europe.

— *Certainement,* s'écria mademoiselle Viefville; *cela est même de rigueur.*

— Et il est *de rigueur ici*, Mademoiselle, dit John Effingham, que les jeunes personnes s'en absentent. Je serais très-fâché de voir une de vous aujourd'hui dans les rues de Templeton.

— Et pourquoi, cousin John? Avons-nous quelque chose à craindre de la grossièreté de nos concitoyens? J'ai toujours cru au contraire que, dans aucune autre partie du monde, la femme n'est traitée si uniformément avec respect que dans notre république. Et pourtant, d'après tous ces visages de sinistre augure, il est possible qu'il ne lui convienne pas de se hasarder dans les rues d'un village un jour de fête.

— Vous n'avez ni tout à fait tort ni tout à fait raison dans ce que vous dites à présent, miss Effingham. Au total, la femme est bien traitée en Amérique; et cependant il ne convient pas à une *dame* de se mêler ici dans des scènes semblables, comme elle peut le faire et comme elle le fait en Europe.

— J'ai entendu expliquer cette différence, dit Paul, par le fait que les femmes n'ont pas de rang légal dans ce pays. Parmi les peuples chez lesquels le rang d'une dame est protégé par la loi, on dit qu'elle peut impunément en descendre; mais ici, où tout le monde est égal devant la loi, tant de gens connaissent si mal leur propre situation, qu'elle est obligée d'éviter toute collision et toute association avec ceux qui pourraient se méprendre sur ce qui lui est dû.

— Je ne désire ni collision, ni association, monsieur Powis; je voulais seulement parcourir les rues avec ma cousine et mademoiselle Viefville pour jouir du spectacle des amusements rustiques, comme on le ferait en France, en Italie, et même en Suisse, s'il vous faut l'exemple d'une république.

— Des amusements rustiques! répéta Aristobule d'un air effrayé; songez bien, Miss, que le peuple ne trouverait pas bon qu'on donnât à ses amusements l'épithète de « rustiques. »

— Bien certainement, Monsieur, les habitants de ces montagnes ne prétendront pas que leurs amusements soient les mêmes que ceux d'une capitale.

— Je veux dire seulement que ce terme serait monstrueusement impopulaire, et je ne vois pas pourquoi les amusements d'une cité ne seraient pas aussi rustiques que ceux d'un village. Supposer le contraire, c'est violer les principes de l'égalité.

— Et décidez-vous contre nous, cousin John? demanda Eve.

— Sans m'arrêter à examiner les causes, ma chère Eve, je crois que vous ferez mieux de rester toutes à la maison.

— Voilà ce qu'est une fête américaine, mademoiselle Viefville.

Un haussement d'épaules fut toute la réponse de la gouvernante.

— Vous ne serez pas entièrement exclue de la fête, ma fille, dit M. Effingham, toute galanterie n'a pas encore déserté le pays.

— Une *jeune personne* peut se promener *seule* avec un jeune homme, dit mademoiselle Viefville moitié en français, moitié en anglais ; elle peut aller à cheval ou en voiture *seule avec lui*; et ne pas faire sans lui *un seul pas dans le monde ;* mais elle ne peut se trouver dans la foule *avec son père* pour voir une fête ! Je désespère vraiment de *jamais rien comprendre aux habitudes américaines.*

— Eh bien ! mademoiselle, pour que vous ne nous croyiez pas tout à fait barbares, vous aurez du moins le plaisir d'entendre le discours.

— Vous faites bien, Edouard, dit John, de dire *le* discours et non *un* discours ; car je crois que c'est un squelette qui a servi chaque année à quelques milliers d'orateurs depuis soixante ans.

— Eh bien ! ces dames jugeront du squelette. Voici le moment où le discours doit être prononcé; et en partant de suite, nous pourrons avoir de bonnes places.

Mademoiselle Viefville fut enchantée ; car, après avoir vu les églises, les théâtres, l'Opéra et les bals de New-York, elle en était venue à la conclusion que l'Amérique était un excellent pays pour s'ennuyer; et ce qu'on proposait en ce moment promettait du moins quelque nouveauté. Eve, sa cousine et la gouvernante furent prêtes à partir en un instant, et escortées par tous les hommes de la compagnie, elles arrivèrent au local indiqué au moment où l'orateur montait en chaire; car une des églises du village avait été choisie pour cette cérémonie.

Cet orateur était, suivant l'usage, un jeune homme récemment appelé au barreau; car c'était une règle qu'un novice dans la profession des lois dérouillât son esprit dans un discours du 4 juillet, comme c'en était une autrefois qu'un mousquetaire prouvât son courage par un duel. Cette académie, qui avait autrefois servi en même temps à tant d'usages différents, où l'on avait donné successivement des leçons d'éducation et des bals, où l'on avait prêché et tenu les assemblées publiques, avait eu le même sort que la plupart des bâtiments en bois d'Amérique, — elle avait vécu son temps et avait été brûlée. Les habitants, que nous avons eu occasion de décrire ailleurs [1], avaient aussi disparu, et rien ne pouvait moins ressembler aux auditeurs de M. Grant et de ses premiers successeurs, que ceux qui étaient réunis en ce moment pour écouter les oracles de la sagesse de M. Writ. On n'y voyait pas un seul habit qui eût été porté par deux générations; la mode la plus nouvelle, ou ce qui passait pour telle, étant aussi généralement adoptée par le jeune fermier et le jeune ouvrier que par ceux qui étaient plus ouvertement reconnus pour les arbitres de la mode et du goût, c'est-à-dire l'étudiant en droit et le garçon de boutique. Toutes les mantes rouges avaient été mises de côté depuis longtemps pour faire place à des imitations de châles de mérinos, ou, dans les cas de modestie extraordinaire, à des mantes de soie. En jetant les yeux autour d'elle, Eve aperçut des chapeaux de paille d'Italie, des bonnets ornés de fleurs et des robes de soie de France, dans un lieu où, cinquante ans auparavant, on aurait vu les femmes porter des robes de calicot d'Angleterre et même des chapeaux d'hommes en laine. Le changement n'était pas aussi frappant chez les hommes, attendu que leur costume admet moins de variété; mais la cravate de soie noire avait remplacé le mouchoir de couleur, des gants de peau de chevreuil avaient succédé aux gants de laine, et les bottes en veau aux gros souliers en cuir de vache.

— Où sont donc vos paysans, vos ouvriers, vos laitières, le peuple, en un mot? demanda sir George Templemore à mistress Bloomfield tandis qu'ils prenaient leurs places; ou l'objet de cette réunion est-il au-dessus de leur portée; et n'y a-t-il ici que l'élite de la population?

— Vous voyez le peuple, et il vous offre un échantillon passable de ce qu'il est en général. La plupart de ces hommes sont ce que vous appelleriez maintenant en Europe *des industriels*, et ces femmes sont leurs épouses, leurs filles, leurs sœurs.

Le baronnet regarda autour de lui quelques instants avec un air de curiosité, et adressa de nouveau la parole à sa voisine, à demi-voix.

— Je reconnais la vérité de ce que vous me dites, en ce qui concerne les hommes; un œil critique peut découvrir en eux des traces de leurs occupations habituelles; mais quant aux femmes, vous vous trompez sûrement. Il y a trop de délicatesse

---

1. Dans *les Pionniers*.

dans leurs formes et dans leurs traits pour qu'elles puissent être ce que vous supposez.

— Je n'ai pourtant rien dit qui ne soit vrai.

— Mais regardez leurs mains, mistress Bloomfield. Elles portent des gants de France, ou je me trompe fort.

— Je n'affirmerais pas positivement que celles qui portent des gants de France soient des laitières, quoique j'aie vu ce prodige, mais soyez sûr que les femmes sont ici le pendant des hommes. Je conviens qu'elles sont jolies et bien faites pour des femmes de leur classe, et pourtant miss Effingham nous dit que c'est ce que vous appelez en Angleterre une grossièreté démocratique.

Sir George sourit ; mais comme ce qu'on appelle dans le pays « les exercices » allait commencer, il ne fit aucune autre réponse.

Ces « exercices » commencèrent par une musique instrumentale, ce qui est certainement le côté le plus faible de la civilisation américaine. Ce qu'on en entendit ce jour-là avait trois défauts essentiels, tous assez généraux pour être appelés caractéristiques, sous un point de vue national. D'abord, les instruments étaient mauvais ; ensuite ils étaient assortis sans aucun égard pour l'harmonie ; enfin ceux qui en jouaient ne savaient pas s'en servir. De même que, dans certaines grandes villes américaines, on regarde comme *la belle* la plus distinguée celle qui peut répéter le plus haut ce qu'elle a appris de sa nourrice, ainsi à Templeton on regardait comme le meilleur musicien celui qui pouvait donner le plus d'éclat à une fausse note. En un mot, le bruit était tout ce qui était nécessaire ; et quant à ce qui concerne la mesure, cette grande régulatrice de toute harmonie, Paul Powis dit tout bas au capitaine Truck que l'air qu'ils venaient d'entendre ressemblait exactement à ce que les marins appelaient un *round robin*, ce qui est une manière de signer une lettre écrite par eux en commun, de manière qu'il est impossible de savoir où est le commencement et la fin.

Il fallut tout le savoir-vivre parisien de mademoiselle Viefville pour qu'elle pût conserver sa gravité pendant cette ouverture, quoique ses yeux brillants, animés, et vraiment français, parcourussent sans cesse toute l'assemblée avec un air de satisfaction qui, comme l'aurait dit M. Bragg, la rendit très-populaire. Personne d'autre, parmi la compagnie venue du wigwam, à l'exception du capitaine Truck, n'osa lever les yeux ; mais chacun tint ses regards attachés sur le plancher, comme s'il eût joui en silence de l'harmonie. Quant à l'honnête capitaine, son oreille peu difficile trouvait autant de mélodie dans les hurlements d'un ouragan qu'en toute autre chose. Il ne trouvait donc guère de différence entre l'exécution de l'orchestre de Templeton et les soupirs du vieux Borée; et pour dire la vérité, ce jugement était assez juste.

Il est à peine nécessaire de parler du discours; car, si la nature humaine est la même dans tous les siècles et dans toutes les circonstances, il en est de même d'un discours du 4 juillet. Il s'y trouvait les allusions d'usage aux républiques de la Grèce et de Rome, entre lesquelles et celle des Etats-Unis il existe la même affinité qu'on pourrait trouver entre une châtaigne et un marron. Ce n'étaient qu'une enfilade de mots, et un long catalogue de causes de gloire nationale, qui auraient pu suffire pour toutes les républiques de l'antiquité et de notre temps. Mais quand l'orateur vint à parler du caractère américain, et surtout de l'intelligence de la nation, ce fut alors qu'il fut le plus heureux, et qu'il fit les progrès les plus rapides vers la popularité. Suivant le portrait qu'il traça, nul autre peuple ne possédait la dixième ou la centième partie des vertus et de l'honnêteté de la communauté à laquelle il adressait la parole; et, après avoir travaillé dix minutes à persuader à ses auditeurs qu'ils savaient déjà tout, il en perdit encore davantage à chercher à les convaincre qu'ils devaient chercher à amasser encore de nouvelles connaissances.

— Combien ne vaudrait-il pas mieux, dit Paul, pendant qu'ils retournaient au wigwam quand les « exercices » furent terminés, substituer à cette rapsodie insignifiante une courte et solide instruction sur la nature des institutions du pays et sur les obligations qu'elles imposent! Rien ne m'a fait plus de peine et causé plus de surprise que de voir combien peu de gens, dans un pays où tout dépend des institutions, ont des idées claires et précises sur leur propre condition.

— Cette opinion n'est certainement pas celle que nous avons ordinairement de nous-mêmes, dit mistress Bloomfield, et cependant elle doit être vraie. Je suis loin de vouloir rabaisser l'état de l'instruction dans ce pays; si nous prenons une moyenne, elle est très-supérieure à celle de presque tout autre peuple, et je ne suis pas de ces personnes qui, suivant les idées populaires de l'Europe, s'imaginent que les Américains sont doués de moins d'intelligence que les autres. Mais en toute chose il ne peut y avoir qu'une vérité, et, dans quelque pays que ce soit, il est du destin de bien peu de gens de la connaître. D'ailleurs les Américains ne veulent que faits et pratique, ils font peu d'attention aux principes; ils donnent le moins de temps possible aux recherches qui sont hors de la portée d'un esprit ordinaire, et il s'ensuit qu'ils ne connaissent que bien peu de choses dans tout ce qui n'est pas pour eux un objet d'occupation journalière. Quant à ce qui concerne la pratique des institutions, elles sont exploitées ici comme ailleurs par les partis, et les partis ne donnent jamais des explications franches et désintéressées.

— Vous trouvez-vous donc dans la situation commune, ou pire que vos voisins? demanda sir George.

— Pire que nos voisins, et cela par la raison toute simple que l'intention du système américain, qui a été établi tout exprès, et qui d'ailleurs est le résultat d'un marché, est de mettre sa théorie en pratique; au lieu que dans les pays où les institutions sont les résultats du temps et des circonstances, on ne peut les améliorer que par des innovations. Les partis attaquent invariablement le pouvoir et l'affaiblissent. Quand le pouvoir est en la possession du petit nombre, l'esprit de parti profite à la masse; mais quand le pouvoir est le droit légal de la masse, c'est le petit nombre qui profite de l'esprit de parti. Or, comme un parti n'a pas de meilleurs alliés que l'ignorance et le préjugé, bien connaître les principes de la législation est beaucoup plus important dans un gouvernement populaire que dans tout autre. A la place des éternels éloges des faits qu'on entend dans ce pays en toute occasion, je voudrais substituer une exposition claire et simple des principes, et je pourrais même dire des faits, en tant qu'ils se rattachent aux principes.

— *Mais la musique, Monsieur, qu'en pensez-vous ?* demanda mademoiselle Viefville d'un ton si drôle qu'elle causa un sourire général.

— Que ce n'est de la musique ni en fait ni en principe, ma chère demoiselle.

— Cela prouve seulement, Mademoiselle, ajouta mistress Bloomfield, qu'un peuple peut être libre et entendre un discours du 4 juillet, sans avoir des idées très-correctes de l'harmonie ou de la mesure.

— *Mais est-ce la fin de nos réjouissances*, miss Effingham?

— Point du tout; il y a encore quelque chose en réserve pour cette journée et pour tous ceux qui l'honorent. On m'a dit que la soirée, qui promet d'être assez sombre, se terminera par un divertissement particulier à Templeton, — « le divertissement du feu. »

— C'est un nom qui promet quelque chose de brillant.

Toute la compagnie arrivait en ce moment au wigwam.

Le divertissement du feu n'eut lieu nécessairement que plus tard. Quand la nuit fut tombée, toute la population se rendit dans la grande rue, que sa largeur rendait propre à cet amusement. La plupart des femmes étaient aux fenêtres, ou placées sur des échafauds d'où elles pouvaient tout voir. La compagnie du wigwam occupait un grand balcon de la principale auberge du village.

La première scène consista en fusées volantes, qui firent autant d'honneur au climat qu'à la perfection de la science pyrotechnique à Templeton. On en alluma quelques-unes dès que l'obscurité fut assez épaisse pour leur prêter de l'éclat. Des soleils, des pétards et des serpenteaux y succédèrent, tous de la nature la plus primitive, s'il y a quelque chose de primitif dans de pareils amusements. Un ou deux ballons parurent ensuite. Le divertissement du feu devait être la clôture des réjouissances, et il valait certainement tout ce qui l'avait précédé, en y comprenant le pain d'épices et la bière d'épicéa.

Une balle enflammée, lancée par la porte d'une boutique, fut le signal du commencement de cet amusement. C'était tout simplement une boule de laine saturée de térébenthine, et elle répandit une lumière brillante jusqu'à ce qu'elle fût consumée. Dès que le premier de ces météores brilla dans la rue, on entendit un cri général poussé par les enfants, les apprentis et tous les jeunes gens; et quelques instants après, une grande quantité de balles semblables furent lancées de même, et illuminèrent toute la rue. L'amusement consistait à jeter les balles avec hardiesse, et à les éviter avec dextérité, et une sorte de rivalité à cet égard ne tarda pas à se montrer.

Il en résultait certainement un bel effet. Des masses d'objets cachés par les ténèbres étaient tout à coup frappées d'une vive lumière, et l'on voyait une partie de la foule derrière une clarté pareille à celle qu'aurait produite un feu de joie, tandis que d'un autre côté des espèces d'ombres semblaient errer dans les ténèbres, qui permettaient à peine de distinguer la figure humaine.

Tout à coup un changement total s'opérait ; l'endroit qui avait été illuminé se couvrait d'une obscurité profonde, et quelques balles tombant dans celui qui semblait être le domaine de la nuit, le montrait peuplé de figures joyeuses et de jeunes gens pleins d'activité. La transition continuelle de la lumière à l'obscurité, avec toutes les variations de jour et d'ombre, formait le trait le plus saillant de cette scène, et excita l'admiration de toute la compagnie que nous avons laissée sur le balcon de l'auberge.

— *Mais c'est charmant !* s'écria mademoiselle Viefville, qui était enchantée de découvrir parmi « les tristes Américains » quelque chose qui ressemblât au plaisir et à la gaieté, et qui ne les avait même jamais soupçonnés d'être en état de se livrer à une jouissance qui paraissait si vive.

— C'est un des plus jolis amusements de village que j'aie jamais vus, dit Eve, quoiqu'on puisse craindre qu'il ne soit un peu dangereux. Il y a quelque chose de « rafraîchissant, » comme le disent les rédacteurs de journaux, à voir une ville en miniature comme Templeton, daigner se livrer au plaisir à la manière d'un simple village. Ma plus forte objection à la vie de campagne en Amérique, c'est le désir ambitieux des villages de singer les villes, et d'échanger l'aisance et l'abandon qui doivent les caractériser contre cet air de roideur et de formalité qui rend les enfants si ridicules quand on leur met des habits de grande personne.

— Quoi ! s'écria John Effingham, vous imaginez-vous qu'il soit possible de réduire un homme libre à se priver de ses échasses ? Non, non, miss Eve ; vous êtes à présent dans un pays où, si vous avez deux rangées de garnitures à votre robe, votre femme de chambre voudra en avoir trois pour maintenir l'équilibre. Telle est la noble ambition de la liberté.

— Le faible d'Annette est d'aimer les garnitures, cousin John, et ce sont vos yeux qui vous ont fourni cette image plutôt que votre imagination. Cette ambition, si c'en est une, est française aussi bien qu'américaine.

— N'importe ; que ce soit Annette qui m'ait fourni cette image, elle n'en est pas moins vraie. — N'avez-vous pas remarqué, sir George, que les Américains ne veulent pas même souffrir l'ascendant d'une capitale ? Autrefois, Philadelphie, qui était alors la plus grande ville du pays, était la capitale politique ; mais c'en était trop pour une ville de jouir en même temps de la considération due à l'étendue et à la politique ; aussi l'honnête public s'est-il mis à l'œuvre pour faire une capitale d'une ville qui n'avait en sa faveur que d'être le siége du gouvernement, et je crois que chacun conviendra qu'il a admirablement réussi. Je suppose que M. Dodge reconnaîtra qu'il serait tout à fait insupportable que la campagne ne fût pas la ville, et que la ville ne fût pas la campagne.

— Nous sommes dans un pays où tous les droits sont égaux, monsieur Effingham; et j'avoue que je ne vois pas pourquoi New-York en posséderait qui n'appartiendraient pas également à Templeton.

— Croyez-vous, Monsieur, demanda le capitaine Truck, qu'un vaisseau soit un brick, et un brick un vaisseau?

— Le cas est différent. Templeton est une ville, n'est-il pas vrai, monsieur John Effingham?

— Un village, monsieur Dodge, et non pas une ville. — La différence est essentielle.

— Je ne vois pas cela, Monsieur. New-York, suivant moi, est une cité et non une ville.

— Ah! la distinction est subtile; mais il faut, monsieur Dodge, que vous ayez quelque indulgence pour nous autres, qui ramassons nos phrases uniquement en errant dans le monde ou sur le giron de notre nourrice, tandis que vous êtes du petit nombre de ces êtres favorisés qui, vivant dans le sein d'une province, obtiennent une précision et une exactitude auxquelles nous ne pouvons prétendre.

L'obscurité qui couvrait le balcon en ce moment empêcha l'éditeur du *Furet Actif* de remarquer un sourire général, et il resta dans une heureuse ignorance de la cause qui l'avait produit. Pour dire la vérité, la plupart des vices favoris de M. Dodge avaient pris leur source dans son éducation et ses idées provinciales, dont la tendance est toujours de persuader qu'on a raison, et que tous ceux qui sont d'une opinion contraire ont tort. Le vers bien connu de Pope, dans lequel ce poëte demande d'après quoi nous pouvons raisonner, si ce n'est d'après ce que nous savons, contient le principe de la moitié de nos faiblesses et de nos défauts, et explique peut-être complètement ceux de M. Dodge, ainsi que d'un grand nombre de ses concitoyens. Il y a des limites aux connaissances, aux goûts et aux habitudes de l'homme, et comme l'occasion les détermine à l'égard de chaque individu, il s'ensuit nécessairement que personne ne peut se former un modèle beaucoup au-dessus de sa propre expérience. Qu'un peuple isolé et éloigné soit un peuple provincial, ou en d'autres termes, un peuple suivant en opinion et en pratique des idées particulières et étroites, c'est ce qui est aussi inévitable, qu'il est naturel que l'étude fasse un savant, quoique, dans le cas de l'Amérique, le grand motif de surprise se trouve dans le fait que des causes si évidentes produisent si peu d'effet. Comparés à la masse des autres nations, les Américains, quoique si éloignés et si isolés, sont à peine provinciaux ; car ce n'est qu'en comparant le point le plus élevé parmi eux au point le plus élevé chez les autres qu'on découvre tout ce qui leur manque réellement. Qu'une si large fondation morale soutienne un édifice moral si étroit, c'est ce qui est dû à la circonstance que l'opinion populaire y exerce la suprématie ; et comme tout est rapporté à un corps de juges qui, d'après la nature des choses, doivent avoir des connaissances très-limitées et très-superficielles, on ne peut être surpris que le jugement se ressente du caractère du tribunal. La grande méprise faite en Amérique a été de supposer que parce que la masse du peuple a le pouvoir dans un sens politique, elle a le droit de se faire écouter et obéir en toute autre chose. Il faut espérer que le temps et une concentration de goût, de libéralité et de connaissances, qui ne peut guère exister au sein d'une population dispersée et encore jeune, remédieront à ce mal, et que nos enfants récolteront dans les champs de l'intelligence la moisson que nous avons semée. En attendant, la génération actuelle doit souffrir un mal qui ne peut aisément se guérir ; et entre autres suites fâcheuses qui en résultent, il lui faut endurer beaucoup de lumières très-douteuses, un bon nombre de principes faux et un esprit de bigoterie insupportable et étroite, propagé par des apôtres de la liberté et de la science semblables à Steadfast Dodge.

Nous avons écrit inutilement, s'il nous est nécessaire de désigner une foule de choses dans lesquelles ce prétendu mentor du public, l'éditeur du *Furet actif*, avait mal jugé ses semblables, et ne s'était pas mieux apprécié lui-même. Qu'un tel homme fût ignorant, c'est à quoi l'on devait s'attendre, puisqu'il n'avait jamais reçu d'instruction ; qu'il fût suffisant, c'était la suite de son ignorance, qui produit la vanité plus souvent qu'autre chose ; qu'il fût intolérant, c'était l'effet naturel de ses habitudes provinciales et d'un esprit étroit ; qu'il fût hypocrite, c'était le résultat de l'hommage qu'il rendait au peuple, et qu'il fût permis à un être ainsi constitué de répandre, sur ses semblables, dans les colonnes d'un journal sa folie et sa méchanceté, son envie et son ignorance, c'était le résultat d'un état de société dans lequel la vérité du proverbe qui dit que « ce qui est l'affaire de tout le monde n'est l'affaire de personne » est démontrée, nous ne dirons pas tous les jours, mais toutes les heures, de cent autres manières également importantes, et de l'erreur grossière qui fait croire au peuple que tout ce qui se fait en son nom est fait pour son bien.

Comme on avait eu le temps d'admirer toutes les beautés du divertissement du feu, M. Effingham et sa compagnie quittèrent le balcon de l'auberge et retournèrent au wigwam. La soirée étant fort douce, ils se promenèrent dans le jardin, formant naturellement différents groupes, et causant de tout ce qui s'était passé pendant la journée ou de tout autre sujet qui se présentait à leur esprit. De temps en temps une balle de feu, poussée de leur côté, jetait une lueur passagère, et une fusée volante s'élevait dans l'air, suivie d'un rayon lumineux semblable au sillon que trace un vaisseau quand il fend l'Océan pendant la nuit.

CHAPITRE XXII.

> Aimable Octavia, que votre amour cherche le point qui est le plus propre à le conserver.
> SHAKSPEARE.

Nous ne dirons pas que ce fut le hasard qui laissa Paul et Eve tête à tête et qui les plaça à quelque distance du reste de la compagnie; car une secrète sympathie exerçait certainement son influence sur tous deux, et avait probablement contribué, autant que toute autre chose, à amener cette circonstance. Quoique le wigwam fût situé au centre du village, le jardin, placé sur le derrière, couvrait plusieurs acres de terrain, et il s'y trouvait de spacieux bosquets coupés par des allées tortueuses dans le style des jardins anglais. C'était une des améliorations faites par John Effingham; car, quoique le climat et les forêts d'Amérique offrent tant de moyens pour former de pareils jardins, c'est de tous les arts qui servent à l'ornement celui qui est peut-être le moins connu en Amérique. Il est vrai que le temps n'avait pas encore amené ces travaux à leur perfection, mais on y trouvait déjà des promenades variées, étendues et ombragées. Le terrain était inégal, et John Effingham en avait profité pour jeter de la diversité dans les allées, au grand étonnement des Américains qui avaient déjà commencé à calculer ce qui en coûterait pour l'aplanir, car ils attachent autant d'importance à donner une surface unie à un jardin qu'à établir le niveau nécessaire pour un chemin de fer.

Ce fut dans les allées de ces bosquets que la compagnie se mit à se promener en arrivant, les uns se dirigeant vers l'orient, les autres vers le sud ou vers le couchant, de manière à former quatre ou cinq divisions qui, quoique suivant différents chemins, se rencontraient quelquefois, mais se réunissaient rarement. Comme nous l'avons déjà dit, Paul et Eve, pour la première fois de leur vie, se trouvaient seuls dans des circonstances qui permettaient une conversation confidentielle sans interruption. Cependant, au lieu de profiter de cette occasion extraordinaire, comme plusieurs de nos lecteurs peuvent le supposer, le jeune homme continua la conversation qui était entamée quand ils étaient rentrés au wigwam.

— Je ne sais, miss Effingham, si vous avez éprouvé aujourd'hui le même embarras que moi quand l'orateur parlait en termes si pompeux de la gloire de la république et de l'honneur qui accompagne partout le nom américain. Quoique j'aie beaucoup voyagé, je n'ai certainement jamais pu découvrir que ce soit un grand avantage, en pays étranger, d'être un des « quatorze millions d'hommes libres. »

— Devons-nous attribuer à ce fait le mystère qui a si longtemps couvert le lieu de votre naissance? lui demanda Eve avec un peu de malice.

— Si j'ai paru faire un mystère du pays où je suis né, miss Effingham, c'est très-involontairement, du moins en ce qui vous concerne. Je puis ne pas m'être cru autorisé à introduire mon histoire dans nos petits entretiens, mais je ne crois pas avoir cherché à en faire un secret. A Vienne et en Suisse nous nous sommes rencontrés comme voyageurs, et maintenant que vous semblez disposée à m'accuser de réticence, je puis rétorquer cette accusation, et dire que, ni vous ni votre père, vous ne m'avez jamais dit expressément que vous étiez Américains.

— Cela était-il nécessaire, monsieur Powis?

— Peut-être non, et j'ai tort d'établir une comparaison entre l'obscurité qui me couvrait et l'éclat qui suivait tous vos pas.

— Entendez-moi bien, monsieur Powis. Mon père prenait naturellement intérêt à vous après le service que vous nous aviez rendu sur le lac de Lucerne, et je crois qu'il désirait trouver en vous un concitoyen, plaisir qui lui a enfin été accordé.

— Pour dire la vérité, avant mon dernier voyage en Angleterre je ne savais trop de quel côté de la mer Atlantique j'étais né, et c'est peut-être à cette incertitude que je dois quelque chose du cosmopolitisme auquel j'ai montré de si grandes prétentions pendant notre traversée.

— Ne pas savoir où vous étiez né! s'écria Eve avec une précipitation dont elle se repentit au même instant.

— Cela vous paraît sans doute fort étrange, miss Effingham ; vous avez toujours été pour votre père un objet de fierté et de consolation ; mais moi, je n'ai jamais eu le bonheur de connaître ni mon père ni ma mère. Ma mère, qui était sœur de celle de Ducie, mourut en me donnant le jour, et mon père l'avait précédée au tombeau. On peut dire que je suis né orphelin.

Eve, pour la première fois de sa vie, lui avait pris le bras pour se promener, et Paul sentit en ce moment la main de celle qu'il aimait s'appuyer plus fortement sur son bras ; cette marque de compassion était échappée à Eve dans un instant qu'elle trouvait si intéressant pour elle-même.

— C'était vraiment un malheur irréparable, monsieur Powis, et je crains que vous ne soyez entré dans la marine parce que vous aviez perdu ceux qui devaient naturellement s'occuper le plus activement du soin de votre bonheur.

— J'y suis entré volontairement ; peut-être par un certain amour pour les aventures, mais surtout pour décider, du moins en pratique, quel était le lieu de ma naissance, en m'enrôlant au service du pays que je connaissais le mieux et que certainement j'aimais davantage.

— Mais je crois que vous m'avez dit qu'il ne vous reste plus de doute sur cette question ? dit Eve d'un ton qui annonçait plus d'intérêt qu'elle ne voulait en montrer.

— Pas le moindre. Je suis né à Philadelphie ; ce point m'a été complètement prouvé lors de la dernière visite que j'ai faite à ma tante, lady Dunluce, qui était présente à ma naissance.

— Lady Dunluce est-elle aussi Américaine ?

— Oui, et elle n'a quitté ce pays qu'après son mariage avec le colonel Ducie. Elle était sœur cadette de ma mère; et malgré quelque jalousie et un peu de froideur qui, je crois, a disparu maintenant, je pense qu'elle l'aimait ; quoiqu'on puisse à peine répondre de la durée des affections de famille dans un pays où les institutions et les habitudes sont aussi artificielles qu'en Angleterre.

— Croyez-vous donc qu'il y ait moins d'affection de famille en Angleterre qu'en Amérique ?

— Je n'irai pas si loin, mais je crois qu'aucun de ces deux pays n'est remarquable pour posséder ce sentiment à un bien haut degré. En Angleterre, parmi les hautes classes, il est impossible que l'affection ne soit pas affaiblie par tant d'intérêts opposés. Quand un frère sait qu'il n'existe entre le rang et la fortune et lui que les prétentions d'un homme né douze mois avant lui, il le regarde comme un rival plutôt que comme un frère, et la tentation d'envier et même de haïr l'emporte quelquefois sur le devoir d'aimer.

— Et cependant les Anglais disent que les services rendus par l'aîné à son frère plus jeune, et la reconnaissance de celui-ci envers le premier, sont de nouveaux liens ajoutés à ceux du sang.

— Cela serait contraire à tout ce que l'expérience nous apprend. Le plus jeune s'adresse à l'aîné plutôt qu'à un étranger pour obtenir son aide, parce qu'il croit en avoir le droit ; et quel homme, s'imaginant avoir un droit, croit jamais qu'on lui a rendu pleine justice? Et quel est celui qui, étant requis de s'acquitter d'un devoir, ne croit pas toujours avoir fait plus qu'on ne pouvait raisonnablement lui demander ?

— Je crains que vous n'ayez pas une très-bonne opinion de la nature humaine, monsieur Powis.

— Il peut y avoir des exceptions, mais je crois que ce sentiment est très-commun parmi les hommes. Du moment qu'un devoir est créé, naît une disposition à croire qu'on peut le remplir aisément ; et de tous les sentiments celui d'une reconnaissance continuelle est celui qui est le plus à charge. Je crains que le frère aîné qui aide son frère ne le fasse par orgueil de famille plutôt que par affection naturelle.

— Qu'est-ce donc qui relâche les liens de la nature parmi nous, où il n'existe pas de loi de primogéniture?

— Ce qui relâche tous les autres liens, — l'amour du changement qui a crû avec les habitudes de migration du peuple, et qui, peut-être est alimenté en partie par nos institutions. Voici justetement M. Bragg pour confirmer ce que je vous dis. Je serais charmé de savoir ce qu'il pense sur ce sujet.

Aristobule et M. Dodge, qui se promenaient ensemble dans les bosquets, passaient en ce moment près d'eux, et M. Powis fit la question au premier, comme on s'adresse à une connaissance dans un salon.

— Le changement dans les sentiments, Monsieur, répondit le gérant, est dans la nature, comme le changement dans les places est un acte de justice. Quelques uns de nos concitoyens pensent même qu'il serait utile de pouvoir faire changer périodiquement de place à toute la société, afin que chacun sût comment vit son voisin.

— Vous êtes donc partisan des lois agraires, monsieur Bragg?

— Bien loin de là, Monsieur, et je ne crois pas que vous trouviez un pareil être dans tout le pays. Quand il s'agit de la propriété, nous sommes un peuple qui ne lâche jamais ce qu'il peut tenir, Monsieur; mais, sauf cette exception, nous aimons des changements rapides. Par exemple, miss Effingham, chacun croit qu'un changement fréquent d'instructeurs religieux serait indispensable. Il ne peut y avoir de véritable piété, si l'on n'entretient pas la flamme par de nouveaux matériaux.

— J'avoue, Monsieur, que mes raisonnements me conduiraient à une tout autre conclusion, et que je dirais que la piété ne peut être véritable quand elle a besoin sans cesse de nouveaux matériaux.

M. Bragg regarda M. Dodge, M. Dodge regarda M. Bragg; tous deux levèrent les épaules, et le premier reprit la parole :

— Ce peut être le cas en France, Miss; mais en Amérique, nous regardons le changement comme le grand purificateur. Autant vaudrait espérer que l'air serait salubre au fond d'un puits, que de s'imaginer que l'atmosphère morale puisse être pure et claire, si elle n'est purifiée par le changement. Quant à moi, monsieur Dodge, je pense que personne ne devrait être juge dans la même cour plus de dix ans; et au bout de cinq, un prêtre n'a plus que des lieux-communs à dire. Il y a des hommes qui peuvent durer un peu plus longtemps, j'en conviens; mais pour maintenir une chaleur de piété réelle, vitale, régénératrice et capable de sauver les âmes, il faudrait un changement de ministre tous les cinq ans dans chaque paroisse; du moins, c'est mon opinion.

— Mais, Monsieur, comme les lois de la religion sont immuables, que la manière de la faire connaître est universelle, et que les promesses qu'elle nous fait, la médiation qu'elle nous assure et les obligations qu'elle nous impose sont partout les mêmes, je ne vois pas ce que vous vous proposez de gagner par tant de changements.

— Comment, Miss! On change de plats à table; et dans aucune famille que je connaisse on n'en change autant que dans celle de votre honorable père. Je suis surpris de vous trouver opposée à ce système.

— Notre religion, Monsieur, répondit Eve d'un ton grave, est un devoir, et repose sur la révélation et sur l'obéissance, tandis que notre nourriture peut fort innocemment dépendre du goût, ou du caprice si vous le voulez.

— Eh bien, j'avoue que je n'y vois pas beaucoup de différence. Le grand objet de cette vie est de changer de place et d'avancer. Vous savez sans doute, Miss, que bien des gens prétendent qu'il faut que nous changions de ministre, si nous voulons que la bénédiction du ciel tombe sur notre congrégation.

— Je croirais plutôt que sa malédiction suivrait un tel acte d'injustice, Monsieur. Notre ministre a été dans cette paroisse depuis qu'il a commencé à remplir les devoirs de sa sainte profession; et il me serait impossible de supposer que la faveur divine accompagnerait un acte si injuste et si capricieux, sans autre motif que le désir de la nouveauté.

— Vous vous méprenez, Miss; notre but est d'exciter l'ardeur pieuse du peuple, ce qu'on ne peut espérer tant qu'il entendra toujours les sermons du même ministre.

— J'ai appris à croire, monsieur Bragg, que la piété s'accroît par l'aide du Saint-Esprit, qui nous inspire tous nos bons désirs, et qui nous y confirme, et je ne puis me persuader que la Divinité, pour sauver une âme, trouve nécessaire d'employer ces moyens humains auxquels on a recours pour prendre une ville, pour décider une élection ou pour exciter la populace. J'apprends que quelques unes des autres sectes jouent des scènes fort extraordinaires dans le pays, mais je me flatte de ne jamais voir le jour où l'Eglise apostolique et vénérable, dans le sein de laquelle j'ai été élevée, essaiera d'appuyer les œuvres de la puissance divine sur des moyens humains et profanes.

Tout cela était du grec pour M. Dodge et M. Bragg, qui étaient si accoutumés à exciter le peuple pour arriver à leur but, qu'ils avaient entièrement oublié que plus un homme était excité, moins il lui restait de raison. Les sectes, pleines d'un esprit d'exagération religieuse, qui ont commencé à peupler l'Amérique, contribuèrent beaucoup à transmettre à leur postérité de fausses idées sur de pareils sujets; car, tandis que le reste du monde était accoutumé à voir dans le christianisme l'allié du gouvernement, qui était détourné de son grand but par la cupidité, l'ambition et l'égoïsme, le Nouveau Monde avait été destiné à voir la réaction de ces abus, et à commettre presque autant d'erreurs dans l'extrême contraire. Les deux hommes dont il vient d'être parlé avaient été élevés à l'école des idées religieuses provinciales, école qui est en si grande faveur auprès d'une grande partie de ce pays, et ils étaient des exemples frappants de la vérité du proverbe qui dit que « tout ce qui est engendré dans l'os, se montrera dans la chair; » car leur caractère commun, — commun du moins à cet égard, — était un singulier mélange des superstitions et des préjugés qui prenaient le masque de la religion; de fraudes injustifiables, de bassesse et même de vices. M. Bragg valait mieux que M. Dodge, car il avait plus de confiance en lui-même et plus de franchise; mais, en ce qui concernait la religion, il donnait dans les mêmes excès contradictoires; et en fait de vices grossiers, ils avaient un point commun vers lequel ils tendaient tous deux, faute d'éducation et de goût, aussi infailliblement que l'aiguille aimantée se dirige vers le pôle. On jouait souvent aux cartes dans le salon de M. Effingham, et il se trouvait dans sa maison une salle où il y avait un billard. Ces deux hommes pieux lançaient souvent entre eux des sarcasmes sur cet exemple d'immoralité donné par une famille qui avait de si hautes prétentions en fait de morale; mais ils finissaient souvent leurs commentaires en allant dans une taverne, où, après avoir pris une chambre particulière, avoir demandé de l'eau-de-vie, fermé la porte et tiré les rideaux, ces dignes personnages prenaient des cartes dans leur poche, et s'évertuaient de leur mieux à qui ferait passer quelques pièces de six pence de la poche de l'autre dans la sienne.

En cette circonstance pourtant, le sérieux d'Eve eut l'effet de pacifier leurs consciences; car comme elle n'élevait jamais la voix au-dessus du ton ordinaire d'une femme bien élevée, la douceur même de ses accents prêtait de la force à ses expressions. Si John Effingham eût énoncé les mêmes sentiments, il est probable que

M. Bragg aurait essayé d'y répondre; mais il n'eut pas la même présomption avec miss Effingham, et il préféra la saluer, et prendre avec son compagnon la première allée qui se présenta. Ève et Paul continuèrent leur promenade, et reprirent leur conversation comme si elle n'eût pas été interrompue.

—Ce penchant au changement devient universel dans ce pays, dit M. Powis dès qu'Aristobule et son ami les eurent quittés, et c'est ce que je regarde comme un des signes les plus fâcheux du temps actuel, et surtout depuis qu'il est devenu si commun de le rattacher à ce qu'il est à la mode d'appeler « exciter le peuple. »

—Pour en revenir au sujet que ces messieurs ont interrompu, dit Ève, celui des liens de famille, j'ai toujours entendu citer l'Angleterre comme un des principaux exemples d'un pays où ces liens ont le moins de force, indépendamment de l'influence aristocratique, et je serais fâchée d'avoir à croire que nous suivons, du moins à cet égard, les traces de notre mère.

—Mademoiselle Viefville n'a-t-elle jamais fait aucune remarque sur ce sujet?

—Mademoiselle Viefville est bonne observatrice, mais très-discrète. Qu'elle pense que les affections de famille soient aussi fortes dans ce pays que dans le sien, c'est ce que je ne crois pas; car, de même que beaucoup d'Européens, elle regarde les Américains comme un peuple sans passions, qui songe plus aux moyens de gagner de l'argent qu'à aucune autre affaire de la vie.

—Elle ne nous connaît pas, s'écria Paul avec tant de vivacité, que l'énergie avec laquelle il parlait fit tressaillir Ève.—Les passions sont aussi vives et ont un courant aussi impétueux en Amérique qu'en aucune autre partie du monde; mais comme il ne s'y trouve pas tant de causes factices pour y opposer des digues, elles rompent moins fréquemment celles que leur opposent les convenances.

Pendant une minute ou deux, ils continuèrent à se promener en silence. Ève désirait alors que quelqu'un de la compagnie pût les joindre, car il lui semblait que ce tête-à-tête se prolongeait un peu trop longtemps; mais ils ne rencontrèrent personne, et elle ne pouvait quitter Paul sans affectation ou sans malhonnêteté. Celui-ci était trop occupé de ses propres idées pour remarquer l'embarras de sa compagne; et après le court intervalle dont nous venons de parler, il reprit le même sujet d'entretien, mais d'un ton plus calme.

— C'était autrefois une théorie favorite des Européens, dit-il avec une ironie amère, que tous les animaux de cet hémisphère avaient été placés dans un état d'infériorité à l'égard de ceux de l'ancien monde, et ils ne sont pas encore entièrement désabusés de cette idée. Ils supposaient que l'Indien était sans passions parce qu'il avait de l'empire sur lui-même, et ce qui aurait passé dans un Européen pour la preuve d'une âme noble, était appelé en lui férocité et soif de vengeance. Vous et moi nous avons vu l'Europe, miss Effingham; nous avons été en présence de ce qui s'y trouve de plus sage, de plus noble et de plus éclairé; eh bien, à l'exception des résultats immédiats de leurs systèmes politiques, factices et élaborés, les Européens ont-ils à se vanter de quelque avantage qui soit refusé aux Américains,—ou plutôt qui fût refusé à ceux-ci s'ils avaient une indépendance intellectuelle égale à leur liberté politique?

— Et vous croyez qu'ils ne la possèdent pas?

— Comment un peuple pourrait-il la posséder quand il importe chez lui les idées des autres comme leurs marchandises; quand il ne sait pas même inventer ses préjugés?

— Il faut passer quelque chose à l'habitude et à l'influence du temps. L'Angleterre elle-même a probablement hérité de quelques-unes des fausses idées des Saxons et des Normands.

— Cela est possible et même probable. Mais quand l'Angleterre conçoit de fausses idées sur la Russie, sur la France, sur la Turquie ou sur l'Egypte, elle cède à un intérêt anglais et non américain. Ses erreurs sont du moins excusables jusqu'à un certain point, parce qu'elles lui sont utiles, au lieu que les nôtres ne sont que trop souvent contraires à nos intérêts les plus évidents. Nous ne sommes jamais indépendants que lorsqu'il s'agit de quelque intérêt clair et pressant, qui se rattache à l'argent. — Mais j'aperçois quelqu'un qui ne fait point partie de notre compagnie.

Un étranger se montrait alors dans l'allée où ils étaient, et il marchait avec l'indécision d'un homme qui ne sait s'il doit avancer ou reculer. Des fusées volantes tombaient de temps en temps dans le jardin, et des enfants qui voulaient ramasser les baguettes y avaient même fait une ou deux incursions, qui avaient été tolérées à cause de l'occasion; mais le nouvel intrus était un homme sur le déclin de la vie, ayant l'air d'un bon marchand, et il était évident qu'il ne cherchait pas des baguettes de fusées, car ses yeux se fixaient sur les personnes qui passaient devant lui de temps en temps; il avait l'air de les examiner avec attention, mais sans leur parler. Cependant en ce moment il s'arrêta devant Paul et Eve, de manière à indiquer qu'il avait quelque chose à leur dire.

— Les jeunes gens passent une nuit joyeuse, dit-il une main dans chacune des poches de son habit, et restant au centre de l'étroite allée, comme s'il eût été déterminé à les forcer de lui parler.

Quoique connaissant assez les habitudes peu cérémonieuses du pays pour ne pas être surpris de la hardiesse de cet étranger, Paul fut mécontent de voir interrompre si brusquement son tête-à-tête avec Eve, et il lui répondit avec un air de hauteur qui sentait le gaillard d'arrière, ce qu'il n'aurait pas fait en toute autre occasion.

— Peut-être, Monsieur, désirez-vous voir M. Effingham, ou — il hésita un instant en examinant l'extérieur de cet intrus — ou quelqu'un de ses domestiques? Vous ne pouvez manquer de rencontrer le premier dans ces bosquets, et vous trouverez les autres sur la pelouse, d'où ils regardent les fusées.

L'inconnu observa Paul un instant, et ôta son chapeau avec respect.

— S'il vous plaît, Monsieur, pouvez-vous m'informer si le capitaine Truck, qui commande un paquebot allant de New-York en Angleterre, est maintenant au wigwam?

Paul lui répondit que le capitaine se promenait avec M. Effingham, et qu'il les rencontrerait certainement en continuant à suivre la même allée. L'étranger leur fit place, et ne remit son chapeau que lorsque Paul et Eve furent passés.

— Cet homme, dit Paul, a sûrement été domestique en Angleterre; mais il a été un peu gâté par la réaction d'une liberté excessive. Le « s'il vous plaît, Monsieur, » et le fait d'avoir ôté son chapeau, sont une preuve de sa première condition; tandis que l'air de nonchalance avec lequel il nous a abordés annonce suffisamment la seconde édition de son éducation.

— Je suis curieuse de savoir ce qu'il peut avoir à dire à notre brave capitaine. — Il ne peut faire partie de l'équipage du *Montauk*?

— Non bien certainement; je réponds que le drôle n'est pas seulement assez marin pour faire un nœud au bout d'une corde; car s'il y a deux états qui ont moins d'affinité entre eux que les autres, c'est l'office et le baril de goudron. Vous verrez que c'est un domestique anglais qui a probablement fait la traversée avec son maître à bord d'un bâtiment commandé par notre vieux capitaine.

Eve et Paul arrivaient en ce moment à un endroit où l'allée tournait, et ils y retrouvèrent l'étranger, qui s'était arrêté pour attendre le capitaine Truck et M. Effingham, qui arrivèrent au même instant.

— Voici le capitaine Truck que vous m'avez demandé, lui dit Paul.

L'inconnu regarda le capitaine avec beaucoup d'attention, et le capitaine en fit autant à l'égard de l'inconnu ; car l'obscurité faisait qu'ils pouvaient à peine distinguer les traits l'un de l'autre. L'examen ne parut satisfaisant pour aucun d'eux, car ils firent un pas en arrière avec l'air de deux hommes qui ne se connaissaient pas.

— Il faut donc qu'il y ait deux capitaines Truck dans la marine marchande, dit l'étranger, car Monsieur n'est pas celui que j'ai connu.

— Je crois, l'ami, répondit le capitaine, que vous avez raison dans la dernière partie de votre remarque, de même que vous vous trompez dans la première. Je ne vous connais certainement pas, et il n'existe pas plus deux capitaines Truck dans la marine marchande, qu'on ne trouverait dans tout l'univers deux miss Effingham ou deux mistress Hawker. — Je me nomme John Truck, et nul homme portant ce nom n'a jamais commandé un navire entre New-York et l'Angleterre, — de mon temps du moins.

— Avez-vous jamais commandé *l'Aurore*, Monsieur?

— *L'Aurore!* oui sans doute; et *le Régulus*, et *le Manhattan*, et *la Belle-Volontaire*, et *la Debora-Angelina*, et *la Sukey et Katy*, que je puis dire avoir été mon premier amour, ma chère miss Eve ! C'était un petit bâtiment qui ne portait pas même de huniers, et à qui nous avions donné le nom de deux jolies filles de la Rivière, qui étaient bonnes voilières dans leur genre, ou du moins je le croyais ainsi alors, quoique en commandant un paquebot on change souvent d'opinion sur les hommes et sur les choses, et, quant à cela, même sur les femmes. Eh bien! en commandant ce schooner, je tombai dans une catégorie dont je ne crois pas que je voie jamais la semblable, car je fus jeté à la côte au vent. C'est de l'alcoran pour vous, ma chère miss Eve; mais M. Powis m'entend fort bien, quoiqu'il puisse trouver difficile de l'expliquer.

— Je sais certainement ce que vous voulez dire, dit Paul, mais j'avoue que je suis dans une catégorie comme vous l'étiez sur le schooner, pour expliquer comment cela put arriver.

— *La Sukey et Katy* m'enleva, et voilà tout. Depuis ce temps, jamais je n'ai voulu commander un bâtiment qui portât les noms de deux femmes, car je crois qu'une seule est tout ce qu'un honnête marin puisse commander. Vous voyez, monsieur Effingham, nous longions une côte au vent d'aussi près que nous le pouvions pour être dans le retour du courant, quand un coup de vent la frappa par le travers, et elle fut tout d'un coup jetée à la côte. Nul moyen de l'éviter. — Bâbord tout! — A bas le pic! — Les écoutes d'avant au vent. — La grande voile déployée! mais tout cela venait trop tard; elle était déjà jetée à la côte au vent. — Sans cet accident, je crois que j'aurais pu me marier.

— Et quel rapport pouviez-vous trouver entre le mariage et cet accident pour qu'il vous en empêchât? demanda Eve.

— C'était un avertissement, ma chère miss Eve, et je crus qu'il méritait attention. J'essayai ensuite *la Belle-Volontaire*, mais elle fut jetée sur le côté avec moi; après quoi je renonçai à tout nom de femme, et je pris le commandement d'un bâtiment égyptien.

— Egyptien!

— Certainement, — *le Régulus*, qui était, m'a-t-on dit, un grand tueur de serpents en Afrique. Mais je ne vis jamais mon chemin clair devant moi, que lorsque je commandai *l'Aurore*. — Avez-vous connu ce bâtiment, l'ami?

— Je le crois bien, Monsieur; j'ai fait deux traversées sur ce navire pendant que vous le commandiez.

— Cela est très-possible, car j'ai amené alors dans ce pays une foule de vos compatriotes, quoique la plupart fussent passagers de l'avant. Mais il y a plus de vingt ans que je commandais *l'Aurore*.

— Il y a à peu près ce temps que j'ai traversé l'Océan avec vous, Monsieur. Vous pouvez vous rappeler que nous rencontrâmes un bâtiment prêt à couler à fond, et que vous prîtes sur votre bord l'équipage et deux passagers. Trois ou quatre autres de ceux-ci étaient morts de leurs souffrances ainsi que plusieurs hommes de l'équipage.

— Tout cela me semble comme arrivé hier. Ce bâtiment était de Charleston, et il avait fait une voie d'eau.

— Oui, Monsieur, oui; — c'est précisément cela, — c'est ce qu'ils nous ont dit dans le temps. — Ils avaient fait une voie d'eau, et ils n'avaient pu la boucher. Je suis David, Monsieur. — Je crois que vous ne pouvez avoir oublié David.

Le brave capitaine était très-disposé à satisfaire l'air innocent d'importance que se donnait cet étranger, quoique, pour dire la vérité, il ne se souvînt pas plus d'avoir connu David passager à bord de *l'Aurore*, que David roi des Juifs.

— Oh! David, s'écria-t-il d'un ton cordial, êtes-vous donc David? Eh bien! je ne m'attendais pas à vous revoir en ce monde, quoique je n'aie jamais douté que je ne vous retrouvasse dans un autre. J'espère que vous vous portez bien, David? Quelle sorte de temps avez-vous eu depuis que nous ne nous sommes vus? Si je m'en souviens bien, vous avez gagné votre passage en travaillant à la manœuvre?

— Je vous demande pardon, Monsieur; je n'avais jamais été sur mer avant ma première traversée, et je n'appartenais pas à l'équipage : j'étais passager.

— Je m'en souviens à présent; vous étiez passager de l'avant, dit le capitaine, qui voyait alors clair devant lui.

— Point du tout, Monsieur; j'étais passager de chambre.

— De chambre! répéta le capitaine, qui ne voyait dans tout l'extérieur de cet homme rien qui annonçât un passager de chambre. — Ah! je comprends, vous voulez dire de l'office.

— Précisément, Monsieur. Vous pouvez vous rappeler mon maître; il occupait seul la chambre à main gauche, et j'avais celle tenant à l'office. — Vous vous souvenez de mon maître, Monsieur?

— Sans doute, et c'était un excellent compagnon. J'espère que vous demeurez encore avec lui?

— Dieu vous protége! Monsieur. Il y a longtemps qu'il est mort.

— Ah! je me souviens de l'avoir entendu dire dans le temps. Eh bien! David, j'espère que si vous traversez de nouveau la mer, nous serons encore compagnons de voyage. Nous n'étions alors que des commençants, mais à présent nous avons des navires à bord desquels on peut vivre. Bonne nuit.

— Vous souvenez-vous de Dowe, Monsieur; un de ceux que vous avez sauvés du naufrage? continua l'étranger, qui ne paraissait pas disposé à finir si tôt son bavardage; c'était un homme à teint basané, et très-marqué de la petite-vérole. Je crois que vous vous le rappellerez, Monsieur, car c'était un homme dur sous d'autres rapports que la physionomie.

— Oui, oui, une âme tenant un peu de la nature du caillou. Je me le rappelle fort bien, et ainsi, David, bonsoir. Venez me voir, si jamais vous allez à New-York. — Bonne nuit, David.

David fut alors obligé de se retirer; car le capitaine Truck, voyant que presque toute la compagnie s'était réunie par suite de la halte qui venait d'avoir lieu, sentit qu'il convenait de congédier un homme de qui, comme de son maître et de Dowe, il ne se souvenait pas plus qu'on ne se souvient d'un compagnon de diligence après un intervalle de vingt ans. L'arrivée de M. Howel, qui se joignit à Paul et à Eve, aida la manœuvre du capitaine, et la compagnie se divisant encore, quoique avec quelques changements dans les groupes, continua sa promenade de différents côtés dans les bosquets.

CHAPITRE XXIII.

> Quels sons argentins produisent, le soir, les langues des amants! C'est comme la plus douce musique pour les oreilles qui les écoutent.
>
> SHAKSPEARE.

— C'est une pauvre chose que ce feu d'artifice, dit M. Howel, qui, avec le manque de tact d'un vieux garçon, s'était mis en tiers avec Paul et Eve dans leur promenade. J'ose dire que les Anglais en riraient bien. Savez-vous ce qu'en a dit sir George, miss Eve?

— Il y aurait beaucoup d'affectation à un Anglais de rire des feux d'artifice d'un climat sec, répondit Eve en riant, et je crois que si sir George a gardé le silence sur cet objet, c'est parce qu'il sait qu'il s'y connaît peu.

— Eh bien! cela est singulier. J'aurais cru l'Angleterre le premier pays du monde pour les feux d'artifice. — A propos, miss Eve, j'entends dire qu'au total le baronnet n'est pas mécontent de nous, et je puis dire qu'il devient très-populaire en Amérique.

— Rien n'est plus facile à un Anglais que d'obtenir de la popularité en Amérique, dit Paul, surtout s'il est d'un rang plus élevé que le commun des hommes. Il n'a qu'à déclarer qu'il est charmé de ce pays pour y être bien vu, ou qu'il en est mécontent pour s'y voir sincèrement haï.

— Et en quoi l'Amérique diffère-t-elle à cet égard de tout autre pays? demanda Eve avec quelque vivacité.

— Elle en diffère certainement fort peu. L'amour, l'indifférence et la haine font naître les mêmes sentiments; il n'y a rien de nouveau à cela. Mais les habitants des autres pays ayant plus de confiance en eux-mêmes, sont moins sensibles à ce que les autres pensent d'eux. Je crois que c'est en cela que consiste toute la différence.

— Mais sir George vous trouve à son gré? demanda M. Howel avec intérêt.

— Il a du moins trouvé ici quelques personnes particulièrement à son gré, répondit Eve. Ne savez-vous pas que ma cousine Grace va devenir très-incessamment mistress — je lui demande pardon, — lady Templemore?

— Juste ciel! — est-il possible? — lady Templemore! — lady Grace Templemore!

— Non pas lady Grace Templemore, mais Grace, lady Templemore; et lady Templemore pleine de grâces par-dessus le marché.

— Et l'on dit que vous avez refusé cet honneur, ma chère miss Eve!

— On ne vous a pas dit la vérité, répondit Eve surprise de cette remarque, mais prompte à rendre justice à toutes les parties intéressées; sir George ne m'a jamais fait l'honneur de demander ma main, soit à mon père, soit à moi-même, et par conséquent il n'a pu être refusé.

— Cela est fort extraordinaire. J'ai entendu dire que vous vous connaissiez en Europe.

— Oui, monsieur Howel; mais j'ai connu en Europe des centaines de personnes qui n'ont jamais songé à m'épouser.

— Eh bien! cela est fort étrange, — tout à fait inattendu; un baronnet épouser miss Van Courtlandt! M. John Effingham est-il dans ces bosquets?

Eve ne fit aucune réponse à cette question, mais Paul se hâta d'y répondre.

— En retournant sur vos pas, et en prenant la première allée à gauche, je crois que vous le trouverez.

M. Howel prit le chemin indiqué, et fut bientôt hors de vue.

— C'est un vrai croyant qui a une foi implicite dans le mérite et la supériorité des Anglais, miss Effingham : on peut en juger par le désir qu'il montre de vous voir un mari de ce pays.

— C'est le côté faible du caractère d'un très-honnête homme. On m'assure que de tels exemples étaient beaucoup plus fréquents il y a trente ans qu'aujourd'hui.

— Je le crois aisément, car je me rappelle moi-même quelques caractères semblables. J'ai entendu des hommes plus âgés que je ne le suis faire une distinction entre les sentiments qui régnaient il y a quarante ans, et ceux qui règnent aujourd'hui. Ils disent qu'autrefois l'Angleterre dictait absolument et despotiquement à l'Amérique toutes ses pensées, si ce n'est quand les intérêts des deux nations étaient contraires, et j'ai même entendu d'excellents juges soutenir que l'influence de l'habitude était si puissante, et que les projets de ceux qui dirigeaient le système politique de la mère-patrie réussissaient si bien, que, même parmi ceux qui combattaient pour la liberté de l'Amérique, il se trouvait des hommes qui doutaient s'ils agissaient comme ils l'auraient dû ; comme on sait qu'il y avait des moments où Luther avait des doutes sur la justice de la réformation à laquelle il travaillait. Mais, depuis quelque temps, le penchant pour l'Angleterre est moins le résultat d'une simple dépendance mentale, — quoiqu'il n'en reste encore que trop, — que du calcul, et du désir qu'a une certaine classe de renverser la domination de la masse, et d'établir en place celle du petit nombre.

— Ce serait une étrange circonstance dans l'histoire de ce pays de le voir devenir monarchique.

— Il s'y trouve sans doute quelques partisans de la monarchie, mais ils sont dans une classe qui ne connaît le monde que par l'imagination et par les livres. La tendance de notre temps est vers l'aristocratie, et non vers la monarchie. La plupart de ceux qui s'enrichissent découvrent qu'ils n'en sont pas plus heureux ; peut-être tout homme que son éducation n'a pas préparé à user convenablement de la fortune est dans cette catégorie, comme le dirait notre ami le capitaine, et il commence alors à désirer quelque avantage dont il n'a pas encore fait l'épreuve. L'exemple du reste du monde est sous les yeux de nos riches, et faute d'imagination, ils imitent parce qu'ils ne peuvent inventer. Le pouvoir politique exclusif est aussi un allié fort utile pour amasser de l'argent, et il y a des gens qui ont assez de sagacité pour le voir, quoique je pense que le plus grand nombre d'entre eux soupirent après les vanités des classes exclusives plutôt qu'après leur fortune. Votre sexe, miss Effingham, n'est pas exempt de cette dernière faiblesse, et je crois que vous avez dû la remarquer parmi vos connaissances en pays étranger.

— J'ai trouvé quelques exemples de faiblesse semblable, répondit Eve avec retenue, et avec le ton de dignité de son sexe, mais pas en plus grand nombre, je crois, que parmi les hommes ; et rarement, dans un sexe comme dans l'autre, parmi les personnes que nous sommes accoutumés à regarder ici comme de condition. Le respect que ceux-ci ont pour eux-mêmes, et leurs habitudes les empêchent de montrer cette faiblesse, s'ils en sont attaqués.

— Les Américains, en pays étranger, peuvent se diviser en deux grandes classes : ceux qui y vont pour se perfectionner dans les arts, et ceux qui ne font ce voyage que pour s'amuser. Les premiers m'ont frappé, en général, comme étant singulièrement respectables, également éloignés d'un esprit d'imitation servile et d'une prétention insolente à la supériorité; mais je crois que la plus grande partie des autres a une tendance désagréable vers les vanités du monde.

— Je n'affirmerai pas le contraire, car la frivolité et le plaisir se touchent de bien près dans les esprits ordinaires. Le nombre de ceux qui estiment les objets qui font l'élégance de la vie à leur juste valeur, est petit en tout pays, à ce que je crois, et je doute que l'Europe soit beaucoup au-dessus de nous à cet égard.

— Cela peut être vrai, et pourtant on ne peut que regretter, dans un cas où presque tout dépend de l'exemple, que le ton de nos concitoyens ne soit pas mieux assimilé à ce qu'on peut appeler le fait dans les autres pays. — Je ne sais si vous en avez été frappée comme moi ; mais quand je me sentais en humeur d'entendre promulguer les grands principes monarchiques et aristocratiques, j'avais coutume d'aller à la légation américaine.

— J'ai entendu même des étrangers faire des commentaires sur ce fait, monsieur Powis, et j'avoue qu'il m'a toujours paru fort singulier. Pourquoi l'agent d'une république ferait-il parade de sentiments anti-républicains?

— Il y a des exceptions, j'en conviens ; mais, d'après l'expérience de plusieurs années, je crois que c'est la règle. Je pourrais me méfier de mon opinion et de mes connaissances; mais d'autres personnes qui ont eu les mêmes occasions que moi en sont venues à la même conclusion. Je viens de recevoir d'Europe une lettre dans laquelle on se plaint qu'un envoyé extraordinaire des Etats-Unis qui penserait autant à se dénoncer lui-même qu'à avouer publiquement les mêmes sentiments dans son pays, a énoncé son opinion contre un des traits les plus communs et les plus populaires du gouvernement américain, et cela dans des circonstances où l'on pouvait naturellement croire qu'elle produirait des conséquences pratiques sur ses auditeurs.

— Tant pis! cela est inexplicable pour moi.

— C'est un problème qui a sa solution comme tous les autres, miss Effingham. Dans les temps ordinaires, les hommes extraordinaires s'élèvent rarement au premier rang, le pouvoir étant le partage de ceux qui sont les plus adroits. Or la vanité et les désirs frivoles qui se manifestent par de brillants uniformes, par une affectation puérile et par de gauches imitations d'autres systèmes, portent probablement plus de la moitié de ceux qui remplissent les missions diplomatiques à les solliciter, et l'on doit s'attendre à voir leur tendance naturelle se montrer quand l'hypocrisie ne leur est plus nécessaire.

— Mais j'aurais cru qu'elle le serait toujours. Est-il possible qu'un peuple aussi attaché à ses institutions que la grande masse des Américains tolère un si indigne abandon de tout ce qu'il chérit?

— Comment le saurait-il? C'est un fait constant qu'il existe en ce moment un homme, qui n'a pas le moindre droit par son esprit, ses principes, ses manières et ses connaissances à une pareille marque de confiance, qui remplit une fonction publique en pays étranger, et qui, en toute occasion, à moins qu'il n'ait lieu de croire que le peuple américain en sera informé, non-seulement se déclare ouvertement opposé aux principes qui dirigent son gouvernement, mais, dans une controverse récente avec une nation étrangère, a pris positivement parti contre ces principes, et a informé cette nation que le gouvernement américain ne serait pas soutenu en cette occasion par la législature du pays.

— Et pourquoi ne l'a-t-on pas dit publiquement?

— A quoi bon? La partie de la presse qui ne prend pas un intérêt direct à cette affaire la traiterait avec indifférence, et une autre pourrait être portée à déguiser la vérité. Il est impossible à un particulier de rendre la vérité utile, en quelque pays que ce soit, dans une affaire d'intérêt public, et les hommes en place ne l'essaient que bien rarement ou jamais, à moins que ce ne soit pour arriver directement au but d'un parti. C'est pourquoi nous voyons tant de nos agents en pays étranger abjurer les principes de nos institutions : — ils savent fort bien que personne ne pourra dévoiler leur conduite. Indépendamment de ce motif, les classes qui sont considérées comme les plus élevées dans ce pays, désirent si vivement un changement dans ces institutions que les abjurer serait à leurs yeux un mérite plutôt qu'un crime.

— Les autres nations ne sont sûrement pas traitées si cavalièrement ?

— Non certainement. L'agent d'un prince qui prononcerait seulement à demi-voix une seule syllabe contre son maître, serait rappelé et disgracié ; mais celui qui sert un peuple est dans une situation toute différente ; il y a tant de monde à persuader qu'il est coupable ! Je pourrais parer toutes les attaques que les Européens aiment tant à faire contre le système du gouvernement américain, à l'exception de celles qu'ils puisent dans les discours de nos propres agents diplomatiques.

— Pourquoi nos voyageurs n'en rendent-ils pas compte ?

— La plupart n'ont pas d'assez bons yeux pour s'en apercevoir. Ils dînent à une table diplomatique, y voient quelques décorations, croient avoir une grande obligation d'y avoir été invités, et louent une élégance qui n'existe que dans leur cerveau. Quelques-uns pensent comme ceux qui blâment nos institutions et n'y voient aucun mal ; d'autres calculent le tort qu'ils pourraient se faire aujourd'hui, et le plus grand nombre s'imaginent donner une plus grande preuve de patriotisme en tournant une belle phrase sur « l'énergie comparative » et « l'intelligence supérieure » de leurs concitoyens, qu'en faisant connaître un fait honteux pour la nation, en supposant qu'ils aient eu l'occasion de le découvrir. Quoique personne n'ait une plus haute opinion que moi des Américains en ce qui concerne les choses pratiques, personne ne peut leur accorder moins de capacité pour distinguer entre les apparences et la réalité en matière de principes.

— Il est probable que, si nous étions plus près du reste du monde, ces abus n'existeraient pas, car il est certain qu'ils n'ont pas lieu si ouvertement dans le pays même. Je suis pourtant charmée d'avoir appris que, même quand vous aviez quelque incertitude sur le lieu de votre naissance, vous preniez assez d'intérêt à nous pour vous identifier à la nation, au moins par le sentiment.

— Il y eut un moment où je craignais véritablement que la vérité ne démontrât que j'étais né Anglais.

— Craindre est une expression bien forte, dit Eve, pour l'appliquer à un peuple si grand et si célèbre.

— Nous ne pouvons toujours nous rendre compte de nos préjugés, et peut-être était-ce un des miens; et à présent que je sais qu'être Anglais n'est pas le plus grand mérite possible aux yeux de miss Effingham, je suis plus loin que jamais d'en être guéri.

— A mes yeux, monsieur Powis! je ne me souviens pas d'avoir jamais exprimé de la partialité pour ou contre les Anglais. En tant que je puis parler de mes sentiments personnels, je regarde les Anglais du même œil que tout autre peuple étranger.

— Vous ne l'avez certainement pas exprimé par des paroles, mais les actions parlent plus haut.

— Vous êtes disposé à parler mystérieusement aujourd'hui. Par quelle action me suis-je déclarée pour ou contre dans cette importante affaire?

— Vous avez fait du moins ce que je crois que peu de vos concitoyennes auraient eu le courage moral et le désintéressement de faire, surtout celles qui ont été accoutumées à vivre en pays étranger : — vous avez refusé de devenir l'épouse d'un baronnet anglais d'une excellente famille, et jouissant d'une grande fortune.

— Monsieur Powis, dit Eve d'un ton grave, vous commettez une injustice envers sir George Templemore, et je ne puis laisser passer une telle assertion sans la contredire; c'en est même une pour moi et pour tout mon sexe. J'ai déjà dit à M. Howel en votre présence que sir George ne m'a jamais demandée en mariage, et que par conséquent il ne pouvait avoir été refusé; et je ne puis supposer qu'aucune Américaine bien élevée puisse regarder le misérable rang de baronnet comme une tentation pour oublier ce qu'elle se doit à elle-même.

— Je rends toute justice à votre modestie et à votre générosité, miss Effingham; mais vous ne pouvez vous attendre que moi, à qui l'admiration évidente de sir George Templemore a causé tant d'inquiétude, pour ne pas dire tant de peine, j'interprète vos paroles aussi littéralement que l'a probablement fait M. Howel.

Quoique sir George ne vous ait fait aucune proposition directe de mariage, il était trop évident qu'il était prêt à en faire une s'il eût reçu le moindre encouragement, pour qu'un observateur attentif ne s'en aperçût pas.

Eve pouvait à peine respirer, tant la manière calme, mais claire, quoique respectueuse, dont Paul exprimait sa jalousie, la prenait au dépourvu. Il y avait aussi dans sa voix, ordinairement ferme et assurée, un léger tremblement qui lui toucha le cœur; car, quand il existe une véritable sympathie entre deux personnes de différents sexes, le sentiment répond au sentiment comme l'écho répond à la voix. Elle sentait la nécessité de dire quelque chose, et pourtant ils firent plusieurs pas avant qu'il fût en son pouvoir de prononcer une syllabe.

— Je crains que ma présomption ne vous ait offensée, miss Effingham, dit Paul, parlant comme un enfant qui craint une réprimande, plutôt que comme un jeune homme à cœur de lion, tel qu'il s'était montré.

Il y avait un hommage respectueux dans l'émotion qu'il ne pouvait cacher, et Eve, quoiqu'elle pût à peine distinguer ses traits, découvrit bientôt cette preuve de l'étendue du pouvoir qu'elle avait sur lui.

— Ne parlez pas de présomption, dit-elle; un homme qui nous a rendu tant de services à tous peut sûrement réclamer quelque droit de prendre intérêt à ceux qu'il a si bien servis. Quant à sir George Templemore, vous vous êtes probablement mépris en attachant trop d'importance à un sentiment créé tout naturellement par les dangers que nous avons courus ensemble. Il est sincèrement et vivement attaché à ma cousine, Grace Van Courtlandt.

— Qu'il le soit à présent, je le crois parfaitement; mais qu'un autre aimant l'ait retenu ici quand il devait se rendre dans le Canada, c'est ce dont je suis sûr. Nous nous sommes traités réciproquement avec générosité, miss Effingham, et nous ne nous sommes rien caché pendant cette longue nuit d'inquiétude, quand nous pensions que le jour suivant verrait notre captivité. Templemore a trop d'honneur et de franchise pour nier qu'il ait d'abord désiré de vous obtenir pour épouse, et je crois même qu'il avouerait qu'il n'a tenu qu'à vous de l'être.

— C'est un acte d'humiliation qui ne lui est pas imposé; mais de telles allusions sont aujourd'hui plus qu'inutiles, et elles pourraient faire peine à ma cousine si elle les entendait.

— Je connais mal le caractère de mon ami, s'il laisse à miss Grace le moindre doute sur ce sujet. Cinq minutes de franchise en ce moment peuvent prévenir des années de méfiance.

— Et avoueriez-vous une première faiblesse de cette sorte, monsieur Powis, à la femme dont vous seriez décidé à faire votre épouse?

— Je ne dois pas me citer pour autorité pour ou contre une telle franchise puisque je n'ai jamais aimé qu'une fois, mais avec une sincérité et une ferveur qui ne peuvent jamais admettre de rivalité. — Miss Effingham, il y aurait quelque chose de pire que de l'affectation; — ce serait presque me jouer d'un être qui est sacré à mes yeux, si je ne m'expliquais pas complètement en ce moment, quoique ce que je vais dire me soit arraché par les circonstances, et que je sache à peine dans quel but je vais parler ainsi. — Me permettez-vous de continuer?

— Vous n'avez pas besoin de cette permission, monsieur Powis; vous êtes le maître de vos secrets.

Comme tous les hommes agités par de fortes passions, Paul était inconséquent et loin d'être juste. Eve le sentit, même pendant que son esprit cherchait des excuses ingénieuses pour pallier la faiblesse du jeune homme. Cependant l'idée qu'elle allait entendre une déclaration, qui peut-être ne devrait jamais être faite, était un poids sur son cœur, et c'est ce qui fit qu'elle lui parla avec plus de froideur qu'elle n'en éprouvait réellement. Cependant, comme elle n'ajouta rien à ce peu de mots, Paul vit qu'il lui devenait indispensable de s'expliquer.

— Je ne vous retiendrai ni ne vous fatiguerai longtemps, miss Effingham, lui dit-il, en vous faisant l'histoire de ces premières impressions, qui de jour en jour sont devenues plus profondes, et qui ont fini par être inséparables de mon existence. Vous savez que c'est à Vienne que nous nous sommes vus pour la première fois. Un Autrichien de haut rang, à qui des circonstances heureuses m'avaient fait connaître, m'avait introduit dans la meilleure société de cette capitale, et je vous y trouvai l'objet de l'admiration de tous ceux qui vous connaissaient. Mon premier sentiment fut l'orgueil de voir une de mes jeunes compatriotes, — vous étiez alors presque encore une enfant, miss Effingham, — devenue le plus grand attrait d'une métropole célèbre par la grâce et la beauté de ses femmes.

— Votre partialité nationale vous avait rendu un juge injuste envers les autres, monsieur Powis, dit Eve en l'interrompant, quoique le ton passionné du jeune homme fût une bien douce musique pour ses oreilles. — Que pouvait offrir une jeune Américaine n'ayant reçu qu'une demi-éducation et effrayée du grand monde où elle se trouvait, pour être comparée aux femmes accomplies de l'Autriche ?

— Ce qu'elle pouvait offrir, miss Effingham ? une beauté transcendante, — une supériorité de connaissances dont elle ne se doutait pas ; — la simplicité, la modestie de son esprit et la pureté de son cœur. — Vous possédiez tout cela, non seulement à mes yeux, mais à ceux des autres. J'en suis sûr, car c'est un sujet sur lequel j'aime trop à réfléchir pour m'y être mépris.

Une fusée passa sur leurs têtes en ce moment, et quoiqu'ils fussent trop occupés de leur entretien pour y faire attention, sa lueur passagère suffit pour permettre à Paul de voir les joues enflammées et les yeux en pleurs d'Eve Effingham, qui fixait sur lui ses regards avec un plaisir et une reconnaissance que causaient les éloges qu'il lui donnait, et dont elle ne pouvait retenir les signes en dépit de tous ses efforts.

— Nous laisserons à d'autres cette comparaison, monsieur Powis, dit-elle ; bornons-nous à des objets moins douteux.

— Si je ne dois vous parler que de ce qui ne laisse aucun doute, je vous parlerai donc de mon long, sincère, ardent et perpétuel attachement. Je vous adorais à Vienne, miss Effingham, quoique ce fût de loin, comme on pourrait adorer le soleil ; car, quoique votre excellent père m'admît dans sa société et m'honorât même, je crois, de quelque estime, j'avais peu d'occasions d'apprécier toute la valeur du joyau qui était contenu dans un si bel écrin ; mais quand je vous revis en Suisse l'été suivant, ce fut alors que je commençai véritablement à vous aimer. Ce fut alors que j'appris à connaître la justesse de votre jugement, la candeur de votre âme, les richesses de votre esprit et la délicatesse de tous vos sentiments. Je ne dirai pas que toutes ces qualités ne fussent pas encore rehaussées aux yeux d'un jeune homme par l'extrême beauté de celle qui les possédait ; mais je dirai que, de ces deux avantages mis ensemble dans la balance, j'aurais mille fois préféré le premier, quoique le second vous plaçât au-dessus de tout votre sexe.

— C'est présenter la flatterie sous sa forme la plus séduisante, monsieur Powis.

— Peut-être la manière brève et incohérente dont je m'exprime mérite ce reproche, quoique rien ne puisse être plus éloigné de mon intention que de flatter ou d'exagérer. J'ai seulement dessein de vous tracer un tableau fidèle de l'état de mes sentiments et des progrès de mon amour.

Eve sourit légèrement, mais avec une douceur exquise, comme Paul l'aurait vu, si l'obscurité lui eût permis de faire plus qu'entrevoir les traits aimables de miss Effingham.

— Dois-je écouter de tels éloges, monsieur Powis, éloges qui ne peuvent servir qu'à augmenter l'opinion déjà peut-être trop bonne que j'ai de moi-même?

— Personne que vous ne parlerait ainsi; mais votre question me fait sentir que j'ai perdu cet empire sur moi-même dont je me suis glorifié si longtemps. Nul homme ne doit faire confidence à une femme de son attachement pour elle, à moins qu'il ne soit préparé à faire suivre cet aveu de l'offre de sa main, et ma situation ne me le permet pas.

Eve ne tressaillit pas avec un mouvement dramatique; elle ne prit point un air de surprise affectée ou de dignité blessée, mais elle jeta sur son amant un regard plein de sérénité, avec une expression si éloquente et si naturelle d'intérêt et d'étonnement, que si Paul eût pu la voir distinctement, il aurait probablement surmonté toute difficulté, et lui aurait fait à l'instant même l'offre dont il venait de parler, malgré les obstacles qu'il semblait croire insurmontables. —Et cependant, continua-t-il, je me suis avancé tellement, quoique sans en avoir eu le projet, que je crois vous devoir, et peut-être me devoir à moi-même, d'ajouter que le souhait le plus ardent de mon cœur, l'objet de tous mes rêves et de toutes mes pensées, se concentrent dans le désir d'obtenir votre main.

Eve baissa les yeux, l'expression de sa physionomie changea, et un tremblement léger, mais irrésistible, agita tous ses membres. Après quelques instants de silence, elle appela à son aide toute sa résolution, et dit d'une voix dont la fermeté l'étonna elle-même.

— Powis, à quoi tend tout cela?

—Vous pouvez bien me faire cette question, miss Effingham; vous en avez le droit. Accordez-moi, je vous prie, quelques instants pour recueillir mes idées, et je tâcherai de m'acquitter de mon devoir d'une manière moins incohérente que je ne l'ai fait depuis dix minutes.

Ils marchèrent une couple de minutes en silence. Eve était toujours plongée dans le plus grand étonnement, et il commençait à s'y joindre une crainte vague et indéfinie dont elle n'aurait pu dire la cause. Pendant ce temps, Paul cherchait à calmer le tumulte qui s'était élevé dans son cœur, et enfin il reprit la parole.

—Les circonstances m'ont toujours privé du bonheur d'éprouver la tendresse et la sympathie de votre sexe, miss Effingham, et m'ont jeté plus exclusivement dans la société du mien. Ma mère mourut à l'instant de ma naissance, et sa mort rompit subitement un des liens les plus chers qui nous attachent à la vie. Je ne suis pas certain que je ne m'exagère pas cette perte, par suite des privations que j'ai souffertes; mais depuis l'instant où j'ai commencé à sentir, j'ai toujours éprouvé le besoin inexprimable de l'amour tendre, patient et désintéressé d'une mère. Vous aussi, si je ne me trompe, vous avez fait d'aussi bonne heure une perte semblable à la mienne.

Un soupir profond et pénible échappa à Eve, et Paul cessa de penser à ses propres chagrins pour s'occuper de ceux dont il venait de réveiller le souvenir.

— J'ai été trop égoïste, ma chère miss Effingham, s'écria-t-il; j'ai abusé de votre patience; je vous ai fatiguée de l'histoire de chagrins qui ne peuvent avoir d'intérêt pour vous, — pour une jeune personne aussi heureuse que vous l'êtes.

—Non, non, Powis, vous êtes injuste envers moi et envers vous-même. Moi aussi, j'ai perdu ma mère dans ma première enfance, et je n'en ai jamais connu la tendresse. — Continuez, je suis plus calme; oubliez un instant de faiblesse.

Paul continua; mais cette courte interruption, pendant laquelle leurs chagrins s'étaient confondus par suite d'une infortune commune à tous deux, toucha dans son cœur une nouvelle corde sensible, et dissipa la réserve qui se serait opposée aux progrès de leur confiance.

— Privé de celle que la nature m'aurait rendue si chère, je fus abandonné pendant mon enfance aux soins de mercenaires, et en cela du moins, mon sort a été plus cruel que le vôtre, car l'excellente femme qui a été chargée du soin de vos premières années avait presque pour vous l'amour d'une mère, quoiqu'elle n'eût pas les qualités d'une femme de votre condition.

— Mais il nous est resté un père à tous deux, monsieur Powis. Mon tendre et digne père a été tout pour moi; sans lui, j'aurais été véritablement malheureuse, et avec lui, — malgré ces pleurs rebelles, pleurs que je dois attribuer à la contagion de votre chagrin, — rien n'a manqué à mon bonheur.

— M. Effingham mérite bien tout ce que vous dites ; mais moi, je n'ai jamais connu mon père.

—Vous n'avez pas connu votre père ! s'écria Eve, le son de sa voix annonçant une vive compassion au sort d'un malheureux orphelin plutôt qu'une surprise ordinaire.

— Il s'était séparé de ma mère avant ma naissance ; et ou il mourut bientôt après, ou il ne jugea jamais que son fils méritât la peine qu'il prît quelque intérêt à lui, ou qu'il se procurât quelque information sur son sort.

— Et il n'a jamais connu ce fils ! s'écria Eve avec une ferveur et une franchise qui firent disparaître toute la réserve qui était le résultat de la modestie de son sexe, ou de sa timidité naturelle.

— Miss Effingham, — chère miss Effingham ! — ma chère Eve ! que dois-je conclure d'une chaleur si généreuse ? Ne me laissez pas dans l'erreur ! Je puis supporter ma misère solitaire ; je puis braver les souffrances d'une existence isolée, mais je ne pourrais vivre si j'étais trompé dans l'espoir que votre bouche même a fait naître.

— Vous m'apprenez l'importance de la circonspection, Powis, et nous en reviendrons à votre histoire et à vos confidences, dont je serai la dépositaire fidèle. Quant à présent, du moins, je vous prie d'oublier toute autre chose.

— Un ordre donné avec tant de bonté est si encourageant... Vous offensé-je, chère miss Effingham ?

Eve passa sa belle main sous le bras de Paul, lui montrant, par la manière dont elle fit ce mouvement si simple, sa véracité et sa confiance modeste en son honneur, et elle lui dit d'un ton plus enjoué :

— Vous oubliez la substance de cet ordre à l'instant même où vous voudriez me faire supposer que vous êtes le plus disposé à y obéir.

— Eh bien ! donc, miss Effingham, vous serez obéie plus implicitement. — Pourquoi mon père quitta-t-il ma mère sitôt après leur union, c'est ce que je n'ai jamais su. Il paraît qu'ils ne vécurent ensemble que quelques mois, quoique j'aie la consolation de savoir que ma mère n'avait aucun reproche à se faire. Pendant bien des années, j'ai souffert des tourments continuels sur le point le plus sensible pour un homme, — le doute sur ce qu'il doit penser de sa mère; mais ce mystère s'est heureusement éclairci pendant mon dernier voyage en Angleterre. Il est vrai que lady Dunluce, comme sœur de ma mère, aurait pu avoir de l'indulgence pour ses fautes; mais une dernière lettre de mon père, écrite seulement un mois avant la mort de ma mère, non seulement ne laisse aucun doute sur sa conduite irréprochable comme épouse, mais rend aussi le plus ample témoignage à la douceur de son caractère. C'est une pièce bien précieuse pour un fils, miss Effingham!

Eve ne répondit rien; mais Paul crut sentir une légère pression faite sur son bras par la main qui s'y était jusqu'alors si légèrement appuyée, qu'il osait à peine le remuer de peur de perdre la certitude précieuse de sa présence.

— J'ai d'autres lettres de mon père à ma mère, continua-t-il; mais aucune n'est aussi consolante pour mon cœur que celle-ci. D'après leur ton général, je ne puis me persuader qu'il l'ait jamais véritablement aimée. Il est cruel à un homme de tromper une femme sur un point semblable, miss Effingham.

— Bien cruel, en vérité! dit Eve d'un ton ferme. La mort même serait préférable à une telle illusion.

— Je crois que mon père s'est trompé lui-même, comme il a trompé ma mère; car il règne dans quelques-unes de ses lettres une étrange incohérence et une sorte d'obscurité.

— Votre mère était-elle riche? demanda Eve innocemment; car, étant elle-même une riche héritière, on lui avait appris de bonne heure à exercer sa vigilance sur ce sujet délicat, afin d'éviter les piéges que pourraient lui tendre des hommes intéressés et trompeurs.

— Pas le moins du monde; elle n'avait guère pour elle que sa haute naissance et sa beauté. J'ai eu son portrait, et il prouvait suffisamment ce dernier point. Mais c'est cette miniature que les Arabes m'ont volée, comme vous pouvez vous le rappeler, et je ne l'ai pas revue depuis ce temps. Quant à la fortune, ma mère possédait seulement une honnête aisance, rien de plus.

La pression sur le bras de Paul devint plus sensible tandis qu'il parlait de la miniature, et il se hasarda à toucher le bras de sa compagne, comme pour l'appuyer plus sûrement sur le sien.

— M. Powis n'avait donc pas l'esprit mercenaire? Et c'est déjà beaucoup, dit Eve d'un ton distrait et comme si elle eût à peine su ce qu'elle disait.

— M. Powis! c'était l'homme le plus noble et le plus désintéressé. Jamais il n'a existé un être plus généreux et moins égoïste que Francis Powis.

— Je croyais que vous n'aviez jamais connu votre père? s'écria Eve avec surprise.

— Non sans doute; mais je vois quelle est votre erreur : vous supposez que mon père se nommait Powis ; il s'appelait Assheton.

Il lui expliqua alors la manière dont il avait été adopté dans son enfance par un M. Powis, dont il avait pris le nom en se trouvant complètement abandonné par son père, et de la fortune duquel il avait hérité à la mort de son bienfaisant protecteur.

— Je conservai le nom d'Assheton jusqu'au moment où M. Powis me conduisit en France. Alors il m'engagea à prendre le sien, ce que je fis d'autant plus volontiers qu'il croyait s'être assuré que mon père était mort, et qu'il avait légué la totalité d'une fortune considérable à ses neveux et nièces, sans dire un seul mot de moi dans son testament, et comme s'il paraissait même vouloir nier son mariage.

— Il y a dans tout cela, monsieur Powis, quelque chose de si extraordinaire et de si inexplicable, qu'il me semble que vous avez à vous reprocher de ne pas avoir cherché à vous procurer des renseignements plus exacts sur toutes ces circonstances. D'après tout ce que vous venez de dire, il paraît que vous auriez pu le faire.

— Pendant longtemps, pendant bien des années remplies d'amertume, je n'osais prendre des informations de peur d'apprendre quelque chose qui fût injurieux à la mémoire de ma mère. D'une autre part, mon long service dans la marine m'a tenu presque constamment sur la mer. Enfin le dernier voyage et la maladie de mon digne protecteur ne me laissèrent pas même le désir de chercher des renseignements dans ma propre famille. La fierté offensée de M. Powis, qui fut justement blessé de la manière cavalière dont les parents de ma mère contribuèrent à me rendre étranger à cette partie de ma famille, mit un terme à toutes relations entre nous. — Ils affectèrent même de douter du fait que mon père eût jamais été marié.

— Mais en avez-vous des preuves? demanda Eve avec vivacité.

— Des preuves incontestables. Ma tante, lady Dunluce, était

présente au mariage, et je possède le certificat remis à ma mère par le ministre qui l'a prononcé. N'est-il pas bien étrange, miss Effingham, qu'avec toutes ces preuves de ma légitimité, lady Dunluce elle-même et toute sa famille aient manifesté des doutes jusqu'à une époque encore très-récente?

— Cela est inexplicable, puisque votre tante avait été présente à la cérémonie.

— Cela est très-vrai; mais quelques circonstances, aidées peut-être par le vif désir de son mari d'obtenir pour sa femme un titre dont elle était héritière si je n'y avais pas des droits légitimes, les portèrent à croire que mon père était déjà marié à l'époque où il avait épousé ma mère. Mais, grâce au ciel! je suis heureusement aussi délivré de ce soupçon.

— Pauvre Powis! dit Eve avec une compassion que sa voix indiquait encore plus que ses paroles; vous avez réellement beaucoup souffert pour un homme si jeune!

— J'ai appris à supporter la douleur, ma chère miss Effingham; et j'ai été si longtemps un être isolé, à qui personne ne prenait aucun intérêt...

— Ne dites pas cela! — *Nous* du moins, nous avons toujours pris intérêt à vous; nous vous avons toujours estimé, et à présent nous avons appris...

— Appris quoi?

— A vous aimer! répondit Eve d'une voix si ferme qu'elle en fut surprise ensuite; mais elle sentit qu'un être dans la situation où Paul se trouvait devait être traité avec une franchise bien différente de la réserve que son sexe est dans l'usage de montrer dans de pareilles occasions.

— Aimer! s'écria Paul laissant échapper le bras d'Eve; ah! miss Effingham! — Eve! — sans ce *nous*...

— Je veux dire mon père, — mon cousin John, — moi-même.

— Un tel sentiment ne peut guérir une blessure comme la mienne! Un amour partagé, même avec des hommes tels que votre excellent père et votre digne cousin, ne peut me rendre heureux. Mais comment, moi qui porte un nom auquel je n'ai pas de droit légal, moi qui ne me connais pas un seul parent paternel, comment pourrais-je aspirer à votre main?

Les détours de l'allée qu'ils suivaient les avaient amenés près d'une fenêtre de la maison, d'où sortait une forte lumière qui tomba sur les traits d'Eve tandis qu'elle levait les yeux sur ceux de son compagnon, les joues couvertes des couleurs de la pudeur et de la tendresse qui luttaient ensemble, lutte qui rendait sa beauté doublement attrayante. Elle sourit, et ce sourire était un encouragement auquel il était impossible de se méprendre.

— Puis-je en croire mes sens? — Voulez-vous, — pouvez-vous — écouter la prière d'un homme comme moi? s'écria Powis en passant rapidement devant la fenêtre, de peur que quelque interruption ne détruisit ses espérances.

— Y a-t-il une raison suffisante pour que je le refuse, Powis?

— Ma malheureuse situation relativement à la famille de mon père, — mon manque de fortune, en comparaison de la vôtre, — le fait que, sous tous les rapports, je ne suis pas digne de vous.

— Votre malheureuse situation relativement à vos parents ne serait pour nous qu'un nouveau motif pour vous aimer davantage. — Vous ne manquez de fortune que par comparaison ; et qu'importe quand on en a déjà suffisamment? — Et quant à votre dernière raison, je crois qu'elle disparaîtra quand vous connaîtrez mieux celle que vous avez si inconsidérément préférée à toutes les autres.

— Eve! — chère Eve! s'écria Paul lui saisissant les deux mains et l'arrêtant à l'entrée d'une allée plus ombragée que les autres, et où le peu de clarté que répandaient les étoiles suffisait à peine pour qu'il pût distinguer ses traits. — Vous ne me laisserez pas dans le doute sur un sujet de cette nature. Suis-je réellement assez heureux pour que...

— Si la foi et l'affection d'un cœur qui est tout à vous peuvent vous rendre heureux, Powis, vos malheurs finiront.

— Mais votre père! s'écria Paul avec inquiétude.

— Est ici pour confirmer ce que sa fille vient de dire, dit M. Effingham sortant d'un bosquet, et appuyant la main affectueusement sur l'épaule de Powis. — Savoir que vous vous entendez enfin si bien l'un l'autre, Powis, écarte de mon esprit une des plus grandes inquiétudes que j'aie jamais éprouvées. Mon cousin John, comme il le devait, m'a fait part de tout ce que vous lui avez dit de votre vie passée, et il n'y a plus rien à révéler. Il y a bien des années que nous vous connaissons, et nous vous recevons dans notre famille avec le même plaisir que nous recevrions une faveur spéciale de la Providence.

— Monsieur Effingham! — mon cher Monsieur! — s'écria Paul, qui, partagé entre la surprise et la joie, pouvait à peine respirer,

— cela surpasse toutes mes espérances. — Et cette généreuse franchise dans votre aimable fille !

Les mains de Paul avaient passé de celles de la fille dans celles du père, sans qu'il sût comment. Les dégageant à la hâte, il se retourna pour parler à Eve ; mais elle était partie. Pendant le court intervalle entre le discours de son père et la réponse de Paul, elle avait trouvé le moyen de disparaître, les laissant tête à tête. Le jeune homme aurait voulu la suivre ; mais la tête plus froide de M. Effingham jugea que, sous tous les rapports, ce moment était favorable pour une conversation particulière qu'il désirait avoir avec le gendre qu'il venait d'accepter, et fort peu propice pour un entretien, — du moins pour un entretien très-raisonnable, — entre les deux amants. Il prit donc le bras du jeune homme, et le fit entrer dans une allée plus écartée. Une demi-heure de conversation confidentielle mit le calme dans l'esprit de l'un et de l'autre, et rendit Paul Powis le plus heureux des hommes.

CHAPITRE XXIV.

> Avant d'aller le voir, bon Regnaldo, vous ferez très-sagement de prendre des renseignements sur sa conduite. — SHAKSPEARE.

NANNY SIDLEY était occupée, comme elle aimait à l'être, à plier et à remettre en leur place quelques vêtements de sa maîtresse, seul reste de ses anciennes fonctions de femme de chambre, car Annette faisait trop peu de cas de son goût pour lui permettre jamais de passer une robe à Eve ou d'y attacher une seule épingle, quand notre héroïne entra dans sa chambre et se laissa tomber sur un sofa. Eve était trop absorbée dans ses pensées pour s'apercevoir de la présence de sa vieille nourrice, qui faisait toujours sans bruit et avec tranquillité tout ce qu'elle avait à faire ; et elle connaissait trop bien son affection et sa fidélité pour s'en inquiéter quand même elle l'aurait aperçue. Elle resta un moment assise, les joues couvertes d'une rougeur charmante, ses mains croisées sur ses genoux, ses yeux fixés sur le plafond ; et enfin son émotion se soulagea par des larmes. La pauvre Nanny n'aurait pas été plus confondue si elle eût appris tout à coup quelque calamité inattendue, qu'elle ne le fut en voyant des pleurs couler le long des joues de sa jeune maîtresse. Elle s'approcha d'elle, se courba sur elle avec toute la sollicitude d'une mère, et lui demanda la cause de son chagrin.

— Dites-le moi, miss Eve, et cela vous soulagera l'esprit, dit la fidèle Nanny. Votre mère avait quelquefois de semblables moments, et je n'osais jamais la questionner; mais vous êtes mon enfant, et rien ne peut vous faire peine sans m'en faire aussi.

Les yeux d'Eve brillaient; ses joues étaient encore couvertes du même carmin, et le sourire qui se fit jour à travers ses larmes était si aimable, que la pauvre Nanny fut dans un grand embarras pour s'expliquer la cause de l'état dans lequel elle voyait sa maîtresse, et qu'elle trouvait fort extraordinaire pour un esprit si calme et si sensé.

— Ce n'est pas le chagrin, ma chère Nanny, lui dit enfin Eve; il s'en faut de beaucoup. Je ne suis pas malheureuse. Oh! non! j'en suis aussi loin qu'il est possible.

— Dieu en soit loué, ma chère miss Eve ! Je craignais que l'affaire de cet Anglais avec miss Grace ne vous fît quelque peine; car il ne s'est pas conduit en cette occasion comme il l'aurait dû.

— Et pourquoi cela, ma pauvre Nanny? Je n'ai aucun droit, ni le désir d'en avoir aucun sur sir George Templemore. Le choix qu'il a fait de ma cousine, bien loin de me faire de la peine, m'a causé une véritable satisfaction, et je dirais une satisfaction sans mélange s'il était notre compatriote ; car je suis convaincue qu'il fera tous ses efforts pour la rendre heureuse.

Nanny regarda sa jeune maîtresse, — puis le plancher, — puis sa jeune maîtresse, — et enfin une fusée qui s'élevait dans les airs. Ses yeux pourtant se fixèrent encore sur ceux d'Eve, et encouragée par l'air de bonheur qui brillait sur ses traits, elle se hasarda à lui dire :

— Si M. Powis avait plus de présomption qu'il n'en a...

— Vous voulez dire s'il était moins modeste? dit Eve, voyant que Nanny n'achevait pas sa phrase.

— Oui, miss Eve; si c'était un de ces gens qui pensent plus avantageusement d'eux-mêmes que des autres ; c'est là ce que je voulais dire.

— Et si cela était?

— Si cela était, je crois qu'il aurait le courage de vous dire ce que je sais qu'il pense.

— Et s'il avait le courage de me dire ce que vous savez qu'il pense, quelle devrait être ma réponse, suivant Nanny Sidley?

— Oh! miss Eve, je sais qu'elle serait juste ce qu'elle devrait être. Je ne puis répéter ce que disent les jeunes personnes en pareille occasion; mais je sais que c'est ce qui fait sauter de joie le cœur des jeunes gens.

Il y a des moments où une femme peut difficilement se passer de la sympathie d'une autre. Eve aimait tendrement son père et avait en lui une confiance plus qu'ordinaire, car jamais elle n'avait connu sa mère; mais si elle avait eu cette conversation avec lui, malgré toute sa confiance dans l'affection paternelle, elle n'aurait pu lui parler de ses sentiments aussi librement qu'elle l'aurait fait à une mère, si la mort ne l'eût privée du bonheur d'en avoir une. D'une autre part, il existait entre notre héroïne et Nanny Sidley une confiance dont la nature était si particulière, qu'elle exige un mot d'explication avant que nous en rapportions les effets. En ce qui regarde les soins de son enfance, Nanny avait été pour Eve une mère, et même plus qu'une mère, et cette circonstance avait donné à Eve une grande confiance en elle, et avait inspiré à celle-ci un esprit de surveillance qui faisait qu'elle s'imaginait être responsable même de la santé de l'enfant. Mais ce n'est pas tout : Nanny avait été la dépositaire des petits chagrins de l'enfance d'Eve, la confidente des petits secrets de sa première jeunesse, et quand l'âge de miss Effingham la fit placer sous la direction d'une femme plus propre à lui former l'esprit et à l'orner des talents et des connaissances convenables à son sexe, Eve continua toujours à avoir la même attention et la même confiance pour celle qui lui avait donné tant de preuves de tendresse. L'effet d'une telle intimité était quelquefois amusant, Eve apportant dans leurs entretiens un esprit cultivé et orné, des habitudes formées dans les cercles les plus distingués de la chrétienté, et des goûts puisés à la meilleure école, tandis qu'une tendresse fervente et sincère, une fidélité qui ennoblissait son caractère, et une simplicité qui prouvait la pureté de toutes ses pensées, formaient à peu près tout ce que Nanny pouvait y mettre de son côté. Cette confiance peu ordinaire n'était pas sans avantage pour Eve; car, jetée si jeune dans une société où il se trouve tant de gens artificieux et intéressés, elle servait à tenir en haleine son caractère ingénu, et à la préserver de ce froid esprit d'égoïsme qui remplit le cœur de tant de femmes à la mode parce qu'elles sont isolées, et qu'elles n'ont qu'une manière de penser factice. Quand donc Eve fit à Nanny les questions qui viennent d'être rapportées, c'était plutôt par un véritable désir de savoir ce qu'elle pensait du choix que son cœur avait fait, que pour se livrer à un esprit de plaisanterie frivole sur un sujet qui touchait si intimement à ses plus tendres affections.

— Mais vous ne m'avez pas dit, ma chère Nanny, reprit Eve, quelle réponse vous voudriez que je fisse. Par exemple, dois-je jamais consentir à quitter mon père?

— Et quelle nécessité y aurait-il de le quitter, miss Eve? M. Powis n'a pas de maison à lui, et quant à cela, à peine a-t-il même un pays.

— Comment pouvez-vous le savoir, Nanny? demanda Eve, un peu piquée de l'entendre parler ainsi de son amant.

— C'est son domestique qui le dit, et si son maître avait une maison, il a demeuré assez longtemps avec lui pour le savoir. Je m'endors rarement sans avoir réfléchi sur tous les événements de la journée, et mes pensées se sont tournées bien des fois sur sir George Templemore et M. Powis; et quand je songeais que le premier avait une maison et un pays, et que le second n'avait ni l'un ni l'autre, il me semblait toujours que le premier devait être préféré.

— Et ainsi dans toute cette affaire vous ne songez qu'aux convenances, et à ce qui pourrait être agréable aux autres plutôt qu'à moi.

— Miss Eve....

— Pardon, ma chère Nanny, je sais qu'en toute chose vous ne pensez à vous qu'en dernier. Je conviens que la circonstance qu'un homme n'a pas de maison, n'est pas une raison pour lui donner la préférence; ce serait même une objection pour bien des femmes.

— Je ne prétends pas me connaître beaucoup en pareille matière; mais on m'a fait aussi la cour, et je crois qu'une fois j'aurais été tentée de me marier, sans une circonstance particulière.

— Vous! vous, Nanny, vous marier! s'écria Eve, à qui cette idée parut aussi étrange que celle que son père pourrait oublier sa mère et prendre une nouvelle femme. — C'est une chose toute nouvelle pour moi, et je voudrais bien savoir quelle heureuse circonstance a empêché ce qui aurait pu être pour moi une grande calamité.

— Je me suis demandé à moi-même : que fait une femme qui se marie ? Elle fait vœu de tout quitter pour suivre son mari, et de l'aimer plus que son père, sa mère, et toute autre créature vivant sur la terre. — Cela n'est-il pas vrai, miss Eve ?

— Je le crois ainsi, Nanny ; — j'en suis même sûre, répondit Eve, et ses joues prirent une teinte plus vive en songeant qu'elle venait d'éprouver un des plus heureux moments de sa vie, en se livrant à une passion qui jetait dans l'ombre toutes les affections de la nature. — Oui, ce que vous venez de dire est vrai.

— Eh bien ! miss Eve, j'examinai mes sentiments comme je crois qu'on dit, et après avoir bien réfléchi, je reconnus que je vous aimais plus que personne au monde, toute jeune que vous étiez alors, et que je ne pouvais en conscience faire vœu d'aimer mieux un autre.

— Chère Nanny ! ma bonne et fidèle Nanny ! que je vous serre dans mes bras ! Et moi, égoïste, inconsidérée, ingrate, j'oublierais les circonstances qui doivent nous faire rester ensemble le reste de notre vie ! — Chut ! on frappe à la porte. C'est mistress Bloomfield ; j'ai reconnu son pas. Ouvrez-lui la porte, Nanny, et laissez-nous ensemble.

Les yeux perçants de mistress Bloomfield étaient fixés sur sa jeune amie quand elle entra dans sa chambre, et son sourire ordinairement si gai, et quelquefois si ironique, avait alors une expression amicale et pensive en même temps.

— Eh bien ! miss Effingham, dit-elle d'un ton qui n'était pas d'accord avec sa physionomie, dois-je vous faire un compliment de condoléance ou de félicitation ? Je n'ai jamais vu un changement plus soudain et plus miraculeux dans une jeune personne ; mais est-ce en mieux ou en pire, c'est ce qu'il faut savoir. — Quels mots imposants que ceux « pour le meilleur ou pour le pire ! — plus riche ou plus pauvre [1] ! »

— Vous êtes en gaieté ce soir, ma chère mistress Bloomfield ; il paraît que « le divertissement du feu » a eu sur vous quelque influence.

— Votre divertissement du feu a causé une conflagration presque générale. Mistress Hawker a pensé faire une chute de frayeur en voyant une fusée tomber près d'elle ; j'ai entendu dire qu'un serpenteau a mis le feu à une grange ; le cœur de sir George

---

1. Ces mots sont tirés du rituel anglais pour la célébration du mariage.

Templemore est un charbon ardent; M. John Effingham m'a dit qu'il ne serait pas resté garçon s'il y avait eu deux mistress Bloomfield dans le monde; et M. Powis a l'air d'une solive tirée des ruines d'Herculanum. — On ne voit rien que du feu.

— Et quelle est la cause de cette plaisanterie? demanda Eve d'un ton si calme, que son amie y fut trompée un instant.

Mistress Bloomfield s'assit sur le sofa à côté de notre héroïne, la regarda fixement près d'une minute, et reprit la parole.

— L'hypocrisie et Eve Effingham ne peuvent avoir ensemble rien de commun. Il faut que mes oreilles m'aient trompée.

— Vos oreilles, ma chère mistress Bloomfield?

— Mes oreilles, ma chère miss Effingham. Je sais fort bien qu'écouter aux portes, c'est le moyen de se faire une réputation odieuse; mais s'il plaît à un homme de faire une déclaration passionnée à une dame dans une allée de jardin, qui n'est séparée d'une autre que par quelques arbustes, qui forment le seul obstacle entre les protestations d'amour qui se font dans l'une, et la curiosité de ceux qui se promènent par hasard dans l'autre, ils doivent s'attendre à être entendus.

Les joues d'Eve s'étaient graduellement couvertes d'un coloris plus foncé pendant que son amie lui parlait ainsi; et quand elle eut cessé de parler, ce coloris était devenu aussi vif qu'à l'instant où Eve était entrée dans sa chambre en revenant du jardin.

— Puis-je vous demander ce que tout cela signifie? dit Eve en faisant un effort pour paraître calme.

— Certainement, ma chère, et je vous le dirai, ainsi que le motif qui me porte à vous parler ainsi, répondit mistress Bloomfield en prenant la main d'Eve et la serrant avec amitié, de manière à lui prouver qu'elle n'avait pas dessein de plaisanter plus longtemps sur un sujet qui était si important pour sa jeune amie. — M. John Effingham et moi nous passions dans une allée voisine de celle où vous passiez, M. Powis et vous. A moins de nous boucher les oreilles, il était impossible que nous n'entendissions pas une partie de votre conversation. Nous tâchâmes pourtant de nous conduire honorablement, car je toussai, et votre cousin se moucha; mais aucun de vous n'y fit attention.

— Tousser, se moucher, répéta Eve plus confuse que jamais; il faut qu'il y ait quelque méprise, ma chère mistress Bloomfield, car je ne me souviens pas d'avoir entendu de pareils signaux.

— Cela est très-possible, car je me rappelle un temps où, moi aussi, je n'avais d'oreilles que pour une seule voix ; mais vous pouvez avoir un certificat du fait, à la mode de la Nouvelle-Angleterre, si vous le désirez. Ne vous méprenez pourtant pas sur mon motif, miss Effingham ; ce n'est rien moins qu'une curiosité frivole. — Mistress Bloomfield, en prononçant ces mots, avait l'air si bonne et si séduisante, qu'Eve lui prit les deux mains et les pressa sur son cœur. Vous n'avez pas de mère, pas même de parente d'un âge convenable pour la consulter dans une pareille occasion, et un père n'est qu'un homme après tout.

— Le mien a toute la bonté, la tendresse, la délicatesse qu'une femme pourrait avoir, mistress Bloomfield.

— Je crois tout cela, mais il peut ne pas être tout à fait aussi clairvoyant dans une affaire de cette nature. — Me permettez-vous de vous parler comme si j'étais votre sœur aînée?

— Parlez aussi franchement qu'il vous plaira, mistress Bloomfield ; mais laissez-moi maîtresse de mes réponses.

— C'est donc comme je le soupçonnais, dit mistress Bloomfield, ayant l'air de se parler à elle-même ; ces hommes ont été gagnés, et cette jeune créature a été laissée absolument sans protecteur dans le moment le plus important de sa vie.

— Mistress Bloomfield! — que signifie ce discours? — que peut-il signifier?

— Il ne contient que des principes généraux, ma chère enfant. Il veut dire que votre père et votre cousin ont été des parties intéressées au lieu d'être des sentinelles vigilantes, et qu'avec tous leurs prétendus soins, ils vous ont laissée chercher votre chemin dans les ténèbres d'incertitude qui entourent une jeune personne, avec un des jeunes gens les plus aimables qui soient dans ce pays, constamment sous vos yeux pour redoubler l'obscurité.

C'est un cruel moment que celui où l'on apprend à douter des bonnes qualités de ceux qu'on aime, et Eve devint pâle comme la mort en écoutant ce que lui disait son amie. Un coup semblable l'avait frappée lors du retour soudain de Paul en Angleterre ; mais, en y réfléchissant et en se rappelant tout ce qu'il avait dit, tout ce qu'il avait fait depuis qu'elle avait commencé à le connaître en Allemagne, elle s'était trouvée en état de bannir ses soupçons ; enfin, quand elle l'avait revu au milieu des montagnes de Templeton, un effort de pure raison avait dissipé tout ce qui pouvait lui rester d'incertitude et de méfiance. Les explications qu'il lui avait données ensuite avaient éclairci tout ce qui paraissait mystérieux dans cette affaire désagréable, et depuis ce temps elle l'avait regardé avec les yeux d'une partialité pleine de confiance. Les paroles de mistress Bloomfield sonnèrent à son oreille comme le tintement d'une cloche funèbre, et son amie fut effrayée un instant de l'effet qu'avait produit sur elle ce qu'elle venait de lui dire. Jusqu'à ce moment mistress Bloomfield ne s'était pas fait une juste idée de l'étendue de l'intérêt qu'Eve prenait à Paul, car elle n'était instruite que très-imparfaitement des rapports qu'ils avaient eus en Europe, et elle se repentit sincèrement d'avoir entamé ce sujet de conversation. Mais il était trop tard pour faire un pas en arrière, et serrant Eve dans ses bras, elle baisa son front pâle et froid, et se hâta de réparer, du moins en partie, le mal qu'elle avait fait.

— Je crains d'avoir employé des expressions trop fortes, dit-elle; mais j'ai tant d'horreur pour la manière dont les jeunes personnes de notre sexe sont abandonnées dans ce pays aux intrigues des hommes égoïstes et intéressés, que je suis peut-être trop susceptible quand j'en vois une que j'aime exposée au même danger. Vous êtes connue pour être une des plus riches héritières de ce pays, et je rougis de dire que, d'après tout ce que j'entends dire de la société en Europe, la profession de coureur de fortune n'y est pas plus fréquente qu'elle ne l'est devenue ici.

La rougeur du mécontentement succéda à la pâleur sur les joues de miss Effingham.

— M. Powis n'est pas un coureur de fortune, mistress Bloomfield, dit-elle d'un ton ferme; toute sa conduite, depuis trois ans, prouve qu'il est bien loin de mériter un pareil reproche. Il n'a peut-être pas une fortune très-considérable, mais il est assez riche pour ne pas être dans la nécessité de jouer un rôle si bas.

— Je m'aperçois de mon erreur, mais je me suis trop avancée pour pouvoir reculer. Je n'ose pas dire positivement que M. Powis soit un coureur de fortune, mais du moins il y a dans son histoire des circonstances dont il est bon que vous soyez informée, et sans délai. J'ai mieux aimé vous parler que de m'adresser à votre digne père, parce que j'ai cru que vous pourriez, dans une occasion semblable, préférer d'avoir une femme pour confidente, même plutôt que votre protecteur naturel. J'avais pensé à mistress Hawker à cause de son âge; mais je ne me suis pas crue autorisée à lui communiquer un secret que le hasard seul m'avait appris.

— J'apprécie pleinement votre motif, ma chère mistress Bloomfield, répondit Eve avec ce sourire gracieux qui lui était naturel, car elle se sentait soulagée en pensant que l'affection que cette dame avait pour elle lui avait inspiré des alarmes sans fondement relativement à Paul. — Qu'il n'y ait donc aucune réserve entre nous, je vous prie. Si vous connaissez une raison pour que M. Powis ne soit pas admis à prétendre à ma main, je vous serai très-obligée de me la faire connaître.

— Est-il bien véritablement M. Powis?

Eve sourit encore, à la grande surprise de mistress Bloomfield, qui n'avait fait cette question qu'avec répugnance, et elle fut étonnée du sang-froid avec lequel son amie l'avait entendue.

— Peut-être n'est-il pas légalement M. Powis, répondit-elle après un instant d'hésitation, quoiqu'il pût l'être s'il ne lui répugnait de s'adresser publiquement à cet effet à la législature. — Le nom de son père est Assheton.

— Vous connaissez donc son histoire?

— Parfaitement. Il n'y a eu aucune réserve de la part de M. Powis, et surtout aucune envie de me tromper.

Mistress Bloomfield parut embarrassée et même chagrine, et il y eut un court intervalle de silence pendant lequel elle eut quelque peine à se décider sur la marche qu'elle devait suivre. Qu'elle eût commis une erreur en voulant donner des conseils à une jeune personne qui avait déjà disposé de son cœur, c'était ce qu'elle n'avait reconnu que lorsqu'il était trop tard; mais elle faisait trop de cas de l'amitié d'Eve et elle sentait trop bien ce qu'elle se devait à elle-même pour laisser cette affaire où elle en était, ou du moins sans se justifier de s'en être mêlée sans que personne l'en priât.

— Je suis charmée de l'apprendre, dit-elle dès qu'elle eut pris son parti; car la franchise est un des traits les plus beaux comme les plus sûrs du caractère. Mais, quelque beau qu'il soit, c'en est un que nous trouvons rarement chez les hommes.

— Et notre sexe est-il trop disposé à le montrer à l'autre?

— Peut-être non. Il vaudrait mieux, pour les deux parties, qu'on cherchât moins à se tromper pendant qu'un homme fait la cour à une femme; mais comme cela ne peut s'espérer, et que ce serait d'ailleurs l'anéantissement de quelques-unes des plus belles illusions de la vie, nous ne commencerons pas un traité sur la duplicité de Cupidon. Venons-en donc à mes aveux, et je les ferai d'autant plus volontiers que je sais qu'ils seront écoutés par une oreille indulgente, et faits à une amie disposée à voir même mes folies d'un œil favorable.

Eve l'assura par un sourire amical, quoique pénible, qu'elle ne se trompait pas; et mistress Bloomfield, après avoir étudié un instant l'expression de la physionomie de sa jeune amie, reprit la parole.

— De même que toute la ville d'York, cette ville remplie de jeunes babillardes qui parlent comme l'eau coule, sans savoir pourquoi et sans produire aucun effet, et de jeunes gens à gros favoris qui s'imaginent que Broadway est le monde, et que les intrigues de salons en miniature sont la nature humaine, j'ai cru, à votre retour d'Europe, qu'un amant en titre vous suivait en la personne d'un baronnet anglais.

— Rien dans ma conduite ni dans celle de sir George Templemore ou d'aucune personne de ma famille n'a pu justement donner lieu à une pareille idée, s'écria Eve avec vivacité.

— Justement! Qu'ont de commun la justice, la vérité, et même la probabilité, avec un bruit qui a rapport à l'amour et au mariage? Ne connaissez-vous pas assez bien la société de cette ville pour voir l'invraisemblance de cette supposition?

— Je sais, ma chère mistress Bloomfield, que les personnes de notre sexe consulteraient mieux leur dignité et se rendraient plus respectables si elles parlaient moins de pareilles choses, et qu'elles se mettraient plus en état d'acquérir l'habitude du bon goût, pour ne pas dire des bons principes, si elles bornaient leurs critiques aux choses et qu'elles se mêlassent moins des personnes.

— Et s'il vous plaît, n'y a-t-il pas des commérages et des médisances parmi les autres nations civilisées comme dans celle-ci? Ne s'y permet-on pas des commentaires sur ses voisins?

— Sans contredit; mais je crois qu'en général on pense partout que c'est la preuve d'un ton commun et d'une habitude de mauvaise compagnie.

— En cela nous sommes parfaitement du même avis, car s'il y a quelque chose qui trahisse un sentiment intime d'infériorité, c'est de faire des autres le sujet constant de notre conversation. Nous pouvons parler de vertus, car c'est rendre hommage à ce qui en est digne; mais quand nous en venons à appuyer sur les défauts, c'est une preuve que nous sommes secrètement convaincus de la supériorité qu'a sur nous l'objet de notre censure, en talents, en réputation, en situation dans le monde, ou en toute autre chose jugée essentielle, et non que nous sommes ennemis de ces défauts. Qui, par exemple, songe à médire de son épicier, de son cordonnier ou de son cocher? Non, non, notre orgueil nous le défend; nous prenons toujours par préférence pour objets de notre critique ceux qui sont au-dessus de nous, et nous ne nous rabattons sur nos égaux que lorsque nous ne pouvons atteindre à personne d'une classe supérieure.

— Cela me réconcilie avec l'idée d'avoir été donnée à sir George Templemore par le monde de New-York, dit Eve en souriant.

— Vous avez raison; car ceux qui ont bavardé de ce mariage prétendu l'ont fait principalement parce qu'ils ne sont pas en état de soutenir une conversation sur aucun autre sujet. Mais je crains que vous ne m'accusiez secrètement d'avoir voulu vous donner un avis sans que vous me l'ayez demandé, et d'avoir pris l'alarme dans une affaire qui ne me concernait point, ce qui est précisément la faute que nous reprochons à nos dignes concitoyens. Comme tous ceux qui m'entouraient, je m'imaginai que sir George était un amant accepté, et je m'étais habituée à vous associer ensemble dans mes pensées. J'avoue cependant qu'en arrivant ici je pensai que M. Powis, que vous vous souviendrez que je n'avais jamais vu, était l'homme le plus dangereux. — Vous avouerai-je toute mon absurdité?

— Jusqu'à la moindre nuance.

— Je conviendrai donc que je supposai que, tandis que votre excellent père vous croyait en bon chemin pour devenir lady Templemore, sa non moins excellente fille pensait que M. Powis était l'homme le plus aimable des deux.

— Quoi! au mépris d'un autre engagement?

— Oh! vous sentez que j'attribuai alors ce bruit à sa source véritable; mais nous n'aimons pas à découvrir que nous nous sommes trompés dans nos calculs, et que nos commérages n'ont aucun fondement; et par ressentiment de ma méprise, je commençai à regarder ce M. Powis avec des yeux critiques.

— Des yeux critiques, mistress Bloomfield?

— Oui. Je cherchai à découvrir en lui quelque défaut; je tâchai de penser qu'il n'était pas le jeune homme le mieux fait et le plus séduisant que j'eusse jamais vu, et de m'imaginer ce qu'il devait être au lieu de ce qu'il était. Entre autres choses, je me demandai qui il était.

— Et vous n'avez pas jugé à propos de faire cette question à aucun de nous? dit Eve d'un ton grave.

— Non, car je découvris par instinct, par intuition, par conjecture, — je crois que ces trois mots signifient à peu près la même chose, — qu'il y avait en lui un mystère, — quelque chose que ses amis de Templeton eux-mêmes ne connaissaient pas entièrement, et j'eus l'heureuse pensée de prendre des informations ailleurs.

— Et le résultat en fut satisfaisant? dit Eve, regardant son amie avec cet air de confiance qui annonce l'absence du doute, et qui caractérise son sexe quand l'amour a pris l'ascendant sur la raison.

— *Cosi cosi.* Comme vous le savez, Bloomfield a un frère qui sert dans la marine, et je me souvins par hasard qu'il m'avait autrefois parlé d'un jeune officier nommé Powis, qui s'était distingué dans une affaire contre des pirates, quand ils servaient ensemble dans les Indes occidentales. Je lui écrivis une de mes lettres ordinaires, qui contiennent tout ce qui existe dans la nature, et j'y glissai un mot sur un certain M. Paul Powis avec qui il avait servi, en lui demandant s'il connaissait quelque chose de son histoire. Vous trouverez ma conduite un peu trop officieuse; mais, croyez-moi, ma chère Eve, prenant à vous tout l'intérêt que vous m'inspirez, elle était toute naturelle.

— Bien loin de vous en savoir mauvais gré, je vous en remercie; d'autant plus que je suis sûre que vous avez écrit avec circonspection, et sans compromettre personne.

— Oh! à cet égard vous pouvez vous fier à moi. — Eh bien! Tom Bloomfield, — je lui demande pardon; — le capitaine Bloomfield, car il occupe maintenant ce grade, me répondit qu'il connaît fort bien M. Powis, ou plutôt qu'il le connaissait fort bien, car il y a plusieurs années qu'il ne l'a vu. Sa lettre faisait l'éloge des qualités personnelles de M. Powis et de ses talents dans sa profession; mais il ajoutait que quelque mystère semblait se rattacher à sa naissance; car il avait appris qu'avant d'entrer au service il portait le nom d'Assheton, et qu'il avait ensuite pris celui de Powis, sans qu'aucune loi l'y autorisât, et sans aucun motif publiquement avoué. Or je fus frappée de l'idée que je ne devais pas souffrir qu'Eve Effingham formât une liaison étroite avec un jeune homme qui se trouvait dans une position si équivoque sans qu'elle en fût instruite; et j'attendais une occasion pour m'acquitter de ce devoir, quand le hasard m'apprit ce qui s'est passé ce soir. Jugeant alors qu'il n'y avait pas un instant à perdre, je suis venue ici sur-le-champ, conduite par mon amitié pour vous, et peut-être avec plus de zèle que de discrétion.

—Je vous en remercie sincèrement, ma chère mistress Bloomfield, et je n'ai pas le moindre doute de la pureté de vos motifs. Mais me permettrez-vous de vous demander ce que vous avez entendu de la conversation?

—Uniquement que M. Powis est éperdument épris; déclaration que je regarde comme étant toujours dangereuse pour la tranquillité d'esprit d'une jeune personne, quand elle est faite par un jeune homme aimable, très-aimable.

—Et ma part dans cet entretien,—ma réponse,—l'avez-vous entendue? demanda Eve en rougissant jusqu'aux yeux, quoiqu'elle fît de grands efforts pour avoir l'air calme.

—Je possède trop le caractère d'une femme,—j'entends d'une femme loyale, honorable et qui se respecte,—miss Effingham, pour avoir voulu en écouter davantage, quand même j'en aurais eu l'occasion; mais nous ne fûmes qu'un instant assez près de vous pour entendre quelques mots de votre entretien; ils suffirent cependant pour nous faire connaître les sentiments du jeune homme. Je ne vous demande pas de confidence, ma chère Eve, et à présent que je vous ai donné une explication, peut-être assez gauche, de ma conduite, je vais vous embrasser et retourner dans le salon, où l'on ne tardera point à remarquer notre absence. Pardonnez-moi si mon intervention a eu un air d'impertinence, et continuez à l'attribuer à son véritable motif.

—Attendez, mistress Bloomfield, attendez un instant, je vous prie; je désire vous dire un mot avant de nous séparer. Comme le hasard vous a fait connaître les sentiments de M. Powis pour moi, il me paraît juste que vous connaissiez aussi la nature des miens à son égard.

Eve s'interrompit involontairement; car, quoiqu'elle eût commencé son explication dans la ferme intention de rendre justice à Paul, la timidité de son sexe lui ferma la bouche à l'instant où elle désirait le plus de parler. Un effort sur elle-même triompha de cet instant de faiblesse, et cette jeune fille aussi généreuse que franche recouvra son empire sur sa voix.

—Je ne puis souffrir que vous emportiez l'idée qu'il y a l'ombre d'une faute dans la conduite de M. Powis. Loin de vouloir profiter des accidents qui lui ont fourni l'occasion de nous rendre service, ce n'est que ce soir qu'il m'a parlé pour la première fois de son attachement, et c'était dans des circonstances qui faisaient prendre à ce sentiment un ascendant tout naturel, et je pourrais peut-être dire irrésistible.

— Je le crois sans peine, car je suis convaincue qu'Eve Effingham ne donnerait pas son cœur inconsidérément.

—Son cœur, mistress Bloomfield?

—Son cœur, ma chère.—Et maintenant j'insiste pour qu'il ne soit plus question de ce sujet, du moins quant à présent. Votre détermination n'est sans doute pas encore prise, puisqu'il y a à peine une heure que vous êtes en possession du secret de votre amant, et la prudence exige des réflexions.—J'espère vous revoir dans le salon; jusqu'à ce moment, adieu!

Mistress Bloomfield lui fit signe de ne pas lui répondre, et sortit de la chambre d'un pas aussi léger qu'elle y était entrée.

CHAPITRE XXV.

> — Pour montrer à la vertu ses propres traits, au mépris sa propre image, à chaque âge et à chaque caractère de l'époque sa forme et sa ressemblance.
> SHAKSPEARE.

QUAND mistress Bloomfield entra dans le salon, elle y trouva presque toute la compagnie réunie. Le « divertissement du feu » avait cessé; nulle fusée ne traçait plus dans l'air une ligne lumineuse; mais la lumière artificielle qui éclairait l'appartement faisait plus que suppléer à celle qui avait si récemment brillé au dehors.

M. Effingham et Paul étaient assis près d'une fenêtre; John Effingham, mistress Hawker et M. Howel étaient occupés d'une discussion animée, assis sur un sofa. M. Wenham, qui était venu dans la soirée, causait avec le capitaine Ducie, et jetait quelquefois un coup d'œil sur le trio dont il vient d'être parlé; sir George Templemore et Grace Van Courtlandt se promenaient dans la grande salle, et la porte du salon étant restée ouverte, on les voyait de temps en temps passer et repasser.

— Je suis charmé que vous soyez arrivée, mistress Bloomfield, dit John Effingham, car on n'a certainement jamais vu une anglomanie plus prononcée que celle que mon bon ami Howel montre ce soir, et j'espère que votre éloquence pourra lui faire perdre quelques-unes de ces idées contre lesquelles toute ma logique a échoué.

— J'ai peu d'espoir de succès, quand M. John Effingham n'a pu réussir.

— Je n'en sais rien, car, de manière ou d'autre, Howel s'est mis dans la tête que je suis ennemi de l'Angleterre, et il écoute avec méfiance tout ce que je dis de ce pays.

— M. John emploie habituellement de fortes expressions, Madame, dit M. Howel, et il faut avoir égard à la circonstance que son vocabulaire n'en contient pas de plus modérées. Cependant, pour parler franchement, j'avoue qu'il parait prévenu contre cette grande nation.

— Quel est le point en controverse, Messieurs? demanda mistress Bloomfield en s'asseyant.

— Voici, Madame, une Revue, publiée en Angleterre, contenant un article sur un ouvrage américain tout récent. Je soutiens que l'auteur de cet ouvrage y est écorché vif, tandis que M. John prétend que le critique ne fait que montrer sa rage, parce que l'ouvrage a un caractère national, et est contraire aux idées et aux intérêts de l'Angleterre.

— Je proteste contre cet exposé de l'affaire; car j'affirme que le critique fait plus que montrer sa rage, puisqu'il montre en même temps sa sottise, son ignorance et sa mauvaise foi.

— J'ai déjà lu cet article, dit mistress Bloomfield après avoir jeté les yeux sur la Revue, et je dois avouer que mon opinion est entièrement conforme à celle de M. John Effingham.

— Mais ne savez-vous pas, Madame, que cette Revue est sous la protection spéciale de toute la noblesse d'Angleterre, et que tous les gens en place dans ce pays la préfèrent à toute autre? On dit que des évêques y mettent des articles!

— Je sais que c'est un ouvrage dont le but spécial est de soutenir un des systèmes les plus factices qui aient jamais existé, et qu'il sacrifie tout pour y arriver.

— Vous m'étonnez, mistress Bloomfield. Les premiers écrivains de la Grande-Bretagne figurent dans ses pages.

— D'abord, c'est ce dont je doute beaucoup; mais, même en admettant le fait, il ne déciderait pas la question. Quoiqu'un homme ayant de la réputation puisse écrire un article pour une Revue, l'article suivant peut être écrit par un homme qui n'en a aucune. Les principes des collaborateurs d'une Revue sont aussi différents que leurs talents.

— Mais l'éditeur est une garantie pour tout l'ouvrage; et l'éditeur de cette Revue est lui-même un écrivain distingué.

—Un écrivain distingué peut être un grand misérable, et un fait vaut mille conjectures sur un pareil sujet. Mais nous ne savons pas qu'il y ait un éditeur responsable pour des ouvrages de ce genre, car aucun nom ne figure sur le titre, et rien n'est si commun que d'entendre des plaintes vagues sur ce manque de responsabilité. Mais si je vous prouve que cet article ne peut avoir été écrit par un homme ayant tant soit peu d'honneur, monsieur Howel, que direz-vous de la responsabilité de votre éditeur?

— En ce cas, je serai forcé d'admettre qu'il n'a pas examiné cet article.

— Il admettra tout, plutôt que d'abandonner son idole chérie, dit John Effingham. Que n'ajoutez-vous du moins, ou que l'éditeur est un aussi grand coquin que le critique?

—Quoi qu'il en soit, je suis charmée que Tom Howel soit tombé en si bonnes mains, dit mistress Bloomfield. Ne l'épargnez pas, je vous prie, monsieur John.

Nous avons dit que mistress Bloomfield avait une perception rapide des choses et des principes, qui allait presque jusqu'à l'intuition. Elle avait lu l'article en question, et, en parcourant les pages, elle y avait trouvé, presque dans chaque phrase, des impostures et des faussetés. Cependant l'écrivain n'avait pas mis beaucoup d'adresse à les accumuler; il avait évidemment compté sur la facilité que montraient ses lecteurs ordinaires à se contenter de ses assertions sans preuves, et il y avait inséré tant d'absurdités, qu'à moins d'avoir la foi nécessaire pour faire marcher les montagnes, on devait nécessairement douter de sa véracité. Mais M. Howel appartenait à une autre école, et il était tellement habitué à fermer les yeux sur les faussetés grossières que mistress Bloomfield avait reconnues du premier coup d'œil, qu'un mensonge auquel il aurait refusé d'ajouter foi, s'il l'avait trouvé dans un autre ouvrage, placé dans cette Revue, prenait à ses yeux toute la dignité de la vérité.

Mistress Bloomfield prit un article de la Revue en question, et y lut plusieurs passages offensants pour le pays natal de M. Howel. L'un de ces passages était : « Le premier jouet de l'Amérique est la queue du serpent à sonnettes. » Que pensez-vous de cette assertion, monsieur Howel? lui dit-elle ensuite; la croyez-vous vraie ?

— Oh! ce n'est qu'une plaisanterie; c'est tout simplement un trait d'esprit.

— Et qu'en pensez-vous comme trait d'esprit?

— Certainement je ne dirai pas que ce soit une perle de la plus belle eau; mais les plus grands esprits sont sujets à des inégalités, et ne sont pas toujours également heureux dans leurs plaisanteries.

— Et que direz-vous de cet autre passage? demanda mistress Bloomfield après avoir lu quelques lignes dans lesquelles l'écrivain disait positivement que les dépenses du département civil du gouvernement des Etats montaient à une somme six fois plus forte que ce qu'il coûte réellement.

— Notre gouvernement paie si mal ses employés, que j'attribue cette erreur à la générosité de l'écrivain.

— Eh bien! continua la dame en souriant; en voici un autre dans lequel cet écrivain affirme que le congrès a porté une loi pour défendre de construire des vaisseaux au-dessus d'un certain port, afin de plaire à la démocratie, et que le pouvoir exécutif a éludé cette loi et en a fait construire d'un port beaucoup plus considérable; tandis qu'il existe au contraire une loi qui ordonne qu'il ne soit construit aucun vaisseau au-dessous du port de soixante-quatorze canons; information que, soit dit en passant, je tiens de M. Powis.

— C'est ignorance, Madame. On ne peut supposer qu'un écrivain anglais connaisse toutes les lois d'un pays étranger.

— Et pourquoi donc a-t-il l'audace de faire de fausses assertions, qui tendent à décréditer ce pays?—Mais en voici un autre: « Dix mille des hommes qui ont combattu à Waterloo auraient traversé toute l'Amérique septentrionale. » Croyez-vous cela, monsieur Howel?

— Ce n'est qu'une opinion, mistress Bloomfield. Tout homme peut se tromper dans ses opinions.

— Cela est vrai; mais c'est une opinion énoncée en l'an de grâce 1828, après les batailles de Bunker's hill, de Monmouth, de Plattsburg, de Saratoga, et de la Nouvelle-Orléans, et après qu'il a été prouvé qu'une armée assez semblable à « dix mille des hommes qui ont combattu à Waterloo » ne pouvait avancer même de dix milles dans notre pays.

— Eh bien! eh bien! c'est une preuve que cet écrivain peut se tromper dans ses idées.

— Pardon, monsieur Howel; je crois, d'après vos propres aveux, que c'est une preuve que son esprit ne vaut pas mieux que ses traits d'esprit; qu'il ignore complètement ce qu'il prétend bien savoir, et que ses opinions ne valent pas mieux que ses connaissances. Tout cela bien prouvé contre un homme, qui par sa profession seule, prétend en savoir plus que les autres, doit le faire paraître bien méprisable.

— Mais vous avez été chercher tout cela dans une vieille Revue. Voyons l'article sur lequel cette discussion a commencé.

— Volontiers.

Mistress Bloomfield envoya chercher dans la bibliothèque l'ouvrage critiqué dans un numéro tout récent de la même *Revue*, et prenant l'article en question, elle lut tout haut quelques-unes des observations critiques qui s'y trouvaient; et prenant les passages qui y correspondaient dans l'ouvrage américain, elle fit voir l'inexactitude des citations, les omissions de parties essentielles du texte, et dans plusieurs cas de mauvaises plaisanteries faites aux dépens de la pureté de la langue anglaise. Elle lut ensuite quelques-unes de ces assertions audacieuses qui rendent cette *Revue* si remarquable, et qui ne permettaient à aucune personne de bonne foi de douter qu'elles ne fussent faites contre toute vérité.

— Mais voici un exemple qui ne vous laissera rien à répliquer, monsieur Howel, continua-t-elle; faites-moi le plaisir de lire ce passage.

M. Howel prit la *Revue*, lut le passage en question, et leva ensuite les yeux sur mistress Bloomfield.

— Le but de cet écrivain n'est-il pas de prouver que l'auteur est tombé en contradiction avec lui-même?

— Certainement, Madame; et il est clair que ce reproche est fondé.

— A ce que dit votre écrivain favori, qui l'en accuse en propres termes. Mais voyons; quel est le fait? Voici le passage dans l'ouvrage critiqué. D'abord vous remarquerez que la phrase qui contient la contradiction prétendue est mutilée; la partie qui en est omise donnant un sens diamétralement contraire à celui qu'elle présente sous les ciseaux du critique.

— Je conviens que cela a quelque vraisemblance.

— Remarquez ensuite que la dernière phrase du même alinéa, phrase qui a un rapport direct au point en question, est changée de place; qu'on l'a fait paraître comme faisant partie d'un autre alinéa, ce qui lui donne un sens tout différent de celui que l'auteur a positivement exprimé.

— Sur ma parole, je ne puis dire que vous n'ayez pas raison.

— Eh bien! monsieur Howel, nous avons eu des traits d'esprit qui n'étaient pas des perles de la plus belle eau; de l'ignorance quant aux faits, des méprises dans les assertions les plus positives; dans quelle catégorie, comme dirait le capitaine Truck, placez-vous ce que vous venez de lire?

— C'est littéralement une fraude, dit John Effingham; et l'homme qui l'a commise est essentiellement un coquin.

— Je crois que ces faits ne peuvent être contestés, dit mistress Bloomfield en jetant sur la table avec un air de mépris la *Revue* favorite de M. Howel; et je dois dire que je n'aurais pas cru qu'il fût nécessaire aujourd'hui de prouver le caractère général de cette *Revue* à aucun Américain doué d'une intelligence ordinaire, et encore moins à un homme aussi sensé que monsieur Howel.

— Mais, Madame, répliqua l'opiniâtre M. Howel, il peut y avoir beaucoup de vérité et de justice dans le reste de l'article, quoiqu'il s'y trouve quelque méprise.

— Avez-vous jamais été membre d'un jury, Howel? demanda John Effingham avec son ton caustique.

— Très-souvent, et même du grand jury.

— Eh bien! le juge ne vous a-t-il jamais dit que lorsqu'un témoin est convaincu de mensonge sur un point, son témoignage est inadmissible sur tous les autres?

— Cela est vrai; mais il s'agit ici d'une Revue et non d'un jugement.

— La distinction est certainement très-bonne, dit mistress Bloomfield en riant; car rien ne peut être en général plus différent d'une Revue qu'un jugement équitable.

— Mais je crois que vous conviendrez, ma chère dame, que la critique de cet écrivain est sévère, mordante; je ne crois pas avoir lu rien de plus piquant de ma vie.

— Elle ne contient que des épithètes, monsieur Howel, et c'est la manière de critiquer la plus facile et la plus méprisable. Si deux hommes s'adressaient en votre présence de pareilles injures, je crois que vous n'éprouveriez que du dégoût. Quand une pensée est claire et juste, elle n'a guère besoin d'être relevée par des épithètes. On ne les emploie que pour cacher le manque de talent.

— Eh bien! eh bien! mes amis, dit M. Howel en allant joindre Grace et sir George, cela est différent de ce que je pensais d'abord, mais je crois encore qu'en général vous estimez trop peu cette Revue.

— J'espère que cette petite leçon refroidira un peu l'ardeur de la foi de M. Howel dans les journalistes étrangers, dit mistress Bloomfield dès qu'il fut assez loin pour ne pouvoir l'entendre; je n'ai jamais vu un adorateur d'idole plus crédule et plus aveugle.

— Cette école diminue, mais elle est encore nombreuse, dit John Effingham; des hommes comme Tom Howel, dont toutes les pensées ont suivi la même direction toute leur vie, ne changent pas facilement d'opinion, surtout quand une admiration qui vient de loin, — de cette distance « qui prête de l'enchantement à la vue, » — est la base de leur croyance. Si cet article eût été imprimé en forme de placard et affiché au coin de la rue dans laquelle il demeure, Howel serait le premier à dire que c'est l'ouvrage d'un drôle sans principes et sans talents, et qu'il ne méritait pas une seconde pensée.

— Je crois pourtant qu'après avoir vu si clairement la fraude de cet écrivain, il deviendra plus réservé, sinon plus sage.

— Lui! pas du tout. Si vous voulez excuser une comparaison triviale, je dirai qu'il sera comme la truie qui, après avoir été bien lavée, retourne se vautrer dans la fange. Je n'ai jamais vu un homme de cette école complètement guéri, à moins qu'il n'ait été lui-même l'objet d'une attaque ou qu'il n'ait été à portée d'examiner personnellement et de plus près la vanité de cette prétendue supériorité européenne. Il n'y a qu'une semaine que j'eus une discussion sur l'humanité et l'amour de la liberté dans le pays qui en est un modèle de perfection. Je lui citai le fait que l'Angleterre avait eu recours au tomahawk des sauvages dans les guerres avec ce pays, et il m'affirma positivement que les Sauvages indiens ne tuaient jamais ni femmes ni enfants, — à moins que ce ne fussent les femmes et les enfants de leurs ennemis. — Et quand je lui dis que les Anglais, comme beaucoup d'autres peuples, ne faisaient cas que de leur propre liberté, il me répondit froidement que la liberté anglaise était la seule qui méritât qu'on en fît cas.

— Oh! oui, dit le jeune M. Wenham, qui avait entendu la fin de cette conversation; M. Howel est si complètement Anglais qu'il nie que l'Amérique soit le pays le plus civilisé du monde, et que nous parlions notre langue mieux qu'aucune autre nation ne parla jamais la sienne.

— C'est un acte manifeste de trahison ! dit mistress Bloomfield faisant un effort pour conserver sa gravité ; — car M. Wenham n'était pas très-exact sur l'article de la prononciation, et il prononçait invariablement « been, *ben ;* does, *douze ;* nothing, *naw-thing ;* few, *foo,* etc. » ; — et M. Howel devrait être traduit à la barre de l'opinion publique pour cet outrage.

— Nos ennemis eux-mêmes conviennent en général que notre manière de parler est la meilleure du monde entier, et je crois que c'est pour cette raison que notre littérature s'est élevée si rapidement bien au-dessus de celle de toutes les autres nations.

— Ce fait est-il bien certain? demanda mistress Bloomfield, curieuse de savoir ce qu'il répondrait à cette question.

— Je crois que personne ne peut le nier. — Monsieur Dodge, vous me soutiendrez sur ce point.

L'éditeur du *Furet actif* s'était approché assez à temps pour entendre le sujet de la conversation. La manière de parler de ces deux individus se rapprochait à bien des égards, et avait pourtant aussi des points de différence. M. Wenham était né à New-York, et son dialecte était celui de la Nouvelle-Angleterre, enté sur le hollandais et le vieux anglais, tandis que M. Dodge conservait religieusement, non seulement l'accent et la prononciation de sa province, mais même la signification particulière qu'on y donne à différentes expressions. Ainsi, dans sa bouche, « dissipation » signifiait *ivrognerie ;* « laid » *vicieux ;* « adroit » *de bonne humeur,* etc.; et il y tenait avec une opiniâtreté qui puisait une grande partie de sa force dans le fait qu'il était hors de son pouvoir de se défaire de cette habitude. Malgré ces petites particularités, — particularités remarquables pour tous ceux qui n'habitaient pas la même province, — M. Dodge avait aussi une grande idée de sa supériorité sous le rapport de la langue, et il parlait toujours de ce sujet comme d'un fait établi, incontestable.

— Les progrès de la littérature américaine sont réellement étonnants, répondit l'éditeur. Je crois qu'il est universellement reconnu aujourd'hui dans les quatre parties du monde que l'éloquence de la chaire et du barreau a atteint son apogée parmi nous ; nous possédons les meilleurs poëtes du siècle, et onze de nos romanciers surpassent tous ceux des autres pays. La société philosophique américaine est également considérée, je crois, comme le corps le plus savant qui existe aujourd'hui, à moins que la Société historique de New-York ne lui dispute cet honneur : les opinions se partagent entre elles ; quant à moi, je crois qu'il serait difficile de donner la palme à l'une de préférence à l'autre. Et à quelle hauteur le drame ne s'est-il pas élevé depuis quelques années ! Le génie commence à devenir trop commun en Amérique.

— Vous oubliez de parler de la presse, dit M. Wenham ; je crois que nous pouvons être aussi fiers de la haute réputation qu'elle a acquise, que d'aucune autre chose.

— Pour vous dire la vérité, Monsieur, dit Steadfast en le prenant par le bras, et en l'emmenant si lentement d'un autre côté que mistress Bloomfield et John Effingham purent encore entendre la suite de la conversation, la modestie est la compagne si inséparable du mérite, que nous autres, qui nous occupons de cette haute profession, nous n'aimons pas à rien dire en notre faveur. Jamais vous n'avez à reprocher à un journal la faiblesse de se vanter lui-même ; mais, entre nous, je puis dire qu'après avoir examiné de très-près l'état de la presse dans les autres pays, j'en suis venu à la conclusion que, pour les talents, le goût, l'impartialité, la philosophie, le génie, l'honneur et la véracité, la presse des Etats-Unis est infiniment au-dessus... Ici, M. Dodge était si loin, que le reste de la phrase fut perdu ; mais, d'après la modestie bien connue de l'éditeur, on ne peut guère douter de la manière dont il la finit.

— On dit en Europe, dit John Effingham, ses traits exprimant le froid sarcasme qui lui était habituel, qu'il y a la jeune et la vieille France ; je crois que nous venons d'avoir des échantillons passables de la vieille et de la jeune Amérique ; la première dépréciant tout ce qui est la production du pays, jusqu'à une pomme de terre ; la seconde y trouvant tout parfait, jusqu'à elle-même.

— Il paraît y avoir dans le genre humain, dit mistress Bloomfield, une sorte d'inquiétude semblable au balancier d'une pendule. Elle tient l'opinion vibrant sans cesse autour du centre de la vérité. Je crois que rien n'est plus rare dans le monde que de trouver un homme ou une femme qui ne soit pas porté, en renonçant à une erreur, à se jeter dans l'extrême contraire. Après avoir cru que nous ne possédions rien qui méritât une pensée, nous en sommes arrivés à la conclusion que rien ne nous manque.

— Oui ; et c'est une des raisons qui font que tout le reste du monde rit à nos dépens.

— Rit à nos dépens, monsieur Effingham ! J'avais supposé que le nom américain était en bonne odeur, du moins dans quelques portions du monde.

— En ce cas, ma chère mistress Bloomfield, vous vous êtes considérablement trompée. Il est vrai que l'Europe commence à nous faire l'honneur de croire que nous valons mieux qu'elle ne le supposait autrefois ; mais il s'en faut de beaucoup qu'elle nous regarde comme étant placés sur le même niveau que les autres peuples.

— Ils ne peuvent certainement nous refuser l'esprit d'entreprise, l'énergie, l'activité !

— Qualités auxquelles ils donnent les jolis noms de cupidité, d'astuce et d'escroquerie. Je suis pourtant loin, très-loin, de croire tout ce qu'il convient aux intérêts et aux préjugés de l'Europe, et surtout de notre vénérable parente, la vieille Angleterre, de dire et de penser au préjudice de ce pays ; car je suis convaincu, au contraire, qu'il s'y trouve autant de mérite substantiel que chez quelque autre nation que ce soit ; mais en se débarrassant d'un assortiment d'anciens vices et d'anciennes folies, il n'a pas eu la sagacité de découvrir qu'il en contracte d'autres, qui ne sont pas moins intolérables.

— Que regardez-vous donc comme notre plus grande erreur, notre point le plus faible ?

— Le provincialisme, avec sa suite de préjugés étroits, et une disposition à ériger la médiocrité en perfection, sous la double influence d'une ignorance qui vient inévitablement du manque de bons modèles, et d'une tendance irrésistible à la médiocrité, dans une nation où l'opinion publique domine si impérieusement.

— Mais l'opinion publique ne domine-t-elle point partout ? — n'est-elle pas toujours plus forte que la loi ?

— Cela peut être vrai dans un certain sens, mais dans un pays comme celui-ci, sans capitale, où tout est province, dans lequel l'intelligence et le goût sont épars, cette opinion publique ne peut avoir sa direction ordinaire. L'impulsion lui est donnée par la force du nombre, et non par la force du raisonnement. De là vient que l'opinion publique n'atteint que rarement ou jamais la vérité absolue. — Je vous accorde que sous le rapport de la médiocrité le pays est bien, mieux même qu'on ne pourrait l'espérer, mais il ne s'élève pas plus haut.

— Je sens la justesse de vos remarques, et je suppose que c'est à ces causes que nous devons attribuer tous ces superlatifs qui sont d'un usage si général.

— Sans contredit. On en est venu à craindre de dire la vérité, quand cette vérité est un peu au-dessus de l'intelligence commune, et vous voyez à quelle flatterie dégoûtante ont recours tous les serviteurs du public, comme ils s'appellent, pour augmenter leur popularité, au lieu de parler comme le besoin l'exige.

— Et qu'en résultera-t-il?

— Dieu le sait. Tandis que l'Amérique, dans son état de liberté, s'est débarrassée plus promptement que d'autres nations des préjugés de l'ancienne école, elle en substitue d'autres qui lui sont propres, et qui ne sont pas à l'abri de dangers sérieux. Nous pouvons y résister; les maux de la société peuvent se corriger d'eux-mêmes, mais il y a un fait qui nous menace de plus de maux que je n'en craindrais de toute autre part.

— Vous voulez dire la lutte politique qui s'est manifestée depuis peu sérieusement entre l'argent et le nombre?

— Cela a ses dangers; mais il y a un autre mal encore plus grand: je veux parler de la disposition très-générale à restreindre aux hommes politiques toute discussion politique. Ainsi tout particulier qui aurait la présomption de discuter une question politique, serait regardé comme à la merci de tous ceux qui auraient une opinion différente de la sienne. On nuirait à sa fortune, à sa réputation et à son bonheur domestique, s'il était possible; car à cet égard l'Amérique est le pays le plus intolérant que j'aie jamais vu. Dans tous les autres pays où la discussion est permise, il y a du moins une apparence d'impartialité, quoi qu'on puisse faire en secret; mais ici il semble suffisant, pour justifier le mensonge, l'injustice et la fraude la plus insigne, d'établir que l'individu attaqué a eu l'audace de se mêler de questions relatives aux affaires publiques, sans être ce qu'il plaît au peuple d'appeler un homme public. A peine est-il nécessaire de dire que lorsqu'une pareille opinion prend l'ascendant, elle doit nécessairement déjouer les véritables intentions d'un gouvernement populaire.

— Maintenant que vous m'en parlez, je crois en avoir vu des exemples.

— Vu, ma chère mistress Bloomfield ! On en voit autant qu'il se trouve d'hommes pour énoncer une opinion qui ne sert pas celle d'un parti. Ce n'est pas pour se lier avec un parti qu'on dénonce un homme dans ce pays, c'est pour oser faire alliance avec la vérité. Un parti en souffrira un autre, mais aucun parti ne peut souffrir la vérité. Il en est de la politique comme de la guerre : des régiments ou des soldats isolés peuvent déserter, et ils seront reçus à bras ouverts par leurs ci-devant ennemis, car l'honneur militaire va rarement jusqu'à refuser du secours, de quelque genre qu'il soit; mais les uns et les autres feront feu sur les citoyens qui ne veulent que défendre leurs domiciles et leurs foyers.

— Vous tracez de tristes tableaux de la nature humaine, monsieur John Effingham.

— Tristes parce qu'ils sont vrais, mistress Bloomfield. L'homme est pire que les animaux ; et pourquoi ? parce qu'il a un code qui lui indique le bien et le mal, et qu'il ne le respecte jamais. Il parle de la variation de la boussole, et prétend même en calculer les changements; mais personne ne peut expliquer le principe qui cause l'attraction ou qui la dérange. Ainsi sont faits les hommes : ils prétendent toujours voir ce qui est bien; mais leur vue suit constamment une ligne oblique, et l'on ne risque pas de se tromper dans ses calculs en lui supposant une certaine variation.

— Mais voici miss Effingham parée avec le plus grand soin, et plus belle que je ne l'ai jamais vue.

Ils échangèrent rapidement un regard, et comme s'ils eussent craint réciproquement de se faire connaître leurs pensées, ils s'avancèrent tous deux vers notre héroïne comme pour la recevoir.

CHAPITRE XXVI.

> Quand je me marierai, ce maître dont la main doit recevoir ma foi emportera peut-être avec lui la moitié de mes soins et de mon devoir.
>
> SHAKSPEARE.

COMME personne ne pouvait être poli avec plus de grâce et de délicatesse que John Effingham quand telle était son humeur, mistress Bloomfield fut frappée de l'air noble et aimable avec lequel il accueillit sa jeune parente en cette occasion difficile, du ton affectueux de sa voix, et de l'expression attrayante de sa physionomie. Eve elle-même remarqua ces particularités, et elle en devina aisément la cause. Elle vit sur-le-champ qu'il savait quelle était la situation des choses entre elle et Paul. Comme elle connaissait la discrétion de mistress Bloomfield, elle supposa avec raison que les longues observations de son cousin, se joignant au peu de mots qu'il avait entendus le soir même, lui avaient fait connaître ses sentiments pour Paul, mieux qu'à l'amie avec qui elle venait d'avoir une conversation à ce sujet. La conviction que son secret était connu de tant de personnes ne causa pourtant à Eve aucun embarras. Son attachement pour Paul n'était pas un caprice de jeune fille; c'était la vive et sincère affection d'une femme. Il avait crû avec le temps, il avait reçu la sanction de sa raison, et s'il portait l'empreinte de l'imagination ardente et de la confiance de la jeunesse, il était soutenu par des principes louables et par le sentiment intime de ce qui était bien. Elle savait que son père et son cousin estimaient le jeune homme dont elle avait fait choix, et elle ne croyait pas que le léger nuage qui couvrait sa naissance pût avoir une influence plus que momentanée sur leurs sentiments. Elle aborda donc John Effingham d'un air calme et ouvert, lui serra la main avec un sourire semblable à celui qu'une fille affectionnée aurait pu adresser à un bon père, et se retourna pour saluer le reste de la compagnie, avec cette aisance qui était devenue pour elle une seconde nature.

— Voilà un des tableaux les plus attrayants que l'humanité puisse offrir, dit John Effingham à mistress Bloomfield quand

Eve se fut éloignée d'eux; une jeune fille timide, modeste et sensible, si ferme dans ses principes, si pleine de droiture, si pure dans ses pensées, si fervente dans ses affections, qu'elle envisage le choix d'un mari comme d'autres regardent leurs actes de devoir et de religion. Avec elle, l'amour n'a ni honte ni faiblesse.

—Eve est sans défaut, autant que le comporte la nature d'une femme, et pourtant, ou je ne connais pas bien mon sexe, ou elle ne recevra pas M. Powis avec le même calme qu'elle a accueilli le cousin de son père.

—Vous avez peut-être raison, mistress Bloomfield, car en ce cas elle éprouverait à peine la passion de l'amour. — Vous voyez qu'il évite de lui imposer de la contrainte en faisant trop d'attention à elle, et qu'ils s'abordent sans montrer aucun embarras. Je crois qu'il y a dans l'amour un principe de force qui, en nous faisant souhaiter d'être dignes de l'objet qui nous est le plus cher, produit l'effet désiré en nous imposant des sacrifices. Nous avons sous les yeux deux êtres aussi parfaits qu'on peut se flatter d'en rencontrer, et dont chacun est rempli de l'idée qu'il n'est pas digne d'être le choix de l'autre.

—L'amour nous apprend-il donc l'humilité, — même l'amour heureux?

—Ne le croyez-vous pas? Mais il ne conviendrait pas de vous faire cette question, à vous femme mariée; car, suivant les pandectes de la société américaine, un homme peut philosopher, plaisanter, bavarder sur l'amour, et même analyser cette passion avec une fille au-dessous de vingt ans, et pourtant il ne doit y faire aucune allusion en conversant avec une dame. Eh bien! chacun son goût. Nous sommes un peu bizarres dans nos usages, et nous avons admis dans nos salons une bonne partie de la coquetterie de village.

—Ne vaut-il pas mieux que de telles folies se bornent à la jeunesse, sans envahir la sainteté du mariage, comme on dit que cela n'arrive que trop souvent ailleurs?

—Cela peut être; mais j'avoue qu'il est plus facile de répondre à une proposition franche et directe faite par un père, une mère, ou un ami qui en est chargé, que de se débarrasser d'une jeune personne qui jette ses filets pour son propre compte. Quand j'étais en pays étranger, je reçus une douzaine de propositions...

—De propositions! s'écria mistress Bloomfield, levant vers le ciel les yeux et les mains avec un air de surprise.

— Oui, Madame, de propositions, — de propositions faites de bonne foi. Et pourquoi non? Ai-je plus de cinquante ans? Ne suis-je pas encore passablement jeune pour cet âge? N'ai-je pas sept à huit mille livres de revenu?

— Dix-huit mille, ou vous êtes fort calomnié.

— Dix-huit, si vous le voulez, répondit froidement John Effingham, aux yeux de qui la richesse n'était pas un mérite, car il était né avec sa fortune, et il la regardait comme un moyen d'existence, et non comme devant en être le but,—puisque chaque dollar devient un aimant quand on a passé quarante ans. Supposez-vous qu'un célibataire de quarante à cinquante ans, ayant un extérieur passable, bien né, et ayant cent mille francs de rente, puisse échapper entièrement en Europe aux propositions du beau sexe?

— Cela est si révoltant dans toutes nos idées américaines, que, quoique j'aie souvent entendu parler de pareille chose, j'ai toujours trouvé difficile de le croire.

— Est-il plus révoltant de voir les amis d'une jeune personne aller à la pêche pour elle, que de lui laisser le soin d'amorcer elle-même son hameçon, comme cela se pratique si souvent ici ouvertement?

— Vous êtes heureux d'être un célibataire déterminé, sans quoi un pareil langage ne vous laisserait aucun espoir. Je conviens qu'il n'y a plus parmi nous autant de retenue et de méfiance de soi-même que dans l'ancienne école, car nous sommes tous assez disposés à dire que le vieux temps vaut mieux que le nôtre; mais je proteste fortement contre l'interprétation que vous donnez à la conduite d'une jeune Américaine ingénue et sans artifice.

— Sans artifice! répéta John Effingham, ses sourcils s'élevant insensiblement. Nous vivons dans un siècle où il faut de nouveaux dictionnaires et de nouveaux vocabulaires pour s'entendre. Est-ce être sans artifice que d'assiéger un vieux garçon de cinquante ans comme on assiégerait une ville? Mais, chut! Edouard se retire avec sa fille, et je ne tarderai pas à être appelé à un conseil de famille. Eh bien! nous garderons le secret jusqu'à ce qu'il soit publiquement proclamé.

John Effingham ne se trompait pas; le père et la fille sortirent du salon, mais de manière à ne pas attirer sur eux l'attention, si ce n'est celle des personnes qui savaient déjà ce qui s'était passé dans la soirée. Ils se rendirent dans la bibliothèque, et quand ils y furent seuls, M. Effingham en ferma la porte au double tour, et s'abandonna à ses sentiments paternels.

Il avait toujours existé entre Eve et M. Effingham une confiance telle qu'il s'en trouve rarement entre un père et sa fille. Dans un sens, ils avaient été tout l'un pour l'autre, et Eve n'avait jamais hésité à lui faire part de tout ce qu'elle aurait confié à l'affection d'une mère, si le ciel lui avait laissé la sienne. Quand leurs yeux se rencontrèrent, ils brillaient donc d'une expression de tendresse et de confiance, telle qu'on aurait pu naturellement l'attendre d'une mère et de sa fille. M. Effingham serra Eve contre son cœur, et la pressa dans ses bras pendant près d'une minute, après quoi, baisant sa joue brûlante, il lui dit de lever les yeux.

— Voilà qui répond à toutes mes espérances, ma chère Eve, s'écria-t-il; voilà qui remplit les désirs ardents que je formais pour votre bonheur.

— Mon père!

— Oui, ma fille, j'ai longtemps prié secrètement le ciel de vous accorder cette bonne fortune; car de tous les jeunes gens que nous avons vus, soit ici, soit en pays étranger, Paul Powis est le seul à qui je puisse vous confier avec une parfaite conviction qu'il vous rendra heureuse comme vous méritez de l'être.

— Mon père! il ne me manquait que cela pour achever mon bonheur.

M. Effingham l'embrassa de nouveau, et put ensuite continuer la conversation avec plus de calme. — J'ai eu une explication complète avec Powis, dit-il, quoique, pour l'obtenir, j'aie été obligé de lui donner de grands encouragements.

— Mon père!

— Soyez sûre, ma chère fille, que j'ai respecté vos sentiments et votre délicatesse; mais il a tant de méfiance de lui-même, il laisse prendre aux circonstances peu agréables qui se rattachent à sa naissance un tel ascendant sur son esprit que j'ai été forcé de lui dire, ce que je suis sûr que vous approuverez, que nous ne nous inquiétons nullement de la famille, et que nous n'avons égard qu'au mérite de l'individu.

— J'espère, mon père, que vous n'avez rien dit à M. Powis qui pût lui donner lieu de supposer que nous ne le regardons pas comme notre égal sous tous les rapports?

— Non certainement; il a été bien élevé, et c'est tout ce que je réclame pour moi-même. Il n'y a qu'un point de vue sous lequel la circonstance de famille doive influer sur le mariage en Amérique, quand les parties se conviennent sur les points principaux, c'est de s'assurer que ni l'un ni l'autre ne sera placé dans une société qui répugne à ses goûts et à ses habitudes. Une femme surtout ne doit jamais être transplantée d'un cercle poli dans un cercle grossier ; car, quand cela arrive, si la femme a été réellement bien élevée, elle court le risque de sentir se refroidir son affection pour son mari. Ce grand point assuré, je ne vois rien qui doive causer de l'inquiétude à un père.

— Powis malheureusement n'a point de parents dans ce pays, aucun qu'il connaisse du moins, et ceux qu'il a en Angleterre sont d'une condition à lui faire honneur.

— J'ai causé avec lui sur ce sujet, et il m'a montré des sentiments si convenables, qu'il s'est élevé encore plus haut dans mon estime. Je connais sa famille paternelle, et je crois même que je dois avoir connu son père, quoiqu'il y eût deux ou trois Assheton qui portassent le prénom de John. C'est une famille très-respectable des Etats de l'extérieur, et qui faisait autrefois partie de l'aristocratie coloniale. La mère de John Effingham était une Assheton.

— Du même sang, croyez-vous, mon père? Je m'en suis souvenue quand M. Powis m'apprit le nom de son père, et j'avais dessein de questionner mon cousin John sur ce sujet.

— Maintenant que vous m'en parlez, Eve, il doit exister quelque parenté entre eux. Croyez-vous que notre cousin sache que Paul est, par le fait, un Assheton?

— Je ne lui en ai jamais parlé, mon père.

— Sonnez, et nous nous assurerons jusqu'à quel point ma conjecture est vraie. Il est impossible, ma chère enfant, qu'une fausse délicatesse vous empêche de faire connaître à John votre engagement.

— Mon engagement, mon père !

— Oui, votre engagement, car je le regarde déjà comme tel. Je me suis hasardé à promettre en votre nom votre main et votre foi à Paul, et je vous rapporte en retour autant de protestations de son bonheur et de sa constance éternelle qu'une fille raisonnable puisse en désirer.

Eve regarda son père d'un air mêlé de reproche et de tendresse, car il lui sembla que, dans cette occasion, il avait agi avec trop de la précipitation de son sexe. Cependant supérieure à la coquetterie et à l'affectation du sien, et trop attachée à Paul pour être sérieusement mécontente, elle baisa la main de son père, secoua la tête en souriant, et se leva pour sonner, comme il lui avait dit de le faire.

— D'après tout cela, mon père, il est devenu important pour nous de mieux connaître tout ce qui concerne M. Powis, dit-elle en se rasseyant, et je voudrais que les choses n'eussent pas marché si vite.

— Tout ce que j'ai promis est conditionnel et dépend de vous-même. Si vous trouvez que j'aie été trop loin, vous pouvez refuser de ratifier le traité que j'ai négocié.

— Vous me proposez ce qui est impossible, répondit Eve en lui prenant une main qu'elle pressa entre les siennes. Le négociateur est trop respecté, a trop de justes droits pour ordonner, et jouit de trop de confiance pour être désavoué ainsi. Je ratifierai, je ratifie, mon père, tout ce que vous avez promis, tout ce que vous pouvez promettre en mon nom.

— Quand même j'annulerais le traité, ma chère Eve?

— Même en ce cas. Je n'épouserai personne sans votre consentement, et j'ai une confiance si entière en votre affection pour moi que je n'hésite pas à dire que je n'épouserai jamais que celui que vous me destinerez.

— Que le ciel vous bénisse, ma chère fille! dit M. Effingham; je crois tout ce que vous me dites, car je vous ai toujours vue la même depuis que la réflexion a pu diriger vos actions. — Priez M. John Effingham de venir ici, dit-il à un domestique qui se présenta à la porte. — Et je crois, ajouta-t-il à sa fille, que vous continuerez à être la même jusqu'au dernier de vos jours.

— Mais vous oubliez, mon pauvre père, que vous avez vous-même servi d'instrument pour transférer à un autre mon obéissance et mes devoirs. Si ce monstre marin devenait un tyran, s'il levait le masque et qu'il se montrât sous ses traits naturels, êtes-vous préparé à me prêcher l'obéissance? — Et en parlant ainsi, Eve, le cœur plein de son bonheur, avait les bras passés autour du cou de son père qu'elle comblait de caresses presque enfantines.

— Assez, assez, ma chère Eve; je reconnais le pas de notre cousin; il faut qu'il nous trouve dans une humeur un peu plus sérieuse.

Eve se leva; et quand John entra, elle lui offrit la main

avec amitié, quoiqu'en détournant le visage, et les yeux humides.

— Il était temps de me faire appeler, dit John Effingham, tirant à lui sa cousine toute couverte de rougeur, qu'il embrassa sur le front; car avec vos tête-à-tête, tantôt avec des jeunes gens, tantôt avec des vieillards, je commençais à me trouver négligé. J'espère pourtant que je n'arrive pas trop tard pour exprimer en temps utile ma désapprobation très-décidée.

— Cousin John, répondit Eve en le regardant avec un air de reproche moqueur, vous êtes le dernier qui devriez parler de désapprobation, vous qui n'avez fait que chanter les éloges du pétitionnaire depuis le premier instant que vous l'avez vu.

— C'est la vérité; et par conséquent je dois, comme tant d'autres, me soumettre aux suites de ma précipitation et de mes fausses conclusions. Eh bien! pourquoi suis-je appelé? est-ce pour savoir combien de mille livres j'ajouterai par an aux revenus du nouveau couple? Comme je déteste les affaires, disons cinq tout d'un coup; et quand l'acte sera rédigé je le signerai sans le lire.

— Bourru généreux! s'écria Eve en riant. Mais oserais-je vous faire une question?

— Faites-la sans scrupule, jouissez encore de votre indépendance et de votre pouvoir; car je connais mal Paul, ou il sera le capitaine de sa frégate.

— Eh bien! en faveur de qui êtes-vous si généreux? est-ce pour M. Powis ou pour moi?

— La question a son mérite, dit John Effingham en riant; et ayant embrassé une seconde fois sa cousine, il ajouta : Quand on me mettrait à la torture, je ne saurais dire qui de vous deux j'aime le mieux, quoique vous ayez la consolation de pouvoir dire que vous accaparez tous les baisers.

— Vos sentiments sont presque les miens, John; car, si j'avais un fils, je ne sais s'il pourrait m'être plus cher que Paul.

— Je vois donc qu'il faut que je me marie, — dit Eve, essuyant à la hâte quelques larmes que le plaisir faisait couler de ses yeux, car quel plus grand plaisir pouvait-elle avoir que d'entendre faire l'éloge de celui qu'elle aimait, — si je désire conserver ma place dans votre affection. Mais, mon père, nous oublions la question que nous voulions faire au cousin John.

— Cela est vrai, ma chère. — John, votre mère n'était-elle pas une Assheton?

— Certainement, Edouard. J'espère qu'à votre âge vous n'en êtes pas à apprendre ma généalogie.

— Nous désirons établir une parenté entre vous et Paul; cela n'est-il pas possible?

— Je donnerais la moitié de ma fortune, Eve y consentant, pour que cela fût. Mais quelle raison y a-t-il de supposer que cela soit probable ou même possible?

— Vous savez sans doute que Powis est le nom du protecteur de sa jeunesse, de son père adoptif, et que son véritable père se nommait Assheton?

— Assheton! s'écria John de manière à prouver que c'était la première fois qu'il entendait parler de ce fait.

— Certainement; et comme il n'y a qu'une famille qui porte ce nom, dont l'orthographe est un peu singulière, — car voici ce nom écrit par Paul lui-même sur cette carte, — nous avons pensé qu'il devait être votre parent. J'espère que nous ne serons pas trompés dans notre attente.

— Assheton! — Comme vous le dites, c'est un nom dont l'orthographe est extraordinaire, et je ne connais qu'une famille qui le porte dans ce pays. — Est-il possible que Powis soit véritablement un Assheton?

— Sans aucun doute, s'écria Eve; c'est lui-même qui nous l'a dit. Son père se nommait Assheton, et sa mère était....

— Qui? demanda John Effingham avec une véhémence qui fit tressaillir M. Effingham et sa fille.

— C'est plus que je ne puis dire, car il ne nous a point appris le nom de famille de sa mère. Mais comme elle était sœur de lady Dunluce, femme du général Ducie, père du capitaine qui est notre hôte en ce moment, il est probable qu'elle se nommait Dunluce.

— Je ne me rappelle aucun parent qui ait fait un pareil mariage, ni aucun qui ait pu le faire, et pourtant je connais personnellement et intimement chaque Assheton de ce pays.

M. Effingham et sa fille se regardèrent d'un air de désappointement, car ils pensèrent sur-le-champ qu'il fallait qu'il y eût des Assheton d'une autre famille.

— Sans l'orthographe singulière de ce nom, dit M. Effingham, je supposerais qu'il existe des Assheton qui nous sont inconnus. Mais il est difficile de croire qu'il y ait des individus de cette famille respectable dont nous n'ayons jamais entendu parler; et Powis nous a dit que la sienne était des Etats de l'intérieur.

— Et que sa mère se nommait Dunluce? demanda John Effingham avec force; car il semblait désirer aussi de découvrir un lien de parenté entre Paul et lui.

— Je ne crois pas qu'il nous l'ait dit, cousin John, dit Eve; mais cela est très-probable, car le titre de sa tante vient d'une ancienne baronnie, et ces anciens titres deviennent souvent le nom de famille.

— Il faut que vous vous trompiez à cet égard, ma fille; car Paul nous a dit que ce titre descendait de la mère de sa mère qui était Anglaise. — Mais, au surplus, pourquoi ne pas le faire venir sur-le-champ pour l'interroger? Après le plaisir de l'avoir pour mon propre fils, John, je ne pourrais en avoir un plus grand que celui d'apprendre qu'il avait un droit légal à ce que je sais que vous avez fait pour lui.

— Cela est impossible, Edouard. Je suis fils unique, et quant à mes cousins maternels, j'en ai un si grand nombre, qui sont à un même degré de parenté, qu'aucun d'eux en particulier ne peut prétendre à être mon héritier légal. Mais, quand il y en aurait, je suis un Effingham, ma fortune vient d'un Effingham, et elle passera à un Effingham en dépit de tous les Assheton d'Amérique.

— Y compris Paul Powis? s'écria Eve levant un doigt avec un air de reproche.

— Il est vrai que je lui ai laissé un legs; mais c'était à un Powis, et non à un Assheton.

— Et pourtant il déclare qu'il est légalement un Assheton, et non un Powis.

— N'en parlons pas davantage, Eve; ce sujet m'est désagréable. Je déteste le nom d'Assheton, quoique ce fût celui de ma mère, et je désire ne plus l'entendre prononcer.

Eve et son père restèrent muets d'étonnement; car leur cousin, ordinairement si fier et si maître de lui-même, parlait avec une émotion qu'il cherchait vainement à cacher, et il était même évident que quelque cause secrète faisait qu'il était encore plus ému qu'il ne le paraissait. L'idée qu'il se rattachait peut-être à ce nom quelque chose qui pourrait inspirer de l'éloignement pour Paul à un être qui lui était aussi cher que son cousin, était infiniment pénible pour elle, et elle regrettait qu'on lui eût parlé de ce sujet.

Il n'en était pas de même de son père. Franc, simple, et ami de la vérité, M. Effingham renouvela sa proposition de faire venir Paul, et d'éclaircir l'affaire sur-le-champ.

—Vous êtes trop raisonnable, John, dit-il ensuite, pour qu'une antipathie contre un nom, et un nom que votre mère a porté, l'emporte sur votre amour de la justice. Je sais que quelques discussions désagréables se sont élevées relativement à la succession de ma tante, votre mère; mais il y a vingt ans qu'elles ont été décidées en votre faveur, et, comme je le croyais, à votre entière satisfaction.

—Malheureusement les querelles de famille sont les plus invétérées, et celles qui sont ordinairement les plus irréconciliables, dit John Effingham, éludant une réponse plus directe. Je voudrais que ce jeune homme eût tout autre nom que celui d'Assheton. Je n'aimerais pas à voir Eve promettre sa foi en face de l'autel à un homme portant ce nom maudit.

— Si jamais cela arrive, mon cher cousin John, ma foi sera donnée à l'homme, et non à son nom.

— Non, non; — il faut qu'il conserve celui de Powis, sous lequel nous avons tous commencé à l'aimer, et auquel il a fait tant d'honneur.

— Cela est fort étrange, John, pour un homme qui a autant de raison et de jugement que vous; je propose encore une fois de faire venir Paul, et de nous assurer à quelle branche de cette famille que vous détestez si fort il appartient réellement.

— Non, mon père, non; pas à présent, si vous m'aimez ! s'écria Eve, arrêtant la main de M. Effingham à l'instant où il touchait le cordon de la sonnette; — ce serait lui montrer de la méfiance, et même le traiter avec cruauté, que de lui faire subir si tôt cette sorte d'interrogatoire.

—Eve a raison, Edouard, mais je ne me coucherai pas sans tout savoir. Nous avons commencé, Paul et moi, l'examen de certains papiers que nous a confiés le pauvre Lundi; je ferai venir Paul pour le terminer, et je trouverai quelque occasion pour lui parler de nouveau de sa propre histoire. La première fois que je l'ai interrogé sur ce sujet, il a répondu à mes questions avec une entière franchise.

—Faites-le, cousin John, et faites-le sur-le-champ. Je puis remettre Paul entre vos mains, car je sais combien vous l'aimez et vous l'estimez au fond du cœur. Voyez, il est déjà près de dix heures.

— Cependant il désirera tout naturellement passer le reste de cette soirée tout autrement qu'à examiner les papiers de M. Lundi, dit John Effingham; et le sourire qui accompagnait ces mots dissipa le sombre nuage qui avait couvert ses nobles traits.

— Non, non, pas ce soir, s'écria Eve en rougissant; j'ai déjà montré assez de faiblesse pour un jour. Demain, s'il le veut, — si vous le voulez,—je m'entretiendrai avec lui, mais non ce soir. Je me retirerai avec mistress Hawker, qui m'a déjà dit qu'elle était fatiguée, et vous ferez dire à Powis d'aller vous trouver dans votre chambre sans aucun délai.

Eve embrassa son cousin comme pour le cajoler, et en sortant avec lui de la bibliothèque elle lui montra l'escalier qui conduisait à sa chambre. John Effingham lui souhaita le bonsoir en souriant, et dès qu'il fut dans son appartement, il fit prier Paul de venir l'y trouver.

— Je puis à présent vous appeler mon parent, dit John Effingham, se levant pour recevoir le jeune homme, et il s'avança vers lui en lui tendant la main de la manière la plus amicale : votre discernement et la franchise d'Eve ont fait de nous une famille véritablement heureuse.

— Si quelque chose pouvait ajouter à la félicité d'être agréable à miss Effingham, répondit Paul, c'est la manière dont son père et vous vous avez accueilli mes désirs présomptueux.

— Eh bien! n'en parlons pas davantage, quant à présent. J'ai vu dès l'origine la tournure que prenaient les choses, et c'est ma franchise qui a ouvert les yeux de Templemore sur l'impossibilité qu'il réussît, ce qui lui a évité des regrets plus cuisants.

— Oh! monsieur Effingham! Templemore n'a jamais aimé miss Eve. Il fut un temps où je croyais qu'il l'aimait, et il le croyait aussi; mais il ne pouvait avoir pour elle un amour comme le mien.

—Il y avait certainement une différence essentielle, le manque de réciprocité; circonstance qui modifie singulièrement une passion, et qui en abrége la durée. Templemore ne savait pas pourquoi il préférait Eve; mais ayant vu beaucoup la société dans laquelle il vivait, je fus en état d'en découvrir la cause. Accoutumé à une civilisation avancée, il eut l'imagination frappée par la réunion de ce que l'art et la nature avaient fait pour Eve; car les Anglais voient rarement la nature sans quelque mélange de grossièreté, et quand ils la trouvent jointe à une haute intelligence et au meilleur ton, elle a ordinairement de grands attraits pour les blasés.

—Templemore est heureux d'avoir trouvé si promptement à remplacer Eve dans son cœur.

—Ce changement n'a rien de fort extraordinaire. D'abord, avec cette langue qui ne connaît que la vérité, je lui avais fait perdre toute espérance avant qu'il en fût venu à une déclaration ; ensuite, à ne considérer que la nature, Grace Van Courtlandt a été favorisée par elle autant que sa cousine. Enfin, Templemore, quoique bien né, brave et estimable, n'est pas remarquable par des qualités intellectuelles très-extraordinaires. Il sera aussi heureux avec Grace que l'est communément un Anglais de son rang, et je ne vois pas qu'il ait le droit d'en attendre davantage. — Mais ce n'est pas pour parler d'amour que je vous ai fait prier de venir ici, c'est pour en voir les suites malheureuses, qui nous seront probablement révélées par les papiers de M. Lundi. Il est temps que nous en finissions l'examen. Faites-moi le plaisir d'ouvrir le nécessaire qui est sur la toilette, vous y trouverez la clef du secrétaire dans lequel j'ai enfermé votre portefeuille.

Paul ouvrit le nécessaire, qui était grand et divisé en compartiments dont aucun n'était couvert. Le premier objet qui frappa ses regards fut le portrait en miniature d'une si belle femme que ses yeux y restèrent attachés comme par un pouvoir de fascination. Malgré quelque différence, causée principalement par celle de la mise à la mode dans le temps où il avait été peint, il fut frappé de la ressemblance qu'il y trouva à l'objet de son amour ; et croyant voir un portrait d'Eve sous un costume qui ne différait guère de celui qui est adopté de nos jours, car la mode n'a pas subi de grandes révolutions depuis une vingtaine d'années, il s'écria :

— C'est vraiment un trésor, monsieur Effingham, et je vous en envie sincèrement la possession. Ce portrait est très-ressemblant, sans pourtant l'être dans tous ses détails. Il rend à peine justice au front et au nez de miss Effingham.

John tressaillit en voyant la miniature entre les mains de Paul ; mais, revenant à lui, il sourit de l'illusion de son jeune ami, et lui dit d'un ton calme :

— Ce n'est pas le portrait d'Eve, c'est celui de sa mère. Eve tient de ma famille son front et son nez ; tous ses autres traits sont ceux de sa mère, et la ressemblance est presque parfaite.

— Et voici donc mistress Effingham! murmura Paul, regardant avec un respect mélancolique les traits de la mère de celle qu'il aimait, et avec un intérêt qu'augmentait encore la connaissance qu'il avait de la vérité. Elle est morte bien jeune, je crois, Monsieur?

— Oui; et l'on peut à peine dire qu'elle fut trop tôt un ange de plus dans le ciel, car elle en était déjà un sur la terre.

John prononça ces mots avec une émotion qui ne put échapper à Paul et qui le surprit; il y avait dans le compartiment où il avait pris ce portrait cinq ou six écrins à miniature, et supposant que celui qui était en dessus était destiné au portrait qu'il tenait en main, il le prit et l'ouvrit pour l'y replacer. Mais, au lieu de trouver cet écrin vide, il y vit une autre miniature qui lui arracha une exclamation de joie et de surprise.

— C'est sans doute le portrait de ma grand'mère qui vous cause de tels transports? dit John Effingham en souriant. Je le comparais hier au portrait d'Eve, que vous trouverez dans l'écrin en cuir de Russie qui est parmi les autres. Je ne suis pas surpris de votre admiration, car c'était une beauté dans sa jeunesse, et nulle femme n'est assez folle pour se faire peindre quand elle est devenue laide.

— Non, non, monsieur Effingham! cette miniature est celle que j'ai perdue à bord du *Montauk* et que je croyais avoir été prise par les Arabes. Dans la confusion de ce moment, elle aura été portée, je ne sais comment, dans votre chambre, et votre domestique l'aura mise parmi vos effets par mégarde. Ce portrait a un grand prix pour moi, car c'est presque le seul souvenir que je possède de ma mère.

— De votre mère! s'écria John Effingham en se levant involontairement; je crois que vous vous méprenez, car j'ai examiné tous ces portraits ce matin, et c'est la première fois que je les ai regardés depuis mon retour d'Europe. Il ne s'y en trouvait aucun qui ne m'appartînt, et ce ne peut être celui que vous avez perdu.

— Mais j'en suis certain; il est impossible que je m'y méprenne.

— Il serait singulier qu'une de mes deux grand'mères, — car les bonnes dames sont ici l'une et l'autre, — fût votre mère. Powis, faites-moi le plaisir de me montrer la miniature que vous tenez.

Paul prit une lumière, s'approcha de lui, et lui mit le portrait sous les yeux.

— Cela! s'écria John Effingham, sa voix prenant un son rauque et sourd que Paul ne lui avait jamais connu. — Ce portrait, dites-vous, ressemble à votre mère?

— C'est le sien. — C'est la miniature qui m'a été remise par les gens qui ont pris soin de mon enfance. Je ne puis me méprendre ni à la physionomie ni au costume.

— Et votre père se nommait Assheton?

— Certainement; — John Assheton, d'une famille de Pensylvanie.

John Effingham poussa un profond gémissement, et quand Paul, au comble de la surprise, fit un pas en arrière, il vit que le visage de son ami était livide, et que sa main, qui tenait le portrait, tremblait comme la feuille.

— Vous trouvez-vous mal, mon cher monsieur Effingham?

— Non, non, cela est impossible! s'écria John sans répondre à cette question. Cette dame n'a jamais eu d'enfant. Vous avez été trompé par quelque ressemblance réelle ou imaginaire. Ce portrait est à moi, et il n'a pas été un instant hors de ma possession depuis vingt-cinq ans.

— Je vous demande pardon, Monsieur, mais je suis sûr que c'est le portrait de ma mère, celui que j'ai perdu à bord du *Montauk*.

Le regard que John jeta sur le jeune homme était celui d'un homme épuisé de souffrance. Paul allait tirer le cordon de la sonnette, mais un geste de son ami le lui défendit.

— Voyez! dit John Effingham du même ton; et touchant un ressort secret, il lui fit voir, derrière le portrait, un chiffre en cheveux formé des lettres initiales de deux noms. — Ceci est-il aussi à vous?

Paul parut surpris et désappointé.

— Cela décide certainement la question, dit-il, car ma miniature ne contenait rien de semblable; et cependant je crois encore que ces traits doux et pensifs sont ceux de ma mère.

John Effingham fit un effort pour paraître calme. Il remit les deux miniatures dans le nécessaire, y prit la clef de son secrétaire, et en tirant le portefeuille, il le remit à Paul qui en avait la clef, en lui faisant signe de l'ouvrir. Il se jeta ensuite machinalement sur un fauteuil, comme si son esprit et son corps n'eussent eu aucun rapport ensemble.

— Quelque ressemblance due au hasard vous a trompé sur

cette miniature, dit-il, tandis que Paul cherchait le numéro auquel ils en étaient restés dans leur premier examen des pièces de M. Lundi. — Non, non, ce portrait ne peut être celui de votre mère. Cette dame n'a pas laissé d'enfant. — Votre père se nommait Assheton, m'avez-vous dit?

— Assheton, — John Assheton ; — à cet égard, du moins, il ne peut y avoir de méprise. — Voici la pièce où nous en sommes restés, Monsieur. La lirez-vous, ou en ferai-je la lecture?

John lui fit signe de la lire ; et, dans le fait, il ne paraissait pas en état de le faire lui-même.

— Cette pièce est une lettre écrite au nommé Dowse par la femme à qui l'enfant paraît avoir été confié, dit Paul en la parcourant des yeux, et elle ne contient guère que du commérage. — Ah! — qu'est-ce que je vois?

John Effingham se souleva sur son fauteuil, et regarda Paul en homme qui attend une découverte extraordinaire, sans se douter de ce qu'elle peut être.

— C'est une phrase fort singulière, continua Paul, si singulière qu'elle aurait besoin d'explication. Ecoutez : « J'ai pris l'en-
« fant avec moi pour chercher le portrait chez le joaillier qui a
« raccommodé la bague, et le petit drôle l'a reconnu sur-le-
« champ. »

— Qu'y a-t-il de remarquable à cela? D'autres que nous ont eu des portraits, et cet enfant a reconnu mieux que vous celui qui lui appartenait.

— Ce qu'il y a de remarquable, monsieur Effingham, c'est que la même chose m'est arrivée. C'est un des premiers événements de ma vie dont j'aie toujours conservé et dont je conserve encore un souvenir parfait. Quoique je ne fusse alors qu'un enfant, je me rappelle fort bien la manière dont je fus conduit chez un bijoutier, et le plaisir que j'éprouvai en revoyant le portrait de ma mère, — celui que j'ai perdu, — et que je n'avais pas vu depuis une couple de mois.

— Paul Blunt, — Powis, — Assheton! dit John Effingham parlant d'une voix à peine intelligible ; attendez-moi ici quelques minutes, je ne tarderai pas à revenir.

Il se leva, et quoiqu'il eût cherché à rassembler toutes ses forces, ce ne fut qu'avec peine qu'il put gagner la porte de sa chambre. Cependant il refusa le bras que Paul lui offrait, et celui-ci ne sut que penser en voyant une si forte agitation dans un homme ordinairement si tranquille et si maître de lui-même. Quand il fut dans le corridor, John Effingham se trouva mieux, et il descendit dans la bibliothèque accompagné de son domestique, qu'il avait appelé pour l'éclairer.

— Priez le capitaine Ducie de m'accorder ici un instant de conversation, dit-il au domestique; et, lui faisant signe de se retirer, il ajouta: Vous n'aurez pas besoin de revenir.

Une minute après le capitaine Ducie arriva. Il fut frappé de la pâleur et de l'air d'agitation de John Effingham, et lui exprima sa crainte qu'il n'éprouvât une indisposition subite. Il lui offrit de sonner; mais un geste l'invita à n'en rien faire, et il attendit en silence et avec surprise la fin de cette scène extraordinaire.

— Capitaine Ducie, un verre de cette eau, s'il vous plait, dit John Effingham s'efforçant de sourire avec politesse, quoique cet effort ne fît que rendre ses joues plus livides. Ce breuvage l'ayant un peu calmé, il dit d'une voix plus tranquille:

— Vous êtes cousin de Powis, je crois, capitaine?

— Nous sommes enfants de deux sœurs, Monsieur.

— Et votre mère est...

— Lady Dunluce, — pairesse de son chef.

— Mais quel est son nom de famille?

— Elle l'a quitté en épousant mon père, le nom de Ducie étant celui d'une famille aussi ancienne et aussi honorable que celle à laquelle ma mère doit son rang. Dans le fait, la baronnie de Dunluce a porté tant de noms en passant d'une femme à une autre, que je crois qu'il n'existe aucune intention de faire revivre le nom de la famille qui a été la première à en porter le titre.

— Vous ne me comprenez pas. — Votre mère quand elle s'est mariée, se nommait...

— Miss Warrender.

— Je vous remercie, Monsieur, et je ne vous importunerai pas plus longtemps, dit John Effingham, faisant un nouvel effort pour se lever et le saluer; je crains de vous avoir parlé d'une manière incohérente, — brusque peut-être... Votre bras, s'il vous plaît.

Le capitaine Ducie s'avança vers lui sur-le-champ, et arriva à temps pour le recevoir dans ses bras à l'instant où il allait tomber à terre sans connaissance.

CHAPITRE XXVII.

> Qu'est-il à Hécube, ou que lui est Hécube, pour
> qu'il la pleure? SHAKSPEARE.

Le lendemain matin, Paul et Eve étaient seuls dans cette bibliothèque qui avait été longtemps la scène de tous les entretiens confidentiels de la famille Effingham. Eve avait pleuré, et les yeux de Paul laissaient même voir qu'il avait été agité par de vives émotions. Cependant le bonheur brillait sur la physionomie de chacun d'eux; et les coups d'œil timides, mais affectueux, par lesquels notre héroïne répondait aux regards passionnés de son amant, n'annonçaient aucune méfiance de son bonheur futur. Sa main était dans celle de Paul, et il la portait souvent à ses lèvres pendant le cours de leur conversation.

— Cela est si merveilleux, s'écria Eve après un de ces intervalles de silence pendant lesquels l'un et l'autre se livraient à leurs réflexions, que je puis à peine croire que je suis éveillée. Que vous, Blunt, Powis, Assheton, vous vous trouviez enfin un Effingham!

— Et que moi, qui me suis si longtemps cru orphelin, j'aie retrouvé un père vivant, et un père comme M. John Effingham!

— J'ai souvent pensé qu'il y avait un poids au fond du cœur de mon cousin John. — Vous m'excuserez, Paul, mais il me faut du temps pour apprendre à lui donner un autre nom.

— Appelez-le toujours ainsi, ma chère Eve; car je suis certain qu'il serait fâché de trouver en vous le moindre changement. Il est toujours votre cousin John.

— Il peut quelque jour devenir tout à coup mon père, comme il est devenu le vôtre, Powis, répliqua Eve jetant un regard malin sur les joues animées du jeune homme; et alors « cousin John » pourrait être une expression trop familière, trop peu respectueuse.

— Vos droits sur lui sont tellement plus forts que les miens, que je crois que lorsque cet heureux jour arrivera, il sera transformé en *mon* cousin John, au lieu de devenir votre père. Mais quelque nom que vous lui donniez, pourquoi persistez-vous à me donner encore celui de Powis?

— Ce nom me sera toujours précieux; vous me privez de mes droits en me refusant un changement de nom. La moitié des jeunes personnes de ce pays se marient pour le plaisir d'être appelées mistress une telle au lieu de miss une telle, et vous me condamnez à rester toute ma vie Eve Effingham.

— Si vous avez des objections à faire contre ce nom, je puis continuer à m'appeler Powis; j'ai porté ce nom si long-temps que j'y ai presque acquis un droit légal.

— Non en vérité; — vous êtes un Effingham, et vous devez être connu pour un Effingham. Que mon sort est heureux! je n'aurai pas même le chagrin de me séparer de mes anciens amis lors du plus grand événement de ma vie; et mon domicile après mon mariage sera le même que celui de mon enfance.

— Je vous dois tout, ma chère Eve; mon nom, mon bonheur, et même un domicile.

— Je n'en sais rien. A présent qu'on sait que vous êtes l'arrière-petit-fils d'Édouard Effingham, vous auriez autant de chances que moi pour être propriétaire du wigwam, si chacun de nous regardait d'un côté différent pour chercher le bonheur en mariage. Un arrangement de cette sorte ne serait pas difficile à faire; car M. John Effingham pourrait aisément indemniser une fille de la perte de sa maison et de ses terres, au moyen de la somme considérable qu'il a placée dans les fonds publics.

— J'envisage cela sous un tout autre jour; vous étiez l'héritière de M....: de mon père, — comme ce nom de père sonne étrangement à mes oreilles! — Vous étiez l'héritière que mon père avait choisie, et je vous devrai donc toute ma fortune, indépendamment de votre cœur et de votre foi, qui sont un trésor.

— En êtes-vous bien certain, ingrat? M. John Effingham, — mon cousin John, — ne vous avait-il pas adopté pour son fils, même avant de connaître le lien naturel qui vous unit à lui?

— Je ne puis le nier; car je vois que vous êtes instruite de la plupart des choses qui se sont passées entre nous. Mais j'espère qu'en vous parlant des offres qu'il m'a faites, mon père n'a pas oublié de vous dire à quelles conditions je les avais acceptées.

— Il vous a rendu toute justice; car il m'a informée que vous aviez stipulé qu'il ne changerait rien à son testament, et que l'héritière qu'il avait choisie continuerait à l'être, quoique indigne.

— Et M. John....

— Le cousin John, dit Eve en riant ; car on rit aisément quand on est au comble du bonheur.

— Et *nôtre* cousin John y consentit.

— Cela est très-vrai. Il n'avait pas besoin de changer son testament, car il avait déjà pris soin de vos intérêts.

— Aux dépens des vôtres, ma chère Eve.

— S'il ne l'eût pas fait, cher Paul, c'eût été aux dépens de mes désirs. Au surplus cela ne peut faire à présent ni bien ni mal à aucun de nous.

— J'espère pourtant que le testament ne sera pas changé, afin d'avoir le plaisir de vous devoir davantage.

Ève jeta un regard de tendresse sur son amant ; son visage se couvrit d'une rougeur plus vive que celle que ses joues devaient au bonheur et à la santé, et sourit en femme qui était plus instruite qu'elle ne voulait le paraître.

— Quel secret est caché sous ce sourire expressif, chère Eve ?

— Il signifie, Paul, que j'ai commis une action qui est presque criminelle : — j'ai brûlé un testament.

— Quoi ! celui de mon père ?

— Précisément. Mais je l'ai fait en sa présence, et sinon de son consentement, du moins sans qu'il s'y opposât. Lorsque j'eus appris que vous aviez des droits supérieurs aux miens, j'insistai pour que le testament fût détruit sur-le-champ, afin que, s'il arrivait quelque accident, vous fussiez tout naturellement son unique héritier. Mon cousin John montra quelque répugnance ; mais je crois qu'après cet acte de justice il en aura dormi plus tranquillement.

— Je crains pourtant qu'il n'ait dormi que bien peu. Il était près d'une heure du matin quand je l'ai quitté par son ordre, et son esprit était encore dans une agitation inquiétante pour un fils.

— Et l'explication qu'il veut nous donner va renouveler tous ses chagrins. A quoi bon une explication ? Ne nous suffit-il pas de savoir que vous êtes son fils, et n'avons-nous pas sa déclaration solennelle ?

— Il ne doit rester aucun nuage sur la mémoire de ma mère. Des fautes ont été commises ; mais combien il serait pénible pour un fils d'avoir à mal penser de sa mère !

— Vous devez être sans crainte sur ce sujet. Ce que vous saviez déjà et la déclaration positive de M. John Effingham vous assurent que vous êtes fils d'une mère sans reproche.

— Sans contredit; mais c'est un sacrifice qui doit être fait à la mémoire de ma mère. Il est neuf heures; la cloche du déjeuner va sonner; et ensuite nous devons entendre le récit de cette triste histoire. — Priez le ciel avec moi, Eve, qu'elle ne soit pas de nature à blesser les oreilles d'un fils.

Eve prit la main de Paul dans la sienne et la baisa avec une sainte espérance, qui ne lui causa ni honte ni rougeur. Leurs jeunes cœurs étaient tellement unis ensemble, il avait régné une confiance si entière dans leurs aveux mutuels, et leur amour était si pur, qu'ils ne regardaient la manifestation de leurs sentiments que comme la reconnaissance de tout autre principe sacré. La cloche les appelant alors pour le déjeuner, Eve, cédant à la timidité de son sexe, pria Paul de la précéder de quelques instants, afin que le saint caractère de leur confiance ne fût pas profané par les yeux de ceux qui ne le connaissaient pas.

Le déjeuner se passa en silence. La découverte qui avait été faite le soir précédent était connue de toute la maison; car le capitaine Ducie ayant fort innocemment appelé à son aide, tout le monde était accouru, et John Effingham, en revenant à lui, avait fait une sorte de reconnaissance publique de son fils. Cette déclaration, que nulle explication n'avait pu accompagner, faisait que chacun réfléchissait à part soi, et les deux amants étaient les seuls qui, étant mieux instruits, conservassent leur vivacité et leur gaieté; mais le profond bonheur parle peu, et ils n'interrompirent pas le silence général. Quand le déjeuner fut terminé, tous les étrangers eurent la délicatesse de se retirer, et M. Effingham, sa fille et Paul, se rendirent dans le cabinet de toilette de M. John Effingham. Le premier entra d'abord seul dans la chambre à coucher de son cousin, avec qui il eut un entretien secret qui dura une demi-heure, après quoi Paul et Eve furent avertis d'aller les trouver.

John Effingham était un homme fier, ayant l'esprit solide, et dont le principal défaut était une confiance excessive en lui-même, qui ne lui permettait pas de chercher les conseils et l'appui des autres, ce dont tout le monde a besoin. Il ne lui répugnait pourtant pas de s'humilier devant Dieu, et depuis quelques années il le faisait fréquemment; mais à l'égard de ses semblables il ne voulait pas même des admettre à un niveau d'égalité avec lui. Il sentait que ses idées étaient plus justes, plus sensées, et même plus consciencieuses que celles de la plupart des hommes; il était bien rare qu'il daignât consulter quelqu'un sur ce qu'il devait penser, ou sur ce qu'il avait à faire. Il est à peine nécessaire d'ajouter qu'un tel homme avait de fortes passions qui souvent devenaient trop impérieuses pour que ses affections et même ses principes pussent résister à leur impulsion. Les aveux qu'il était obligé de faire en ce moment étaient donc pour lui une scène mortifiante et d'humiliation ; et cependant, sentant qu'il était juste et même nécessaire qu'il les fît, et ayant pris la résolution de s'acquitter de ce qui était devenu pour lui un devoir, la fierté de son caractère le porta à les faire avec courage et sans aucune réserve inutile. C'était pourtant une tâche pénible et humiliante, et il fallait tout son empire sur lui-même, tout son amour pour la justice, et toutes les suites que pouvait avoir son silence, et qui ne pouvaient manquer de se présenter à l'esprit d'un homme si judicieux, pour le mettre en état de la remplir avec clarté et fermeté.

John Effingham reçut Paul et Eve, assis sur un grand fauteuil; car, quoiqu'on ne pût pas dire qu'il fût malade, il était évident que les événements qui étaient arrivés, et l'agitation qu'il avait éprouvée depuis la soirée précédente, lui avaient fait subir un choc violent. Il serra la main de Paul, prit ensuite celle d'Eve qu'il tira à lui, et imprima un baiser sur une joue brûlante que le tumulte des idées qui l'occupaient faisait pâlir et rougir tour à tour. Le regard qu'il jeta sur Paul était plein d'affection, quoique une tache pourpre au centre de chaque joue laissât voir que la présence de son fils était pour lui un sujet de peine et de plaisir en même temps.

— Il ne peut y avoir maintenant aucun doute que vous ne soyez mon fils, mon cher Paul, dit-il avec un sourire affectueux, mais mélancolique. Les lettres écrites par John Assheton à votre mère, après leur séparation, auraient suffi pour prouver ce point important, quand même les noms et les autres faits venus à notre connaissance ne m'auraient pas déjà convaincu de cette vérité précieuse; car la connaissance que je suis le père d'un si digne fils doit m'être aussi précieuse qu'elle m'est chère. — Maintenant il faut vous préparer à écouter des choses qu'il ne sera pas agréable à un fils d'entendre.

— Non, cousin John! — non, cher cousin John! s'écria Eve en se jetant dans ses bras. Nous n'écouterons rien de semblable ; il nous suffit de savoir que vous êtes le père de Paul. Nous ne désirons, nous ne voulons rien entendre de plus.

— Vous parlez suivant votre cœur, Eve; mais ce n'est pas là ce que je crois que mon devoir me prescrit. Nul soupçon ne doit peser sur la mère de Paul par égard pour la sensibilité de son père. Votre affection pour moi vous fait agir inconsidérément envers Paul.

— Je vous prie, mon cher Monsieur, de ne pas trop penser à moi; consultez entièrement votre jugement, votre bon sens. — En un mot, mon père, songez à vous plutôt qu'à moi.

— Je vous remercie, mes enfants. Quel mot, Edouard! quelle nouvelle sensation il éveille en moi! — Je sens toute votre affection; mais si vous voulez consulter la tranquillité de mon esprit, si vous désirez que je retrouve mon respect pour moi-même, vous me permettrez de décharger mon cœur d'un poids qui l'accable. C'est un langage bien fort; mais quoique je n'aie à faire l'aveu ni de crimes commis de propos délibéré, ni de vices réels, il est à peine trop fort pour les faits que j'ai à vous rapporter. — Ici, John Effingham se tut comme pour recueillir ses idées, et quelques instants après il reprit la parole d'un ton si calme et si distinct que ceux qui l'écoutaient ne perdirent pas une syllabe de ce qu'il disait. — Votre père sait fort bien, Eve, quoique ce soit peut-être une chose nouvelle pour vous, que j'avais conçu pour votre sainte mère une passion telle que peu d'hommes en ont jamais éprouvé pour une femme. Votre père et moi nous recherchions ses bonnes grâces en même temps, quoique je puisse dire avec vérité, Edouard, qu'aucun de nous ne regarda jamais l'autre avec les yeux d'un rival.

— Vous ne faites que me rendre justice, John; car si l'affection de ma chère Eve pouvait m'occasionner quelque chagrin, c'était par celui qu'elle vous causait.

— J'eus en outre la mortification d'être obligé d'approuver le choix qu'elle fit; car certainement, en ce qui concernait son propre bonheur, votre mère, Eve, agit plus sagement en en confiant le soin aux vertus douces, tranquilles et nobles de votre père, qu'elle ne l'aurait fait en plaçant toutes ses espérances sur un caractère aussi violent que le mien.

— C'est être injuste envers vous-même, John; vous pouvez avoir été quelquefois opiniâtre et un peu sévère; mais violent! jamais, surtout envers une femme.

— Dites-en ce qu'il vous plaira; je n'étais pas propre à rendre une femme qui joignait une douceur si angélique à une âme si élevée, aussi complètement heureuse qu'elle méritait de l'être, et que vous l'avez rendue tant qu'elle est restée sur la terre. J'eus le courage de ne pas m'éloigner après avoir appris que mon cousin avait la préférence, et par ménagement pour ma sensibilité, Edouard, vous fûtes assez bon pour différer de deux ans votre mariage. Alors, blessé dans mon orgueil, froissé dans mes affections, et plein d'un ressentiment dirigé contre moi plutôt que contre vos parents, Eve, je quittai ma famille avec la détermination désespérée de ne jamais la revoir. Ce n'est pas que je m'avouai cette résolution, mais elle était cachée au fond de mon cœur, qu'elle déchirait comme un cancer secret; et quand je partis pour m'éloigner de la scène d'un bonheur dont j'avais été témoin forcé, ce fut ce qui me fit changer de nom, et prendre des arrangements absurdes et extravagants pour abandonner mon pays natal.

— Pauvre John! s'écria involontairement son cousin; si nous l'avions su, c'eût été un coup funeste porté à notre bonheur.

— J'en étais certain, Edouard, même quand je souffrais le plus du coup que vous m'aviez porté, vous, sans le vouloir; mais les passions sont des tyrans qui ne raisonnent point. Je pris le nom de ma mère, je changeai de domestique, et j'évitai toutes les parties du pays où j'étais connu. A cette époque, je tremblais pour ma raison, et il me vint à l'idée que, par un mariage soudain, je pourrais extirper de mon cœur l'ancienne passion dont j'étais si près d'être victime, en y introduisant quelque partie de cette affection plus douce qui paraissait vous rendre si heureux, Edouard.

— En vérité, John, ce projet était une éclipse temporaire de votre raison.

— C'était tout simplement l'effet de passions sur lesquelles la raison n'avait jamais appris à exercer assez d'empire. Le hasard me fit connaître miss Warrender dans les Etats du midi, et elle paraissait, à ce que je m'imaginais, devoir réaliser tous mes projets étranges de bonheur et de ressentiment.

— De ressentiment, John!

— Je crois qu'il faut que je l'avoue, Edouard, dussé-je m'exposer au vôtre. — Je fis la connaissance de miss Warrender sous le nom de John Assheton, et il se passa quelques mois avant que je me déterminasse à mettre à exécution l'étrange projet que j'avais conçu. Elle était jeune, belle, bien née, vertueuse et aimable ; si elle avait un défaut, c'était une fierté causée par l'élévation de son âme, de son cœur et de son esprit.

— Dieu soit loué! s'écria Paul, ne pouvant retenir cette exclamation.

— Vous n'avez rien de désagréable à apprendre sur le caractère de votre mère, mon fils ; si elle n'était point parfaite, il ne lui manquait aucune des vertus d'une femme, et elle aurait pu, elle aurait dû rendre heureux tout homme raisonnable. Son cœur était libre, et elle accepta mes offres de mariage. Miss-Warrender n'était pas riche, et indépendamment des autres motifs qui influaient sur ma conduite, et que rien ne saurait justifier, je pensai que je trouverais de la satisfaction à être accepté pour moi-même, et non pour ma fortune. Dans le fait, je devins méfiant et dissimulé, car je ne me souciais pas d'avouer la faiblesse qui m'avait porté à changer de nom. Les lois simples de ce pays sur le mariage ne nécessitaient aucune explication, car nous n'avions besoin ni de publications de bans, ni de dispense, et le nom de baptême est le seul qu'on prononce dans la cérémonie. Nous fûmes donc mariés ; mais je n'oubliai pas assez mes devoirs et la justice pour négliger de me procurer un certificat de mariage en mon nom véritable, sous promesse du secret. Si vous alliez à l'endroit où la cérémonie fut célébrée, vous trouveriez le mariage de John Effingham et de Mildred Warrender dûment mentionné sur les registres de la paroisse à laquelle appartenait le ministre qui le prononça. Je fis donc à cet égard ce que la justice exigeait ; mais, par suite d'une infatuation sans motif, — que je pourrais à peine expliquer aujourd'hui, — et qui ne peut s'expliquer qu'en l'attribuant à l'inconséquence produite par mon ancienne et cruelle passion, je cachai mon véritable nom à celle pour qui je n'aurais dû avoir aucun secret. Je me persuadai, — je cherchai à me persuader, — que je n'étais pas un imposteur, puisque, du côté de ma mère, je descendais de la famille dont j'avais pris le nom, et je m'efforçai de croire que ma paix serait facile à faire quand j'avouerais à ma femme qui j'étais véritablement. Lorsque j'avais connu miss Warrender, elle demeurait avec une tante bien intentionnée, mais d'un caractère faible, et elle n'avait avec elle aucun parent pour prendre ces informations auxquelles ne manquent jamais de songer les personnes qui ont quelque expérience du monde. Il est vrai que j'avais fait leur connaissance dans des circonstances favorables, et elles avaient tout lieu de me croire réellement un Assheton, quelques pièces que j'avais avec moi par hasard prouvant évidemment ma parenté avec cette famille, sans faire connaître le nom de la mienne. Mais on connaît si peu la méfiance dans ce pays, qu'en restant éloigné des endroits où j'étais personnellement connu, j'aurais pu passer toute ma vie sans que personne découvrît la vérité.

— Tout cela était fort mal, mon cher cousin John, dit Eve en lui prenant la main avec affection, tandis que son visage était animé par le sentiment intime des droits appartenant à son sexe ; et je ne serais pas femme si je parlais autrement. Vous aviez signé le plus solennel des contrats humains, et c'est un mauvais présage quand un tel engagement est voilé par un mensonge. Mais pourtant vous pouviez être heureux avec une femme vertueuse et affectionnée.

— Hélas ! c'est une malheureuse ressource que d'épouser une femme pour bannir la passion dont on a encore le cœur rempli pour une autre. La confiance vint trop tard. Découvrant bientôt que j'étais malheureux, Mildred tira de moi l'aveu tardif des motifs qui m'avaient porté à l'épouser ; mais je continuai à lui cacher mon véritable nom. Sa fierté s'offensa de ce qu'elle appela une duplicité ; elle me reprocha de l'avoir trompée, et cédant à l'impulsion d'une âme élevée, elle me déclara qu'elle ne pouvait plus vivre avec un homme qui en avait agi si cruellement à son égard. Nous nous séparâmes donc, et je partis sur-le-champ pour les Etats du sud-ouest, où je passai l'année suivante à voyager, allant de place en place, dans le vain espoir de recouvrer ma tranquillité. Je m'enfonçai dans les prairies, et je passai la plus grande partie du temps loin du monde entier, dans la compagnie de chasseurs et de trappeurs.

— Cela m'apprend, dit M. Effingham, comment il se fait que vous connaissiez si bien ce pays, fait que je n'avais jamais pu m'expliquer. Nous pensions que vous aviez passé tout ce temps parmi vos anciens amis de la Caroline.

— Personne ne savait où je m'étais caché, car j'avais pris un autre nom supposé, et je n'avais même pas de domestique. J'avais pourtant envoyé à Mildred une adresse à laquelle elle pût m'écrire ; car je commençais à éprouver pour elle une véritable affection, quoique ce ne fût pas de la passion, et je comptais me réunir à elle quand la blessure que sa fierté avait reçue aurait eu le temps de se cicatriser. Les obligations qu'impose le mariage sont d'une nature trop sérieuse pour qu'on puisse légèrement se dispenser de les remplir, et j'étais convaincu que ni elle ni moi nous ne pouvions être contents de nous-mêmes sans nous acquitter des devoirs de l'état dans lequel nous étions entrés.

— Et pourquoi ne vous êtes-vous pas hâté d'aller retrouver votre femme, cousin John, quand vous avez quitté les Etats du sud-ouest?

— Hélas! ma chère Eve! une lettre que je trouvai à Saint-Louis m'annonça qu'elle était morte. On ne m'y disait pas qu'elle eût donné le jour à un enfant, et je n'avais pas la moindre idée que je dusse devenir père. Mildred une fois morte, je crus que tous les liens, toutes les obligations, toutes les traces de ce mariage mal avisé avaient disparu, et les procédés de ses parents, dont il ne restait alors qu'un très-petit nombre dans ce pays, ne me donnèrent aucune envie de le reconnaître publiquement. En gardant le silence, je continuai donc à passer pour garçon; mais s'il avait existé quelque raison plausible pour avouer tout ce qui était arrivé, je crois qu'aucun de ceux qui me connaissent ne soupçonnera que j'eusse hésité à le faire.

— Puis-je vous demander, mon cher Monsieur, demanda Paul avec un air de timidité qui prouvait combien il jugeait nécessaire de ne parler qu'avec circonspection d'un sujet si délicat, — puis-je vous demander quelle fut la marche que suivirent les parents de ma mère?

— Je n'ai jamais connu M. Warrender, le frère de ma femme; mais il avait la réputation d'être un homme hautain et exigeant. Le style de ses lettres n'avait rien d'amical, à peine étaient-elles supportables. Il affecta de croire que j'avais donné une fausse adresse dans l'Ouest, tandis que je demeurais dans les Etats de l'intérieur, et ces lettres contenaient des insinuations qui étaient alors incompréhensibles pour moi, mais que les lettres que Paul m'a laissées m'ont suffisamment expliquées. Je le regardais alors comme cruel et insensible; mais sa conduite n'était pas sans excuse.

— Quelles étaient-elles, Monsieur? demanda Paul avec vivacité.

— J'ai vu dans les lettres que vous m'avez laissées, mon fils, que la famille de votre mère s'était figuré que j'étais John Assheton de Lancaster, homme d'une humeur bizarre, qui avait fait un malheureux mariage en Espagne, et dont la femme, je crois, vit encore à Paris, quoiqu'elle soit perdue pour elle-même et pour ses parents. Son mari vivait dans la retraite, et jamais il ne se remit de ce coup. Son nom portant à croire que c'était lui qui avait épousé votre mère, la famille de celle-ci semble avoir cru qu'il avait été coupable de bigamie, et que par conséquent la naissance de Paul était illégitime. M. Warrender paraît même, d'après ses lettres, avoir eu une entrevue avec lui, et à la première mention qu'il fit de sa femme, il fut chassé grossièrement de la maison. L'orgueil était général dans la famille Warrender, et pour couvrir la tache imaginaire faite à son honneur, elle prit le parti de cacher la naissance de l'enfant. Quant à moi, je prends à témoin l'œil de Dieu qui voit tout, que l'idée que je fusse père ne s'est jamais présentée à mon esprit avant que j'eusse appris qu'un John Assheton était le père de Paul, et que le portrait en miniature de Mildred, qu'elle m'avait donné à l'époque de notre mariage, était la ressemblance parfaite de la mère de notre jeune ami. La déclaration du capitaine Ducie que sa mère, avant son mariage, se nommait Warrender, ne me laissa aucun doute sur le fait de ma paternité.

— Mais, cousin John, les noms des parents maternels de Paul, du capitaine Ducie, de lady Dunluce, n'excitèrent-ils pas votre curiosité?

— Relativement à quoi, ma chère? — Je ne pouvais avoir de curiosité à l'égard d'un enfant dont je ne soupçonnais pas l'existence. Je savais que les Warrender avaient des prétentions au rang et à la fortune en Angleterre; mais je n'avais jamais entendu le nom de leur titre, et je m'inquiétais fort peu d'une fortune que Mildred ne pouvait plus partager. Jamais je n'avais entendu parler du général Ducie, qui n'avait épousé Mabel Warrender qu'après ma séparation d'avec ma femme, et après les lettres que je reçus de mon beau-frère. Je désirais oublier l'existence de cette famille; je passai en Europe, j'y restai sept ans, et comme le continent était alors fermé aux Anglais, il n'était pas probable que j'y entendisse parler de ce sujet. A mon retour en Amérique, la tante de ma femme n'existait plus; le dernier de ses frères était mort; mistress Ducie était depuis longtemps en Angleterre avec son mari. Personne ne songeait plus aux Warrender; on avait presque oublié leur nom, et c'était un sujet trop pénible pour moi pour que j'aimasse à y penser ou à m'en entretenir. Un fait assez curieux, c'est que, pendant notre dernier voyage en Europe, je remontai le Nil en 1829, ayant le général Ducie pour compagnon de voyage. Nous nous rencontrâmes à Alexandrie ; nous allâmes ensemble jusqu'aux cataractes, et nous en revînmes de même. Il me connaissait comme John Effingham, voyageur américain ayant de la fortune, sinon un mérite particulier, et je le connaissais comme un officier-général anglais d'un commerce agréable. Il avait toute la réserve d'un Anglais d'un rang distingué, et il parlait rarement de sa famille ; et ce ne fut qu'à notre retour que j'appris qu'il avait reçu des nouvelles de sa femme, lady Dunluce. Mais j'étais bien loin de penser que lady Dunluce fût Mabel Warrender. Combien il arrive souvent que nous sommes sur le point d'obtenir des informations importantes, et que nous continuons pourtant à rester dans l'ignorance et dans les ténèbres ! Mais, d'après les renseignements pris par la famille Ducie sur le John Assheton dont je viens de vous parler, il paraît qu'elle est arrivée enfin à reconnaître que le mariage était légal, et la naissance de Paul légitime.

— Elle s'imagina longtemps, comme M. Warrender, dit Paul, que ce John Assheton, dont il vient d'être fait mention, était mon père ; mais quelques informations dues au hasard, qu'elle obtint il n'y a pas très-longtemps, la convainquirent qu'elle était dans l'erreur, et alors elle supposa assez naturellement que j'étais fils d'un autre John Assheton, qui passe, probablement avec raison, pour être encore garçon. J'avais toujours été porté à croire moi-même qu'il était mon père, quoiqu'il ait répondu à deux ou trois lettres que je lui ai écrites avec l'indifférence qu'on opposerait aux prétentions d'un imposteur. Ma fierté, depuis ce temps, ne m'a pas permis d'essayer de renouveler ma correspondance avec lui.

— C'est John Assheton de Nescopeck, fils du frère de ma mère, célibataire aussi déterminé qu'on en puisse trouver dans toute l'Union, dit John Effingham, ne pouvant s'empêcher de sourire en dépit de la gravité du sujet et de la vive émotion dont il avait été agité si peu de temps auparavant. — Il faut qu'il ait supposé que vos lettres étaient une mystification de quelqu'un de ses joyeux compagnons ; et toute ma surprise, c'est qu'il ait jugé nécessaire d'y répondre.

— Il n'a répondu qu'à une seule, Monsieur, et cette réponse semblait certainement d'accord avec le caractère que vous paraissez lui attribuer. Maintenant que je sais la vérité, je lui pardonne de tout mon cœur, quoique son ton de mépris ait été pour moi dans le temps un coup difficile à supporter. Je l'ai vu une fois en public, je l'ai examiné avec attention, et quelque étrange que cela puisse paraître, on a trouvé que je lui ressemblais.

— Pourquoi cela serait-il étrange? John Assheton de Nescopeck et moi nous avions l'un et l'autre une forte ressemblance de famille. Et quoique j'y pense pour la première fois, je puis remarquer moi-même cette ressemblance entre vous et lui. Vous avez les traits d'un Assheton plutôt que d'un Effingham, quoiqu'on ne puisse méconnaître en vous le sang des derniers.

— Ces explications sont claires et satisfaisantes, dit M. Effingham, et elles ne laissent aucun doute que Paul ne soit le fils de John Effingham et de Mildred Warrender; mais il n'y aurait plus la moindre chicane à faire, si la manière dont s'est passée l'enfance de ce jeune homme pouvait être aussi bien éclaircie, et si l'on pouvait savoir pourquoi les Warrender le confièrent aux soins des gens qui l'abandonnèrent à M. Powis.

— Je ne vois dans tout cela que fort peu d'obscurité, répliqua John Effingham; Paul est incontestablement l'enfant dont il est parlé dans les papiers laissés par le pauvre Lundi, aux soins de la mère duquel il fut confié jusqu'au moment où elle le céda à M. Powis, à la fin de sa quatrième année, pour éviter l'embarras et la dépense qu'il lui occasionnait, et profiter de la pension que lui payait lady Dunluce. Les noms sont mentionnés dans les dernières lettres, et si nous avions lu toutes les pièces sur-le-champ, nous serions arrivés plus tôt à la même conclusion. Si nous pouvions trouver le nommé Dowce, qui paraît avoir été l'instigateur de la fraude, et qui épousa mistress Lundi, tout se trouverait expliqué.

— Je le sens parfaitement, dit Paul, — car il avait lu à John Effingham le reste des pièces laissées par Lundi, aussitôt qu'il avait repris quelques forces après son évanouissement. — Le capitaine Truck est en ce moment à la recherche d'un homme qui a été autrefois son passager, et qui, je crois, pourrait nous fournir le fil de cette affaire. Si nous avions cette preuve, elle mettrait à l'écart toutes questions légales.

— Jamais il ne s'en élèvera, dit John Effingham. Vous avez trouvé dans les pièces de M. Lundi le certificat de mariage de votre mère, et j'ai écrit au bas la déclaration que je suis celui qui y est dénommé John Assheton. Et, si ce n'est pas assez, en voici un autre qui m'a été donné sous mon nom véritable par le ministre qui nous a mariés, suivi de sa déclaration que j'avais pris le nom de John Assheton à la cérémonie.

— Un tel homme, cousin John, était indigne de l'habit qu'il portait.

— Je pense tout différemment, ma chère Eve. Ce ministre, lors de la célébration du mariage, ignorait que j'eusse pris un faux nom; ce ne fut que quelque temps après qu'il me donna ce certificat et qu'il mentionna mon véritable nom en marge de l'acte porté sur les registres de son église. Cette mesure pouvait devenir utile, sans pouvoir jamais nuire à personne. Ce ministre vit encore, il est maintenant évêque, et il pourrait, s'il en était besoin, rendre témoignage de la validité de mon mariage.

— Et le ministre qui m'a baptisé vit encore, s'écria Paul; il ne m'a jamais perdu de vue. Il était en partie dans la confidence de la famille de ma mère, et même après que M. Powis m'eut adopté, il eut toujours l'œil sur moi, attendu, disait-il, que j'étais un de ses petits chrétiens. Ce n'est rien moins que le docteur ***.

— Cela seul suffirait pour prouver l'identité, sans l'aide des témoins de M. Lundi, dit M. Effingham. Toute l'obscurité est venue du changement de nom de John et de l'ignorance où il était que sa femme eût eu un fils. La famille Ducie paraît aussi avoir eu des raisons plausibles pour douter de la légalité du mariage; mais à présent tout est clair; et comme il s'agit d'une grande fortune, nous aurons soin qu'aucun reste d'obscurité ne couvre cette affaire.

— Quant à la fortune, elle est en toute sûreté, dit John Effingham regardant Eve en souriant. Un Américain peut toujours faire un testament, et un testament qui ne contient qu'un seul legs est bientôt écrit. Le mien est déjà fait, et Paul Effingham, fils unique issu de mon mariage avec Mildred Warrender, et connu précédemment dans la marine des Etats-Unis sous le nom de Paul Powis, y est déclaré mon seul héritier. La loi ne peut trouver à y mordre; mais nous aurons beaucoup de commérages à essuyer.

— Cousin John!

— Ma fille Eve!

— Qui en a été cause?

— Celui qui a commencé un des devoirs les plus sacrés de sa carrière terrestre en trompant un de ses semblables d'une manière inexcusable. La meilleure manière d'y remédier sera de donner la plus grande publicité possible aux événements qui m'ont fait retrouver mon fils.

— Je ne vois aucune nécessité d'entrer dans de bien grands détails, John, dit M. Effingham. Vous vous êtes marié jeune, vous avez perdu votre femme au bout d'un an de mariage; c'était une miss Warrender, sœur de lady Dunluce; par conséquent, Paul et Ducie sont cousins-germains, et le premier, dont vous ignoriez l'existence, est votre fils; voilà tout ce que nous avons besoin de dire. Personne n'aura la présomption de douter de ce que nous affirmerons, et il me semble que toute personne raisonnable doit se contenter de ce simple exposé de l'affaire.

— Quoi? mon père! s'écria Eve joignant ses jolies petites mains dans l'attitude de la surprise; dans quelle capitale, dans quelle partie du monde, une explication si simple pourrait-elle satisfaire la curiosité? Elle la satisfera bien moins encore ici, où tout être riche ou pauvre, instruit ou ignorant, poli ou grossier, s'imagine que la constitution le rend juge de tout ce que font ses semblables.

— Nous avons du moins la consolation de savoir que rien de ce que nous pourrons dire ne rendra l'affaire pire ou meilleure, dit Paul; car, dans tous les cas, chaque commère aura son histoire à raconter, quand même la fausseté en serait aussi évidente que la lumière du soleil en plein midi. Le commérage vit essentiellement de mensonges, et la vérité est la dernière chose à laquelle il pense. Un fait authentique et bien prouvé est même pour lui le coup de la mort. J'espère donc, mon cher Monsieur, que vous vous bornerez à dire que je suis votre fils légitime; fait trop précieux pour moi, pour que je puisse désirer qu'il reste secret.

John Effingham jeta un regard d'affection sur le noble jeune homme qu'il aimait et qu'il estimait depuis si longtemps, et ses yeux se mouillèrent de larmes en goûtant ce bonheur suprême qui ne peut être senti que par le cœur d'un père.

CHAPITRE XXVIII.

>Quant à moi, je ne m'en inquiète pas, je parle peu ; mais quand le moment en sera venu, bien des gens souriront. — NYM.

Quoique Paul et Eve Effingham ne se trompassent pas dans leur opinion du commérage, ils oubliaient tous une circonstance atténuante, qui, quoique venant d'une cause différente, produit le même effet dans une capitale et dans une ville de province. Dans l'une comme dans l'autre, un événement qui sort de l'ordre ordinaire des choses fait pendant huit jours le sujet de toutes les conversations et de l'étonnement général; au bout de ce temps il est oublié : dans une capitale, à force d'autres événements qui y succèdent ; dans une ville de province, à force d'en avoir parlé. Dès qu'on eut appris dans Templeton que M. John Effingham avait trouvé un fils dans M. Powis, tous les bruits possibles s'y répandirent sur cette circonstance et y furent crus, comme Paul l'avait prévu avec raison, excepté la vérité. Ce fait excita naturellement une surprise et une curiosité excusables dans l'esprit des personnes intelligentes et bien élevées; mais, en général, elles se contentèrent de penser qu'il pouvait se passer dans une famille des choses dont elle n'était pas obligée de faire part à tous ses voisins. Ayant elles-mêmes quelque idée de la sainteté des affections domestiques, elles savaient respecter les mêmes sentiments dans les autres; mais c'était le petit nombre, et pendant huit jours tout le village fut dans un chaos de conjectures, d'assertions positives, de contradictions et de confirmations. Plusieurs élégants de village, qui n'avaient puisé leur connaissance du monde que dans la vallée où ils étaient nés, et qui avaient regardé avec mépris un jeune homme aussi doux, aussi tranquille et aussi réservé que Paul, parce qu'un tel caractère ne convenait pas au leur, ne pouvaient lui pardonner d'être le fils de son père; de pareils commentateurs sur les hommes et les choses cherchent uniformément à tout rabaisser à leur propre niveau. Ensuite les deux mariages qui allaient avoir lieu au wigwam exercèrent aussi toutes les langues, non seulement du village et du comté, mais même de la grande cité, comme c'est la mode d'appeler l'amas confus de maisons en briques rouges, d'églises sans goût et de tavernes colossales qui se trouvent sur l'île de Manhattan ; la discussion des mariages étant le sujet de principal intérêt dans cette société si bien organisée, quand on y a épuisé celui des dollars, des vins et des lots de terre. Sir George Templemore fut métamorphosé en l'honorable lord George Templemore, et Paul, comme parent de lady Dunluce, fut décoré du titre d'héritier présomptif d'un duché. La préférence qu'Eve lui accordait fut attribuée, comme de raison, au goût aristocratique qu'elle avait pris en pays étranger, pendant le temps qu'elle y avait passé. Et c'était d'Eve qu'on parlait ainsi ! — d'Eve, de cette jeune personne dont les idées européennes, en lui apprenant à apprécier la réserve, le poli, le bon ton d'un état de société plus avancé, lui avaient appris en même temps à mépriser ce qui n'en est que le reflet et le clinquant ! Mais comme il n'y a pas de protection contre la calomnie, de même on ne peut raisonner avec l'ignorance.

Quelques individus composant la cohorte sacrée, et à la tête desquels se trouvaient M. Steadfast Dodge et mistress Abbot, traitaient cette affaire comme étant infiniment plus grave, et comme intéressant particulièrement toute la communauté.

— Quant à moi, monsieur Dodge, dit mistress Abbot dans une de leurs fréquentes conférences, environ quinze jours après l'éclaircissement rapporté dans le chapitre précédent, je ne crois pas du tout que Paul Powis soit Paul Effingham. — Vous dites que vous l'avez connu sous le nom de Paul Blunt, quand il était plus jeune ?

— Certainement, Madame. Il était universellement connu sous ce nom autrefois, et l'on peut regarder comme une chose du moins extraordinaire qu'il ait successivement porté tant de noms. La vérité, mistress Abbot, si la vérité peut se connaître, ce que j'ai toujours soutenu être très-difficile dans l'état actuel du monde, c'est que.....

— Vous n'avez jamais dit rien de plus juste, monsieur Dodge ! s'écria la dame, dont les sentiments impétueux attendaient rarement la fin d'une phrase pour s'exprimer ; — je ne puis jamais arriver à savoir la vérité sur rien. Vous pouvez vous rappeler que vous m'aviez donné à entendre que M. John Effingham devait lui-même épouser Eve ; eh bien ! voyez ! voilà qu'elle va épouser son fils.

— Elle peut avoir changé d'avis, mistress Abbot. Elle n'en sera pas moins riche, et elle épousera un homme plus jeune.

— Cela est monstrueux! Je suis sûre que ce sera un soulagement pour tout le village quand elle sera mariée, que ce soit au père ou au fils. Maintenant, monsieur Dodge, savez-vous bien que je me suis creusé la tête à en mourir pour découvrir si véritablement ces deux Effingham n'étaient pas frères? Je savais qu'ils se nommaient cousin John et cousin Édouard, et qu'Eve affectait d'appeler son oncle cousin John; mais elle a tant d'affectation, et les deux vieillards ont pris tant d'habitudes étrangères, que je regardais tout cela comme une frime. Je me disais à moi-même, un voisinage *doit* connaître la famille d'un homme mieux qu'il ne *peut* la connaître lui-même, et tout le voisinage disait qu'ils étaient frères; et voilà qu'il arrive après tout qu'ils ne sont que cousins.

— Oui; je crois que pour cette fois la famille avait raison, et que le voisinage se trompait.

— Eh bien! monsieur Dodge, je voudrais bien savoir qui a plus le droit de se tromper que le public? Nous sommes dans un pays libre, et si le peuple ne peut quelquefois se tromper, à quoi lui sert sa liberté? Nous sommes tous de malheureux pécheurs, pour ne rien dire de pire, et que peut-on attendre de pécheurs, si ce n'est qu'ils commettent des erreurs?

— Vous êtes trop sévère pour vous-même, ma chère mistress Abbot, car chacun convient que vous êtes aussi exemplaire que dévouée à vos devoirs religieux.

— Oh! je ne parlais pas particulièrement de moi-même, Monsieur; je ne suis point égoïste quand il s'agit de pareilles choses, et j'abandonne volontiers mes imperfections à la charité de mes amis et de tous mes voisins.—Mais croyez-vous, monsieur Dodge, qu'un mariage entre Paul Effingham,— car je suppose qu'il faut l'appeler ainsi,— et Eve Effingham, puisse être légal? Ne peut-on l'empêcher? et si cela arrivait, sa fortune ne passerait-elle pas au public?

— Cela devrait être, ma chère dame, et j'espère que le temps n'est pas éloigné où cela sera. Le peuple commence à connaître ses droits, et un siècle ne se passera pas sans qu'il les fasse valoir par le moyen de toutes les lois pénales nécessaires. Dès à présent, nous avons amené les choses au point que personne ne peut plus céder au désir aristocratique et égoïste de faire un testament, et croyez-en ma parole, nous ne nous arrêterons pas avant d'avoir conduit toutes choses où elles doivent être.

Le lecteur ne doit pas supposer, d'après le langage de M. Dodge, que ce respectable personnage était partisan des lois agraires, ou qu'il désirât voir s'effectuer un jour un partage égal de tous les biens. Possédant déjà lui-même plus qu'il ne fallait pour former la part d'un individu dans un partage général, il n'avait pas la moindre envie de diminuer sa fortune en la jetant dans la masse à diviser entre tous. Dans le fait, il ne savait ce qu'il voulait, mais il portait envie à tout ce qui était au-dessus de lui, et c'était là qu'il fallait chercher le secret de ses doctrines, de ses principes et de ses souhaits. Tout ce qui pouvait abattre ceux que leur éducation, leur fortune, leurs habitudes et leurs goûts plaçaient dans une position plus élevée que la sienne, lui paraissait juste et raisonnable; tandis que la même manière de penser dans les autres à l'égard de tout ce qui pouvait lui être utile, était à ses yeux tyrannie et oppression. Les institutions de l'Amérique, comme toutes les choses humaines, ont leur bon et leur mauvais côté; et quoique nous soyons fermement convaincu que le bon l'emporte sur le mauvais, quand on les compare à d'autres systèmes, nous n'arriverions pas au but que nous nous sommes proposé dans cet ouvrage, si nous ne mettions sous le plus grand jour un des résultats les plus évidents causés par l'entière destruction de toutes distinctions personnelles factices dans ce pays, et ce résultat c'est d'avoir développé bien plus activement que partout ailleurs le penchant général de l'homme à convoiter ce qu'un autre possède, et à décrier le mérite auquel il ne peut atteindre.

— Je suis charmée de vous entendre parler ainsi, dit mistress Abbot, dont les principes étaient d'une école aussi relâchée que ceux de son compagnon; car je crois que, si l'on veut maintenir la moralité dans un pays, personne ne devrait avoir de droits que ceux qui ont de la religion. — Mais je vois passer ce vieux marin Truck, avec son compagnon de pêche le commodore, portant comme d'usage leurs lignes et leurs avirons, appelez-les, monsieur Dodge, car je meurs d'envie de savoir ce que le premier peut avoir à dire à présent sur ses chers amis Effingham.

M. Dodge fit ce qu'elle désirait, et les deux navigateurs, l'un du lac et l'autre de l'Océan, furent bientôt assis dans la petite salle de mistress Abbot, qu'on pouvait appeler le foyer du commérage, près de ceux qui l'avaient jusqu'alors occupée tête à tête.

— Eh bien! Messieurs, dit mistress Abbot aussitôt que tout le monde fut assis, après les petites politesses d'usage, voici des nouvelles merveilleuses. M. Powis est devenu M. Effingham, et il paraît que miss Effingham va devenir mistress Effingham. Les miracles ne cesseront jamais, et je regarde celui-ci comme un des plus surprenants de mon temps.

— Précisément, Madame, répondit le commodore en clignant de l'œil, et en faisant un geste avec le bras suivant sa coutume, — et votre temps doit compter pour plus d'un jour. M. Powis a lieu de se réjouir d'être le héros d'une telle histoire. Quant à moi, je n'aurais pas été plus surpris si j'avais pris le sogdollader avec un hameçon à truite, amorcé seulement d'une pelure de fromage.

— J'entends dire, continua la dame, qu'on doute, après tout, que ce miracle soit un véritable miracle. On prétend que M. Powis n'est ni M. Powis, ni M. Effingham, et que c'est un M. Blunt. Savez-vous quelque chose à ce sujet, capitaine Truck?

— Il m'a été présenté sous ces trois noms, Madame, et je le regarde comme une connaissance sous chacun d'eux. Je puis vous assurer en outre qu'il est A n° 1, à quelque bordée que vous le preniez, et que c'est un homme qui sait garder la barre au vent au milieu de ses ennemis.

— Eh bien! quant à moi, je ne regarde pas comme une grande recommandation d'être A n° 1, ou n° 2, ni d'avoir des ennemis. J'ose dire que vous, monsieur Dodge, vous n'avez pas un ennemi au monde.

— Je serais bien fâché de croire en avoir, mistress Abbot. Je suis l'ami de tout le monde, et particulièrement du pauvre, et par conséquent je pense que chacun doit être mon ami. Je regarde toute la famille humaine comme composée de frères, et tous les hommes doivent vivre ensemble comme tels.

— Cela est très-vrai, Monsieur, — tout à fait vrai. Nous sommes tous pécheurs, et chacun de nous doit voir avec indulgence les fautes des autres. Qu'importe qui épouse miss Effingham? ce n'est pas mon affaire. — Ce n'est pas notre affaire, dis-je, monsieur Dodge; mais, si elle était ma fille, je n'aimerais pas qu'elle eût trois noms de famille, et qu'elle conservât le sien par-dessus le marché.

— Les Effingham portent la tête très-haute, — reprit l'éditeur, — quoiqu'il ne soit pas facile de dire pourquoi; mais c'est un fait, et pour de pareilles gens, plus ils ont de noms, mieux peut-être cela vaut-il. Pour moi, je les traite avec la condescendance que je montre à tout le monde; car je me suis fait une règle, capitaine Truck, de me conduire envers un roi sur son trône, comme je le ferais à l'égard d'un mendiant que je rencontrerais dans la rue.

— Je vous comprends, — uniquement pour prouver que vous ne vous croyez pas au-dessous de ceux qui sont plus élevés que vous. Nous avons beaucoup de philosophes semblables dans ce pays.

— Précisément, dit le commodore.

— Je voudrais savoir, dit mistress Abbot, — car il y avait dans sa tête, ainsi que dans celle de M. Dodge, une confusion si complète, qu'elle n'aperçut ni ne sentit le sarcasme du vieux marin; — je voudrais savoir, dis-je, si Eve Effingham a été réellement régénérée?

— Ré..... quoi, Madame? demanda le commodore, qui ne se souvenait pas d'avoir jamais entendu ce mot; car comme il passait les dimanches sur l'eau, où il adorait souvent Dieu du fond du cœur, il n'avait jamais eu occasion d'entendre le langage adopté par ceux qui se disent exclusivement religieux. — Tout ce que je puis vous dire, c'est que je n'ai jamais vu un plus joli esquif flotter sur les eaux du lac. Mais si elle a été réellement ré..... ré..... ressuscitée, c'est ce que je ne saurais assurer; je n'ai même jamais entendu dire qu'elle ait été noyée.

— Oh! mistress Abbot, s'écria l'éditeur du *Furet Actif*, les meilleurs amis des Effingham ne prétendront pas qu'ils soient religieux. Je ne voudrais pas être médisant, ni dire des choses désagréables sur mes voisins; mais si j'étais obligé de parler sous serment, je pourrais déposer de bien des choses qui démontreraient irrésistiblement qu'aucun d'eux n'a jamais été saisi d'un accès d'enthousiasme ni d'une extase de piété.

— Vous savez, monsieur Dodge, combien je déteste la médisance, dit la dame charitable d'un ton affecté, et je ne puis tolérer une accusation en termes si généraux. J'insiste pour avoir des preuves de ce que vous avancez, et ces Messieurs se joindront sûrement à moi pour vous en demander.

En demandant des preuves, mistress Abbot ne voulait parler que d'allégations.

— Eh bien! Madame, puisque vous exigez que je prouve ce

que je viens de dire, j'y consens. D'abord ils prient Dieu sur un livre.

— Oui, oui, dit le capitaine Truck; mais tous ceux qui ne sont pas de la congrégation de la Plate-Forme en font autant.

— Pardonnez-moi, Monsieur. Il n'y a que les catholiques et les membres de l'Eglise anglicane qui commettent cette impiété.

— L'idée d'adresser à la Divinité une prière lue dans un livre, mistress Abbot, est particulièrement choquante pour une âme pieuse.

— Comme si le Seigneur avait besoin d'entendre une lecture! Cela est fort mal, monsieur Dodge, j'en conviens; car, en faisant les prières en famille, toute forme devient une moquerie.

— Sans doute, Madame. — Mais que pensez-vous de jouer aux cartes?

— Aux cartes! s'écria mistress Abbot levant les mains au ciel avec une sainte horreur.

— Oui, Madame; avec ces infâmes morceaux de carton sur lesquels sont peintes des figures de rois et de reines. Ce n'est pas là un péché ordinaire, mistress Abbot; car c'est incontestablement une pratique anti-républicaine.

— J'avoue que je ne m'attendais pas à cela. J'avais entendu dire qu'Eve Effingham était coupable de quelques indiscrétions; mais je ne croyais pas qu'elle fût assez perdue à la vertu pour toucher à une carte. O Eve Effingham, Eve Effingham! à quoi votre pauvre âme est-elle destinée!

— Ce n'est pas tout. Elle danse! — Je suppose que vous saviez cela, mistress Abbot? dit M. Dodge, qui, voyant que sa popularité était un peu sur le déclin, s'était joint quelques semaines auparavant à la congrégation que cette digne dame fréquentait, et ne manquait pas de montrer le zèle d'un nouveau converti.

— Est-il possible! s'écria mistress Abbot avec un redoublement d'horreur.

— Et non seulement elle danse, mais elle valse, dit le capitaine.

— Je l'ai vue de mes propres yeux, ajouta le commodore. Mais je crois de mon devoir de vous dire, mistress Abbot, que votre propre fille, votre fille aînée.....

— Bianca Alzuma Anne! s'écria la mère avec alarme.

— Précisément; Bianca Alfuma Anne, continua le commodore, si c'est là son nom. Savez-vous que je l'ai vue, oui, vue, moi-même, faire quelque chose qui est bien pire que de danser?

— Vous m'épouvantez, commodore; que peut avoir fait une de mes filles qui soit pire que de danser?

— Si vous voulez tout savoir, Madame, je crois qu'il est de mon devoir de vous le dire. Hier matin, entre sept et huit heures, j'ai vu Alfuma Anne, — le commodore ne savait véritablement pas le nom de cette jeune fille, — sauter à la corde. Je l'ai vue, Madame, aussi vrai que j'espère revoir le sogdollader.

— Et vous appelez cela pire que de danser?

— Infiniment pire, suivant moi, Madame; car c'est danser sans musique, et sans aucune grâce, — particulièrement de la manière dont miss Alfuma Anne s'en acquittait.

— Vous aimez à plaisanter, commodore; sauter à la corde n'est pas défendu dans la Bible.

— Si je la connais bien, il n'y est pas défendu davantage de danser, ni même de jouer aux cartes, quant à cela.

— Mais c'est une perte de temps, — une perte coupable d'un temps précieux; — c'est donner l'éveil à toutes les passions, et s'éloigner du droit chemin.

— C'est cela même; miss Alfuma Anne allait chercher de l'eau à la pompe, — et j'ose dire que vous l'y aviez envoyée, — et elle perdait son temps. Et quant à donner l'éveil aux passions, elle n'a joui du plaisir de sauter qu'après que la fille de votre voisine et elle se furent disputé la corde en se prenant aux cheveux comme deux dragons. Croyez-en ma parole, Madame, il n'y manquait qu'un violon discordant pour en faire un péché de gros calibre.

Tandis que le commodore tenait ainsi mistress Abbot en échec, le capitaine Truck, après avoir averti son compagnon par un clin d'œil, s'occupait à jouer un tour pratique à la pieuse dame. Un des amusements de ces deux vétérans, qui étaient devenus amis déclarés, et qui ne se quittaient presque plus, était, après avoir pêché autant de poisson qu'ils en désiraient, d'aller s'asseoir près d'une source, et d'y allumer, l'un son cigare et l'autre sa pipe; et quand ils étaient las de discuter sur les hommes et les choses, ils se délassaient en faisant une partie de cartes sur une vieille souche qui leur servait de table. Le capitaine Truck avait dans sa poche le jeu qui leur avait servi dans tant d'occasions, ce qui était rendu incontestable par le fait que le dessus des cartes était marqué de tant de taches qu'il était presque aussi facile de les reconnaître de ce côté que de l'autre. Il montra ce jeu secrètement à son compagnon, et pendant que mistress Abbot était entièrement occupée de l'annonce qu'on lui faisait d'une faute grave commise par sa fille, il le glissa adroitement, as, rois, dames, valets et toute la pretintaille, dans le panier à ouvrage de cette dame. Dès qu'il eut réussi dans cet exploit, il fit un signe à son complice pour lui apprendre que le but de la conspiration était atteint. Alors le commodore commença à mettre peu à peu moins de chaleur dans sa controverse théologique, sans pourtant cesser de soutenir jusqu'à la fin que sauter à la corde était un péché, quoiqu'il fût possible que ce ne fût qu'un péché véniel. On ne peut guère douter que, s'il eût eu à sa disposition quelques phrases bien ourdies, et le talent de les appuyer par quelques textes tirés de la Bible, il aurait pu faire des prosélytes, et devenir le fondateur d'une nouvelle secte de chrétiens; car tant que les hommes continueront à violer les commandements de Dieu les plus clairs, en ce qui concerne l'humilité, la charité et l'obéissance, il paraît que rien ne leur fera plus de plaisir que d'ajouter au catalogue des offenses contre sa suprématie divine. Peut-être fut-il heureux pour le commodore, qui s'entendait parfaitement à amorcer et à jeter une ligne, mais qui avait coutume d'appeler ses poings à l'aide de ses arguments quand il se trouvait serré de trop près, que le capitaine Truck eût alors le loisir de venir à son secours.

— Je suis surpris, Madame, dit le vieux marin, qu'une femme menant une vie aussi sainte que la vôtre, puisse nier que sauter à la corde soit un péché; car je regarde ce point comme décidé depuis cinquante ans par tous ceux qui partagent nos opinions religieuses. — Vous conviendrez qu'on ne peut bien sauter à la corde sans légèreté ?

— Légèreté, capitaine Truck ! J'espère que vous ne voulez pas donner à entendre qu'une fille dont je suis la mère ait montré des symptômes de légèreté ?

— Pardonnez-moi, Madame, car j'ai entendu dire que personne ne saute mieux qu'elle à la corde dans tout le village, et la légèreté est la principale qualité qui est nécessaire pour réussir dans cet art. Ensuite cet exercice ne consiste qu'à faire sans cesse et coup sur coup de « vaines répétitions » de la même chose, et les « vaines répétitions » nous sont défendues même dans nos prières. Je puis appeler les pères et les mères en témoignage de ce fait.

— Tout cela est du nouveau pour moi. Il faut que j'en parle à notre ministre.

— De ces deux exercices, sauter à la corde est celui qui me paraît le plus criminel; car le son de la musique porte naturellement à danser, au lieu qu'il faut faire violence à l'esprit pour sauter à la corde. — Commodore, notre heure est arrivée; il est temps que nous mettions à la voile. Puis-je vous demander, mistress Abbot, la faveur de me donner un bout de fil pour attacher mon hameçon?

Mistress Abbot prit son panier pour chercher du fil; elle ôta un morceau de calicot qui le couvrait, et le jeu de cartes fut la première chose qu'elle aperçut. Levant les yeux sur ses trois compagnons, elle vit qu'ils regardaient les cartes avec autant de surprise et de curiosité que s'ils n'eussent pas su comment elles se trouvaient là.

— Terrible! s'écria-t-elle; terrible! terrible! Les puissances des ténèbres ont été ici à l'ouvrage!

— Et elles paraissent avoir été fort occupées, dit le capitaine avec le plus grand sang-froid; car je n'ai jamais vu sur le gaillard d'avant d'un navire un bâtiment qui eût l'air d'avoir fait tant de service.

— Terrible! terrible! terrible! Cela vaut les quarante jours dans le désert, monsieur Dodge.

— C'est vraiment une croix difficile à porter, Madame.

— A mon avis, dit le capitaine, ces cartes ne sont pas pires qu'une corde à sauter; quoique je convienne qu'elles pourraient être plus propres.

Mais mistress Abbot n'était pas disposée à prendre les choses si légèrement. Elle vit la main du démon dans cette affaire, et elle s'imagina que c'était une nouvelle épreuve qu'elle avait à subir.

— Mais sont-ce véritablement des cartes? s'écria-t-elle en femme qui se méfie du témoignage de ses sens.

— Bien certainement, Madame, répondit le commodore; voici l'as de pique, fameuse carte à avoir quand c'est à vous à jouer le premier. — Voici aussi le valet de pique, qui, comme vous le savez, compte un point, quand le pique est atout. — Et voici toutes les autres. Je n'ai jamais vu un jeu de cartes plus complet.

— Ou plus complètement usé, ajouta le capitaine avec un ton de condoléance. Eh bien! ma chère mistress Abbot, il ne nous est pas donné d'être parfaits, et j'espère que vous envisagerez cette affaire sous un point de vue moins sombre. Quant à moi, je soutiens que la corde à sauter est pire que le valet de pique, soit le dimanche, soit les jours ouvriers. — Allons, commodore, il faut nous arracher à cette bonne compagnie, ou nous ne verrions pas un brochet aujourd'hui.

Les deux vieux espiègles prirent alors congé de mistress Abbot pour se rendre sur leurs barques; mais avant de partir, le capitaine lui offrit de la délivrer de la vue odieuse de ce jeu de cartes, — dont il prévoyait qu'il aurait occasion de se servir, — en lui promettant qu'il le jetterait consciencieusement dans la partie du lac où l'eau avait le plus de profondeur; ce qu'elle accepta très-volontiers.

Quand les deux amis furent sur le lac, à une distance raisonnable du rivage, le commodore cessa tout à coup de ramer, fit un grand geste du bras, et se mit à rire à gorge déployée, en homme qui sentait qu'il n'avait plus besoin de se contraindre. Le capitaine Truck, qui venait d'allumer son cigare, se mit à fumer, et comme il se livrait très-rarement à une gaieté bruyante, il ne lui répondit que des yeux, secouant la tête de temps en temps avec un air de satisfaction, quand une idée plaisante ou burlesque se présentait à son esprit.

— Ecoutez-moi, commodore, dit-il en lâchant une bouffée de fumée qu'il suivit des yeux tandis qu'elle s'élevait en petit nuage; — ni vous ni moi, nous ne sommes de jeunes poulets; nous avons étudié le monde, vous sur l'eau fraîche, et moi sur l'eau salée. Je ne dis pas laquelle des deux produit de plus grands savants, mais je sais que l'une et l'autre font de meilleurs chrétiens que le système du levier.

— Précisément. Je leur dis dans le village qu'il y a peu de chose à gagner en suivant un aveugle: c'est ma doctrine, Monsieur.

— Et je ne doute pas que ce ne fût une excellente doctrine, si vous y entriez un peu plus à fond.

— Eh bien! Monsieur, je puis vous expliquer...

— Pas une syllabe de plus; cela est inutile. Je sais ce que vous voulez dire aussi bien que si je l'avais dit moi-même. Vous voulez dire qu'un pilote doit savoir vers quel lieu il gouverne, et c'est une doctrine parfaitement saine. Ma propre expérience m'apprend que si vous appuyez le pied sur le nez d'un esturgeon, il le relèvera dès que vous cesserez de le presser. Or un levier élèvera sans doute un grand poids, mais relâchez-le, et vous voyez tomber tout ce qu'il soutenait. — Je suppose que vous savez que ce M. Dodge a fait un ou deux voyages sur mon bord?

— Je l'ai entendu dire. On assure qu'il s'est battu comme un tigre, — comme un enragé contre les nègres.

— Oui, je sais que c'est ce qu'il dit de lui-même. Mais écoutez-moi, commodore, je désire rendre justice à chacun, et je vois que c'est à quoi on pense fort peu à terre : le héros de ce combat est celui qui va épouser votre charmante miss Effingham. D'autres que lui ont pourtant fait aussi leur devoir, et par exemple, M. John Effingham; mais c'est Paul Blunt-Powis-Effingham qui a décidé l'affaire. Quant à M. Steadfast Dodge, je n'en dirai rien, si ce n'est pour ajouter qu'il n'a jamais été *près de moi* pendant l'action; et s'il y avait en cette occasion quelqu'un qui fût comme un alligator affamé, c'était votre humble serviteur.

— Ce qui veut dire qu'il n'était pas très-près des ennemis; j'en ferais serment devant un magistrat.

— Et sans crainte de parjure. Quiconque vit ce jour-là M. Effingham et M. Powis aurait pu jurer qu'ils étaient père et fils, et quiconque *n'a pas vu* M. Dodge aurait pu affirmer qu'il n'était pas de la même famille. Voilà tout, Monsieur. Je ne parle jamais au désavantage d'un de mes passagers, et c'est pourquoi je me borne à vous dire que M. Dodge n'est pas un guerrier.

— On prétend qu'il a éprouvé depuis peu l'appel de la grâce, comme on le dit.

— Il en était temps, Monsieur, car, suivant moi, il a bien assez répondu à celui du péché. J'ai entendu dire que cet homme court tout le pays en cherchant à dénigrer ceux dont il n'est pas digne de dénouer les cordons des souliers; mais qu'il y prenne garde, de peur que, par un jour de pluie, le monde ne voie un extrait d'un certain registre de loch, appartenant à un bâtiment nommé *le Montauk*. Après tout, commodore, je me réjouis de ce mariage, ou, pour mieux dire, de ces mariages; car sir George Templemore et Paul Effingham doivent faire une double bouline de cette affaire demain matin, et dès que j'aurai assisté à la cérémonie, je pars pour New-York.

— Il est donc bien prouvé que M. Powis est fils de M. John Effingham?

— Aussi clairement qu'on voit la Grande Ourse par une nuit sans nuages. Le drôle qui m'a parlé le jour du « divertissement du feu » m'a mis en état de dissiper jusqu'au moindre doute, s'il pouvait en rester. M. Effingham lui-même, qui a tant de sang-froid et de circonspection, a déclaré que maintenant les preuves étaient suffisantes pour être admises par toute cour de justice en Amérique. Ce point doit donc être regardé comme décidé, et quant à moi, je m'en réjouis fort. M. John Effingham a longtemps passé pour un vieux garçon, et c'est un honneur pour le corps qu'un de ceux qui le composaient soit père d'un pareil fils.

En ce moment le commodore jeta l'ancre, et les deux amis commencèrent à pêcher. Pendant environ une heure leur conversation languit, parce qu'ils étaient entièrement occupés de leur pêche ; mais quand ils eurent pris une quantité suffisante de perches, ils débarquèrent près de leur source favorite, et allumèrent du feu pour faire griller leur poisson. S'asseyant ensuite sur l'herbe, ils se mirent avec ardeur à manger leur poisson et à avaler alternativement des rasades de punch, en reprenant leur entretien à leur manière philosophique, sentimentale et décousue.

— Nous sommes citoyens d'un pays étonnamment grand, commodore, dit le capitaine Truck après avoir vidé un verre étonnamment plein. Du moins c'est ce que tout le monde dit depuis le Maine jusqu'à la Floride, et ce que tout le monde dit doit être vrai.

— Bien certainement, général. Je suis quelquefois surpris qu'un si grand pays ait pu produire un si petit homme que moi.

— Une bonne vache peut avoir un mauvais veau, et cela explique l'affaire. Avez-vous, dans cette partie du monde, beaucoup de femmes aussi vertueuses et aussi pieuses que mistress Abbot ?

— Les montagnes et les vallées en regorgent. Vous voulez dire des femmes qui ont tant de religion, qu'elles n'ont pas de place pour autre chose ?

— Je regretterai jusqu'au jour de ma mort que vous n'ayez pas reçu votre éducation sur la mer. Si l'eau douce a pu développer en vous tant d'intelligence, que n'aurait pas fait l'eau salée ? Les gens qui tirent leur nourriture d'une cervelle et d'une conscience comme celle de M. Dodge, doivent aussi devenir avec le temps singulièrement clairvoyants.

— Précisément ; ses lecteurs vont bientôt plus loin qu'ils ne le pensent. Mais cela est peu important, Monsieur ; dans cette partie du monde, on ne conserve rien assez longtemps pour s'en servir à faire beaucoup de bien ou de mal.

— Comme les pêcheurs qui ont du guignon, général, et qui sont toujours prêts à chercher une nouvelle place pour pêcher. Je crois que, dans tout ce pays, vous ne trouveriez pas une douzaine de tombes de fils reposant à côté de leurs pères. Chacun semble avoir une aversion mortelle pour la stabilité.

— Il est difficile d'aimer un tel pays, commodore.

— Je n'ai jamais cherché à l'aimer. Dieu m'a donné une belle nappe d'eau qui convient à mes idées et qui fournit à mes besoins, un beau ciel, des montagnes couvertes d'une belle verdure, et je suis satisfait. On peut aimer Dieu dans un tel temple, même sans aimer aucune autre chose.

— Eh bien! je suppose que si vous n'aimez rien, personne ne vous aime, et il n'y a d'injustice d'aucun côté.

— Précisément, Monsieur. Chacun fait son idole de soi-même, quoiqu'un homme pressé dans la cohue puisse quelquefois être embarrassé pour savoir s'il est lui-même ou un de ses voisins.

— Je voudrais connaître vos sentiments politiques, commodore. Vous m'avez parlé avec franchise sur tous les sujets possibles, excepté sur celui-là, et je me suis mis dans l'idée que vous étiez un vrai philosophe.

— Je ne me regarde que comme un enfant enveloppé de ses langes comparé à vous, général; mais quelles que soient mes pauvres opinions, vous êtes le bien venu à les connaître. D'abord donc, Monsieur, j'ai vécu assez longtemps sur cette pièce d'eau pour avoir appris que chacun aime la liberté en sa propre personne, et qu'il a une secrète répugnance à en voir jouir les autres. Ensuite j'en suis venu à comprendre que le patriotisme signifie du pain et du fromage, et que l'opposition est « chacun pour soi. »

— Si la vérité était connue, commodore, je crois qu'on dirait que vous avez pêché ces idées à la ligne.

— Précisément. Après avoir été poussé de côté et d'autre sur terre; après avoir usé de mes priviléges d'homme libre comme on me l'ordonnait, je me suis lassé de tant de liberté; j'y ai renoncé, et je me suis retiré dans la vie privée, faisant à peu près ce que bon me semble sur ce lac, comme un pauvre esclave que je suis.

— Vous devriez être nommé président aux élections prochaines.

— Je dois mon émancipation actuelle au sogdollader. D'abord, j'ai commencé à raisonner sur ce M. Dodge, qui s'est jeté récemment, lui et son ignorance, dans ce village pour expliquer la vérité et faire voir la lumière aux aveugles. Eh bien! me demandé-je à moi-même, si cet homme est l'homme que je sais qu'il est, peut-il être quelque chose de mieux qu'un éditeur de journal?

— Vous vous faisiez une question délicate, commodore. Et comment y avez-vous répondu?

— La réponse fut satisfaisante pour moi, Monsieur, si elle ne l'eût pas été pour d'autres: je ne lus plus son journal, et je ne m'en rapportai plus qu'à moi-même. Ce fut à peu près à cette époque que je vis le sogdollader tourner autour de mon hameçon, et au lieu de chercher à devenir un grand homme en montant sur les épaules des patriotes et des sages du pays, je tâchai de m'immortaliser en le pêchant à la ligne. Je vais pourtant aux élections, car je sens que c'est un devoir; mais au lieu de permettre à un homme comme ce M. Dodge de me dire pour qui je dois voter, je donne toujours ma voix pour devenir homme public à celui qui aurait ma confiance comme particulier.

— Excellent. Je vous honore de plus en plus à chaque instant que je passe dans votre société. A présent, nous boirons à la santé de ceux qui vont devenir demain maris et femmes. Si tous les hommes étaient aussi philosophes et aussi savants que vous, commodore, la race humaine serait dans un meilleur chemin que celui qu'elle suit aujourd'hui.

— Précisément. Je bois à leur santé de tout mon cœur. N'est-il pas surprenant, Monsieur, qu'il soit au pouvoir de gens comme mistress Abbot et M. Dodge de préjudicier à des êtres tels que ceux du bonheur desquels nous venons de célébrer d'avance la commémoration?

— Comment, commodore! une mouche peut piquer un éléphant si elle trouve un point faible sur son cuir. Je ne comprends pas tout à fait moi-même l'histoire du mariage de M. John Effingham, mais nous voyons que le résultat en a été un beau garçon. Or je soutiens que quand un homme se marie tout de bon, il est tenu de l'avouer, aussi bien que tout autre crime, car il doit à ceux qui n'ont pas été aussi coupables que lui, de leur faire savoir qu'il ne leur appartient plus.

— Précisément. Mais nous avons dans cette partie du monde des mouches qui piqueraient à travers le cuir le plus dur.

— Cela vient de ce qu'il n'y a pas de gaillard d'arrière sur le vaisseau de votre société, commodore. A bord d'un paquebot bien organisé, tout ce qui concerne la pensée se fait sur l'arrière, et ceux qui désirent savoir où est le bâtiment sont obligés d'attendre que les observations aient été prises, ou de rester dans leur ignorance. Toute la difficulté vient du fait que, dans ce pays, les gens sensés vivent tellement séparés les uns des autres, que les sots ont une chance plus qu'égale. — Vous me comprenez, commodore.

— Précisément, répondit le vieux pêcheur en clignant de l'œil. Eh bien! il est heureux qu'il se trouve quelques individus qui n'ont pas l'esprit aussi faible que les autres. — Je suppose que vous serez présent à ce mariage, capitaine Truck?

Le vieux marin cligna de l'œil à son tour ; il regarda autour de lui pour être sûr que personne ne pouvait l'entendre ; et appuyant un doigt le long de son nez, il répondit d'un ton beaucoup plus bas que de coutume :

— Je sais que vous pouvez garder un secret, commodore; or, ce que j'ai à vous dire ne doit pas être répété à mistress Abbot, pour être publié comme à son de trompe. C'est un secret qu'il faut garder avec le même soin que les amorces qui sont dans votre boite.

— Vous connaissez votre homme, Monsieur.

— Eh bien! demain matin, dix minutes avant neuf heures, glissez-vous dans la galerie de la nouvelle église de Saint-Paul, et vous verrez la beauté et la modestie, qui ne sont jamais plus ornées que quand elles sont sans ornements. Vous comprenez?

— Précisément. — Et il fit un geste du bras encore plus énergique que de coutume.

— Il ne nous convient pas à nous autres vieux garçons de montrer trop d'indulgence pour le mariage; mais je ne serais pas heureux si je n'étais pas témoin de celui de Paul et d'Eve Effingham.

En ce moment, les deux amis reprirent du poil de la bête, comme le dit le capitaine Truck ; et leur conversation devint ensuite trop philosophique et trop grave pour cette humble relation d'événements et d'idées.

CHAPITRE XXIX.

> Sachez clairement que tout l'amour de mon cœur est fixé sur la charmante fille du riche Capulet, et qu'elle m'aime autant que je l'aime. Tout est donc arrangé, si ce n'est ce que vous avez à arranger par le saint mariage.
> — SHAKSPEARE.

Le matin choisi pour le mariage d'Eve et celui de Grace arriva, et tous les habitants du wigwam furent sur pied de très-bonn heure; mais on avait pris tout le soin possible pour empêcher que la nouvelle de cette cérémonie ne se répandît dans le village. Ils ne savaient pourtant guère combien ils étaient surveillés de près, et à quels bas artifices avaient eu recours quelques uns de leurs voisins pour gagner des domestiques, afin de procurer de la pâture à leur commérage, et pour justifier à leurs propres yeux leurs exagérations, leurs mensonges et leurs fraudes. La nouvelle s'éventa donc, comme on le verra tout à l'heure, et ce fut par suite d'une cause qui pourra surprendre ceux de mes lecteurs qui ne connaissent pas toutes les particularités de la vie américaine.

Nous avons plus d'une fois parlé d'Annette, femme de chambre qui était venue d'Europe avec Eve, quoique nous n'ayons pas eu occasion de donner une esquisse de son caractère. C'était en général celui des femmes de sa classe, comme on sait qu'elle existe en France. Annette était jeune et bien faite, avait des yeux noirs étincelants, et elle y joignait la tournure et les manières ordinaires d'une grisette parisienne. Comme c'est la méprise ordinaire des provinces de prendre les grâces factices pour la grâce naturelle, la vanité pour l'élégance et l'exagération pour le mérite, Annette se fit bientôt une réputation dans son cercle, comme ayant des droits plus qu'ordinaires à être distinguée. Sa mise était toujours très-recherchée, et comme elle ne portait guère que les robes que sa maîtresse mettait au rebut, elles étaient toujours des plus belles étoffes. Or, le costume est un point qui a aussi une forte influence sur ceux qui n'ont pas l'expérience du monde.

Comme la double cérémonie devait avoir lieu avant le déjeuner, Annette fut occupée de bonne heure à faire la toilette de noces de sa jeune maîtresse. Tandis qu'elle y travaillait comme d'ordinaire, elle parut extraordinairement agitée ; plus d'une fois elle plaça mal une épingle, et plus d'une fois elle eut à réparer ses méprises, ou à suppléer à ce qu'elle avait oublié. Eve était toujours un modèle de patience, et elle supporta ces petites bévues avec une tranquillité qui aurait donné à Paul une nouvelle garantie de l'empire admirable qu'elle avait sur elle-même, et de la douceur de caractère qui l'élevait presque au-dessus de la fragilité de la race humaine.

— Vous êtes un peu agitée ce matin, ma bonne Annette, dit-elle à sa femme de chambre dans un moment où celle-ci venait de commettre une méprise plus forte que les autres.

— J'espère que Mademoiselle a été contente de moi jusqu'à présent, répondit la suivante un peu mortifiée de sa maladresse, du ton que prend ordinairement une soubrette qui a dessein d'annoncer à sa maîtresse qu'elle va quitter son service.

— Certainement, Annette ; vous vous êtes toujours bien conduite, et vous entendez fort bien tous les devoirs de votre place. Mais pourquoi me faites-vous cette question précisément en ce moment ?

— Parce que.... parce que.... avec la permission de Mademoiselle, j'ai dessein de lui demander mon congé.

—Votre congé ! Pensez-vous donc à me quitter, Annette ?

— Je ne désirerais rien de plus que de mourir au service de Mademoiselle ; mais nous sommes tous esclaves de notre destinée, — cette conversation avait lieu en français, — et la mienne me force à cesser de servir comme femme de chambre.

— Cela est bien soudain, et c'est une résolution extraordinaire pour une jeune fille en pays étranger. Puis-je vous demander, Annette, ce que vous vous proposez de faire ?

Ici la soubrette se donna des airs, tâcha de rougir, baissa les yeux sur le tapis avec un air de modestie étudiée qui aurait pu tromper quelqu'un qui n'aurait pas connu la classe dont elle faisait partie, et annonça l'intention qu'elle avait de se marier dans un mois.

— De vous marier, Annette ! Ce n'est sûrement pas avec le vieux Pierce ?

— Pierce, Mademoiselle ! je ne daignerais pas jeter un regard sur lui. — Je vais épouser un avocat.

— Un avocat !

— Oui, Mademoiselle; je vais épouser M. Aristobule Bragg, si Mademoiselle le permet.

Eve resta quelques instants muette d'étonnement, malgré les preuves qu'elle avait eues de l'ample carrière que se donne l'ambition d'un Américain d'une certaine classe. On juge bien qu'elle se rappela la conversation qu'elle avait eue avec Aristobule sur la pointe, et il était naturel qu'une jeune et riche héritière à qui l'on avait fait la cour si peu de temps auparavant, éprouvât quelque surprise en voyant l'amant rejeté par la maîtresse chercher des consolations dans les sourires de la soubrette; sa surprise fut pourtant moindre que celle que cette nouvelle causera probablement au lecteur, car elle connaissait trop bien l'esprit entreprenant, souple et actif d'Aristobule, pour être très-étonnée de ce tour de force moral de sa façon. Eve elle-même ne connaissait pourtant pas toutes les vues politiques qui avaient déterminé Aristobule à conduire à ce dénouement tous ses projets matrimoniaux, et il faut les expliquer avec quelque détail, pour qu'ils puissent être bien compris.

M. Bragg n'avait aucune idée des distinctions sociales, si ce n'est de celles qui prennent leur source dans la fortune et dans le succès des intrigues politiques. Il avait pour l'argent une déférence pratique qui ne pouvait se comparer qu'au désir que lui inspiraient les jouissances qu'il procure; et quant à la politique, il avait pour elle exactement la même sorte de respect qu'un homme élevé sous un régime de féodalité éprouverait pour son seigneur. N'ayant pu, malgré tous ses efforts, atteindre à la fortune par le moyen du mariage, il avait songé sérieusement à Annette, qu'il tenait en réserve depuis quelque temps comme un pis-aller dans le cas où il échouerait dans ses projets sur Eve et sur Grace, car il en avait eu sur les deux héritières. Annette était une excellente ouvrière en modes, elle n'était pas sans attraits, et le mauvais anglais qu'elle parlait donnait quelque chose de piquant à ses idées, qui n'étaient jamais très-profondes. Son âge convenait à Aristobule, et il lui fit ses propositions dès qu'il fut bien assuré que les deux cousines étaient irrévocablement perdues pour lui. La soubrette parisienne n'hésita pas un instant à accepter un avocat pour mari, car ce mariage l'élevait au-dessus de sa propre sphère. Leurs arrangements furent bientôt pris; ils devaient se marier aussitôt après l'expiration du mois qu'Annette devait donner à sa maîtresse pour chercher une autre femme de chambre, et alors ils passeraient dans les nouveaux établissements à l'ouest, où M. Bragg comptait exercer sa profession, ou se faire nommer au congrès, — se faire commerçant, — tenir une école, — ouvrir une taverne, — fendre du bois, — en un mot, faire tout ce qui pourrait lui procurer du profit, tandis qu'Annette contribuerait à sa part des frais du ménage en travaillant en modes et en donnant des leçons de français. Cette dernière occupation promettait de faire d'elle une péripatéticienne, car la population est fort éparse dans l'ouest, et la plupart des habitants de l'intérieur ne jugent pas nécessaire de prendre plus de trois mois d'instruction dans les plus hautes branches de l'éducation, leur but étant *d'étudier*, suivant leur expression, et non *d'apprendre*. Aristobule, qui dans tous ses projets ne songeait qu'à marcher en avant, aurait voulu abréger ce délai, mais Annette lui opposa sur ce point une résistance invincible; son esprit de corps comme femme de chambre, et toutes ses idées de justice, ne lui permettaient pas de croire que les relations qui avaient existé si longtemps entre sa maîtresse et elle pussent se rompre en un seul instant. Les idées des deux futurs époux étaient si diamétralement opposées sur ce point, qu'une rupture pensa éclater entre eux ; M. Bragg portant l'indépendance naturelle de l'homme à un degré qui l'avait dispensé de toutes les obligations qui ne sont pas positivement imposées par la loi, et Annette maintenant la dignité d'une femme de chambre européenne à qui le sentiment des convenances ne permet pas de quitter sa maîtresse sans l'en avoir régulièrement informée d'avance. Cette difficulté fut heureusement aplanie, Aristobule ayant été chargé de la surintendance d'un magasin de marchandises pendant l'absence du propriétaire; car M. Effingham, se doutant, d'après quelques mots échappés à sa fille, de ce qui s'était passé entre elle et lui, avait profité de l'époque du renouvellement de son engagement pour les fonctions qui lui avaient été confiées par son cousin, pour le remercier de ses services, et mettre ainsi fin à toutes relations avec lui.

Ce dénouement inattendu de la passion de M. Bragg pour Eve aurait beaucoup amusé celle-ci dans tout autre moment; mais on ne doit pas s'attendre qu'une jeune fille, à l'instant de se marier, s'occupe beaucoup de la félicité d'êtres qui n'ont aucun droit naturel ou acquis à son affection. Les deux cousines, parées pour la cérémonie, se réunirent dans l'appartement de M. Effingham.

Il est rare qu'on puisse voir deux jeunes personnes si aimables réunies pour une occasion semblable. Tandis que M. Effingham était entre elles, leur tenant une main à chacune, ses yeux humides se tournaient de l'une à l'autre avec une fierté et une admiration que sa tendresse même ne pouvait surpasser. Leurs toilettes étaient aussi simples que le permettait la cérémonie d'un mariage, car il avait été décidé qu'on ne ferait aucun étalage inutile; et peut-être la beauté des deux futures était-elle rendue plus attrayante par cette simplicité; car on a remarqué avec raison que les belles Américaines sont plus séduisantes en négligé que lorsqu'elles sont en grande toilette. Comme on aurait pu s'y attendre, on voyait briller plus d'âme et de sensibilité sur la physionomie d'Eve, quoique celle de Grace eût un air charmant de naturel et de modestie. Toutes deux étaient pleines de grâce, simples et sans la moindre affectation, et nous pouvons ajouter que l'une et l'autre tremblaient quand M. Effingham leur prit les mains.

— C'est un moment agréable, et pourtant pénible, dit cet excellent homme; un moment qui me fait gagner un fils et perdre une fille.

— Et moi, mon cher oncle, dit Grace, tandis qu'une larme tremblait sur les cils de ses paupières, comme la goutte de rosée prête à tomber d'une feuille, n'ai-je donc aucune part dans vos pensées?

— C'est vous, ma chère Grace, qui êtes la fille que je perds, car Eve reste avec moi. Mais Templemore a promis de vous rendre heureuse, et je compte sur sa parole.

Il embrassa tendrement les deux jeunes amies, qui touchaient à l'instant le plus important de leur vie, et qui offraient à ses yeux l'aimable aspect de la jeunesse et de la beauté jointes à l'innocence et à la modestie. Passant alors un de leurs bras sous chacun des siens, il les conduisit dans le salon. John Effingham, les deux futurs époux, le capitaine Ducie, M. et mistress Bloomfield, mistress Hawker, le capitaine Truck, mademoiselle Viefville, Nanny Sidley et Annette les y attendaient, et dès qu'on eut enveloppé de grands châles Eve et Grace, pour cacher leur parure nuptiale, toute la compagnie se rendit à l'église.

Il n'y avait que quelques pas du wigwam à la nouvelle église de Saint-Paul, et les pins solennels qui croissaient dans le cimetière faisaient contraste avec la verdure plus gaie des arbres de toute espèce qu'on voyait de différents côtés dans les bosquets de M. Effingham. Comme il n'y avait que peu de maisons dans cette partie du village, toute la compagnie entra dans le saint édifice sans qu'aucun œil curieux l'eût aperçue. Le ministre les attendait. Les deux jeunes gens conduisirent sur-le-champ les objets de leur choix, et la double cérémonie commença sans aucun délai. En cet instant, Aristobule, M. Dodge et mistress Abbot s'avancèrent du fond de la galerie, et prirent tranquillement leur place sur le premier banc. Aucun d'eux ne faisait partie de la congrégation de cette église; mais ayant découvert, grâce à Annette, que les deux mariages devaient avoir lieu le matin, ils n'avaient pas assez de délicatesse pour se faire un scrupule de se mettre en avant en cette occasion; car le principe de publicité, qui semblait enraciné dans leur nature, les portait à croire que rien n'était assez sacré pour devoir être à l'abri de leur insatiable curiosité. Ils étaient entrés dans l'église, parce qu'ils regardaient une église comme un endroit public, d'après le même principe qui fait que d'autres personnes de leur classe s'imaginent que si une barrière qui ferme l'entrée d'un champ se trouve ouverte par accident, il est permis à tout le monde d'y passer.

La présence de ces intrus, présence qui n'avait été désirée par personne, n'empêcha pas que la cérémonie ne continuât, car toute autre pensée était absorbée dans celles que faisait naître un moment si solennel. Quand le ministre demanda, suivant l'usage, s'il y avait quelqu'un qui eût des motifs pour former opposition aux mariages qui allaient être contractés, mistress Abbot poussa du coude le bras de M. Dodge, et lui demanda à voix basse s'il n'était pas possible de trouver quelque objection valide. Si ses pieux souhaits avaient pu s'accomplir, il est certain qu'Eve, simple, sans prétention et ouaille de l'Eglise anglicane, n'aurait jamais été mariée. Mais l'éditeur du *Furet Actif* n'était pas homme à agir ouvertement en quoi que ce fût. Il ne se permettait que des demi-mots et des insinuations, et comme de pareils moyens ne pouvaient lui être utiles en ce moment, il résolut sagement de remettre sa vengeance à un autre temps. Nous disons sa vengeance, car Steadfast faisait partie de cette classe d'êtres qui regardent tout bonheur qui arrive à un autre, et auquel ils ne participent pas amplement, comme un tort qui leur est fait à eux-mêmes.

C'est avec beaucoup de sagesse, que l'Eglise anglicane a rendu

très-courte la cérémonie de la célébration du mariage ; car, si elle était inutilement prolongée, l'intensité des sentiments qu'elle fait naître deviendrait quelquefois trop forte pour qu'on pût la supporter. M. Effingham présenta les deux futures à l'autel, comme étant le père de l'une et le tuteur de l'autre, et aucun des deux futurs époux ne se trompa de doigt en y passant la bague. C'est tout ce que nous avons à dire de la cérémonie qui eut lieu devant l'autel. Dès que la bénédiction eut été prononcée, et que les nouvelles épouses eurent reçu le premier embrassement de leurs maris, M. Effingham, sans se donner le temps de les embrasser à son tour, jeta à la hâte leurs châles sur leurs épaules, et les emmena sur-le-champ hors de l'église ; car il ne voulait pas que les sentiments sacrés dont son cœur était rempli devinssent un spectacle pour les intrus dont les yeux observaient tout ce qui se passait. A la porte, il céda le bras de sa fille à Paul, et celui de sa nièce à sir George, sans prononcer un seul mot, mais en leur pressant la main à chacune, après quoi il leur fit signe de retourner promptement au wigwam. On lui obéit, et un quart d'heure s'était à peine écoulé depuis l'instant où ils avaient quitté le salon qu'ils s'y trouvèrent tous de nouveau réunis.

Quel changement un si court intervalle n'avait-il pas produit dans la situation de tant d'individus !

— Mon père, dit Eve à M. Effingham qui la pressait sur son cœur, tandis que des larmes de tendresse coulaient de leurs yeux, — je suis encore votre fille ?

— Mon cœur se briserait si je pensais autrement, ma chère Eve. Non, non, je n'ai pas perdu une fille, mais j'ai gagné un fils.

— Et quelle place dois-je occuper dans cette scène de tendresse ? demanda John Effingham, qui avait d'abord présenté ses compliments à Grace, pour qu'elle ne pût se croire oubliée dans un pareil moment, et qui la laissa alors recevoir les félicitations du reste de la compagnie. — Dois-je perdre aussi un fils et une fille ?

Eve souriant et essuyant ses larmes, s'arracha des bras de son père pour se jeter dans ceux du père de son mari. Après que John l'eut embrassée plusieurs fois, en la tenant serrée contre son cœur, elle sépara les cheveux qui lui couvraient le front, lui passa la main sur le visage, comme un enfant, et lui dit avec douceur :

— Cousin John !

— Oui, je crois que tels doivent encore être mon nom et mon

rang. Paul ne mettra aucune différence dans nos sentiments ; nous nous aimerons l'un l'autre comme nous nous sommes toujours aimés.

— Paul ne peut rien être à présent entre vous et moi. Vous avez toujours été un second père à mes yeux et dans mon cœur, cher cousin John.

John Effingham la pressa de nouveau contre son sein, et tous deux sentirent, malgré ce qu'ils venaient de dire, qu'un nouveau lien, un lien plus cher que jamais, les unissait l'un à l'autre. Eve reçut alors les compliments du reste de la compagnie, et les deux nouvelles épouses se retirèrent pour substituer un costume plus simple à leur parure nuptiale.

Eve trouva dans son cabinet de toilette Nanny Sidley, qui l'attendait avec impatience pour lui exprimer tous ses sentiments ; car la bonne femme était trop sensée pour se livrer à toute son affection en présence de tiers.

— Madame, — miss Eve, — mistress Effingham, s'écria-t-elle, dès qu'elle vit arriver sa jeune maîtresse, craignant de s'exprimer trop librement depuis que la jeune fille qu'elle avait vue naître était devenue une femme mariée.

— Ma bonne et chère Nanny, dit Eve en la serrant dans ses bras ; et leurs larmes se confondirent ensemble pendant près d'une minute. Vous venez de voir votre enfant, continua-t-elle, contracter le dernier et le plus solennel de tous les engagements terrestres ; et je sais, Nanny, que vous priez le ciel pour que les suites en soient heureuses.

— Oui, Madame, oui, miss Eve. — Comment dois-je vous appeler désormais, Madame ?

— Appelez-moi miss Eve, comme vous l'avez toujours fait depuis mon enfance, ma chère Nanny.

Nanny reçut cette permission avec délices, et elle en profita vingt fois dans le cours de la matinée. Elle continua même à employer ce terme jusqu'au moment où, deux ans après, elle fit danser sur ses genoux une autre Eve en miniature. Alors le rang de mère réclama silencieusement ses droits, et Nanny s'habitua à appeler sa maîtresse mistress Effingham.

— Quoique vous soyez mariée, Madame, j'espère que je ne vous quitterai pas, dit Nanny avec quelque timidité — quoiqu'elle regardât à peine un tel événement comme possible, et qu'Eve l'eût déjà plusieurs fois assurée du contraire, mais elle désirait en avoir une double assurance. Je me flatte qu'il n'arrivera jamais rien qui m'oblige à me séparer de vous, Madame ?

— Jamais, du moins de mon consentement, ma bonne Nanny. Et à présent qu'Annette va se marier, vos services me deviendront doublement nécessaires.

— Et *mamerzelle*, Madame? demanda Nanny les yeux étincelants de plaisir. A présent que vous savez tout, et que vous n'avez plus besoin d'elle, je suppose qu'elle va retourner dans son pays?

— Mademoiselle Viefville retournera en France au commencement de l'automne, mais ce sera avec nous tous ; car mon père, mon cousin John, mon mari, — Eve rougit un peu en prononçant ce mot, encore nouveau pour elle, — moi, et vous aussi, Nanny, nous mettrons à la voile pour l'Angleterre dans la première semaine d'octobre avec sir George et lady Templemore, et nous irons ensuite en Italie.

— Peu m'importe où j'irai, miss Eve, pourvu que je sois avec vous. J'avoue que je préférerais ne pas vivre dans un pays où je ne puis entendre tout ce qu'on vous dit ; mais partout où vous serez, ce sera pour moi le paradis terrestre.

Eve embrassa encore une fois la bonne femme, et Annette arrivant en ce moment, elle changea de costume.

En se rendant dans le salon, les deux cousines se rencontrèrent sur le palier du grand escalier. Eve était un peu en avant, mais elle fit place à Grace, et lui dit en souriant et en lui faisant une grande révérence :

— Il ne me convient point de prendre le pas sur lady Templemore, moi qui ne suis que mistress Paul Effingham.

— Je n'ai pas l'esprit aussi faible que vous vous l'imaginez, ma chère Eve. Croyez-vous que je ne l'aurais pas épousé s'il n'avait pas été baronnet ?

— Templemore, ma chère cousine, est un homme que toute femme peut aimer ; et je crois aussi fermement que je l'espère qu'il vous rendra heureuse.

— Et cependant, Eve, il y a une femme qui n'a pas voulu l'aimer !

Eve fixa les yeux sur sa cousine et tressaillit un instant ; mais elle fut satisfaite de la conduite de sir George, car la franchise de son aveu était une garantie de sa bonne foi et de sa sincérité. Elle prit la main de sa cousine avec affection, et lui répondit :

— Cette confidence est le plus grand compliment que vous puissiez me faire, Grace, et je dois la payer de retour. Il est possible que sir George Templemore, avant de vous avoir vue, ait eu pour moi une inclination passagère; mais mon cœur appartenait à un autre longtemps avant que je le connusse.

— Il est convaincu lui-même que vous ne l'auriez jamais épousé, parce que vous êtes trop *continentale*, comme il le dit, pour aimer un Anglais.

— En ce cas, je choisirai la première occasion favorable pour le détromper; car il y a un Anglais que j'aime, et cet Anglais c'est lui.

Comme peu de femmes sont jalouses le premier jour de leurs noces, Grace prit cette plaisanterie en bonne part, et elles descendirent l'escalier ensemble, côte à côte, leur sourire timide réfléchissant réciproquement leur bonheur. Elles rencontrèrent leurs maris à la porte du salon, et chacune d'elles prenant le bras de celui qui était devenu pour elle un être d'une si grande importance, elles s'y promenèrent en long et en large jusqu'au moment où on les avertit de se mettre à table pour le déjeuner à la fourchette, à l'ordonnance duquel mademoiselle Viefville avait présidé pour qu'il fût servi à la manière de son pays.

Les jours de noces, comme toutes les fêtes qui sentent l'apprêt, sont quelquefois difficiles à passer; il n'en fut pas de même en cette occasion, car tout ce qui sentait la préméditation et les préparatifs disparut avec ce repas. Il est vrai que la compagnie ne sortit pas de la maison; mais, à cela près, l'aisance, la paix et le bonheur y régnaient partout. Le capitaine Truck était le seul qui fût disposé à être sentimental, et plus d'une fois, en regardant autour de lui, il exprima ses doutes qu'il eût suivi le bon chemin pour arriver au bonheur.

— Je me trouve dans une catégorie solitaire, dit-il pendant le dîner. — Mistress Hawker, M. Effingham et son cousin *ont été* mariés, tous les autres *le sont;* et je n'ai d'autre ressource que de dire que moi aussi *je le serai* un jour, si je puis trouver une femme qui veuille de moi. M. Powis lui-même, qui a été mon bras droit dans cette affaire d'Afrique, m'a abandonné, et m'a laissé comme un pin isolé dans un de vos défrichements, ou comme une poulie sans rouet brandillant à une vergue. Madame la mariée, — car c'est ainsi que le capitaine appela Eve pendant toute la journée, sans faire attention que lady Templemore avait le même droit à ce titre; — madame la mariée, nous considérerons ma situation désespérée plus philosophiquement, quand j'aurai l'honneur de vous reconduire avec une bonne partie de cette aimable compagnie en Europe d'où je vous ai amenée ici. Avec vos sages avis, je crois que je pourrais même encore à présent risquer le paquet.

— Je vois qu'on m'oublie entièrement! s'écria M. Howel, qui avait été invité au repas de noces ainsi que M. Wenham. Que voulez-vous que je devienne, capitaine Truck, si cette manie de mariage gagne ainsi tout le monde?

— J'ai depuis longtemps formé un plan pour votre bonheur, mon cher Monsieur, et je saisirai cette occasion pour le faire connaître. Je propose, Messieurs et Dames, que nous enrôlions M. Howel dans notre plan pour l'automne, et que nous l'emmenions avec nous en Europe. Je serai fier d'avoir l'honneur de le présenter à son ancienne amie, qu'il n'a pas encore vue, l'île de la Grande-Bretagne.

— Ah! je crains qu'un tel bonheur ne me soit pas réservé, dit M. Howel en soupirant. J'y ai pensé en mon temps; mais mon âge ne me permet plus de telles espérances.

— Votre âge, Tom Howel! dit John Effingham. Vous n'avez que cinquante ans comme Édouard et moi; et il y en a quarante, nous étions enfants tous les trois. Vous voyez pourtant que nous, qui en sommes revenus si récemment, nous sommes déjà prêts à y retourner. Prenez donc courage; vous pouvez trouver un bâtiment à vapeur pour vous ramener ici, dès que vous le désirerez.

— Jamais! dit le capitaine Truck d'un ton positif. Il est moralement impossible qu'un bâtiment à vapeur traverse l'Atlantique. Je soutiendrai cette doctrine jusqu'au dernier jour de ma vie. Mais qu'a-t-on besoin de bâtiments à vapeur quand nous avons des paquebots comme des palais?

— Je ne savais pas, capitaine, que vous aviez tant de respect pour la Grande-Bretagne. Il est réellement encourageant de trouver des sentiments si généreux envers cette vieille île dans un homme qui lui doit son origine. — Sir George et lady Templemore, permettez-moi de boire à votre félicité durable.

— Je n'ai certainement aucun sentiment de malveillance contre l'Angleterre, quoique ses lois sur le tabac ne soient pas des plus douces. Mais mon désir de vous y exporter, monsieur Howel, vient moins de l'envie de vous montrer la Grande-Bretagne, que de vous faire voir qu'il y a d'autres pays en Europe.

— D'autres pays! Sûrement, capitaine, vous ne me supposez pas assez ignorant en géographie pour croire qu'il n'y a pas d'autres pays en Europe. N'y a-t-il pas le Hanovre, Brunswick, Brunswick-Lunebourg? N'y a-t-il pas le Danemark, dont le roi a épousé la sœur de George III, et le Wurtemberg, dont le roi a eu pour épouse la princesse royale d'Angleterre?

— Et Mecklembourg-Strelitz? ajouta gravement John Effingham; une princesse de cette maison n'a-t-elle pas épousé George III *in propriâ personâ*, aussi bien que par procuration? Rien ne saurait être plus clair que votre géographie, Howel; mais, indépendamment de ces diverses régions, notre digne ami le capitaine désire que vous sachiez aussi qu'il existe en Europe d'autres contrées, comme la France, l'Autriche, la Russie, l'Italie, quoique ce dernier pays vaille à peine l'embarras du voyage.

— Vous avez deviné mon motif, monsieur John Effingham, et vous l'avez exprimé avec plus de discrétion que je n'aurais pu le faire, s'écria le capitaine. Si monsieur Howel veut me faire le plaisir de prendre le passage sur mon bord, tant pour aller que pour revenir, je regarderai l'avantage d'entendre ses remarques sur les hommes et les choses comme l'un des plus grands que j'aie jamais obtenus.

— Je ne sais trop si je pourrais me déterminer à aller en Angleterre; mais je ne voudrais pas faire un pas plus loin.

— Ne pas aller à Paris! s'écria mademoiselle Viefville, surprise qu'un être raisonnable voulût se donner la peine de traverser l'Atlantique uniquement pour voir *ce triste Londres*. Il faut que vous alliez à Paris pour l'amour de moi, monsieur Howel.

— Pour l'amour de vous, Mademoiselle, je ferais tout au monde; mais je ne ferais certainement pas cela pour l'amour de moi. J'avoue qu'avant de mourir je serais charmé de voir le roi d'Angleterre et la Chambre des lords.

— Sans doute, ajouta John Effingham en secouant la tête d'un air de bonne humeur, — et la Tour, et la statue de Wellington, et la tête de sanglier dans East-Cheap, et le pont de Londres, et la terrasse de Richmond, et Bow-Street, et Somerset-House, et Oxford-Road, et Charing-Cross, le vieux Charing-Cross, Tom Howel, et le marché d'Hungerfort, et la foire de Saint-Barthélemy?

— C'est une nation merveilleuse! s'écria M. Howel, dont les yeux brillaient pendant cette énumération. Je crois, après tout, que je ne mourrais pas content si je n'avais vu auparavant quelques-unes de ces choses, car, les voir toutes, ce serait trop pour moi. — Combien y a-t-il de distance, capitaine, des docks de Sainte-Catherine jusqu'à l'île des Chiens?

— Oh! seulement quelques encâblures. Si vous voulez seulement rester sur le paquebot jusqu'à ce qu'il soit amarré, je vous promets de vous faire voir l'île des Chiens avant que vous soyez débarqué. Mais il faut que vous me promettiez de ne pas prendre une pacotille de tabac.

— Ne craignez rien à cet égard ; je ne fume ni ne chique, et je ne suis pas surpris qu'une nation aussi complètement civilisée que l'Angleterre ait conçu cette antipathie pour le tabac.—Et on peut réellement voir l'île des Chiens même avant de débarquer ! C'est un pays merveilleux ! — Mistress Bloomfield, croyez-vous que vous pourrez mourir tranquillement sans avoir vu l'Angleterre ?

— J'espère, Monsieur, que, lorsque cet événement arrivera, il me trouvera tranquille, quelque chose qui puisse m'arriver d'ici là. J'avoue pourtant que, comme mistress Effingham, j'ai le plus vif désir de voir l'Italie, désir qui lui est inspiré, je crois, par ce qu'elle y a déjà vu, et à moi par l'idée brillante que je m'en fais.

— Cela me surprend réellement. Que peut-il y avoir en Italie qui vaille la peine de faire un si long voyage?

— J'espère, cousin John, dit Eve, rougissant au son de sa propre voix, car en ce jour d'extrême bonheur et de vives émotions, un embarras modeste ne lui laissait pas son empire ordinaire sur elle-même, — j'espère que notre ami, M. Wenham, ne sera pas oublié, et que vous l'inviterez à se mettre de notre partie.

Ce représentant de *la jeune Amérique* avait été invité au dîner par égard pour feu son père, qui était un très-ancien ami de M. Effingham; et, entendant la mariée parler de lui en termes si favorables, il crut devoir répondre.

—Je pense qu'un Américain a peu de choses à apprendre d'aucune autre nation que la sienne, dit-il avec la suffisance de l'école à laquelle il appartenait. — On pourrait pourtant désirer que tous les Américains voyageassent, afin que le reste du monde en profitât.

— C'est bien dommage, dit John Effingham, qu'une de nos universités, par exemple, ne soit pas ambulante. La vieille Yale l'était dans son enfance; mais, toute différente de la plupart des autres créatures, elle marchait avec plus d'aisance quand elle était enfant, qu'elle ne le fait à présent qu'elle est dans la maturité de l'âge.

— M. John Effingham aime à plaisanter, dit M. Wenham avec dignité; car quoiqu'il fût aussi crédule qu'on peut l'être sur le sujet de la supériorité de l'Amérique, il n'était pas tout à fait aussi maniable que les partisans de l'école anglo-américaine, qui ordinairement laissent gouverner par leurs maîtres toutes leurs facultés et même leur bon sens sur tout ce qui a rapport à leur faible. Je crois, ajouta-t-il, que chacun convient que les Américains donnent plus qu'ils ne reçoivent dans leurs relations avec les Européens.

L'expérience et le savoir-vivre de ceux qui écoutaient ce jeune homme ne leur permirent que de sourire à la dérobée, et la conversation tomba sur d'autres objets. Il ne fallait pas d'efforts pour se livrer à la gaieté dans une pareille occasion; et contre les usages du wigwam, où les hommes avaient coutume de quitter la table en même temps que les dames, le capitaine Truck, John Effingham, M. Bloomfield, M. Howel et M. Wenham y restèrent jusqu'à une heure assez avancée de la nuit. Il s'y fit une grande consommation d'excellent bordeaux, et il fut permis au brave capitaine de fumer son cigare. Vers minuit il jura qu'il avait presque envie d'écrire une lettre à mistress Hawker pour lui offrir sa main; car, pour son cœur, elle savait fort bien qu'elle le possédait depuis longtemps.

Le lendemain matin, dans un instant où tout était tranquille dans la maison, parce que la plupart de ceux qui s'y trouvaient en étaient sortis pour aller faire une promenade à pied, à cheval, ou en bateau, Eve était dans la bibliothèque, où son père l'avait laissée quelques instants auparavant pour monter à cheval. Elle était assise devant une table, occupée à écrire à une vieille parente pour lui faire part de son mariage. La porte était restée entr'ouverte, et Paul, qui cherchait sa jeune épouse, y parut inopinément. Son pas avait été si léger, et notre héroïne donnait si exclusivement toute son attention à sa lettre, qu'elle ne s'aperçut pas de l'arrivée de son mari, quoique son oreille eût appris depuis bien longtemps à distinguer la marche de Paul, et son cœur à battre en en reconnaissant le bruit. Une belle femme ne paraît peut-être jamais plus aimable et plus séduisante que lorsque, dans un déshabillé élégant du matin, elle semble aussi fraîche que le jour qui vient de naître. Eve avait pourtant fait un peu plus d'attention à sa toilette que de coutume, et elle s'était ornée de quelques bijoux, genre de parure qui annonce le bon goût quand on l'emploie judicieusement, et qui, en toute autre circonstance, dénote aussi infailliblement un esprit vulgaire. Son costume du matin était donc plus soigné qu'à l'ordinaire, quoiqu'il ne fallût qu'un coup d'œil pour remarquer qu'elle était en négligé. Le talent parisien d'Annette, sur lequel M. Bragg fondait une si grande partie de ses espérances de fortune future, avait taillé sa robe avec un tact si parfait qu'elle faisait deviner plus de charmes qu'elle n'en montrait. Mais, malgré la perfection exquise de toutes ses formes, la légèreté presque surnaturelle d'un petit pied, qui n'offrait pourtant aux yeux rien de maigre ni de décharné, et la main parfaite qui se montrait au milieu des dentelles qui garnissaient les manches de sa robe, Paul était complètement absorbé dans l'admiration de la physionomie de sa fraîche et charmante épouse. Peut-être le cœur d'un homme ne peut-il connaître un sentiment plus touchant et plus cher que celui que lui inspire la contemplation de la beauté, de la confiance, de la pureté et de la franchise qui brillent sur la physionomie d'une jeune femme, pleine de simplicité et d'innocence, quand elle a surmonté sa timidité naturelle au point de lui avouer sa tendresse pour lui, et de s'abandonner aux impulsions les plus fortes de la nature. Tel était le tableau qu'Eve présentait en ce moment aux yeux de Paul. Elle parlait de son mari dans la lettre qu'elle écrivait, et quoique ses expressions fussent retenues par la modestie, le goût et l'éducation, elles étaient empreintes d'une tendresse et d'un dévouement qui n'avaient pas besoin d'être exprimés. Quelques larmes tombaient de ses yeux, la plume tremblait dans sa main, et elle s'ombrageait le visage de l'autre, comme pour se cacher sa faiblesse à elle-même. Paul fut alarmé, il ne savait pourquoi ; mais Eve en pleurs était un spectacle pénible pour lui. En un moment, il fut à son côté, et lui passant doucement un bras autour de la taille, il la pressa tendrement sur son cœur.

— Eve, ma chère Eve, lui dit-il, que signifient ces pleurs?

L'œil serein, la rougeur brillante, et le regard de tendresse qui récompensèrent cet élan de sensibilité rassurèrent le mari, et cédant à la pudeur timide d'une si jeune épouse, il retira son bras, et se borna à garder une main dans les siennes.

— C'est le bonheur, Paul. — L'excès du bonheur nous rend,

je crois, nous autres femmes, plus faibles que le chagrin même.

Paul lui baisa les deux yeux, il la regarda un instant avec une intensité d'admiration qui fit que les yeux d'Eve se levèrent et se baissèrent successivement, comme s'ils eussent été éblouis en rencontrant ceux de son mari, et que cependant elle n'eût pas voulu perdre un seul de ses regards; enfin, il en vint au sujet qui l'avait amené dans la bibliothèque.

— Mon père, — qui est à présent aussi le vôtre...

— Mon cousin John !

— Votre cousin John, si vous le voulez ; il vient de me faire un présent qui ne le cède qu'à celui que votre excellent père m'a fait hier aux pieds de l'autel. Voyez, chère Eve, il m'a donné cette miniature, qui est votre fidèle image, quoique bien au-dessous de l'original; et il m'a donné aussi le portrait de ma pauvre mère pour remplacer celui que m'ont enlevé les Arabes.

Eve considéra longtemps et avec attention les beaux traits de la mère de son mari. Elle y retrouva cet air de douceur pensive et de bonté attrayante qu'elle avait remarqué en Paul, et qui avait d'abord gagné son cœur. Ses lèvres tremblèrent quand elle les appuya sur cette image insensible.

— Elle doit avoir été très-belle, Eve, et sa figure a un air de tendresse mélancolique qui semblait presque prédire que sa sensibilité serait cruellement froissée.

— Et pourtant, Paul, cette jeune femme ingénue et fidèle a contracté l'engagement solennel que nous venons de former, avec autant d'espoir raisonnable de bonheur que nous en avons nous-mêmes.

— Vous vous trompez, Eve. La confiance et la sainte vérité manquaient à l'union qu'elle forma avec mon père ; et quand la bonne foi ne règne pas dès le commencement du contrat, il n'est pas difficile d'en prévoir la fin.

— Je ne crois pas que vous ayez jamais trompé personne, Paul. Vous avez le cœur trop généreux.

— Si quelque chose peut rendre un homme digne d'une telle affection, ma chère Eve, c'est la noble et entière confiance avec laquelle votre sexe s'abandonne à la justice et à la bonne foi du nôtre. Votre cœur si pur a-t-il jamais douté de personne ?

— Oui, Paul, — de moi, bien souvent. — Et pourtant on dit que l'égoïsme est au fond de toutes nos actions.

— Vous êtes la dernière personne du monde qui deviez émettre cette doctrine, ma bien-aimée. Ceux qui vous connaissent le mieux et qui sont le plus avant dans votre confiance déclarent qu'il n'y a pas en vous la moindre trace d'égoïsme.

— Le plus avant dans ma confiance! — Mon père vous a donc fait apercevoir son faible en vous faisant l'éloge du présent qu'il vous a fait?

— Votre digne père sait trop bien que cela est inutile. S'il faut avouer la vérité, je viens de passer un quart d'heure avec la bonne Nanny Sidley.

— Nanny! — ma chère vieille Nanny! — et vous avez été assez faible, méchant, pour écouter les éloges qu'une vieille femme fait de son enfant?

— Vos éloges, ma chère Eve, sont toujours agréables à mes oreilles; et qui peut mieux parler de ces qualités, qui sont la base du bonheur domestique, que ceux qui vous ont connue le plus intimement depuis votre enfance jusqu'au moment où vous êtes chargée des devoirs d'une épouse?

— Paul! Paul! vous avez perdu l'esprit. Trop de savoir vous a dérangé la raison.

— Je n'ai pas perdu l'esprit, très-belle et très-chère Eve; mais je suis heureux à un point qui pourrait ébranler une raison plus ferme que la mienne.

— Parlons d'autre chose, dit Eve en lui appuyant avec affection une main sur les lèvres, et en levant sur lui des yeux pleins de tendresse et d'éloquence; — j'espère que la gêne dont vous parliez il y a si peu de temps ne vous tourmente plus, et que vous ne vous trouvez plus un étranger quand vous êtes dans le sein de votre propre famille?

— Maintenant que je puis lui donner ce nom, grâce à vous, j'avoue que ma conscience commence à être plus à l'aise sur ce point. Vous a-t-on parlé des arrangements de fortune projetés par des têtes plus vieilles que les nôtres?

— Je n'ai pas voulu écouter mon père quand il a commencé à m'en parler, car je voyais que c'était un projet qui faisait des distinctions entre Paul Effingham et Eve Effingham, deux êtres que je désire considérer désormais comme n'en formant qu'un seul.

— Vous pourriez, sans le vouloir, être injuste envers vous comme envers moi; mais peut-être ne désirez-vous pas que je vous en parle plus que votre père.

— Il est de mon devoir d'écouter ce que veut me dire mon seigneur et maître.

— En ce cas, écoutez, et l'histoire sera bientôt racontée. — Nous sommes réciproquement les héritiers naturels l'un de l'autre ; parmi tous ceux qui portent le nom d'Effingham, pas un seul n'est aussi proche de nous par le sang que nous le sommes l'un de l'autre ; car, quoique nous ne soyons cousins qu'au troisième degré, notre famille est si peu nombreuse que le mari, dans le cas où nous nous trouvons, est l'héritier naturel de la femme, et la femme l'héritière naturelle du mari. Or, votre père propose qu'il soit fait une estimation ; que le mien vous assure un douaire d'une somme égale à cette estimation, ce que sa fortune lui permet aisément, et qu'un droit de réversion sur les biens qui, sans cela, vous auraient appartenu en toute propriété, me soit assuré dès à présent.

— Vous possédez mon cœur, mon affection, et quelle valeur peut avoir l'argent après cela ?

— Vous êtes si véritablement femme, Eve, que je vois qu'il faudra que nous arrangions tout cela sans vous consulter.

— Puis-je être en meilleures mains ? — Un père qui a toujours été trop indulgent pour mes désirs les moins raisonnables ; — un second père qui n'a que trop contribué à me gâter d'une manière aussi inconsidérée, — et un...

— Et un mari, dit Paul, qui vit qu'Eve hésitait à prononcer devant lui un nom si nouveau pour elle, quoique si cher, — un mari qui fera tout ce qui sera en son pouvoir pour les surpasser tous deux à cet égard.

Eve le regarda avec un sourire aussi innocent que celui d'un enfant, quoique la rougeur lui montât jusqu'au front. — Un mari, dit-elle, s'il faut prononcer ce mot formidable, un mari qui fait tout ce qu'il peut pour augmenter un amour-propre qui n'est déjà que trop fort.

Un petit coup frappé à la porte fit tressaillir Eve, qui parut aussi embarrassée que si elle eût été surprise en flagrant délit. Paul lâcha la main qu'il avait continué à tenir pendant cette courte conversation.

— Monsieur, — Madame, dit la voix douce et timide de Nanny, qui entr'ouvrit la porte sans se permettre de regarder dans la chambre ; — miss Eve, — monsieur Powis.

— Entrez, ma bonne Nanny, dit Eve, reprenant son air calme

en un instant, car cette femme si dévouée ne lui paraissait jamais qu'une seconde elle-même. — Que désirez-vous ?

— J'espère que je ne suis pas déraisonnable, dit Nanny en entrant, mais je savais que M. Paul était ici seul avec vous, et je désirais, c'est-à-dire Madame, — miss Eve, — Monsieur...

— Dites ce que vous désirez, ma bonne Nanny. Ne suis-je pas votre enfant? Celui que vous voyez près de moi n'est-il pas, — et elle hésita, rougit, et sourit encore avant d'ajouter — le mari de votre enfant?

— Oui, Madame, et Dieu en soit loué! J'ai rêvé, — il y a maintenant quatre ans, miss Eve, c'était quand nous voyagions en Danemark, — j'ai rêvé que vous aviez épousé un grand prince.

— Et votre rêve ne s'est pas réalisé, Nanny. Vous voyez donc qu'il ne faut pas se fier aux rêves.

— Madame, j'estime les princes par leurs qualités et non par leurs royaumes et leurs couronnes. Si M. Powis n'est pas prince, qui a droit de l'être?

— Cela change l'affaire, dit Eve, et je crois qu'après tout il faudra que j'adopte votre théorie des songes.

— Ce que je nierai toujours, mistress Sidley, si vous n'avez pas d'autre preuve qu'elle soit vraie, dit Paul en riant; mais peut-être ce prince a-t-il fini par prouver qu'il n'était pas digne de miss Eve?

— Point du tout, Monsieur, il a été pour elle un mari bon et affectueux, ne lui passant pas toutes ses fantaisies, si miss Eve pouvait avoir des fantaisies; mais la chérissant, lui donnant de bons conseils, la protégeant, et lui montrant autant de tendresse que son propre père, et autant d'affection que moi-même.

— En ce cas, ma bonne Nanny, dit Eve, c'était un mari inappréciable. J'espère aussi qu'il avait des bontés et de l'affection pour vous?

— Il me prit par la main, le matin qui suivit le mariage, et me dit : « Fidèle Sidley, vous avez été attachée à miss Eve Effingham pendant son enfance et pendant sa jeunesse; et à présent qu'elle est ma femme, j'espère que vous continuerez à la servir jusqu'au jour de votre mort. » Oui, Madame, il me parla ainsi dans mon rêve, et je crois encore entendre en ce moment les doux sons de sa voix. C'était un bon rêve, j'espère.

— Fidèle Nanny, dit Paul en souriant et lui prenant la main, vous avez été attachée à miss Eve pendant son enfance et sa jeunesse, et, maintenant qu'elle est ma femme, j'espère que vous continuerez à rester près d'elle jusqu'à votre dernier jour.

Nanny battit des mains en poussant un cri de plaisir, et, fondant en larmes, elle s'écria en sortant de la bibliothèque :—Mon rêve s'est vérifié,—vérifié de point en point !

Un silence de quelques instants succéda à cet élan d'un sentiment superstitieux, mais bien naturel.

— Tous ceux qui vivent près de vous semblent vous regarder comme le centre commun de toutes leurs affections, dit Paul dès que son émotion lui permit de parler.

— Toute la famille jusqu'ici n'a eu qu'un seul cœur ;— Dieu veuille qu'il en soit toujours ainsi !

Il y eut un autre intervalle délicieux de silence, et il dura encore plus longtemps que le premier. Eve enfin leva les yeux sur son mari avec un air de curiosité, et lui dit :

— Vous m'avez dit bien des choses, Paul, et vous m'avez tout expliqué, excepté un incident qui m'a fait de la peine dans le temps. Pourquoi le capitaine Ducie, en quittant avec vous *le Montauk*, vous arrêta-t-il avec si peu de cérémonie, pour descendre avant vous dans la barque ? L'étiquette est-elle donc assez stricte à bord d'un bâtiment de guerre pour justifier ce que je serais tentée d'appeler une grossièreté ?

— L'étiquette à bord d'un bâtiment de guerre est certainement sévère, et il faut qu'elle le soit. Mais ce qui vous paraissait une grossièreté était dans le fait une politesse. Parmi nous autres marins, c'est l'inférieur qui entre le premier dans une barque, et c'est le supérieur qui la quitte le premier.

— Voilà ce qui arrive quand un ignorant veut juger des choses. Je crois qu'il est toujours plus sûr de ne pas juger d'un fait sans connaître parfaitement toutes les circonstances qui l'ont accompagné.

— Suivons cette sage règle pendant toute notre vie, ma chère Eve, et nous en reconnaîtrons l'utilité. Une confiance absolue, une circonspection prudente à tirer des conclusions, et un cœur toujours ouvert l'un pour l'autre, nous rendront aussi heureux jusqu'à la fin de notre existence conjugale que nous le sommes en cet heureux moment où l'on peut dire qu'elle commence.

FIN DE ÈVE EFFINGHAM.

www.ingramcontent.com/pod-product-compliance
Lightning Source LLC
Chambersburg PA
CBHW052127230426
43671CB00009B/1153